推动两岸融合　维护和平发展基础

全国台湾研究会2017年学术研讨会论文选编

主　编　周志怀

副主编　杨幽燕

　　　　严　峻

九州出版社　全国百佳图书出版单位

JIUZHOUPRESS

图书在版编目（CIP）数据

推动两岸融合　维护和平发展基础：全国台湾研究
会2017年学术研讨会论文选编 / 周志怀主编. —— 北京：
九州出版社，2019.5
　　ISBN 978-7-5108-8070-4

　　Ⅰ．①推… Ⅱ．①周… Ⅲ．①海峡两岸－关系－学术
会议－文集 Ⅳ．①D618-53

中国版本图书馆CIP数据核字(2019)第091809号

推动两岸融合　维护和平发展基础
——全国台湾研究会2017年学术研讨会论文选编

作　　者　周志怀　主编
出版发行　九州出版社
地　　址　北京市西城区阜外大街甲 35 号（100037）
发行电话　(010)68992190/3/5/6
网　　址　www.jiuzhoupress.com
电子信箱　jiuzhou@jiuzhoupress.com
印　　刷　北京九州迅驰传媒文化有限公司
开　　本　720 毫米 ×1020 毫米　16 开
印　　张　26.75
字　　数　466 千字
版　　次　2019 年 5 月第 1 版
印　　次　2019 年 5 月第 1 次印刷
书　　号　ISBN 978-7-5108-8070-4
定　　价　112.00 元

目　录

融合发展：习近平推进和平统一的新思路

中国人民大学政治学系　　王英津

在如何由和平发展走向和平统一的问题上，大陆经历了一个不断深化、日臻成熟的认识过程。两岸融合发展是习近平总书记在新的历史条件下提出的推进两岸和平统一进程的新思路。该思路标志着大陆对台政策的新转向，具有重要的理论和现实意义。

一、通过融合发展推进和平统一的缘由和意义

第一，是在反思过去大陆对台工作经验教训的基础上所做的调整。2008 年两岸关系进入和平发展新阶段以来，随着两岸交流的扩大和深化，一个中国在岛内的市场不仅没有扩大，反而越来越小。这一矛盾现象深深困扰着大陆官方和学界。仔细研究后发现，导致这一现象的原因是多元而复杂的，但其中关键的一点是：交流互动虽然可以增进两岸的利益联结，促进两岸关系向前发展，但交流只能增进两岸各自的利益，呈现出"你的是你的""我的是我的"的割裂局面，而没有形成双方的共同利益，这便是交流的局限性所在。事实表明，只有在两岸交流的基础上不断推动两岸融合发展，形成共同利益联结，才能更稳固地推进两岸关系和平发展，并为和平统一奠定基础和创造条件。

第二，是习近平对台思想达到一个新高度的重要标志。习近平自 2012 年担任总书记以来，先后提出过多个论述，譬如，"两岸一家亲""两岸命运共同体""两岸心灵契合"和"两岸融合发展"等等，在这些论述中，真正标志着习近平对台思想达到一个新高度的就是"两岸融合发展"。这一政策理念与习近平先前的三大相关论述是一脉相承的，是将上述三大论述落到实处的重要途径。只有通过两岸融合发展，让台湾同胞优先享受到大陆的发展机遇，优先享受到

1

中华民族伟大复兴所带来的福利，才能逐渐形成命运相连的两岸共同体。没有融合发展，两岸就无法形成共同利益，也就无法做到心灵契合。

第三，是对从和平发展迈向和平统一道路的再探索。2008年马英九上台后，两岸关系进入了和平发展时期，一般认为，和平发展是迈向和平统一的过渡时期，但事实表明，情况并不是这么简单。台湾方面主张交流互动是为了从中获得更大的利益，而不是为了与大陆统一；交流可以扩大彼此利益，但不能形成共同利益，故出现了两岸越交流，一个中国原则越不被台湾民众所认同的奇怪现象。对于遏制"台独"而言，两岸交流的确有效，但其对于促进统一的功效并不显著，所以大陆急需一个弥补两岸交流短板的新办法、新手段。为此，习近平在总结过去对台工作经验教训的基础上，先后在不同场合逐渐提出了两岸融合发展的新思路。

第四，是争取台湾民心工作平台的新拓展。过去，大陆开展争取台湾民心工作的主要方式是"入岛"，但这种方式的局限性很大，很容易被岛内民众"污名化"，被视为"统战""收买"和"拉拢"，因而他们本能地加以抵制。而且，从这些年惠台让利的情况来看，受惠者多是中上层资产阶级，中下层草根阶层没有获得多少好处，利益分配严重不均，导致了大多数普通民众对大陆惠台让利的"无感"。这种状况使大陆在台湾开展的争取民心工作事倍功半。鉴于此，大陆开始调整工作思路，实现从"走出去"到"请进来"的转变，将争取台湾民心工作的场域从台湾拓展到大陆，让台湾同胞到大陆来就业，参与大陆的经济社会建设，并直接获利受益，如此就可以避免因中转环节太多而摊薄甚至截留惠利的问题。

二、全面理解两岸融合发展的意涵

为了更深刻地理解融合发展的含义，笔者从以下五个维度进行系统阐释。

（一）融合发展的基本要义

第一，从性质上说，融合发展仍属于和平发展，它是和平发展阶段的一部分，而非和平发展阶段之外的新阶段。笔者注意到，有学者采用"和平发展—融合发展—和平统一"的路线图来反映融合发展与和平发展及和平统一的关系，将融合发展看作独立于和平发展的新阶段，笔者不赞同这种理解。融合发展是相对于交流发展而言的，而不是相对于和平发展而言的，融合与交流均是推进两岸和平发展的方式和手段。

第二，从领域来说，融合主要是指经济社会的融合，而非政治法律的融合。由于全球或区域经济一体化的进程，统一市场规则的建立，会使两岸经济的融合是一个很自然的过程；由于市场的开放和人力资源的流动，必然会带来两岸在就业等方面的社会融合。与此不同，两岸在政治制度方面存在很大差异，甚至在意识形态的分歧下还存在某种对立，所以两岸的政治制度和法律制度虽然可以相互借鉴，但不可能在短期内实现融合。

第三，从路径上说，融合发展有两种含义：一是通过参与大陆主导的区域性国际组织或发展战略来实现的融合；二是通过参与大陆的经济社会建设来实现的融合。习近平所说的融合发展，既包括第一种含义，也包括第二种含义，但主要是指第二种含义。值得注意的是，融合发展理应是双向对等的，但由于台湾的经济体量较小、社会就业容量较小、对大陆抱有防范心理等原因，台方暂时不允许大陆民众融入台湾的经济社会发展中去，故融合发展目前呈现出不对称的局面。

第四，从次序上说，先推动经济、社会领域的融合发展，后推动文化、思想、精神领域的融合。尽管大陆官方所声称的融合发展是指经济社会融合发展，但还应该在思想、文化、精神领域推动融合发展。思想、文化、精神领域的融合发展是深层次的，只有在深层次实现了融合，未来统一才能真正达到"心灵的契合"，也才能为两岸统一奠定最牢固的基础。

第五，从时间上说，不仅在统一前推动两岸融合发展，在统一后仍要推动两岸融合发展。不论未来采取和平统一，还是武力统一，在统一之后都要推动两岸融合发展。如果采取和平统一，那么两岸融合发展就是推进两岸由和平发展迈向和平统一的重要路径；即便未来大陆迫不得已采取了武力统一，那么武统之后更需推动两岸融合发展，以弥补武统所带来的负面效应。

（二）问题澄清

为了更深刻地理解融合发展的意涵，还需要对下列三个紧密相关的问题做进一步分析，以澄清在融合发展问题上的模糊认识。

1. 融合发展是否意味着未来两岸统一时需要共同缔造第三主体？

融合发展后的未来统一模式是什么样的？是否是两岸共同走向第三主体？截至目前，习近平尚未就此展开过论述。目前两岸综合实力已不在同一量级，大陆日益掌握两岸关系的主导权，共同缔造第三主体的模式恐怕很难被大陆民众所接受。融合发展仅仅为两岸走向和平统一创造条件和奠定基础，但它本身并不是统一模式，充其量是一个统一路径。融合发展与统一模式是两个概念，不能混同。

2. 融合发展是否意味着取消"一国两制"？

融合发展并不意味着要取消"一国两制"。大陆非常尊重台湾同胞在社会制度、生活方式等方面与大陆的差异，正如习近平在 2014 年 9 月 26 日会见台湾和平统一团体联合参访团时指出，"和平统一，一国两制"是实现国家统一的最佳方式，"一国两制"在台湾的具体实现形式会充分考虑台湾现实情况，充分吸收两岸各界的意见和建议，能充分照顾到台湾同胞利益的安排。事实上，未来两岸统一后还有很多问题需要通过"一国两制"来解决。譬如，未来两岸统一之后，国民党与共产党是什么关系？民进党与共产党是什么关系？这些问题都是非常棘手的问题。在"一国两制"下，这些问题比较容易解决，但如果取消了"一国两制"这个隔离墙，这些棘手问题立即会浮上台面。

3. 融合发展能否必然使两岸走向和平统一？

融合发展可以为两岸由和平发展走向和平统一创造条件和奠定基础，但并不能保证两岸必然沿循这一道路走向统一，若要推动两岸走向和平统一，还应有其他配套设计。两岸融合发展到一定程度后可能会进入一个"瓶颈期"，甚至很难再往前推进，就像欧盟难以走向"欧洲联邦"一样，我们对此要有科学的预估，及早地在融合发展的基础上再次推出新思路，认为单单依靠融合发展就能使两岸走向和平统一的想法，是不切实际的。届时，我们必须通过不断寻求推进和平统一的替代思路和更新机制，以保证两岸统一大业的最终完成。

三、从交流发展到融合发展：两种思路比较

交流发展和融合发展均是基于"两岸同属一中""两岸一家亲"等理念，推动两岸关系向前发展，实现和平统一的举措，但两者却存在着显著的差别，主要体现在以下五个方面：

第一，形成的利益关系不同。通过两岸交流所增进的利益是各自的利益，双方之所以愿意互动交流，是因为交流可以实现和扩大自身的利益；但交流难以形成两岸的共同利益。然而，通过融合发展所增进的利益，尽管也有各自的利益，但更多的是双方共同的利益。

第二，受政党政治的影响不同。交流发展在很大程度上会受台湾政党轮替

的影响。譬如，2016 年台湾在政党轮替后，由于民进党拒不接受"九二共识"政治基础，不仅官方交流中断，而且民间社会交流也连带受损。然而，融合发展基本上不受政党轮替的影响，相反，在政党轮替后，大陆更应加大力度推动两岸融合发展，以稀释岛内的"台独"浓度。

第三，推动力量不同。交流发展是由两岸官方共同推动的，而融合发展则主要是由大陆官方推动的，故前者具有双向互动性，而后者则主要体现为大陆主导、台湾参与的单向过程。大陆愿意优先对台湾开放，并且开放力度会逐步增大。

第四，参与主体不同。交流发展的主体不仅包括官方机构、被授权组织等公权力部门，也包括个人、社团和企业等。然而，融合发展主要是指台湾民众个人、社团和企业参与到大陆的经济社会发展中，分享大陆崛起所提供的机会和资源。当然，从理论上说，融合发展还包括台湾以适当的名义参与大陆所主导的区域经济一体化进程，或参与大陆推动的重大经济发展战略（如"一带一路"等），但那不是融合发展的主要所指，而且目前也很难推进。

第五，实现平台不同。由于交流发展是双向的，故其场所和平台既可以是大陆地区，也可以是台湾地区。然而，融合发展则不同，其本来是双向的，但由于复杂的原因，目前只能是由大陆主导的单向融合发展，故其场所和平台主要是大陆地区，即便是台湾参与大陆主导的"一带一路"建设等，那也是大陆搭建的区域性国际平台，也可以视为大陆地区的延伸部分。

融合发展与交流发展是推动两岸关系向前发展的两条相辅相成的轨道，尽管这两条轨道有密切联系，但不能相互替代。那种认为融合发展会取代交流发展的观点是不正确的。

四、通过融合发展推进和平统一的助力和阻力

推动两岸融合发展，既有阻力，也有助力。如何借用助力，克服阻力，切实推进两岸和平统一进程，是当下大陆学界需要认真研究的新课题。

（一）助力因素

第一，大陆综合实力不断提升，能为推动两岸融合发展提供必要条件。目前大陆是世界经济发展的重要引擎，是国际社会普遍看好的颇具潜力的最大市场，充满诸多商机，尤其目前大陆提出了"两个一百年"的奋斗目标，正在全

力实现中华民族伟大复兴的中国梦。在这一历史进程中，大陆可以给台湾居民来大陆就业、创业提供很多资源和机会。

第二，台湾就业市场狭小，限制了台湾青年人的发展空间。台湾就业市场的不景气使得台湾青年人看不到自己的未来，陷入焦虑之中。大陆的发展日新月异，充满了生机和机会。倘若大陆能为台湾青年在大陆的发展支撑一个事业平台，台湾青年的利益就会与大陆的利益绑定，最终就能与大陆"同呼吸、共命运"。

第三，大陆已经并正在出台支持台湾居民融入大陆经济社会建设的政策。具体表现在以下两个方面：一是大陆领导人多次就此政策落实做出部署。譬如，2017 年 3 月 5 日，国务院总理李克强在十二届人大五次会议上所做的《政府工作报告》中指出："要持续推进两岸经济社会融合发展，为台湾同胞尤其青年在大陆学习、就业、创业、生活提供更多便利。"二是涉台部门已经开始出台政策推动此项工作。

（二）阻力因素

第一，大陆是否具有足够的吸引力让台湾同胞参与两岸融合发展。目前的融合发展主要是让台湾民众参与到大陆的经济社会建设当中来，这必然会引出一个问题：台湾民众是否愿意参与？这在很大程度上取决于大陆是否具有足够的吸引力。譬如，尽管当前大陆的 GDP 总量远超台湾，但仅就两岸人均 GDP 相比较，目前台湾仍是大陆的近三倍，这可能会成为影响台湾民众到大陆来发展的一个重要现实因素。

第二，台湾当局可能会人为地为两岸融合发展设置障碍。岛内一些人可能会故意歪曲融合发展，将其解释为"统战阴谋"，指责大陆企图通过这一"阴谋"将台湾溶解在大陆之中，是变相地"吞并"台湾，甚至某些"台独"人士还可能以此大做文章。面对大陆推动融合发展，蔡英文当局是否会出台相关政策进行限制，目前不得而知。但倘若出台的话，虽不能改变两岸融合发展的大势，但会或多或少地给两岸融合发展带来很多阻力。

第三，两岸的政治体制和社会形态存在显著差异。很长一段时间以来，台湾社会实行资本主义制度，尤其自 1987 年开启政治革新以来，台湾又实行西式自由民主体制；台湾民众尤其是年轻人已经习惯了资本主义制度和西式自由民主体制下的社会和政治生活，他们的政治理念、价值取向、行为方式已经基本固定化。台湾民众来大陆就业、创业，意味着他们要在一种全新的制度和体制环境下开始新的生活和发展，这对他们来说是很大的挑战。

五、通过融合发展推进和平统一的思路和建议

既然两岸融合发展已经被大陆确立为一项新政策，那么我们就应采取各种措施将这一政策贯彻落实好。

第一，建议将融合发展这一论述进一步理论化、系统化，使之成为对台工作的新指针。融合发展是习近平为促进两岸由和平发展走向和平统一而提出的新政策理念，但他本人并未对该政策理念展开详细论述，仅仅略微提及。为此建议中央有关部门组织和安排学界及有关研究机构站在顶层设计的高度，进一步丰富、完善和发展这一政策理念，使其更加理论化、系统化，以更好地指导两岸关系和平发展以及未来国家统一大业。

第二，建议中央从顶层设计的高度来规划和推动这一思路。在大陆现行体制下，如果缺乏顶层的设计和推动，这一政策理念很难得到落实。因为这一政策转向所牵扯到的部门和问题比较广泛，倘若缺乏中央高层的统一协调指挥，可能难以推进。为此，建议中央从顶层设计的高度来推动这一思路。

第三，大陆应创造足够的吸引力来吸引台湾同胞积极参与。融合发展需要台湾同胞的积极参与和配合。然而，台湾同胞能否积极参与和配合，取决于是否可以从参与中实现他们的利益诉求。若台湾同胞不能在参与中获得自己所诉求的利益，或者所获利益不符合自己的期待，那他们就不会积极地参与，即便有些台湾同胞一开始参与进来，随后也会退出参与。所以，大陆必须积极创造条件，吸引台湾民众参与进来。

第四，给予台湾台胞跟大陆居民相同的身份待遇。当务之急，可以考虑给台湾同胞提供"居民待遇"，这不仅可以方便他们在大陆投资、工作、就读、居住及旅行，更重要的是，有助于提高台湾民众的中国认同和国民意识，从而确立和巩固"两岸一家亲"的理念。尤其在蔡英文当局大搞"去中国化"的情势下，给予台湾同胞"居民待遇"就显得尤为紧迫和必要。

第五，未来条件成熟时，可以考虑让长期居住在大陆的台湾同胞享有某些管理权利或政治权利。其一，可以考虑向台湾民众适度开放某些管理领域的职位。至于具体哪些职位可以向台湾同胞开放，还需详细论证，不能一概而论。其二，可以考虑给予台湾同胞适度的政治参与空间。当然，参与是有条件的，譬如可以规定只有在大陆连续居住满一定年限的台湾同胞才可以参加当地选举

或担任某些公职。具体制度如何，有待于通过出台相关法律法规来加以规定。

第六，修订及出台推进两岸融合发展的相关法律法规。随着两岸关系的向前发展，过去调整两岸关系的法律法规，有的已经不合时宜，急需与时俱进地对它们加以修订；在某些方面也曾出现过"法律真空"现象，这就需要及时跟进，补充相关立法。通过法律法规来保障和促进两岸融合发展，既有助于实现台湾民众的利益，又有助于增强台湾民众对大陆法治体系的认同和信任。

最后，需要指出的是，由于融合发展政策涉及国家统一大业，所以凡是涉及的有关部门一定要站在政治的高度，从大局出发，不能因触及本部门利益而消极推诿。

融合发展：习近平对台工作思想最新成果

上海台湾研究所　倪永杰

一、习近平对台工作思想体系

习近平总书记被众多媒体形容为"知台派"，曾长期在福建、浙江、上海工作，接触大量对台工作事务，与台湾朋友交往广泛。对台湾情况非常熟悉，了解台湾民众的"出头天"心态，熟悉台湾同胞的语言，使用"打拼""心结"等台湾同胞经常使用的词汇。

2012 年习总书记先后就对台工作发表了 30 多次公开讲话，分别在会见台湾客人、考察台资企业、人大政协两会期间、重大节庆等场合发表重要讲话，形成了一系列有关对台工作重要思想，丰富、发展了两岸关系和平发展思想，创造性地提出了两岸融合发展的新思想、新理念、新主张，推动两岸关系从和平发展迈向融合发展，极大地推进了祖国和平统一进程。

习总书记提出了两岸关系的十二大著名论断，构成五大思想体系，体现了六大对台工作思维。在从和平发展迈向和平统一的进程中，融合发展成为对台工作主轴，成为推进国家统一的重大命题。

习总书记有关两岸关系的十二大论断：

一是"两岸一家亲"；二是"共圆中国梦"；三是"构建两岸命运共同体"；四是两岸政治分歧"不能一代一代传下去"；五是"一国两制"台湾模式的"三个充分"（"一国两制"在台湾的具体实现形式会充分考虑台湾现实情况，充分吸收两岸各界意见和建议，是能充分照顾到台湾同胞利益的一种安排 ）；六是统一不仅是形式上的统一，更重要的是两岸同胞心灵契合；七是决定两岸关系走向的关键是祖国大陆发展进步；八是实现两岸经济社会融合发展；九是两岸青少年要担负起开拓两岸关系前景、实现民族复兴的重任；十是两岸道路与制度效果应当由历史去检验、让人民来评判；十一是两岸中国人有能力有智慧解决好自己的问题；最后是推进祖国和平统一进程、完成祖国统一大业，是实现中华民族伟大复兴的必然要求。

习近平总书记对台工作重要思想体系特征：

概括归纳为"一二三四五"，即："一条道路、两项基础、三项理念、四条路径、五项安排"。"一条道路"是两岸关系和平发展道路，使和平发展制度化，构建和平发展的制度框架。"两项基础"一是坚持体现一个中国原则的"九二共识"，二是坚决反对"台独"，提出"六个任何"（绝不允许任何人、任何组织、任何政党、在任何时候、以任何形式、把任何一块中国领土从中国分裂出去）。"三项理念"分别是"两岸一家亲""共圆中国梦"与"构建命运共同体"；"四条路径"依次是"全面增进互信""厚植共同利益""融合发展"与"心灵契合"。"五大安排"包括：一是关于"一国两制"台湾具体实现形式的安排，体现"三个充分"。二是关于解决两岸政治分歧的安排，强调两岸政治分歧"不能一代一代传下去"，应创造条件加以解决，并在 2013 年 10 月以后促成国台办与陆委会建立常态化沟通机制，实现两岸领导人会面，设立"两岸热线"。三是关于台湾"国际参与"的安排，即不违背"一中"原则、不造成"两个中国"和"一中一台"，透过两岸协商，做出合情合理的安排，如台湾参与 WHA、ICAO 的模式与路径。四是关于两岸和平发展红利的分配安排，更多聚焦青年一代与一线基层，照顾弱势，扩大参与面、增加获得感。五是关于塑造共同历史记忆的安排，在纪念抗战的时候提出两岸应"共享史料、共写史书"等。

习总书记有关两岸关系和平发展思想体现了对台工作的六大新思维。一是总体思维，对台工作和两岸关系发展服从、服务于"两个一百年"与实现中华民族伟大复兴的"中国梦"的总目标，是国家总体发展战略的重要组成部分。二是底线思维，确保国家主权和领土完整不被分裂；三是主导思维，掌握两岸关系的主导权、主动权，引领两岸关系发展，而不是被台湾方面、国际形势所误导。四是创新思维，涉及对台工作思想、制度安排、政策举措、两岸治理的创新，提出了一系列新主张，指明道路与方向，增强发展动能，推动两岸关系持续向前，取得突破。五是民本思维，即以人为本，以两岸民众福祉为念，特别是照顾、满足台湾民众利益诉求。六是法治思维，以法治思维、法律手段规范、发展两岸关系，增加两岸关系发展动力。这和大陆"四个全面"战略部署"全面依法治国"辩证统一、相辅相成，如《国家安全法》中便有涉台条文。

二、融合发展：对台工作思想最新成果

2015年习总书记提出了"军民融合发展思想"，成为国家发展战略。2016年3月25日中共中央通过了《关于经济建设与国防建设融合发展的意见》，提出"发展和安全兼顾、富国和强军统一"，2017年1月中央成立军民融合发展委员会。与此同时，两岸关系融合发展思想逐步酝酿、成熟，并付诸实践。

习总书记在两岸关系和平发展思想基础上，创造性提出了融合发展的新思想。2014年11月1日，习近平总书记在视察福建宸鸿科技（平潭）有限公司、与部分台资企业负责人座谈时，首次公开提出两岸融合发展的概念，他说："两岸同胞同祖同根，血脉相连，文化相通，没有任何理由不携手发展、融合发展。大陆人口多，市场大，产业广，完全容得下来自台湾的商品，完全容得下来自台湾的企业。欢迎更多台湾企业到大陆发展。"2015年3月4日，习近平在参加十二届全国政协三次会议联组会时，肯定"两岸制度化协商取得新成果，两岸经济融合发展不断深入，各领域交流合作保持良好发展势头，台海局势总体稳定"。同年5月4日在会见国民党主席朱立伦时，习近平主张"深化两岸利益融合，共创两岸互利双赢，增进两岸同胞福祉。"2016年3月5日，针对两岸关系新形势，习近平参加十二届全国人大四次会议上海代表团审议时，公开提出大陆将"持续推进两岸各领域的交流合作，深化两岸经济社会融合发展，增进同胞亲情和福祉，拉近同胞心灵距离，增强对命运共同体的认知。"融合发展思想是在推动、深化两岸关系和平发展的实践过程中逐步酝酿、完善，融合发展思想既是价值观，又是方法论，是推进两岸关系和平发展的行动指南，是实现祖国完全统一的重大理论创造。

1. 融合发展具有的时代背景与实践基础。

融合发展契合当前两岸关系和平发展的时代背景，顺应大陆实现"两个一百年目标"与"中国梦"的要求。20世纪80年代以来，两岸关系经历了曲折多变的演进，历经李登辉制造的台海紧张、陈水扁炮制的"法理台独"、马英九时期的和平发展阶段，两岸关系内涵外延均发生了重大而深刻的变化。这是一个需要理论且能够产生理论的时代，下阶段两岸关系的发展需要强大思想的引领、伟大理论的指导。融合发展思想，实际上就是应对两岸关系变化的理论回应与思想革命，引领两岸关系爬坡过坎、着力推进祖国统一进程。两岸关系经历一段时期的和平发展后，理应上升到新的发展阶段、发展境界，融合发展就是要解决当前和平发展难以深化、无法破解政治难题的难题。就是要解决只有和平发展、没有和平统一进展、甚至两岸愈走愈远、愈交流愈疏离的难题。就是要解决两岸大交流、大合作中两岸同胞无法心灵契合的难题，彻底防堵"和平台独"的可能性。

融合发展思想不是对两岸关系和平发展思想的扬弃或否定，而是全新的发展深化、丰富完善。透过两岸融合发展，进一步密切两岸同胞情感，促成两岸更多的利益融合，使两岸关系发展、祖国统一具有两岸同胞之间更多的利益共享与人文关怀的保障。

实现两岸融发展已具备较好的历史、经济、社会、人员互动的基础。自20世纪80年代两岸经贸关系开始发展以来，两岸已在经济领域的合作取得重大成绩，书写了台资企业、两岸市场、产品的传奇。"三通"直航使两岸进入"一日生活圈"，每年来往于两岸的民众接近1000万，在大陆工作、学习、生活的台商、台生、台干、台属等如今已达到200多万。赴台学习、旅游、投资的陆客、陆生、陆资每年超过400多万。两岸婚姻33万例，占台湾涉境外婚姻的64.6%，其中11.7万陆配拿到台湾身份证，但也有许多台配约11万人不愿回到台湾，而是选择在大陆工作、生活。[1]尤其值得关注现象，就是两岸社会融合已在大陆许多地方自然启动。最初台商、台生在大陆被当作特殊群体，两岸同胞虽然工作在一起，生活在同一个城市，但相互之间互动较少，沟通有限，缺少交集，较难相互欣赏、接纳对方。这一现象近年来已有改变，越来越多的台湾同胞已开始与大陆普通民众生活在同一个小区，互为街坊邻居，两岸民众越来越多的学习、工作、生活交融在一起，拥有越来越多的共同经验、共同记忆。相互排斥的现象越来越少，相互欣赏、相互学习的情况越来越多。大陆的社会团体已开始向台湾同胞开放，台商、台生的团体也开始接纳大陆朋友。台商、台生的团体逐步合法化，纳入大陆社会团体管理体系，有些地方开始着手台湾人团体的合法登记、管理辅导事宜，使两岸经济社会融合具有更多的路径通道，加快两岸融合进程。

2. 融合发展具有多元丰富的内容。

融合发展内容多元、丰富，涵盖经济、社会、文化、价值等多个领域。一是经济融合是两岸融合发展的物质基础，是现阶段两岸融合发展的必然选择与可行路径。二是社会融合是两岸融合发展的关键，既然深化两岸经济融合的成果，又能提升两岸开启两岸融合的境界，如今已成为两岸关系的生动实践。当前，两岸社会融合方兴未艾，掀起新的高潮，前景光明，培育两岸关系的巨大发展动力。三是文化融合、价值融合则是两岸融合的思想基础，是对经济融合、社会融合的回馈与升华。经济、社会融合越顺利，越有利于两岸的文化融合及价值融合。同样，两岸文化融合越深入、越全面，也会反馈两岸经济、社会融合，有利于和平统一进程。两岸经济融合、社会融合是显性的，并可以量化衡量；两岸文化融合、价值融合则是隐性的，只能进行定性的分析与认定，但人们可以明确感受到文化融合、价值融合的热度与效果，是有感融合。两岸融合遵循由表及里、从物质利益融合迈向人们精神心灵融合、从利益融合迈向价值融合，最终实现两岸同胞的心灵契合。四是政治融合，着重探讨国家尚未统一特殊情况下的两岸政治关系，对此做出合情合理安排。还可透过两岸结束敌对状态、签署和平协议、建立军事安全互信机制促进两岸政治融合。

3. 融合发展具有可行路径。

经济融合是实现两岸利益融合的重要途径。经济融合旨在促进两岸资源要素的整合、互补，加强产业合作、对接及融合，形成两岸经济之间的结构性依赖。如今两岸经济合作已进入新经济融合的新阶段，两岸可以在传统产业的转型升级、高科技产业、现代服务业、电子商务、新经济、循环经济、共享经济、海洋经济等方面展开广泛的交流合作，尝试资源、结构、产业、市场、人才等相互渗透、交叉与重组，实现深度融合。两岸社会融合就是消除两岸社会排斥，化解政治敌对、政策歧视，促成两岸同胞之间相互接纳、密切互动。台湾的教育资源、科技优势、人文能量完全可以在祖国大陆、在"一带一路"建设中纵情发挥。

融合发展可分阶段推进，近程与远程相互配合，始于两岸经济、社会融合，这是融合发展的初级阶段、近程阶段，现阶段的两岸融合发展着重于两岸经济、社会的融合，可以为两岸文化、价值融合创造更好的条件。随着两岸经济社会融合的不断深入，必然会朝向文化、情感、生活方式与价值方面融合推进，进入两岸融合发展的高级阶段、远程阶段，实现深度融合。两岸经济社会的融合进展比较明显，但文化融合、价值融合是一个滴水穿石、缓慢推进的过程，需要时间与耐心。

社会学家对于社会融合形成三种理论，同化论、多元论及区隔融合论。同化论强调弱势一方融入主流社会的过程，多元论主张不同社会、文化形态的多元并存交融。区隔融合论是针对二代移民融合而言。两岸融合就是一个动态、渐进、多维的过程，两岸优势互补、相互激荡交汇，保存各自特质，吸收对方的养分，酝酿新的社会形态、主流观念与生活方式，是一种高境界的创新发展。实现两岸融合最好的政策就是消除排他性与机会不平等，消除特权与歧视，实现人人机会均等、分配的公平正义、福利均等，不分彼此，最有效的办法是最大限度地实施"居民同等待遇"。

两岸融合发展的主战场在大陆，大陆完全可以操之在我，尽力而为，发挥关键主体作用。两岸融合发展的主力群体就是常年往来两岸之间的两岸群体、大陆的涉台工作、研究人员等。我们不必也不能期待台湾当局会出台有利于两岸融合、消除歧视的政策法规，我们只能依靠大陆自身的努力、汇集两岸同胞的智慧。我们不能等待台湾民众的自我觉醒与甘心投入，我们必须采取积极可行的政策、行动，呼吁、引领更多的两岸同胞投身于两岸融合发展的实践。

4. 融合发展需要政策与实践创新。

融合发展需要破解制约，政治引领、政策创新、制度化保障。破解制约涉及台湾岛内的"反中民粹"、台湾当局的"反中对抗"，涉及国际反华势力的"台湾牌"，当然了涉及大陆某些部门、某些领域、某些地方的制度框限、政策制约。融合发展需要发挥两岸政治精英、意见领袖的引领功能，转变台湾民意，汇集两岸特别是台湾岛内一切支持和平发展的力量、智慧。针对两岸关系新情势、新问题，集中两岸智慧进行政策创新、制度创新、方法创新、渠道创新，提升制度化程度。特别是紧扣台湾的青年一代、基层一线的需要，出台便利台湾青年在大陆学习、就业创业、投资、生活的政策措施，尽可能落实"同等居民待遇"，保障合法权益，提高他们的政策有感程度。着力提高两岸融合发展的制度化保障，着重法治保障。中央、地方应下更大决心，进行立法规范，上海、福建、江苏、北京等地应走在各地前列。2015 年 11 月，上海市人大出台了《上海市台湾同胞投资权益保护规定》，内容共 26 条，是上海运用法制思维、法治方式推动两岸关系发展的具体实践。最重要的就是给予在沪投资的台湾同胞同等市民待遇，子女就近入学，享受同等医疗待遇。使上海对台工作、保护台胞权益增添了法治保障、法治动力，反响很好，影响很大。

融合发展思想是对两岸关系和平发展思想的创新、深化，将对两岸关系产生重要的思想引领作用，改造既有的两岸关系结构，在创造两岸关系发展的物质基础、社会基础的同时，更要创造两岸和平统一的情感纽带、文化基础与价值基础。融合发展就是推进两岸统一进程的思想库、方向标及动力源。

注释

[1] 参见《倪永杰论习近平对台思想之融合发展》，香港中国评论网，http：//hk.crntt.com/doc/1045/4/8/1/104548110.html?coluid=0&kindid=0&docid=104548110，最后检索日期2017年6月28日。

试析习近平对台工作思想的
目标取向与路径选择

全国台湾研究会　严　峻

中共十八大以来，习近平在对台工作中提出一系列重要思想。掌握习近平对台工作重要思想，对于准确理解大陆对台方针政策，具有非常重要的意义。

一、从三个维度全面掌握习近平对台工作思想

首先，掌握习近平对台工作重要思想，不能孤立地只看习近平对台工作讲话，还应该结合习近平自中共十八大以来有关治国理政的系列重要讲话来分析。对台工作是中共和中国政府总体工作部署的一部分，对台工作要为党和国家总体战略服务，因此必须认真学习习近平有关中国国家总体战略发展目标、发展路径的重要论述，结合国内、国际两个大局，这样才可能从全局的视角，从国家战略的高度准确理解习近平对台工作重要思想。

其次，掌握习近平对台工作重要思想，不能简单地只读习近平的"语言"，还应该结合习近平的"行动"来观察与思考。在两岸结构性政治难题一时难以破解的情况下，运用固有的概念以及人们熟悉的定义，无法实现两岸关系的突破，在这种情况下，行胜于言，行阔于言，一些有重大意义的行动，比如"习马会"，它留给人们思考的不仅仅是两岸关系上一个历史性的会面，更是习近平及大陆对台决策部门在推动两岸关系发展上的深谋远虑，尽管习近平本人对这次会面没有做过多言语上的评价。

最后，掌握习近平对台工作重要思想，不能仅仅看习近平个人的言与行，还应该结合中共新一代领导集体在对台工作乃至整个国家建设中所发表的重要政策讲话和采取的重大举措来把握，因为中国共产党是一个强调民主集中制的

政党，大陆实行的是民主集中制的治理方式，党和政府领导人以及中台办、国台办负责人的重要讲话，反映的并非个人的意见，而是以习近平同志为核心的党中央的集体意志。另外从历史上看，"毛泽东思想"是中国共产党集体智慧的结晶，那么在这个意义上讲，"习近平对台工作重要思想"也是中共集体思想的反映。

概言之，只有运用辩证唯物主义的普遍联系的原理，从三个"结合"的角度入手，才能全面、准确、深入地理解、领会习近平对台工作重要思想。

二、习近平对台工作思想的目标取向

自 1949 年以来，对台工作一直是中共和中国政府工作重心之一，但在不同的时期，对台工作在党和国家整体工作部署中所处的位置和所发挥的作用不尽相同。那么，新时期对台工作的主要目标和任务是什么？习近平对台工作重要思想对此做了明确的回答，即，对台工作要服从于党和国家的总体工作部署，服务于党和国家的总体战略目标。而新时期党和国家的总体战略目标就是实现中华民族的伟大复兴，[1] 圆所有中国人这一"中国梦"。[2] 为此，需要一个和平稳定的内外发展环境，需要包括台湾同胞在内的海内外所有炎黄子孙同心协力、共同奋斗。

（一）对台工作应坚持两个"不动摇"，切实维护国家发展战略机遇期

习近平指出，"我们的和平发展道路来之不易"，要实现中华民族伟大复兴必须有和平的环境，这样才能"抓住机遇，集中精力把自己的事情办好"，"走和平发展道路，是我们党根据时代发展潮流和我国根本利益作出的战略抉择"。[3] 可以说，走和平发展道路涉及中华民族的整体利益，所以必须"坚持从中华民族整体利益的高度把握两岸关系大局"。[4]

一是要坚决反对与遏制"台独"，坚定地奉行一个中国原则不动摇

习近平指出，"'台独'分裂势力及其活动损害国家主权和领土完整，是台海和平稳定的最大威胁，必须坚决反对"。[5] 如果主权和领土完整受到损害，中国的国家利益受到破坏，台海因"台独"势力的破坏而不再和平稳定，就无法集中精力搞建设促发展，中华民族的伟大复兴就无从谈起，因此诚如习近平指出，"确保国家主权和领土完整是国家核心利益，是一条不可逾越的红线"。[6]

2016 年 11 月 11 日，习近平在纪念孙中山诞辰 150 周年大会上表示，"绝不允许任何人、任何组织、任何政党、在任何时候、以任何形式、把任何一块中国领土从中国分裂出去"。[7] 这"六个任何"的强调，充分展示了大陆方面反对和遏制"台独"的坚定信念与决心，向"台独"分子发出了震慑的强音——"我们有坚定的意志、充分的信心、足够的能力遏制'台独'"。[8]

从某种角度看，坚持一个中国原则与反对和遏制"台独"是一体两面的关系：坚定地奉行一个中国原则，就必须坚决反对与遏制"台独"；坚决反对与遏制"台独"才能更好地维护一个中国的局面，二者相辅相成。"承认不承认体现一个中国原则的'九二共识'，关系到认定两岸是一个国家还是两个国家的根本问题。在这个大是大非问题上，我们的立场不可能有丝毫模糊和松动。"[9] 因为倘若这一立场产生模糊与松动，势必助长"台独"分裂气焰，终将危及两岸和平与台海稳定，破坏中国进一步发展的战略机遇期。

二是既要积极进取又要反对急躁冒进，坚定地走两岸关系和平发展道路不动摇

中国的完全统一是两岸关系发展的必然结果，但辩证唯物主义告诉人们，事物的发展有其客观规律，必须尊重规律而不能无视规律、急于求成。要实现两岸和平统一，必须循序渐进地走两岸关系和平发展道路，尽管这条道路上也会有许多坎坷，但人们必须尊重这一客观规律，稳步前行。习近平指出，"两岸同胞共同选择了两岸关系和平发展道路"，要"沿着这条道路一步一个脚印走下去"，[10] 体现了新一代中央领导集体稳中求进的踏实作风；台湾发生所谓"反服贸运动"后，有些人又对走两岸关系和平发展道路产生动摇。习近平指出，要"毫不动摇坚持两岸关系和平发展的正确道路"；[11] 民进党重新获得执政后，两岸关系趋于复杂严峻，有些人对两岸关系和平发展失去信心。习近平强调，"我们对台大政方针是明确的、一贯的、不会因台湾政局变化而改变"[12]，"两岸关系和平发展是维护两岸和平、促进共同发展、造福两岸同胞的正确道路，也是通向和平统一的光明大道"。[13] 这充分显示了以习近平同志为核心的中共领导集体在对台工作上的战略定力和战略自信。这样的定力与自信并非凭空而来，大陆综合实力的迅猛发展、台海两岸实力差距的进一步拉大，都证明大陆在两岸事务上主导力的不断增强，这使我们没有理由在走两岸和平发展道路上不自信，因为"从根本上说，决定两岸关系走向的关键因素是祖国大陆发展进步"。[14] 还有一些人认为，现在民进党当局不承认"九二共识"，那么大陆正好以此为由采用非和平手段一举解决台湾问题、实现两岸统一。这种"武统"的

路子可行吗？习近平指出，"我们追求的国家统一不仅是形式上的统一，更重要的是两岸同胞的心灵契合"。[15] 可以说，形式上的统一，虽然也面临许多困难，但相对容易达成；而心灵契合式的统一，则难度更大，它需要更多的耐心与定力，同时也意味着需要用更长的时间、更多的努力来达到这一目标。我们希望的统一是和平统一，是两岸同胞心灵与情感相通相融的水到渠成、瓜熟蒂落的统一，因为这最符合两岸同胞的福祉，最符合中国国家总体发展战略目标，最符合中华民族的整体利益。当然，如果"台独"分子敢冒天下之大不韪，悍然触动《反分裂国家法》规定的非和平方式扳机，那么结果也只能如中台办、国台办主任张志军所言"'台独'之路走到尽头就是统一，但是是一种不同形式的统一"。[16]

总体而言，还是应该以最大的善意与耐心来维护两岸关系和平发展大局，走两岸关系和平发展道路。那么，两岸和平发展道路要走多久，才能实现两岸和平统一？2013年10月6日，习近平在 APEC 会议上会见台湾两岸共同市场基金会荣誉董事长萧万长时说，"着眼长远，两岸长期存在的政治分歧问题终归要逐步解决，总不能将这些问题一代一代传下去"。[17] 这句话是习近平作为国家领导人担当精神和责任意识的体现，但不应将其拿来作为大陆方面解决台湾问题有所谓"时间表"的依据。可能有人会提这么一个问题：中共提出实现中华民族伟大复兴的"两个一百年"目标，事实上就是给完成中国统一设了最后期限吗？因为若到第二个百年（2049年）中国还未完成统一，那又怎么能谈得上实现中华民族伟大复兴？——这里需要厘清实现"两个一百年"目标与实现中华民族伟大复兴之间的关系：继中共十五大报告首次提出"两个一百年"奋斗目标之后，十八大报告重申："在中国共产党成立一百年时全面建成小康社会，在新中国成立一百年时建成富强民主文明和谐的社会主义现代化国家。"可见，第二个一百年要完成的目标（建成社会主义现代化国家）主要针对大陆而言，因为即使届时两岸统一了，台湾很可能还实行资本主义制度，而从邓小平到习近平，中共领导人反复强调在国家统一问题上要坚持"一国两制"不动摇。习近平指出，"'和平统一、一国两制'是我们解决台湾问题的基本方针，也是实现国家统一的最佳方式"，[18] 要"尊重台湾同胞自己选择的社会制度和生活方式"。[19] 从情理上讲，两岸和平统一后资本主义制度在台湾实行的时间可能不会比香港的50年短。笔者个人以为，中华民族伟大复兴不是单一时间点发生的单一事件，而是一个不断累积渐进的过程，当然这一过程中有一些标志性的时间点及事件，比如2021年实现小康社会，2049年完成社会主义现代化。

"两个一百年"目标的实现是中华民族伟大复兴的重要成果和重要标志，但是不是伟大复兴的全部成果与标志？习近平指出，"国家统一是中华民族走向伟大复兴的历史必然"，[20] 这一"历史必然"也将是中华民族伟大复兴进程中的重要成果与标志之一，它具体发生在什么时候，应本着实事求是的精神，根据国际、国内局势的发展变化，审时度势、科学决断。当然，我们既要尊重事物发展的客观规律，也要发挥积极有为的主观能动性，为早日实现中国完全统一而努力。

（二）对台工作要调动台湾同胞的热情，使之积极参与共圆中国梦的伟大事业

上面主要是从维护中国国家发展战略机遇的角度来谈对台工作，但习近平对台工作重要思想在有关对台工作与国家总体战略的关系上，还给人们指出了更为积极的一面，即，对台工作可以为实现国家总体战略目标添砖加瓦，具体讲，对台工作应该充分调动台湾同胞的热情、发挥台湾同胞的积极性，运用台湾同胞的经验和力量，以更好地实现中华民族伟大复兴之中国梦。中共十八大报告在十七大报告基础上，再次指出要"团结台湾同胞维护好、建设好中华民族共同家园"。习近平指出，"两岸同胞都是民族复兴的参与者、推动者、获益者"，[21] "中国梦是两岸同胞共同的梦，需要大家一起来圆梦"，[22] "希望两岸同胞团结合作，共同致力于实现中华民族伟大复兴"[23]，"两岸双方应该胸怀民族整体利益，携手为实现中华民族伟大复兴的中国梦共同打拼"。[24] 习近平之所以强调实现中国梦需要两岸同胞"共同打拼"，因为这一梦想的实现需要"两岸同胞要携手同心""贡献智慧和力量"，[25] 还要靠两岸同胞"发挥各自优势，共同传承中华文化优秀传统，建设共同精神家园"。[26]

总之，习近平对台工作重要思想指出：新时期对台工作要坚决反对和遏制"台独"，在积极进取的同时克服急躁冒进情绪，维护好国家发展战略机遇期，并为最终实现国家统一夯实基础；另外，应该充分调动台湾同胞热情和积极性，推动台湾同胞与大陆同胞一起共同致力于实现中华民族伟大复兴的中国梦。

三、习近平对台工作思想的路径选择

如何才能达到上述工作目标？最重要的就是要抓住关键点，以实事求是和勇于创新的精神，不断开拓前进。那么，新时期对台工作的关键点是什么？是人心！习近平强调，"人民是历史的创造者，群众是真正的英雄，人民群众是

我们力量的源泉"。[27] 要实现两岸和平统一，就必须走两岸关系和平发展道路；要使中华民族伟大复兴事业稳步推进，也需要保持两岸关系的和平发展。而两岸关系要和平发展，必须依靠两岸人民共同努力。尽管大陆方面在其中起着主导作用，但台湾同胞的作用与贡献也十分重要。所以，要坚决贯彻"寄希望于台湾人民"的方针——这一方针自 1979 年《告台湾同胞书》发表以来，历经三十多年（其中包括经历了几次台海危机）都不曾动摇，在习近平对台工作重要思想中再次得到肯定与确认。那么，如何"寄希望于台湾人民"？如何争取台湾最大多数民众的民心？

（一）以"两岸一家亲""两岸命运共同体"的定位思维开展对台工作

争取人心，首先要解决一个彼此关系定位的问题。2013 年 6 月 13 日，习近平会见中国国民党荣誉主席吴伯雄时表示："我们两党应该以实现民族振兴、人民幸福为己任，促进两岸同胞团结合作，积极宣导'两岸一家人'的理念。"[28] 这种"两岸一家人"的提法是传统上"台湾同胞"称法（台湾民众是大陆人民的同胞）的延续，以往中共领导人也曾做过"两岸是一家人"的表述。[29] 到了 2013 年 10 月 6 日，习近平在会见萧万长时表示，"两岸双方应宣导'两岸一家亲'的理念，加强交流合作"；2014 年 2 月 18 日，习近平在会见中国国民党荣誉主席连战时再次强调，"两岸同胞一家亲，谁也不能割断我们的血脉。两岸同胞一家亲，根植于同胞共同的血脉和精神，扎根于我们共同的历史和文化"。[30] 到了 2014 年大陆"两会"期间，李克强总理和俞正声主席分别在政府工作报告和政协工作报告中提出"两岸一家亲"，该理念正式进入工作报告。此外，中共十八大报告在十七大报告基础上再次强调，两岸是"血脉相连的命运共同体"。[31] 习近平也多次表示，"大陆和台湾是休戚与共的命运共同体"，"两岸是割舍不断的命运共同体"。[32]

如何理解"两岸一家亲""两岸命运共同体"定位在对台工作的运用？应该说，从"两岸一家人"到"两岸一家亲"是一个质的飞越，因为"两岸一家人"的表述虽也含有感情成分，但总体上属于"客观描述"，而"两岸一家亲"不仅点明两岸是"家人"关系，而且强调两岸不是一般的家人，而是"关系亲密的家人"，诚如习近平指出，"两岸同胞是命运与共的骨肉兄弟，是血浓于水的一家人"。[33] 既然是亲密的家人，就应该尽量避免骨肉相残；既然是亲密的家人，那么给予特殊的优惠就顺理成章。另外，两岸既然是"命运共同体"，而且是"休戚与共的命运共同体"，就说明两岸命运与共，就带有某种一损俱损、一荣俱荣的意味，两岸就应该抛弃零和思维，坚持双赢的理念。这些重要思想是大陆对台部门在工作实务中要特别用心领会的，因为倘若没有以这种"两岸一家亲""两岸命运共同体"的心理与思想来开展对台工作，就不可能真正做到"用心（用赤诚真挚之心）""同情（同台湾同胞之情）"，就不可能真正赢得台湾民众的心。

（二）以"理解差异、尊重选择"的包容态度对待台湾同胞

大陆方面之所以强调"一家亲""亲情"，还因为"熨平（台湾同胞）心理创伤需要亲情"。[34] 而台湾同胞的心理创伤部分来自历史上的两岸关系因素，对此，大陆方面秉持"历史不能选择，但现在可以把握，未来可以开创"的态度，去"疗伤止痛，化解心结"。[35] 由于历史的轨迹不同，两岸分离六十多年，走上了不同的发展道路，对此，习近平指出，"我们理解台湾同胞因特殊历史遭遇和不同社会环境而形成的心态、尊重台湾同胞自己选择的社会制度和生活方式，愿意用真诚、善意、亲情拉近两岸同胞的心理距离"，当然，这种理解和尊重在两岸间是相互的，所以习近平表示"台湾同胞也需要更多了解和理解大陆13亿同胞的感受和心态，尊重大陆同胞的选择和追求。"[36] 也是就说，两岸生活方式和社会制度的差异，不应该成为妨阻两岸关系和平发展乃至最终实现两岸统一的障碍，两岸双方应该相互借鉴、取长补短。台湾不应横加指责大陆的政治社会制度；大陆有关方面在开展对台工作时，尤其是面对台湾同胞时，也不应贬损台湾的社会制度，因为正如习近平指出，台湾同胞"珍视台湾现行的社会制度和生活方式……将心比心，我们完全理解台湾同胞的心情"，[37] 毕竟那是"台湾同胞自己选择的"，对此应该充分尊重，也唯有这样，才能像习近平所说的"拉近两岸同胞的心理距离"。当然，对台湾民众选择权的尊重是指对其在台湾内部治理方式与生活方式上选择的尊重，而不应无限扩展，例如对于两岸关系的走向，应该尊重包括台湾同胞在内的两岸所有中国人的选择。

（三）以"融合发展"的理念，大力开展两岸经济社会交流与合作，促进两岸民众心灵契合，推动两岸逐步走向统一

以前大陆开展对台工作，更多的是强调两岸经济方面的融合，例如主张"深化两岸利益整合，共创两岸互利双赢"。[38] 但到了2016年3月5日，习近平在参加十二届人大四次会议上海代表团审议时，提出"我们将持续推进两岸各领域交流合作，深化两岸经济社会融合发展"；[39]2016年11月1日，习近平在会

见国民党主席洪秀柱时提出六点意见，其中第三点即"推进两岸经济社会融合发展"，特别强调要鼓励两岸青少年"早接触、多交往，增进亲情，了解我们大家庭，认同我们的美好家园"，而且"将研究出台相关政策措施，为台湾同胞在大陆学习、就业、创业、生活提供更多便利"。[40] 2017年大陆"两会"期间，李克强总理的《政府工作报告》在去年报告有关"推进两岸经济融合发展"提法的基础上，增加了推进"两岸社会融合"的新内容。这种从"两岸经济融合"到"两岸经济社会融合"的提升，表明了大陆方面一个态度，即：当前两岸关系的复杂严峻，并没有动摇大陆方面在对台工作上的战略自信和战略定力，"两岸关系形势越复杂，越需要两岸民间加强交流"，因为大陆方面坚信"两岸关系和平发展的根基在基层，动力在民间"；[41] 台湾岛内"台独"分子越是企图弱化和切割两岸民众联系，大陆方面越是要与之进行坚持斗争，使两岸的融合面进一步扩展，不再仅仅局限于经济物质层面，而是扩展到包括文化思想、制度管理等内容在内的社会领域，这是大陆方面朝推动实现两岸民众"心灵契合"的又一重要举措。推动两岸经济社会的融合发展，目标是逐步达到海峡两岸我中有你、你中有我的交融程度，从某种角度看，这未尝不是一种渐进式的两岸统一。因此我们开展两岸交流与合作，要站在促进、实现中国统一的高度，深刻领会习近平对台工作重要思想中强调推动两岸经济社会融合发展的深远意义。

（四）以包容的胸襟、前瞻的眼光，既务实谨慎，又勇于创新地拓展对台工作

两岸关系涉及内外诸多方面的复杂因素，因此开展对台工作必须务实面对问题，谨慎处理问题；同时，两岸关系在古今中外找不出相同的例子，在破解两岸政治难题上没有可资直接参照的理论与经验，因此不能因循守旧、墨守成规，而要大胆突破条条框框，勇于探索和创新。大陆方面早已指出，"在一个中国原则下，两岸什么都可以谈"。中共十八大报告也指出："希望双方共同努力，探讨国家尚未统一特殊情况下的两岸政治关系，作出合情合理安排。"2014年，大陆和台湾的两岸事务主管部门建立了公权力性质的常态化联系沟通机制，双方负责人直呼对方官衔；2015年11月，习近平和马英九实现了两岸领导人首次会面，双方在彼此称谓、会谈人员安排上都做了精心而又颇具意味的设计。这些举措都为破解两岸政治难题进行了有益尝试。从某种角度看，一方面，争取台湾民心可以为破解两岸政治难题创造有利条件和良好氛围；另一方面，推动两岸政治关系发展也有利于进一步争取台湾民心——两岸之间现在肯定不是

"台独"分子鼓噪的"国与国"的关系，那么，是一国内部"交战团体"（因为从大陆视角看，两岸在法律上仍处于交战状态）之间的关系吗？如果是，那是一种什么样的"交战"关系？如果不是，那么是什么关系？在这个问题上回答（包括以行动回答）得越合情合理，大陆反制包括"柔性台独"在内的各种"台独"就越有力，就越能争取台湾民心。但这涉及非常复杂乃至非常敏感的多方因素，没有大魄力、大担当，是无法在这个问题上取得突破的。

此外，在2016年11月纪念孙中山诞辰150周年会议上，习近平以"六个任何"展示了反对和遏制"台独"的坚定决心，同时呼吁"台湾任何党派、团体、个人，无论过去主张过什么，只要承认'九二共识'，认同大陆和台湾同属一个中国，我们都愿意同其交往"。[42]这既体现了坚定的底线意识，又展示了不计前嫌、包容前瞻的广阔胸襟。在今后的对台工作中，面对复杂严峻的台海形势，大陆方面应该有一直这样的自信、定力和眼光。

总之，习近平对台工作重要思想是"站在国家发展全局和中华民族复兴的战略高度，根据国内外形势和台海形势的发展变化"提出来的，"丰富和发展了对台工作的理论和实践"，[43]内涵十分丰富，意蕴非常深远，值得所有关心中华民族复兴和两岸关系发展的人们仔细品读与思考。

注释

[1] 中共中央宣传部："党的十八以来，我们党的所有理论和实践，都紧紧围绕着实现这个崇高奋斗目标（即实现中华民族伟大复兴）精进展开。"中共中央宣传部：《习近平总书记系列重要讲话读本》，北京：学习出版社、人民出版社2016年版，第2页。

[2] 习近平指出，"中国梦的本质是国家富强、民族振兴、人民幸福"。中共中央宣传部：《习近平总书记系列重要讲话读本》，北京：学习出版社、人民出版社2016年版，第8页。

[3] 习近平：《更好统筹国内国际两个大局，夯实走和平发展道路的基础》，载于《习近平谈治国理政》，北京：外文出版社2014年版，第247—278页。

[4] 《中共中央总书记习近平会见中国国民党荣誉主席吴伯雄》，新华网2013年6月13日。

[5] 《习近平强调：坚持两岸关系和平发展道路，促进共同发展造福两岸同胞》，新华网2015年3月4日。

[6] 《习近平总书记会见中国国民党主席洪秀柱》，新华网2016年11月1日。

[7] 《习近平：在纪念孙中山先生诞辰150周年大会上的讲话》，人民网2016年11月11日。

[8] 《习近平总书记会见中国国民党主席洪秀柱》，新华网2016年11月1日。

[9] 《习近平总书记会见中国国民党主席洪秀柱》，新华网2016年11月1日。

[10] 《习近平：共圆中华民族伟大复兴的中国梦》，新华网2014年2月19日。

[11] 《习近平总书记会见台湾和平统一团体联合参议团》，新华网2014年9月26日。

[12] 《习近平：对台政策不会因台湾政局变化而变》，凤凰网2016年3月6日。

[13]《习近平：对"一国两制"的信心和决心绝不会动摇》，人民网 2016 年 7 月 1 日。

[14]《习近平：决定两岸关系走向关键是大陆发展》，人民网 2015 年 3 月 5 日。

[15]《习近平总书记会见台湾和平统一团体联合参访团》，新华网 2014 年 9 月 26 日。

[16]《张志军："台独"尽头是统一，我有充分思想准备》，中评网 2017 年 3 月 26 日。

[17]《习近平：两岸政治分歧问题终归要逐步解决》，中国新闻网 2013 年 10 月 6 日。

[18]《习近平总书记会见台湾和平统一团体联合参访团》，新华网 2014 年 9 月 26 日。

[19]《习近平总书记会见台湾和平统一团体联合参访团》，新华网 2014 年 9 月 26 日。

[20]《习近平总书记会见台湾和平统一团体联合参访团》，新华网 2014 年 9 月 26 日。

[21]《习近平总书记会见中国国民党主席洪秀柱》，新华网 2016 年 11 月 1 日。

[22]《习近平总书记会见中国国民党主席洪秀柱》，新华网 2016 年 11 月 1 日。

[23]《习近平：两岸同胞要携手同心共圆中国梦》，新华网 2014 年 2 月 18 日。

[24]《习近平：两岸同胞要共同为实现中华民族伟大复兴的中国梦而努力奋斗》，新华网 2013 年 4 月 8 日。

[25]《习近平：对"一国两制"的信心和决心绝不会动摇》，中国共产党新闻网 2016 年 7 月 1 日。

[26]《习近平强调：坚持两岸关系和平发展道路，促进共同发展，造福两岸同胞》，新华网 2015 年 3 月 4 日。

[27]《习近平会见中国国民党主席朱立伦》，新华网 2015 年 5 月 4 日。

[28] 转引自《以人民为中心的方法论意蕴》，中国共产党新闻网 2017 年 1 月 19 日。

[29]《中共中央总书记习近平会见中国国民党荣誉主席吴伯雄》，新华网 2013 年 6 月 13 日。

[30] 2005 年 1 月 28 日，贾庆林在"江八点"发表 10 周年纪念会上表示"情牵两岸，月共一轮，两岸是一家人"。

[31]《习近平：共圆中华民族伟大复兴的中国梦》，新华网 2014 年 2 月 19 日。

[32] 中共十七大报告指出，"十三亿大陆同胞和两千三百万台湾同胞是血脉相连的命运共同体"；十八大报告指出，"两岸同属中华民族，是血脉相连的命运共同体"。

[33] 习近平 2013 年 2 月、2015 年 5 月分别会见连战、朱立伦时语。相关出处见前注。

[34]《习近平：对"一国两制"的信心和决心绝不会动摇》，中国共产党新闻网 2016 年 7 月 1 日。

[35]《习近平：共圆中华民族伟大复兴的中国梦》，新华网 2014 年 2 月 19 日。

[36] 同上。

[37]《习近平总书记会见台湾和平统一团体联合参议团》，新华网 2014 年 9 月 26 日。

[38]《习近平：共圆中华民族伟大复兴的中国梦》，新华网 2014 年 2 月 19 日。

[39]《习近平会见中国国民党主席朱立伦》，新华网 2015 年 5 月 4 日。

[40]《习近平参加上海代表团审议》，新华网 2016 年 3 月 5 日。

[41]《习近平总书记会见中国国民党主席洪秀柱》，新华网 2016 年 11 月 1 日。

[42]《俞正声在第八届海峡论坛开幕式上的致辞》，新华网 2016 年 6 月 12 日。

[43]《习近平：在纪念孙中山先生诞辰 150 周年大会上的讲话》，人民网 2016 年 11 月 11 日。

[44]《张志军：维护和推进两岸关系和平发展 共圆中华民族伟大复兴中国梦——深入学习近平总书记对台工作重要思想》，《求是》2016 年第 20 期。

学习领会习主席解决台湾问题战略思想
推进实现国家统一战略布局

军事科学院台海军事研究中心　　赵力昌

习主席明确指出：解决台湾问题，关系国家安全、统一、发展全局，关系民族感情，关系中华民族伟大复兴。我们要充分认识解决台湾问题的长期性、复杂性、艰巨性，增强使命感和责任感。党的十八大以来，习主席敏锐洞察时代发展大势，深刻把握两岸关系发展走向，高瞻远瞩，深谋远虑，从国家和民族的整体利益出发，着眼国际国内两个大局和实现中华民族伟大复兴的奋斗目标，创造性地提出一系列关于解决台湾问题的新论述、新理念，逐步形成了习主席关于解决台湾问题的重大战略思想。这一重大战略思想是对我党对台大政方针的继承和发展，是实现中华民族伟大复兴中国梦的实践要求，是应对国际格局与两岸关系演变的主动作为，是台海方向军事斗争战略指导的创新发展，体现了新一届党的领导集体强烈的历史使命感和责任担当。深刻认识、准确把握、务实践行这一重大战略思想，对于加强和推动新形势下对台工作和军事斗争准备，完成祖国统一大业，具有极其重要而深远的意义。

一、把握习主席解决台湾问题战略思想精神实质和思想内涵，正确认识当前台海局势和两岸关系发展走向

战略判断是定下战略决心、战略部署的前提，其目的就是要认清形势、辨识敌友、明确威胁、预测战端。毛主席在《中国革命战争的战略问题》中就指出："指挥员正确的部署来源于正确的决心，正确的决心来源于正确的判断，正确的判断来源于周到的和必要的侦察，和对各种侦察材料连贯起来的思索。"习

主席反复强调，正确判断形势是制定路线方针政策的一个基本依据，要求我们要充分估计前进道路上可能遇到的困难和风险，清醒看到国家安全面临的机遇和挑战。习主席关于台湾的战略地位、围绕台湾问题进行斗争的实质、两岸关系与台海局势发展走向提出了一系列重要战略判断。他深刻指出，台湾问题历史和现实因素相互交织，国际背景云谲波诡，岛内政治生态和社会生态错综复杂，台海局势充满不确定性不稳定性；"台独"势力及其分裂活动仍然是对台海和平的现实威胁。特别是 2016 年民进党赢得台湾两场重要选举后，习主席进一步指出，两岸关系面临方向道路选择，对台工作的复杂性增加、困难增多，强调两岸关系和平发展任重道远。

当前，国际战略格局进入质变期，周边安全环境进入躁动期，中华民族伟大复兴进入关键期，岛内政治社会格局进入转折期，两岸关系进入不确定期，对台军事斗争面临新的形势和任务。学习领会习主席关于台海局势的战略判断，可以从三个方面加以认识和理解：

（一）以历史思维观两岸大势、以辩证思维看统一问题。两岸格局我强台弱持续强化，统一大势难以阻挡，但现阶段各方都无法从打破现状中获得更大利益，维持台海稳定仍是最大公约数。一方面，我不断增强的综合实力，是遏止"台独"分裂、实现祖国统一的可靠保障；我正处在中华人民共和国成立以来历史上最好的一段发展时期，比任何时候都更接近世界舞台的中心，也比任何时候都更具备实现祖国统一的信心与能力。经过 30 多年的快速发展，目前我 GDP 总量超过 10 万亿美元，与美差距大幅缩小、对台优势急速扩大。我与美 GDP 之比由 1990 年的 1∶15 上升为 2015 年的 1∶1.56，与台 GDP 之比由 1990 年的 2.3∶1 扩大为 2015 年的 21.9∶1；我与美国防费之比由 1990 年的 1∶25 上升为 2015 年的 1∶4.8，与台湾军费之比由 1990 年的 1∶1 扩大到 2015 年的 12∶1。经过多年军事斗争准备，我已形成对台军事优势，具备了较为充分有效的遏制"台独"分裂、抗击强敌介入的军事能力，掌控台海局势、解决台湾问题的信心越来越足，"台独"势力实现"法理台独"的忌惮越来越多，美国为了台湾而出兵的顾虑越来越大，长远看解决台湾问题主动权在我。另一方面，从当前形势看，也需要辩证地看到台湾问题长期性、复杂性，"不统不独"的僵局短期内难以打破。台湾问题的形成是深刻的历史、国际、政治、意识形态等多因素综合作用结果，当前我尚未做好彻底解决台湾问题的全面准备，美国难下为了台湾而与我一战的决心，台湾缺少实现"法理独立"的资本，台海各方都无法确保从打破台海和平稳定的现状中获得更大利益，维持台海总体和平稳定仍是符合各方利益的最大公约数。

（二）以底线思维看"台独"，民进党实现全面执政，台海和平稳定有被打破的风险。民进党时隔八年再度执政、"台独"势力蠢蠢欲动，新的"台独"躁动期冲击国家崛起关键阶段，台海博弈对我战略全局影响明显上升。制约"台独"势力发展的部分内外因素有明显弱化趋势，两岸关系发展不确定性增加，台海局势动荡和冲突风险增大。2020年，我将实现全面建成小康社会目标，蔡英文第一任期届满争取连任，美亚太军事力量调整部署基本到位，两岸与美三方战略博弈进入新阶段。"台独"势力新的躁动期，与我实现"第一个百年目标"关键阶段，时间上高度重合、战略上构成冲击，虽是局部之变，但影响全局，对我主权、安全和发展利益构成挑战。一是从岛内政治生态看，"台独"分裂活动趋于活跃。民进党全面掌控岛内行政、立法资源，地方执政明显占优，处于一党独大地位，未来还将进一步扩张势力，加速实现两个目标：首先是争取一党独大持久地位。以"转型正义"为幌子，围剿裂解国民党，压制政治对手，谋求长期执政。其次要全面整合各路"台独"势力。在某些议题上与"时代力量"等新兴势力分饰"红白脸"、分进合击，进一步掌控岛内政局主导权。国民党连遭两场重要选举惨败，内外交困，对内面临重组与改革，对外面临民进党强力剿杀，总体看短期内难以翻身，理念问题、团结问题、人才问题这些老问题仍是制约其东山再起的瓶颈；还应当看到，国民党"本土化"趋势难以避免，而且其在维护所谓"主权"问题上与民进党一致对我，制约"台独"分裂活动的作用已经大幅削弱。"5.20"以来，蔡当局渐进式谋"独"破坏台海和平两岸关系的负面效应正在集中显现，其"柔性路线"遮羞布的维持时间比预想的要短，其将"台独"问题岛内化、生活化、国际化的伎俩逐渐成形。以两岸为佯动方向，借维持现状为谋"独"拖延时间；以岛内为主攻方向，打造"台独"政治生态；以国际为迂回方向，寻求"主权"突破，三个方向互为支撑、分进合击。据统计，2016年民进党在"立法院"强行通过"两岸协议监督条例""公投法"等为"法理台独"预留暗门的提案20余项；台"行政院"推出"废课纲微调""限制退役将领等人员赴陆"等绿化民意、限缩两岸交流的政策宣示50余项。在蔡当局默许纵容下，岛内"激独"分子及部分地方县市，接连制造拆除"中国象征"纪念物、美化殖民历史等挑衅事件10余次。未来，"台独"势力回潮难以避免，各种形式的"台独"分裂活动趋于活跃，两岸在各领域的摩擦对抗易发多发，"分裂与反分裂"主要矛盾再次凸显，若出现重大危机，将破坏东南方向战略稳定，甚至影响我"第一个百年目标"的实现。二是从岛内民意变化看，"拒统容独"民意渐成气候。近20年来，受两岸长期分离、国民党反共宣传、李登辉和陈水扁"去中国化"教育的影响，台湾民众特别是年轻一代"中国意识"弱化、"台湾主体意识"增强，倾向统一的力量持续减弱、拒统的力量不断增强。"两岸属于互不隶属的两个国家"的"两国"思维和"台湾前途由台湾2300万人民决定"的"拒统"思潮，已为岛内大多数民众所接受，"拒统容独"民意渐成气候。台湾民调显示，台湾民众自认是台湾人的比例由20年前的44%大幅升至目前的73%，创下民调数据新高，而觉得自己是中国人的比例则由20年前的31%降到11%，创历次调查新低。从年龄层次看，20至29岁的年轻人自认是台湾人的比例最高，达85%，而且主张"急独"（29%）及"缓独"（25%）的比例也都高于30岁以上族群。台湾指标民调则就台民众对两岸关系现状和未来看法进行抽样调查，结果显示69.3%选择"一边一国"，64.8%选择"一中一台"，16.2%选择"两岸都属一个中国"，10.5%选择"终极统一"。同时对台湾民众愿为宣布"台湾独立"付出何种代价进行的调查结果显示，只有20%的民众愿为"台独"而战，16%可承受经济封锁，21%可接受失去多数"邦交国"。台湾"中研院"社会所做的统"独"调查发现，民众"对当下统独意愿选择"与"预期未来统独走向"出现明显落差，46.4%主张"独立"者虽为当前强势民意，16.1%主张统一者最少，但更多民众却预期未来走向是"被统一"，凸显当下不愿统但未来又不得不接受统的矛盾心态。从未来发展看，蔡推动"台独"冒险的重要因素将取决于"急独"人数的多少；从蔡双十讲话看，企图割裂台湾世代连接、将"台独"诉求投向年轻人的意图明显。未来民进党势必利用执政机会放任助推"去中国化"，扩大"和平分离"民意基础，以"民间运动"面目推动台湾"正常国家化"将成为常态，"容独"民意可能达到一个高峰。若"台独"势力借敏感事件煽动民粹，势必导致两岸民意对抗冲突多发频发，影响持续扩大，将我与民进党的政治对立转嫁为我与岛内民意的正面冲撞，冲击两岸和平稳定，干扰破坏"两岸共议统一"路径，使我实施"寄希望于台湾人民"政策的难度增大。三是从蔡当局政策走向看，其两岸政策存在冒险倾向。蔡的两岸政策走向受到蔡"台独"理念、性格特点、台当局决策机制、社会环境等因素综合影响。目前，蔡英文推动"台独"有新的表现：一是"台独"路线战略化；二是"台独"策略柔性化；三是民主"台独"工具化；四是"台独"力量年轻化；五是"中华民国"空壳化。从策略上看，蔡当局两岸政策短期求稳待变、长期以变谋"独"。其一，蔡当局前期政策求稳，不代表未来政策不会生变，2018年底和2020年初将是重要观察点。蔡当局深知，欲稳固执政必先稳定两岸，在"内政""外交"与两岸之间谋求相对平衡、博取弹性空间。目前，蔡当局政策仍然"以柔求稳"，身段依然柔软，力避被视为"麻烦制造者"，力争更加有利于民进党执政的内外环境。在任期中后段，首先是面临2018年底的台湾地方选举"期中考"，其次是2020年初台湾"大选"、将是蔡谋求连任的重要节点，为赢得更多选票，其政策有向绿营基本盘靠拢的现实需求，若政绩不佳、选情不利，其政策生变的可能性将增大，甚至可能为争取选票而蓄意制造突变。其二，蔡当局"台独"路线以柔性面目出现，不代表危害性降低，其"谋独"手法将更趋隐蔽多样。"柔性台独"看似短期无大碍，实则长期有大害，其"毒性"不亚于陈水扁时期的"急独"。蔡当局上台后继续回避"九二共识"核心意涵，仍不承认"两岸同属一个中国"，无法与我建立政治互信。未来可能继续运用"内政""涉外"事务，导致两岸关系停滞倒退、严重损害我安全发展利益，甚至通过法理、安全等举动引发"台独"事变，踩我红线底线。其三，蔡当局吸取陈水扁失败教训，不代表"急独"路线影响完全消除，台海局势突变风险始终存在。蔡英文"台独"理念根深蒂固，势必寻机将"台独"理念付诸决策。蔡当局仍沿用李登辉、陈水扁时期"小圈子"决策模式，其决策团队由长期追随蔡的智囊组成，成员稳定、圈子狭小、流程封闭，决策思路偏狭、易走极端的特点将不时呈现。蔡性格诡谲、作风强势，刻意将执政团队游离于决策体制之外，强化个人居中掌控的权威，让"有权位的没有决策权，无权位的却可以左右决策"，容易导致决策与执行脱节，客观上导致政策不稳定性、跳跃性增加、容易产生180度转弯（"发夹弯"）。李、扁时期官员"班师回朝"，大量加入蔡当局团队，核心人物多主张"两国论"，"台独"路线惯性思维难以消除。加之新旧顽固"台独"势力裹胁加压，绿营民代鼓噪"恐中反中"，民意催化"反中拒统"，将进一步加剧蔡当局两岸政策冒险倾向，增加台海局势突变恶变的可能。四是从外部势力干扰看，可能出现美日台联手对我的复杂局面。美国不会放弃利用台湾问题牵制中国，是实现两岸统一的最大外部障碍。尽管美对"台独"不放心，但预判民进党可能长期执政，乐见两岸统"独"对立上升对我安全稳定与发展形成有力牵制。未来美势必坚持两面手法，突出"以台制华"，其表面劝和、实质挺蔡、暗中纵"独"的险恶用心昭然若揭。日本紧随美国积极介入台湾问题，妄图推动日版"与台湾关系法"，加强日台经济、安保领域合作，酝酿推动日对台军售突破，力推双方关系升级。五是台军持续整军备战，台海仍是最有可能发生局部战争的方向。六十多年来，台军始终以我为唯一作战对手进行战争准备，特别是进入新世纪，台军整军备战步伐不断加快，军队建设质量正在发生新的变化，"以武拒统"能力不断增强。目前民进党重新执政，台军事战略已经做出"防卫固守、重层吓阻"调整。台军将 2020 年作为我对台大规模作战决战决胜能力形成时间节点，认为可能采取"以战逼降"手段实现统一。安全理念上，借"共同民主价值观"强化美日台政治军事关系，构建安全屏障，谋求纳入美日安保体系，充当围堵中国"马前卒"；同时，不断强化对台澎防卫作战中的联盟作战样式的研究运用，突出"依美求存，与日结伴"，构建事实上的美日台"三方准军事同盟"。军事战略构想突出"吓阻"地位作用，丰富台澎防卫作战理念内涵，更加强调吓阻手段的不对称性、防卫作战战法的创新性和对美日等"联盟力量"介入的依赖性。作战能力发展上，加强滨海 / 沿海阻击能力建设，以战力保存为基础拓展兵火力投射范围，主张以陆航"滨海阻击"能力实施泊地攻击，积极发展地面机动支援 / 防御能力和远程打击火力网，构成海峡及我东南沿海区域阻击能力；同时，谋求建设全域覆盖的制空作战能力和尽远拦截的制海作战能力，战役战术行动上的主动性、进攻性乃至冒险性凸显。建军理念上，继续强化"自主防卫"，进一步突出"重点建军"。民进党当局强调要建设"具有台湾特色的国防"，提出重点强化网络、制海、制空三种战力，包括成立第四军种（"通资电军"），加强与美日信息安全合作，2025 年前第一艘自制潜艇下水，外购或研制垂直 / 短距起降战机，大力发展航空、船舶、信息安全三大核心军工产业能力等。

二、把握习主席解决台湾问题战略思想理念思路和指示要求，全面理解推进实现国家统一的战略布局

习主席高度重视对台工作。党的十八大以来，习主席多次亲自主持召开专门会议全面分析台海形势，亲自主持研究筹划对台工作部署，亲自指导引领对台工作实践，在保持中央对台大政方针连续性的基础上，形成了新形势下稳定台海局势、发展两岸关系、保障国家战略全局、彻底解决台湾问题、完全实现国家统一的宏大思路和长远规划。全面深入学习领会习主席推进实现国家统一的战略布局，应着重从四个方面加以理解和把握。

（一）着眼国家安全统一发展全局，准确把握台湾问题和两岸关系的历史方位。我们党把握对台斗争基本规律、制定对台工作目标任务和方法策略的重要前提，是科学分析不同历史时期国际形势和国家战略需求、准确判断台湾问题及两岸关系现状与发展趋势、抓住影响解决台湾问题的主要矛盾。党的十八大

以来，习主席围绕台湾问题、两岸关系现状及发展趋势等做出一系列重要论述，提出了具有战略高度与时代特色的新认识、新要求。第一，台湾问题关系国家安全、统一、发展全局。习主席多次指出"台湾问题是影响我国安全、统一、发展全局的最大障碍"，强调围绕台湾问题的斗争"牵一发而动全身"，深刻阐明了反分裂、反遏制、反围堵的斗争性质，为新形势下制定战略、推进军事斗争准备指明方向。第二，祖国统一是不可阻挡的历史进程，实现祖国统一是新时期中央领导集体的历史责任。当前，国际力量格局我升美降、地区博弈我主动美被动、两岸对比我愈强台愈弱的趋势，决定了台湾问题的根本走向，我在台湾问题上的战略主动、作为空间不断扩大。习主席着眼这一历史性变化，在错综复杂形势下对两岸关系发展保持了高度的战略自信，充分展现了我们党有能力主导两岸关系发展的坚定信心。他多次指出，"解决台湾问题、实现祖国完全统一，是不可阻挡的历史进程""继续推动两岸关系和平发展，促进两岸和平统一，是新一届中共中央领导集体的责任""两岸长期存在的政治分歧问题终归要逐步解决，总不能将这些问题一代一代传下去"等等。第三，两岸关系站在新的历史起点上。习主席基于对新形势下两岸关系的复杂性的深刻洞察和辩证思考，提出"两岸关系站在新的历史起点上"的重大判断，既反映了对2008年以来两岸关系和平发展局面的高度肯定、展现了对维护和推进两岸关系和平发展的深切期待，同时也体现了习主席对两岸关系和平发展可能出现变数的预研预判。他多次强调，"影响台海局势稳定的根源并未消除"，"未来台海局势发生逆转的可能性不能排除"，"两岸关系发展面临方向和道路的抉择"。

（二）着眼伟大复兴中国梦，筹划在民族复兴进程中实现国家统一。实现中华民族伟大复兴，完成祖国统一大业，是我们党的既定战略目标。党的历代领导人都曾明确指出这一点。党的十八大以来，习主席站在全民族发展的高度，围绕实现中华民族伟大复兴与完成祖国统一大业问题进一步做出系列重要论述，深刻阐述了实现民族复兴与完成祖国统一大业的辩证关系、主要内涵和基本要求等。第一，在实现中华民族伟大复兴进程中完成祖国统一大业。习主席强调，"国家统一是中华民族走向伟大复兴的历史必然"，"要在实现中华民族伟大复兴进程中完成祖国统一大业"。习主席这一重要思想，强调了从实现中华民族伟大复兴的高度思考和谋划对台工作的新要求，就是将民族复兴作为新形势下的对台工作的出发点和落脚点，一切工作都要服从和服务于这个目标，否则就是本末倒置、缘木求鱼。第二，台湾的前途系于中华民族伟大复兴。习主席把台湾同胞的家国情怀、发展梦想与实现中华民族伟大复兴的中国梦紧紧地凝聚在一起，他指出："中华民族伟大复兴与两岸同胞前途命运紧密相连"，"对台湾来说，是福音、是历史机遇"，"与台湾的前途息息相关"，"台湾同胞的福祉离不开中华民族的强盛"。因此，台湾梦是中国梦的组成部分，与中国梦不可分割，也不能分割。第三，两岸同胞应共谋中华民族伟大复兴。习主席指出，"中国梦是两岸共同的梦，需要大家一起来圆梦"。然而，由于两岸政治、经济发展情况的不同，在致力于民族复兴进程中，两岸责任是共同的，但任务是有区别的。习主席强调，对于祖国大陆而言，致力于中华民族伟大复兴，必须"克服各种困难开辟两岸关系新前景"；对台湾而言，共谋复兴的前提是继续维护和推动两岸关系和平发展。他多次提出："两岸同胞共同推动两岸关系和平发展，就是在为实现中华民族伟大复兴作贡献。"

（三）着眼实现祖国和平统一，筹划新形势下两岸关系和平发展的方式路径。习主席就推动两岸关系和平发展做出系列重要论述，阐明了新形势下坚持两岸关系和平发展道路的时代意义和历史价值，形成了以两岸和平统一为方向目标，以一个中国原则为政治基础，以"巩固深化交流合作、推进两岸协商谈判"为重要途径，以反对"台独"分裂活动为必要条件的两岸关系和平发展重要思想和政策主张。第一，两岸关系和平发展是通向和平统一的光明大道。习主席多次指出，"以和平的方式实现统一最符合包括台湾同胞在内的中华民族的整体利益"，两岸关系和平发展是"一条维护两岸和平、促进共同发展、走向民族复兴、造福两岸同胞的正确道路"，"是通向和平统一的光明大道"，全面辩证地把握和平统一与两岸关系和平发展的内在联系，进一步阐明了实现和平统一首先要确保两岸关系和平发展的重要论断。第二，两岸关系和平发展的基础是深化维护一个中国框架的共同认知。习主席多次强调，"两岸同属一个中国，这一基本事实任何力量都无法改变"。他深刻把握民族根本利益和国家核心利益，基于对台工作长期丰富实践的科学总结，明确指出坚持走和平发展道路，但决不能放弃正当权益，反复强调两岸关系和平发展的基础在于，必须坚持"九二共识"、维护一个中国框架的共同认知。第三，以"两岸一家亲"理念，巩固深化两岸各层次、各领域交流合作。习主席指出，两岸"是'打断骨头连着筋'的同胞兄弟，是血浓于水的一家人"；要推动两岸交流合作，"不断巩固和深化两岸关系和平发展的政治、经济、文化、社会基础"；两岸交流合作重点是"积极创造条件，扩大两岸社会各界各阶层民众的接触面，面对面沟通，心与心交流，不断增进理解，拉近心理距离"；交流合作必须"让广大台湾同胞特别是基层民众都能更多享受到两岸关系和平发展带来的好处"，要积极"为两岸基层民众、青年交流往来多创造条件，以增进相互了解，融洽彼此感情，实现心灵契合"。习主席这一系列讲话情之真、意之切，可以说做到了仁至义尽。第四，维护两岸关系和平发展，必须坚决反对和遏制"台独"分裂活动。习主席基于两岸关系发展的历史经验，反复强调，"'台独'分裂势力及其活动损害国家主权和领土完整，企图挑起两岸民众和社会对立、割断两岸同胞精神纽带，是两岸关系和平发展的最大障碍，是台海和平稳定的最大威胁"；维护两岸和平发展大局，必须"继续坚持'反独促统'这个战略目的，坚决反对和遏制'台独'分裂活动"。

（四）着眼打赢海上信息化局部战争，筹划对台军事斗争准备。决不放弃使用武力，是我们党在台湾问题上坚持的一项重大政治原则。在总结长期斗争经验的基础上，我们党确立了"文攻武备"的对台斗争总方略。党的十八大以来，习主席放眼全局、超越台海，就深入推进和科学把握对台军事斗争准备提出一系列新要求，做出一系列新的战略性部署。第一，对台军事斗争是保底手段。必须抓好武备这一手，这是解决台湾问题的最后手段、保底手段，而军事斗争准备越充分，"台独"势力越不敢轻举妄动，两岸关系发展越有保障，台湾问题和平解决就越有可能，发挥军事斗争在反"独"、塑局、促统中的"定海神针"作用。第二，对台军事斗争是政治问题。台湾问题是我国内革命战争的遗留问题，对台军事斗争仍然属于中国内战延续的范畴，因此必须充分认清新形势下对台军事斗争的特殊政治性质和军事特点。研究和筹划对台军事斗争准备，必须坚持军事服从政治、战略服从政略，从政治高度思考战争问题，必须把战争问题放在实现中华民族伟大复兴这个大目标下来认识和筹划。第三，对台军事斗争准备是牵引龙头。推进对台军事斗争准备是强军兴军的一个具体抓手，必须坚持把对台军事斗争准备作为长期战略任务和紧迫现实任务，为加快军队一体化建设、深化国防和军队改革提供有力牵引，最大限度发挥对台军事斗争准备的战略效益。第四，对台军事斗争准备要超越台海。坚持以台海为主要战略方向，加强海上军事斗争整体筹划，要求把解决台湾问题放在经略海洋的全局中来考虑，把对台军事斗争放在一个更为广阔的战场或空间来运筹。

两岸政策互动与当前台海局势观察

华中师范大学台湾与东亚研究中心　周志怀

2016年5月台湾再次实现政党轮替，主张"台独"的民进党重新上台执政。一年多来，蔡英文与民进党当局持续推行"柔性台独"政策，不断挑战两岸互动的政治基础，打破台海和平稳定现状，致使两岸关系和平发展进程严重受阻。面对台海局势出现的新风险、新挑战，大陆始终保持战略定力，坚持对台大政方针毫不动摇，尽最大努力维护海峡两岸关系和平发展。处于两岸相互政策博弈下的台海局势，目前仍然复杂严峻。

大陆坚持两岸共筑民族复兴中国梦

民进党再度执政后，大陆一方面坚持政策底线，坚决反对与遏制形形色色的"台独"，另一方面则持续推进两岸经济社会融合，并希望两岸同胞团结一心，携手共筑中华民族伟大复兴的中国梦。

1. 确保国家主权与领土完整是大陆对台政策红线。习近平总书记2016年11月在会见中国国民党主席洪秀柱时强调，"确保国家主权和领土完整是国家核心利益，是一条不可逾越的红线"。这是党和国家领导人首次公开谈及对台红线。据台湾媒体报导，习近平在会见洪秀柱时还脱稿指出，反"台独"是基于中华民族的民族主义立场，大陆13亿人不会同意"台独"，"我们有决心有能力有准备处理'台独'！"此后，习近平总书记在纪念孙中山先生诞辰150周年大会和今年建军90周年大会上又反复强调：维护国家主权和领土完整，绝不容忍国家分裂的历史悲剧重演，是我们对历史和人民的庄严承诺。"我们绝不允许任何人、任何组织、任何政党、在任何时候、以任何形式、把任何一块中国领土从中国分裂出去。"大陆发出的信号不仅十分清晰而且非常强烈，时间与历史都会证明中国政府一个中国原则的刚性到底有多强。

红线意识在今年庆祝香港回归20周年活动中也有着清晰展露。习近平在庆祝大会的讲话中特别强调，在"一国两制"的具体实践中，必须牢固树立"一国"意识，坚守"一国"原则。任何危害国家主权安全、挑战中央权力和香港特别行政区基本法权威、利用香港对内地进行渗透破坏的活动，都是对底线的触碰，都是绝不能允许的。

在处理双边关系时，我们也始终坚守红线。2017年7月8日在汉堡G20峰会期间，习近平主席应约会见日本首相安倍晋三时也强调，维护好政治基础是中日关系健康发展的前提。邦交正常化以来，中日双方先后达成4个政治文件和4点原则共识，就妥善处理历史、台湾等问题确立了原则。在这些涉及两国关系政治基础的重大问题上，不能打任何折扣，更不能有一丝倒退。只有这样，中日关系才能不偏离轨道，不放慢速度。希望日方重信守诺，按规矩办事。

可以说，大陆在维护国家核心利益的过程中，已明确画出不容挑战的红线，这不仅有利于我们把握主导权，也有助于有效防控风险与管理危机。

2. 推进两岸经济社会融合发展是大陆现阶段对台工作重心。 推进两岸经济社会融合发展是习近平对台工作思想的重要理念。从2014年11月习近平总书记在福建与台资企业负责人座谈时提出，两岸同胞同祖同根，血脉相连，文化相通，没有任何理由不携手发展、融合发展；到2015年5月会见朱立伦主席时提出推动两岸关系和平发展的宗旨，是"深化两岸利益融合，共创两岸互利双赢，增进两岸同胞福祉"；再到2016年3月两会期间参加上海代表团审议时强调，"两岸同胞是命运与共的骨肉兄弟，是血浓于水的一家人。我们将持续推进两岸各领域交流合作，深化两岸经济社会融合发展，增进同胞亲情和福祉，拉近同胞心灵距离，增强对命运共同体的认知"，习近平推动两岸经济社会融合的重要论述渐趋完善与成熟。

即使民进党上台执政，大陆持续推动两岸经济社会融合发展的决心也始终如一，并会以最大诚意、尽最大努力争取和平统一的前景。为此，大陆推动两岸经济社会融合发展的过程决不会停止。截至目前，大陆已积极研究出台20多项相关政策措施，为台湾同胞在大陆学习、就业、创业、生活提供更多便利，包括铁路和民航部门宣布改造自助服务设备，实现台胞自助购、取票和值机；教育部等部门修改完善台生在大陆学习的有关规定，开放在大陆工作的台湾研究人员申请国家社科基金；人社部扩大台胞在大陆事业单位就业试点地域；司法部决定进一步扩大法律服务对台开放等等。

总体上看，大陆的政策措施越来越细、越来越实，越来越接地气，这有助于拉近两岸民众的心理距离，推动两岸社会融合。2017 年 8 月参加厦门航空公司入职仪式的首批台湾空乘员表示，在厦门很像没有离开台湾的感觉，觉得蛮亲切，这边的人令人太感动，会想继续待下去；还有的则表示，希望可以跟厦门航空一起成长，一直到退休为止。共同的生活经历和工作经历，将形成两岸青年人的共同记忆，并为建立起感情联结打下必要基础。

3. **两岸同胞携手共筑中华民族伟大复兴中国梦是中长期目标。**中国梦与台湾的前途息息相关。2012 年 11 月，习近平总书记在参观《复兴之路》展览时强调，实现中华民族伟大复兴，是中华民族近代以来最伟大的梦想。现在，我们比历史上任何时期都更接近中华民族伟大复兴的目标，比历史上任何时期都更有信心、有能力实现这个目标。2013 年 2 月，习近平总书记在会见连战荣誉主席时则指出，我们始终从全民族发展的高度来把握两岸关系发展方向，实现中华民族伟大复兴，需要两岸同胞共同努力。习总书记还发出呼吁：真诚希望台湾同大陆一道发展，两岸同胞共同来圆"中国梦"。

中国近代以来的百年屈辱与激荡，近 40 年来改革开放的上下求索，我们已经走到了距离实现中国梦最近的时期。美国前国务卿基辛格 9 月 26 日在美国出席活动时表示，第一次访华时，当时的中国对他来说是个谜。如今中国的成就远远超乎他的想象，中国对于他来说已不再是个谜。他认为，当中国实现第二个一百年目标时，中国会比任何一个社会都要强大。两岸同胞命运与共，实现中华民族伟大复兴，必须靠两岸同胞共同努力，携手共圆"中国梦"，共同创造中国人的幸福生活和美好未来。

二、蔡英文两岸政策观察

2015 年 6 月，马英九在台湾陆军官校出席联合毕业典礼时，曾致辞希望两岸共同打造的"超稳定的和平架构"，"未来能够持续维持"，现在看来这只能是一个善良的愿望。导致两岸目前僵局的根本原因，是蔡英文执政一年多来，坚持推行"柔性台独"政策，在两岸关系根本性质的问题上，给世人留下了太多的疑问，民共之间毫无互信可言。观察蔡英文的两岸政策大致有下面三个维度：

1. **两岸政治定位以"一中一台"为核心。**2016 年 7 月，蔡英文上任后首次接受外媒（美国《华盛顿邮报》）独家专访时表示："对台湾人来说，我们认为我们是一个国家，一个民主国家。"年底蔡英文与媒体茶叙时又明确表示，必须要先了解自己的定位，然后再寻求两岸发展的可能性："我们作为一个主权独立国家的这件事情是我们集体的共识。"蔡英文的所谓"主权独立的国家"，并非她在就职演说中所称的"中华民国"，这从她去年6月出席巴拿马运河拓宽竣工典礼时的签名"President of Taiwan（ROC）"中清晰可见。对于海内外各界对其巴拿马签名中所暴露出的"台独"立场的质疑，蔡英文则辩称："我是2300万人选出来的总统，称为'台湾总统'应该不为过。"由此观之，蔡英文基本上是以"一中一台"为两岸政治关系进行定位的。台湾"大选"前，台湾指标民调公司于2015年6月发布的民调显示，受访者中有37%认为蔡英文倾向"急独"，37%认为洪秀柱倾向急统，7%认为朱立伦倾向急统，26%认为马英九倾向急统。今年5月下旬，岛内偏绿的《美丽岛电子报》的民调结果显示，有高达54.4%的台湾民众，认为蔡英文的统"独"立场是倾向追求"台独"，这从一个侧面印证了蔡英文的执政追求。

2. 两岸路线图以"抗中谋独"为主轴。在"一中一台"思维下，蔡英文当局的两岸政策呈现出"力抗中国，摆脱依赖，倚美联日，渐进谋独"的路线图。2016年9月29日，蔡英文在民进党脸书官网上发布"创党30周年蔡英文主席给民主进步党党员的信"，声称要坚守价值，力抗大陆的压力，摆脱对大陆的过度依赖，发出了向"台独基本教义派"靠拢的明确信息。2017年4月下旬以来，蔡一方面拒不接受"九二共识"，另一方面又为台湾参与WHA连续接受媒体访问，并不断用推特发表强硬讲话，要求大陆要有新的、不一样的思考，不要受"传统思维与官僚体制限制"，做出不利于两岸关系的决策，并希望再次与特朗普通话，持续推高两岸对立。台陆委会负责人也公开表示，绝对不会接受一个中国原则和"九二共识"。蔡英文当局两岸路线图的轨迹已清晰可见。蔡英文一再声称，要维持两岸现状，"承诺不变、善意不变、不对抗、不屈服"，其实不过是文字游戏而已。

3. 操作方式以"去中国化"为主要手段。蔡英文上台以来，岛内"去中国化"的力度不断加大。从人事安排、组织机构绿化，到废止"微调课纲"、修改"公民投票法"，从紧缩两岸交流，到割断两岸历史联结，取消遥祭中山陵和黄帝陵，去蒋介石、去孙中山、去孔子等等，蔡英文当局的各种动作持续不断。以近期为例，今年6月台教育主管部门又提出"12年国教社会科领域课程纲要草案"，其中高中历史"课纲"中国史的部分，不仅从原本一册半缩为一册，而且一改过去台湾史、中国史和社会史的区分，将中国史放在东亚历史脉络中讨论，这种"去中国化"，制造"天然独"世代的作法，只能加剧两岸纷争。7月初，台"行政院院会"又通过陆委会提报修改的"两岸人民关系条例"，规定台指标性人员来大陆参加政治活动的管制年限长达 15 年。民进党当局频频"去中国化"与限制两岸交流的动作，不仅会在其执政期间毒化两岸气氛，更危险的是会造成两岸今后一两代人之间的持续对立，贻害子孙。

三、国共关系面临新挑战

2014 年"九合一"选举，国民党溃不成军，执政版图从原来的 4 都 11 县市，掉到只剩 1 都 5 县。2016 年"大选"，国民党又遭遇 1949 年以来最大溃败，彻底沦为在野党，"立委"席次也由 65 席掉到 35 席。败选后的国民党处于空前低谷阶段，也使未来国共关系与两岸关系发展面临着新的考验。

1. 吴敦义出任党主席为党内整合提供有利机遇。5 月 20 日，国民党举行党主席改选。吴敦义调动一切资源力拼其他五位对手，顺利达成首轮过半目标。此次选举是关系到国民党未来能否走出谷底的重要一役，选举结果重新确立了新的领导核心，避免了本土派的出走与国民党的再次分裂。吴成为蓝营新的政治共主，不仅有利于改变过去国民党令不出中央大门的弱势领导状况，过去对内无法整合、党中央与"立法院"党团始终格格不入，对外缺乏战力的局面也会出现转机。另一方面，党内主流与非主流、本土与非本土之争也将趋于弱化。

2. 国共合作中的消极因素凸显。吴敦义党政经历完整，基层经验丰富，逻辑思维缜密，行事谨慎且善于察风向、观大势。由于亲历诸多大小选战，全身充满选举细胞，选票意识浓厚，其大陆政策也因选票需要而表现出一定程度的两面性，类似"中华民国是父亲，台湾是母亲"之类的宣示便是最典型的例子。吴敦义当选后在接受《亚洲周刊》专访中表示坚决反对"台独"，其后在 8 月 20 日宣誓就职致辞中也指出，未来在"九二共识"基础上，将坚决反对"台独"，促进两岸相互尊重与包容，并透过经贸文化与和平论坛，维持二轨对话，增进了解并深入研讨两岸和平愿景。但吴也强烈主张"九二共识、一中各表"，特别是在两岸和平协议问题上，吴重申了过去的四个所谓条件："一是'国家'需要，二是双方坚定的诚意，三是全程'国会'监督，四是'全民'公投表决。"并称签署两岸和平协议将不利于美国对台军售。这些消极表态不得不令大陆对其今后两岸政策走向充满质疑。目前国共两党矛盾已呈现出台面化的现象，未来国共关系将面临着新的挑战。

3. 吴敦义与国民党面临的主要挑战。除两岸路线外，吴还面临以下挑战：

一是党内整合。长期存在的本土与深蓝、浅蓝间的裂痕，在团结表象下的党内高层心结，党内精英与基层的矛盾都有待消弭与整合。从某种意义上说，现阶段国民党的内忧则是大于外患。二是国民党如何改革与修补形象，改变"国民党不倒，台湾不会好"的社会氛围，重新赢得社会信任与民心。三是如何找回年轻世代的支持，培养党内新血，开放青年参选，提升青年从政机会。四是若能打赢2018年"九合一"选举，将为国民党起死回生注入强心针，否则亦可能为败选负责。

吴敦义担任党主席后的重头戏，是围绕选举打出改革牌、青年牌和本土牌，为重返执政创造条件。改革势必要与青年、本土紧密联系，实际上是以选举为导向、以本土为旗帜、以青年为抓手。两岸关系若不能为巩固党内地位和选举加分，吴敦义将瞻前顾后，踌躇不前。

四、小结

2016年5月20日蔡英文上台执政后，中央台办发表谈话指出，当前台海局势趋于复杂严峻，两岸同胞高度关注两岸关系发展前景。2017年1月20日俞正声主席出席对台工作会议时强调，2017年两岸关系和台海形势更加复杂严峻。2017年5月19日，国台办发言人应询表示，过去一年，台海形势发生重大变化，两岸关系日趋紧张，和平发展成果流失，同胞切身利益受损。如果"九二共识"的政治基础被破坏，两岸关系就会重新回到动荡不安的老路上去。

两岸政治对立是继续升级还是趋于缓和，不仅决定着未来两岸关系的发展前景，也深刻影响着亚太地区形势的和平与稳定，影响着两岸同胞的切身利益。

1. 两岸对立对抗难以缓和，但形势总体可控。从目前情况看，两岸各有底线，各有坚持，毫无要缓和与结束的迹象。民进党当局将会继续制造事端，在"去中国化"、争取所谓"国际活动空间"、修改"公投法"与推动"宪改"等问题上发牌，甚至借"藏独""疆独"与"港独"等敏感议题与大陆展开较量。但这些手段大多均被陈水扁所透支，对两岸与国际社会都并没有任何新鲜感，蔡英文难以得分。如果民进党当局一意孤行，大陆必将有针对性予以惩戒与遏制。另外，从岛内民意看，大部分人认为民进党重新执政后的两岸关系开始恶化，并不满意蔡英文当局处理两岸关系的方式。《旺旺中时》2017年9月发布的最新民调显示，74%的民众认为大陆对台湾未来经济发展的重要性会增加，超过73%的民众赞成调整现行两岸政策，改善两岸关系。蔡如进一步挑起两岸对撞，势必危及其岛内民意支持基础。从美国因素看，针对蔡英文在台巴"断交"后曾强硬表示要重新评估两岸政策、赖清德在近日则声称主张"台独"，美国务院发言人都重申一个中国政策，敦促所有相关方进行具成效的对话，避免提升紧张情势与破坏稳定。因此，未来两岸形势虽然不能完全排除出现较大风险的可能，但形势总体可控。

2. **蔡英文调整两岸政策空间有限。**蔡英文上台届满一周年时，岛内几乎所有民调结果都显示，蔡团队的执政满意度呈断崖式下跌。就连民进党于 5 月 19 日公布的自家民调也显示，有 54.2% 的民众对蔡英文当局一年来的施政表现不满意，超过 42.2% 的满意度，其中中间选民更有高达 68.5% 对蔡施政不满。在这种情况下，蔡英文不敢贸然迈出实质性调整步伐，以免民调支持度继续下跌。蔡英文与民进党走中道路线显然最符合台湾和台湾民众的利益，但期待蔡英文会改变民进党，引领民进党走中间道路，这不仅不切合实际，相反，蔡英文却已被民进党所改变。"激进台独"势力的新领军人物赖清德被委任为台湾行政部门负责人，正是蔡英文选择与"台独"势力合流下的产物。

3. **坚持"九二共识"，维护好两岸共同的政治基础，是打破两岸政治僵局的关键之所在。**蔡英文执政后的两岸互动表明，在两岸关系性质这一事关两岸同胞前途命运的原则问题上，并没有任何模糊的空间，民进党当局对此决不能心存侥幸。2017 年 9 月，蔡英文在民进党第十七届第二次党员代表大会的致辞中谈及"这一代民进党人的重要使命"时，一面表示要跳脱旧框架，重新审视台湾在世界以及地缘政治中的战略定位，要谨慎、诚实正视大陆的崛起和发展，形成新论述，另一方面又要"在坚持台湾主体意识及主权的原则下"，寻找和对岸互动的新模式，这真是缘木求鱼。我们多次明确指出，无论台湾哪个政党、团体，无论其过去主张过什么，只要承认"九二共识"的历史事实，认同其核心意涵，我们都愿意同其交往，共同推进两岸关系和平发展。这是大陆展现出的最大善意。在"一中一台"的两岸政治定位下，蔡英文及其执政团队不可能找到两岸双方互动的新模式。只有放弃"台独"立场，回到"九二共识"的正确轨道上，才有可能找到与大陆沟通与交往的正确路径。

两岸关系基本格局三十年变迁及其启示

厦门大学台湾研究院　李　鹏

自 1987 年两岸开放交流三十年来，两岸关系发展跌宕起伏，既经历了 20
世纪 90 年代紧张的"反台独、反分裂"时期，也经历了 2008 年以后开启的和
平发展时期。但无论处于哪个时期，对两岸关系基本格局的判断和把握，都是
我们认识两岸关系发展现状，思考两岸关系未来趋势的重要依据。习近平总书
记多次强调，"我们始终从全民族发展的高度来把握两岸关系发展方向"，"两
岸双方应该从两岸关系发展历程中得到启迪，以对民族负责、对历史负责的担
当，作出经得起历史检验的正确选择"。这就是要求我们在看待两岸关系的发展
时，不能只看眼前，只看局部，只看细节，而是要有更高的站位，更长远的眼
光，更深邃的思维，历史地、全面地、客观地分析两岸关系基本格局和发展趋
势，展现战略自信和战略定力，从而为维护两岸关系和平发展，促进两岸经济
社会融合发展和推进两岸和平统一进程奠定基础，创造条件，实现目标。

两岸关系基本格局的构成

两岸关系不仅表现为大陆和台湾之间的互动关系和相互作用，更体现为他
们在互动中形成的某种力量结构和表现形态，也就是两岸关系基本格局。我们
在分析两岸关系时，仅仅只是从微观的层面研究两岸关系行为体之间的互动、
各行为体的具体政策取向、两岸关系中的一时一事是远远不够的，这样并不能
反映两岸关系的全貌，还需要从综合的、系统的、整体的角度对两岸关系进行
宏观的把握，才能够完整揭示两岸关系发展演变的特点和规律。两岸关系格局
是指在一定历史时期内，在两岸关系中起主导和支配作用，或有一定影响的行
为体，主要是指祖国大陆和台湾地区，有时也包括某些在两岸事务中有重要影

响的外部势力，在力量对比的基础上，相互联系、相互作用而形成的一种相对稳定的互动结构状态。两岸关系格局作为描述两岸关系的一个基本范畴，在宏观上它反映的是两岸关系发展演变的整体状态，在微观上则体现为两岸关系中的主要行为体关系的表现形式和战略态势，它有其内在结构和外在形态。笔者认为，观察过去三十年来两岸关系基本格局的变迁，至少应该从以下五个方面着手：

第一是两岸关系的性质是否改变。两岸关系的性质是关系到国家主权和领土完整的根本性问题，是判断两岸关系基本格局的前提。习近平总书记2016年在会见时任国民党主席洪秀柱时表示，"承认不承认体现一个中国原则的'九二共识'，关系认定两岸是一个国家还是两个国家的根本问题。在这个大是大非问题上，我们的立场不可能有丝毫模糊和松动"。这说明，两岸关系的性质决定着两岸交流接触的身份、方向、水平和方式。两岸过去三十年，到底是在"一个国家"的框架内交流交往还是在"两个国家"或"一边一国"的架构下交流，是在分析两岸关系基本格局时首先要明确的问题。

第二是两岸实力的对比是否变化。实力是构成两岸关系格局的最主要最核心的因素之一。从某种意义上说，两岸关系格局反映的是一种客观的两岸基本实力对比状态，行为体力量强弱和实力大小从根本上决定其在格局中的地位和作用。分析格局首先要了解哪些是对两岸关系有重要影响的行为体或力量。只有这样我们才能够知道在两岸关系中，哪些是具有最主要影响的力量，哪些是直接影响的力量，哪些是间接影响的力量，这些力量的作用和影响到底多大，哪些力量产生的影响是积极的，哪些力量产生的影响是消极的等等。大陆和台湾是影响两岸关系格局最主要、最直接的两个力量，是分实力对比时最重要的两方。除此之外，美国、日本等外部势力、岛内各个政党等政治势力、"台独"分裂势力等也是分析两岸关系格局时需要关注的力量。分析两岸关系基本格局必须分析两岸在过去三十年来实力对比的发展变化。

第三是两岸互动的态势是否成型。两岸关系格局是大陆和台湾之间相互发生关系的基础上形成和建立的，它是两岸关系中一种最普遍、最基本的状态；它反映的不是一种静态的状态，而是一种动态的关系。这种关系主要表现为大陆官方、台湾当局和两岸民众在追求自身的目标和利益、维护或挑战、破坏两岸关系和平发展等政治活动中形成的关系以及相互间开展的多层次、全方位的接触和互动。这些活动有些是合作性的，有些是对抗性的，有些是积极的，有些是消极的，有些是公开的，有些是私下的。因此，分析两岸关系基本格局的变迁，必须分析过去三十年来两岸交流交往，特别是民间交流交往的规模、领域、水平、程度以及它们今后的发展方向等等。

第四是两岸民意的走向是否转变。民意走向对两岸关系的发展有着重要的影响，也是构成两岸关系基本格局的重要因素。两岸民众如何看待台湾问题，如何看待两岸交流，如何看待两岸关系发展前景，如何看待"台湾独立"和"两岸统一"等等，不仅会影响到两岸当局的政策选择，也会影响到两岸关系的发展方向。需要指出的是，两岸民意并非指的只是台湾单方面的民意，也包括大陆方面的民意。习近平总书记指出，"我们理解台湾同胞因特殊历史遭遇和不同社会环境而形成的心态，尊重台湾同胞自己选择的社会制度和生活方式，愿意用真诚、善意、亲情拉近两岸同胞的心理距离。同时，台湾同胞也需要更多了解和理解大陆 13 亿同胞的感受和心态，尊重大陆同胞的选择和追求"。所以看民意不能只看一方面的民意，更不能只看激进的民意表达，而是要看两岸的主流民意。

第五是国际"一中"的框架是否撼动。台湾问题从本质上是中国的内部事务，但也经常受到外部因素的影响。一方面，台湾当局不断进行拓展"国际空间"的活动，企图在国际上制造"两个中国""一中一台"，尤其是在李登辉、陈水扁和蔡英文当政时期，其参与国际活动的挑衅性愈加明显；另一方面，某些国际势力也企图利用台湾问题影响中国大陆的发展，遏制中国的崛起。分析两岸关系的基本格局，也需要深入分析影响台湾问题的国际因素以及台湾当局参与国际活动的种种举动，探讨国际社会的"一个中国"框架是否被动摇。

1987 年以来两岸关系基本格局的变迁

1987 年以来，两岸关系历经多个发展阶段，每个阶段的主要特征都不一样，但如果我们抽丝剥茧，从纷繁复杂和跌宕起伏的两岸关系中探寻其主要线索，就能够找到两岸关系基本格局发展变迁的规律。如果用以上五个方面去衡量，从过去三十年的两岸关系发展历史来看，两岸关系的性质从未被改变，两岸实力对比的差距更加悬殊，两岸民间互动的态势愈加良好，两岸主流民意更加务实理性，国际社会"一个中国"的框架更加稳固。当然，在这个基本格局下，"台独"的逆流和暗流也从来没有放弃"台独"分裂的图谋，也不断在进行各种形式的"柔性台独""文化台独"等活动，甚至还进行"台独"挑衅。但是，我们也应该看到，这些图谋和活动，都未能撼动两岸关系的基本格局，未能改变两岸关系和平发展和融合发展的大趋势。

第一，两岸关系性质从未改变。

厘清两岸关系的性质是两岸进行接触、协商、谈判的前提和政治基础。从两岸过去三十年发展的历史来看，只要能够确认两岸同属一个中国，两岸关系就能够和平顺畅发展，甚至可以进行协商对话。1992年，两岸两会在香港达成了各自以口头方式表述"坚持一个中国原则"的"九二共识"，这是对两岸同属一个中国的确认，也是后来两岸进行协商对话的政治基础。20世纪90年代初期，正是因为有"九二共识"，两岸两会才展开接触，并达成了部分协议。马英九执政时期，正式因为双方确认了"两岸同属一个中国"的"九二共识"，两岸才签署了23项协议，进行了密集的磋商对话。同时，我们也看到，只要台湾当局不确认"两岸同属一个中国"，不讲清楚两岸到底是一个国家还是两个国家，两岸的协商对话就无法进行；只要台湾当局搞"两国论"和"一边一国"，大陆就坚决进行"反台独""反分裂"的斗争，这些都是从法理上、政策上到行动上坚决维护"两岸同属一个中国的框架"。在此问题上，大陆坚守底线，不给台湾当局制造"两国""一边一国"和"台独分裂"的任何机会。虽然李登辉和民进党当局不断进行"台独"分裂活动，拒不接受"九二共识"，但在法理层面都未能也无法改变目前两岸同属一个国家的性质。正如十八大报告中指出的那样，"大陆和台湾虽然尚未统一，但两岸同属一个中国的事实从未改变，国家领土和主权从未分割、也不容分割"，这也是过去三十年两岸关系格局的基本事实。

第二，两岸综合实力对比更加悬殊。

根据国际上目前通行的概念，综合实力可以分为硬实力、软实力和巧实力等等。硬实力是综合实力的基础和根本，软实力和巧实力是对硬实力的必要补充。GDP是衡量硬实力的重要指标之一。如果从GDP来看，三十年前两岸开放交流之初，十几亿人的大陆的GDP只是两千多万人的台湾的2.3倍，但经过近三十年的发展，中国大陆已经成为世界第二大经济体，2015年的GDP已经是台湾的21.9倍，台湾只占大陆GDP的4.56%（见下图）。大陆数个省份的GDP已经超过台湾，越来越多的省份即将超过台湾。除了GDP之外，两岸的科技实力、军事实力、创新能力等都迅速拉开距离，台湾几乎处于全面落后的状态，而这一趋势还在继续扩大之中。在软实力方面，台湾曾经引以为傲的所谓优势也开始在衰减之中，无论是政治力、文化力、"外交力"，还是意识形态和价值观念的认同力、社会制度和发展模式的吸引力、基本路线和发展战略的执行力、民族的创造力、文化的感召力以及在国际事务中的影响力，都无法与大陆相提并论。有台湾学者就认为，台湾目前仅存在软实力"优势"，大概剩下民众素质和文明素养还高于大陆民众了。但由于大陆人口众多，民众文明素养的提升需要一个过程，实际上过去三十年来，大陆民众的文明素养已经在取得明显的进步，与台湾接近只是时间的问题。由于硬实力和软实力的落后，台湾方面难以发挥所谓的"巧实力"，大陆无论是官方还是民众，在看待台湾问题时越来越有理论自信、道路自信、制度自信和文化自信。

大陆与台湾 GDP 比较（1990—2015 年）

生产总值（亿美元）

年份	台湾	大陆	台湾 / 大陆	大陆 / 台湾
1990	1700	3878	43.8%	2.3
1993	2226	6132	36.3%	2.8
1995	2650	7432	35.7%	2.8
2000	3212	10808	29.7%	3.4
2001	2917	11592	25.2%	4.0
2002	2948	12371	23.8%	4.2
2003	2998	14099	21.3%	4.7
2004	3223	19316	16.7%	6.0
2005	3461	22257	15.6%	6.4
2006	3660	26847	13.6%	7.3
2007	3980	32508	12.2%	8.2
2008	3929	43274	9.1%	11.0
2009	3789	49847	7.6%	13.2
2010	4305	60094	7.2%	14.0
2011	4669	73011	6.4%	15.6
2012	4740	82622	5.7%	17.4
2013	4822	92867	5.19%	19.3
2014	5295	103565	5.1%	19.6
2015	5188	113847	4.56%	21.9

第三，两岸民间互动态势愈加良性。

民间交流是过去三十年来两岸交流的主旋律，即便是在"反台独、反分裂"时期，两岸的民间交流依然热络。胡锦涛2008年在纪念《告台湾同胞书》发表三十周年座谈会上讲话指出，"1987年底，两岸同胞长期隔绝状态被打破，两岸同胞交往日益密切，两岸经济合作蓬勃发展，形成互补互利的格局"。2008年两岸进入和平发展的"大交流、大合作、大发展"时期后，两岸经济、社会、文化、教育、体育、基层等各领域的交流范围更大、层次更高、程度更深，已经形成了相互依赖之势。国台办发言人2017年9月也指出："30年来，两岸交流从无到有、从少到多、从间接到直接、从单向到双向，不断扩大深化，形成全方位、多层次的局面，两岸人员往来和经济、文化、社会联系达到前所未有的水平，为两岸关系和平发展奠定了深厚基础、提供了强劲动力。"两岸大交流是两岸一家亲的具体体现，是"两岸命运共同体"的重要组成部分，是影响台湾同胞认同的重要路径之一。两岸只有通过全方位、多渠道、深层次的交流，才能在经济、教育、社会、文化等各方面朝向制度化和一体化方向发展，才有可能为解决两岸政治对立、促进经济互赖的加深、实现经济社会全面融合打下坚实的基础。两岸民间交流虽然不断受到台湾政局变化的影响，受到民进党和"台独"势力的阻挠，但依然保持旺盛的生命力，呈现良性互动的态势。即便是民进党重新上台，大陆也重申要进一步扩大两岸同胞的交流往来，蔡英文当局也不敢关上两岸民间交流的大门，两岸交流已成为两岸关系和平发展的稳定器和融合发展的推进器。

第四，两岸的主流民意更加务实理性。

自两岸开放交流以来，台湾岛内不少民调机构就台湾民众的"国家认同"和统"独"意识发展趋向进行民意调查，一些民调机构的结果显示，台湾民众的"中国认同"下降，"台湾认同"上升，支持统一的民众有限等等。网络时代来临后，两岸民众特别是年轻人在网络上也有各种各样的情绪表达。很多人以此来评判分析两岸的民意，得出两岸民意愈加对立的结论。对此，笔者认为，我们在分析判断台湾民众的认同趋向和两岸主流民意时，不能光看台湾的政党和政治人物在讲些什么，更不能被某些政治人物以"民意"为幌子的政策主张所蒙蔽，更不能仅凭台湾这些民调机构的民调而判断台湾和两岸主流民意的走向。"民意"通常指普通民众对政治、经济、社会等各种具体事情的看法、情绪、意见、价值判断和愿望等，是直接来自民众的"心声"。民意是复杂的，是动态的，是多元的，如何去伪存真、抽丝剥茧，决定着我们看待两岸关系基本格局中的民意走向。刘国深教授多次指出，对于台湾的民调需要谨慎，应该认真分析这些"民调"命题是否严谨，到底有没有偏差，除了台湾方面自己要格外谨慎以外，两岸乃至世界都应该小心，谨防反复出现偏狭民调"乱台湾、乱两岸，甚至乱世界"的悲剧。如果从宏观、战略和长远的角度看，两岸的主流民意是更加理性务实，而非更加狭隘激进。三十年的两岸关系发展已经使和平发展的主题在两岸深入人心，在台湾也是获得绝大多数民众的认同，"和平发展"已经成为海峡两岸各主要政党和社会舆论的"共同语言"。相比十年前二十年前，当前台湾同胞对大陆经济建设成就更加了解，两岸同胞的利益联结更为绵密，共同利益的基础更为牢固，利益领域更为广泛，不少台湾同胞已经与大陆形成利益认同。三十多年的交流交往也在一定程度上改变了台湾民众对大陆的印象，使他们对大陆的现状和社会经济制度有了更多的了解，这些才应该是两岸民意的主流。

第五，国际"一中"框架更加巩固。

国际环境和国际格局向来对两岸关系的发展有着重要的影响。台湾问题形成和产生于冷战对立的两极格局时期，从1949年到20世纪80年代末90年代初的两岸关系就被深深地打上了冷战的烙印。两岸开放交流不久，正值国际形势发生重大变化，冷战结束，国际社会"一超多强"格局和多极化的趋势对两岸关系的演变也产生了重要影响，特别是对中国政府涉台外交的开展以及台湾当局所进行的所谓"务实外交"或拓展"国际活动空间"的努力都有着重要的影响。对大陆而言，处理国际事务中的涉台问题，事关中国的主权和领土完整、两岸关系和平发展与祖国统一大业。无论是针对1992年美国对台军售、1995年李登辉访美、陈水扁上台后大搞"烽火外交"等一系列涉台外交事件，还是在马英九当政时期，大陆着眼于两岸关系和平发展大局，与台湾方面实现了在国际社会的良性互动；抑或蔡英文当局上台后两岸在涉外领域出现新的斗争态势，大陆的根本目的都是要在国际上坚决维护国家主权和领土完整，推进祖国和平统一大业。在过去三十年的涉台外交实践中，大陆的涉台外交战略思想和策略手段也实现了与时俱进的发展，一方面多次有效地挫败了台湾当局在国际上制造"两个中国""一中一台"和"台湾独立"的图谋，另一方面也实现了两岸关系与对外关系的良性互动，维护和巩固了国际社会的一个中国架构。

两岸关系基本格局变迁的现实启示

从上面的分析来看，经过两岸三十年的发展，两岸关系基本格局中已经清晰呈现"形势比人强""大势所趋"的局面，具体表现为"一个中国"不可撼动、两岸交流不可逆转、"台湾独立"无法实现、两岸统一大势所趋。正是因为形成了这样的基本格局，大陆在处理涉台问题时开始展现更多的战略定力、战略自信，从大陆自身发展的角度，从国家整体安全和对外战略的高度看待和处理问题问题。邓小平同志曾经讲过"发展才是硬道理"，习近平总书记也强调"打铁还需自身硬"，这两句话同样适用于台湾问题。只要大陆办好自己的事情，继续增强综合实力，不断实现自身各方面的发展进步，台湾问题的解决和国家统一的实现，是必定能够实现的。

首先，一个中国原则不可撼动。一个中国原则是中国政府处理两岸关系，发展对外关系的基本前提、原则和基础，是不可撼动的。两岸关系三十年发展的历程表示，在"两岸同属一个中国"的问题上，大陆不会有丝毫的妥协和含糊。大陆在自身实力不强的时候，都能够坚定地坚持一个中国原则；现在大陆实力更加强大，在台湾问题上有着越来越大的主导权，更不可能改变一个中国原则立场。无论台湾岛内政局如何变化，国际形势如何发展，大陆都会坚定地维护一个中国的原则和框架。台湾当局、台湾的政党和国际社会，应该清醒地认识到这一点，放弃大陆会在"一个中国"问题上调整立场和进行妥协的不切实际的幻想，任何的新模式、新思维、新论述，都应该体现"两岸同属一个中国"的意涵。对目前在台湾当政的蔡英文当局来说，玩弄文字游戏无助于建立互信，无助于化解僵局，唯有改变"台独"分裂立场，正面回答两岸关系性质的根本问题，才有可能赢得大陆的信任，实现台海地区和平稳定。无论是在两岸之间，还是在国际社会挑战一个中国原则和框架，受伤的只会是台湾当局自己。

其次，融合发展不可逆转。两岸交流经过三十年的发展，已经是"开弓没有回头箭"，已经处于自发和自觉的状态，已经进入融合发展的新阶段，任何人任何政治势力想要阻挡两岸交流和切断融合发展的大潮已经不可能。在两岸交流的过程中，随着大陆经济实力的持续增长和国际影响力的继续扩大，大陆对台湾的影响会越来越大，对台湾的吸引力会越来越大，两岸的利益联结会越来越紧密，两岸的经济社会融合越来越深入，这是不以人的意志为转移的。大陆已经多次表示"愿意首先同台湾同胞分享发展机遇，愿意优先对台湾开放，并且对台湾同胞开放的力度要更大一些"。在大陆的经济发展规划中，在大陆一带一路的倡议中，在大陆学习、实习、就业、创业和生活中，台湾同胞都可以找到发展机会，实现美好未来。现在越来越多在大陆工作和生活的台湾人表示"回不去了"，其实就是这一趋势的真实写照。

再次，"台湾独立"无法实现。过去三十年中，台湾岛内的"台独"分离势力一直不死心，从李登辉到陈水扁，再到蔡英文和赖清德，都曾公开发表"台独"言论，并进行形式各样的"台独"分裂活动，企图冲撞大陆的底线，但都未能得逞，最终也只能自说自话，自我安慰，玩弄文字游戏地调整"台独"论述。习近平总书记表示，"确保国家主权和领土完整是国家核心利益，是一条不可逾越的红线"，"我们绝不允许任何人、任何组织、任何政党、在任何时候、以任何形式、把任何一块中国领土从中国分裂出去！"国台办发言人表示："大陆和台湾同属一个中国，两岸关系不是国与国关系，也不是'一中一台'。台湾作为中国领土不可分割的一部分，从来就不是一个国家，也永远不可能成为一个国家。"这些都为"台独"清晰地画出了底线。"台独"就等于战争，无论是岛内的"台独"势力还是美国，对此都心知肚明。民进党不断调整"台独"论述，进行各种"包装"，其实都是自欺欺人，企图蒙蔽台湾民众和民进党支持者，但却无法掩盖陈水扁当年曾经讲过"台独不可能就是不可能"的客观现实。

最后，两岸统一大势所趋。

随着大陆经济社会的发展和综合实力的提高，大陆更有决心、更有信心、更有能力、更有办法来推进和平统一的进程。台湾民众经常会问一个问题，就是"统一后有什么好处？"大陆著名台湾问题专家陈孔立教授2000年曾经列举和平统一的十大好处，即两岸同胞感情融洽、安全安定共享太平、当家做主共享尊严、经济合作互补互利、国际地位空前提高、共保国防节省军费、科技合作优势互补、文教交流提高素质、亚太地区和平稳定等。如果说在当时的时代背景下，这些好处表现得还不够显著，但在经过十七年的大陆发展和两岸实力消长之后，有些好处已经变得看得见、摸得着。大陆不仅在经济社会发展领域将持续超越台湾，在无现金社会出现后，大陆在生活方式上也开始领先台湾。当越来越多的台湾民众能够实实在在地感受到统一的好处，两岸统一终将实现。美国著名国际关系理论大师米尔斯海默曾经表示，"如果中国继续令人瞩目地崛起，台湾似乎注定要成为中国的一部分"。也正如习近平总书记所讲，"从根本上说，决定两岸关系走向的关键因素是祖国大陆发展进步"。只要大陆保持良好的发展势头，解决台湾问题和实现国家最终完全统一只是时间问题。

海峡两岸全面交流30年：
回顾、省思与建议

上海国际问题研究院　严安林

1979 年元旦，全国人大常委会发表《告台湾同胞书》，提出两岸进行直接的通商、通航与通邮的"三通"建议，迄今 38 年。而自 1987 年 11 月台湾方面正式开放老兵回大陆探亲、两岸进入社会人员的"实质互动"，迄今则是 30 年。30 年来，两岸各方面交流取得巨大进展，但交流中存在与产生的问题也不容忽视。回顾与总结两岸全面交流 30 年的历程与经验和教训，对于未来两岸之间的交流与和平统一无疑具有重要的意义。

一、30 年来两岸全面交流的进展及其特征

（一）两岸 30 年全面交流取得的突破性进展。

30 年来两岸各方面交流与合作成果丰硕，成就巨大，主要表现在：

1. **两岸直接"三通"常态化**。2008 年 12 月 15 日，海峡两岸正式进行了全面、直接与双向的通航、通邮与通商。由过去两岸"春节包机""四节（春节、清明、端午与中秋）包机"与"周末包机"，以至于"包机常态化"及直接通航的实现，并且搭乘人员由最初台商到台干，到台胞，再扩大到大陆赴台旅游等持有效证件的一般大众，两岸走向全面直航，大大方便两岸民众往来。"三通"的实现使两岸由过去的"咫尺天涯，重重阻隔"发展成"天涯咫尺，处处通途"。"三通"为两岸各方面交流与合作修筑起了康庄大道。

2. **两岸经济合作深入化**。台商赴大陆投资与两岸贸易由无到有，从小到大，从间接到直接，截至 2016 年年底，台商投资大陆累计 10 万项，直接与间接投资估计超过 2000 亿美元；两岸年贸易额达到 2000 亿美元，随着"陆资入岛"，

两岸彼此经济依存度越来越高，开始形成"你中有我、我中有你"的经贸交流与合作格局，两岸经贸进入一个全面交流的新时代。

3. **两岸文教交流热络化**。两岸文化交流领域不断拓展，由原先的卫生、体育、演艺、影视、文物、美术、文学、图书出版、交通、医药发展到教育、科技、新闻、青少年、旅游、农业、金融、宗教、法律、城市建设、环保、气象、园林、公证、工会、少数民族等各行各业，交流内容不断地深化，形式不断多样化，向学术化、专业化、纵深化与特色化方向发展，并由单向交流走向双向交流。同时，两岸教育交流深入化，为两岸关系奠定扎实的文化、思想与精神基础。

4. **两岸社会交往扩大化**。从老兵返乡探亲而开启的两岸间经商、贸易、考察、旅游等人员往来日益密切，台湾同胞赴大陆累计超过 1 亿人次，大陆民众去台也有 1000 万人次。特别是《海峡两岸关于大陆居民赴台湾旅游协议》的签署为两岸交流交往开启新的局面，不仅标志着两岸民众间往来的正常化迈出了重要的一步，使两岸人员往来进入一个直接、全面与双向的新时代，而且将密切两岸民众间的情感，加速两岸社会的融合化进程。

5. **两岸政治交往取得突破性进展**。不仅是 2014 年 2 月首度"张王会"（时任国台办主任张志军与陆委会主委王郁琦），实现了两岸事务主管机构负责人会晤，而且 2015 年 11 月 7 日，中共中央总书记习近平（以大陆领导人名义）与台湾地区领导人马英九在新加坡正式举行举世瞩目的"习马会"。这是 1949 年以来，即 66 年来两岸领导人的首度会晤，是两岸关系的一个重大突破，翻开了两岸关系历史性的一页，是两岸政治交往的新高点、里程碑，开启了两岸之间的政治对话。

（二）两岸 30 年全面交流的基本特征

30 年来特别是 2008 年 5 月两岸"大交流时代"开启以来，两岸之间的交流发展迅猛，呈现四个明显的基本特征：

1. **两岸交流的发展态势不可阻挡，更不可逆转**。不仅是两岸经济、文化、教育、社会等各方面交流的宽度、速度、进度与广度空前，而且交流的深度与力度也是前所未有。

2. **两岸交流本质的人民主体性在日益显现**。两岸关系中民众间交流的特征日益显现，交流成果为两岸民众所享有，这是两岸交流富有生命力的原因所在。

3. **两岸交流所产生的积极性作用很大，但由此产生的消极性影响也不小**。

总体上看，两岸交流所产生的积极作用要远远大于消极作用，正面作用远远大于反面影响，而在网络时代背景下，加上台湾社会民粹主义的兴起等因素，两岸之间社会对立的出现值得关注。

4. 两岸各领域与层面交流的不平衡性。 两岸经济关系进入"融合"阶段，但两岸社会关系尚处于"汇合"或"磨合"阶段，而政治关系则还在"竞合"之中。因此，两岸交流中的不平衡性相当明显，如政党交流中，国、共交流领先，起引导性作用；民、共之间交流则还没有正式启动；经济交流与合作也是领先于政治层面的交流；两岸交流中的南北、东西差异客观存在，大陆与台湾北、中部交流多，与南部交流相对不足，台湾与大陆东南沿海交流多，与西北、东北交流相对少；台湾民众到大陆者比较多，而大陆民众到台湾相对要少；新闻交流事实上落后于两岸关系发展实际，属于"起步早、进展慢"；文化交流中演艺活动多，价值探讨少；文化创意产业交流与合作多，而精神层面交流少，等等。

二、30 年两岸全面交流中出现与面临的问题及其根源

（一）两岸交流中出现与面临的问题

1. 政治因素在不断地制约两岸交流的深化。 两岸关系中客观上存在着政治因素影响两岸交流的情况，两岸之间的政治分歧等，事实上对两岸交流产生制约性的影响。特别是 2016 年 5 月蔡英文上台以来，两岸关系中既有的"大交流、大合作、大发展"面临严峻挑战。两岸政治关系中的"政治竞合"特征，导致两岸政治交往无法不面临很多障碍。

2. 两岸交流中两个社会之间的矛盾日益显现。 两岸社会与民众因交流密切而产生的误解开始增多。社会普遍心态开始对两岸交流产生负面影响，甚至包括经济全球化下，台湾社会虽然有"走出去"的共识，但在"请进来"上存在分歧，不仅是对大陆，即使对其他国家和地区也存在闭锁的思维。其实"走出去"与"开放门户"是联系在一起的，不能只要求对方开放市场，自己却存在闭锁的思维。而随着陆客台湾游的进一步发展，两岸社会间的交往既有正面作用，也存在负面不利的影响。包括"两岸官方和民间的缺乏互信"，"台湾民众对大陆官方和大陆民众的不良印象，未因两岸交流而获得改善"[1]，甚至是"因了解而增加恶感"。[2] 在在都显示两岸社会交往尚处于"磨合"阶段，任重道远。

3. 两岸之间交流热络，但交心不足。2008 年以来的两岸关系实践显示，经济交流与合作在不断深化，但台湾民众的"中国认同"并未因此而有提升，相反有进一步疏离的现象。两岸大交流格局已然形成，但台湾民众的"中国认同感"在进一步疏离。突出表现是台湾民众认为"是台湾人不是中国人"的认知比例在上升；台湾经济进一步依赖大陆，但台湾民众对经济依赖大陆的心理恐惧也在增多，影响其对两岸和平发展态度，从而两岸之间的共同认同的建构任重道远。

（二）两岸交流中出现与面临问题的根源

1. 源于 20 世纪 80 年代后期的台湾内部政治情势的不断演变。台湾政治社会的演变表现为"民主化"与"本土化"的携手并进，"本土意识"迅猛发展，再加上民进党等"台独"政治人物的推波助澜，台湾社会演变成为要求改变两岸现状的主要力量。而台湾内部的这一政治社会情势的演变又几乎是与两岸关系的缓和是同步进行的，从而使两岸关系表现为：一方面，两岸在经济、文化与民间社会的交流与合作在趋向深化，但另一方面，两岸双方在政治立场上的距离是越来越远，交集点是越来越少。两岸关系中出现这种"政经分离化"现象的原因，不在于这现象的本身，不在于两岸关系的交往及其程度如何，而在于台湾政治社会情势的演变要远远超过两岸经济与社会整合的速度与力量。从而表现在两岸关系上是两种力量的并存与相互对立：由两岸交流与合作而产生的整合的力量，希望两岸政治关系的稳定和改善，是促进两岸"和"的力量与"合"的力量；而台湾内部政治情势演变中的主张"分离"的力量，不希望两岸走向整合，是主张两岸"分"的力量。两岸交流便是在这样的情形下进行，自然产生不少的负面影响。

2. 两岸百年分离的历史因素是两岸社会交往中存在问题的根源。自 1895 年台湾被割让以后，两岸隔绝了 50 年之久；1945 年台湾光复后，两岸只有 5 年时间是紧密联系在一起，但其中又发生了"二二八"事件及国共内战；1949 年后两岸之间的军事冲突与政治对立持续了近 40 年，直到 1979 年、特别是 1987 年后才出现有限度的往来，"三通"迄今则只有 9 年时间。两岸百年的分离，事实上各自走上了不同的社会发展道路，其间，台湾与美国、日本的关系远比与大陆的关系来得密切。因此，要在短时期内实现两岸正常交往几乎是不可能的。马英九在 2010 年元旦祝词就称："两岸人民同属中华民族，分享与传承共同的血缘、语文、历史与文化，但海峡两岸隔海分治迄今已经 60 年，其间各自采取不同的政治、经济、社会制度，生活方式与经验有很大的不同。"

3. **马英九执政后国民党政策论述的巨大矛盾使然。** 从 2008 年马英九上任以来在教育、文化政策与台湾整体发展方向的战略规划中，没有看到要强化两岸认同的这一块，即马英九接收了李登辉、陈水扁的"主体论述"，以强化"台湾主体性"的"不统、不独、不武"作为两岸关系政策的基调。因此，杨开煌批评国民党：由于认同上的矛盾，陷入政策论述上的巨大矛盾，表现在："经济政策跟北京要"，"在政治论述上是跟着民进党走"。"国民党第一个问题就是没有建立起可以跟民进党对抗的主体论述，也就是没有建立起跟民进党对抗的认同观。"从而在两岸关系中，国民党实际上是"用封闭的心态谈开放的政策"，"用对抗的心态谈合作"与"用敌对的心态谈和平"。[3] 谢大宁认为马英九在认同问题上，只会不停地向绿那边倾斜，"可以说这是马的个人特质使然，但也可以说是整个中国国民党已然丧失灵魂所致，当然归根究底，这是台湾政治现实、各方力量拉扯，综合作用的结果"。因为马英九团队在两岸关系中只敢碰经济，"逐渐将两岸关系物质化了"。[4]

4. **民进党等政治人物的推波助澜。** 张亚中认为："认同往往是被政治人物所建构。认同往往也作为区别我群与他群的判定标准。"李登辉、陈水扁等推动的政治运动，"强化'台湾主体性'的包装，作为走向'台独'的野心，使得一个中国在台湾变得妖魔化"。[5] 杨开煌指出："两岸关系的本质是从过去政权的仇恨关系，已经蜕变为社会的敌对关系，双方的心理层面、社会层面，充满敌意蔑视和防范，但又无可奈何地面对历史和现实的纠葛。"[6] 周志杰认为两岸社会交往产生问题的原因很多，包括"两岸民众因政治矛盾、价值差距、历史隔阂、政客灌输所积累的对立情绪与不信任感未消"，"现实交流过程中未蒙其利、反受其害的群体与个人亦滋生新的不信任与不安全感"，"两岸仍持续在传媒与教育体系中'妖魔化'彼此的制度、价值与史观"，"政治精英亦须投民意所好，以巩固执政基本盘而无意匡正。"[7]

5. **两岸交流中"物质化"现象的影响。** 台湾民众"中国认同"危机的原因，固然与台湾社会 30 年来的"本土化""台湾主体意识"上升有关，但恐怕也与30 年来两岸交流中的过度"物质化"有关及台湾当局的两岸政策有关。部分大陆民众认为是"大陆一味让利，台湾见利忘义"。台湾学者认为，大陆采取的各种惠台政策，实际上也是在把两岸关系物质化。大陆是希望通过惠台政策与强化交流，逐渐改变对抗性的"台湾认同"，促进两岸的统合。但存在的问题是：施惠于农民的政策，因为台湾农产品的"产销分离"，掌握运销流程者可以因此获利，多数农民则是既不得益也不了解。而对于台湾企业家说，多数人倾向于："利益归利益，认同归认同"，"钱照赚，立场照旧"。[8]两岸各方面的交流与合作中，经济一直是充满活力与生命力，即使是文化交流，也往往是文化产业优先，两岸文化、意识、共同价值的交流则是相对滞后，两岸文化交流似乎成为两岸经济合作的"婢女"，不少地方的"招商引资"一直存在"文化搭台、经贸唱戏"的不正常现象。交流政策"物质化"的结果，"事实上不会形成对两岸朝向整合的真正推动力量"。[9]因为，"从古今中外来看，历史和现实并没有提供多少有力的事实，来证明经济联系的加强必然导致政治关系的同向增长"。[10]因此，目前两岸关系中出现的物质化倾向需要加以注意与避免，两岸关系发展也需要精神化与文明化，物质与精神，两方面都需要，两手都要硬。蔡玮提出："两岸已经在物质层面达成合作协议框架，今后更应着重文化精神层面的合作，当前两岸除了政治上的互信不足之外，台湾青年一代受到'去中国化'教育的影响，整体价值观念似有转变现象，如何加强两岸之间的文化交流，由求同存异进一步走向求同化异，形塑两岸命运共同体的认识将是未来努力的目标。"[11]

6. **两岸实际往来中产生了"你群"与"我群"之别。**林浊水认为，由于"三通"，两岸密切往来，需要把彼此的权利义务规定清楚，就涉及法律的管辖权问题。而两岸事实上是"两个法律主体"，所以，交流的结果是："两岸越往来，彼此往来越密切，台湾的'主体性'也会越来越清楚。"[12]也有台湾学者指出：由于每次去大陆都要签注，"加深台湾是台湾，大陆是大陆的心理距离"。[13]

四、思考与建议

1. **两岸交流所产生的积极与正面作用不容低估。**两岸30年全面交流，为两岸关系未来的发展提供了雄厚的基础、强劲的动力与坚定的民意支持，总体上是值得肯定的。为此，需要充分把握两岸交流大势，推动两岸交流的深化与细化，重在实效。

其一：**把握发展大势。**需要正确认识两岸关系发展形势，把握两岸关系发展的大势，把握两岸交流合作趋势。尽管蔡英文上台使两岸交流出现不少问题与困难，但着眼未来，有利于两岸关系和平发展的积极性因素在增长，只有把握这一大势，才能顺势而为，有所作为。

其二：**明确交流方向。**不仅要坚持两岸关系和平发展的正确方向，而且要坚持推动两岸各层面交流的方向不动摇，明确交流要服务民众、服务两岸和平发展的方向，进一步解放思想，实事求是，从两岸关系的实际现状出发，求同存异，务实地推动两岸经济、文化、教育、人员往来等各方面的进展。

其三：坚持以民为本。要确保两岸关系发展取得源源不断向前发展的动力和源泉，落实与深化以民为本、为两岸民众谋福祉的施政理念则是基本的也是根本的途径。悠悠万事，民生为大！民生问题是两岸关系的重大问题。这不仅是因为两岸关系的主体其实是两岸民众，两岸民众是两岸交流与合作中的"主角"，从而在两岸交流的工作中如何进一步确立与贯彻以民为本、为民谋利的政治理念与政策措施，真正地使两岸交流与发展所产生的成果为两岸民众所共享。

其四：深化交流渠道。开辟与扩大多渠道、多层次人员交流是加强两岸了解与理解、深化两岸交往的内在要求。

其五：处理好几对关系。包括：加强两岸各方面交流与把握交流节奏间的关系；扩大交流数量与提升交流质量间的关系；调动各地方对台工作积极性与加强中央对台政策统筹间关系；交流发展红利的享有如何兼顾团体与一般普通民众，即如何让惠台政策更多地惠及台湾民众。

2. 充分估计到两岸经贸交流与合作的复杂性。两岸经贸交流固然会对两岸关系产生诸多积极作用，但负面影响不容忽视。在两岸经贸合作的认知上，台湾内部与两岸之间存在五大落差：一是两岸在经贸合作的政策目标上存在本质不同。大陆的政策目标总体是"以经济促政治"，一方面地方政府是"招商引资"，发展地方经济，另一方面希望在经济上形成"你中有我""我中有你"，为最终统一奠定经济基础，创造条件，让利、惠台政策即本源于此。台方的政策目标，国民党是期待大陆"输血台湾"，摆脱经济发展困境，同时避免台湾经济边缘化，以参与区域经济合作。因为在全球化与大陆经济发展壮大下，台湾经济发展无法自外于大陆，只有通过密切两岸经济关系，实现和平发展，才能提升台湾经济竞争力，并以此作为拒统筹码。而民进党的认知是，两岸经贸合作是"输血大陆，台湾失血"，其结果是两岸不仅走向经济上统一，而且最终走向政治上统一。二是两岸对经济合作效果期待的不同。大陆推动两岸经贸合作所期待的最终结果是两岸经贸密切化能够决定台湾民众政治立场的变化，认同中国。而台方特别是马英九与国民党所期待的是两岸经贸合作则是"政治归政治、经济归经济"的"政经分离"发展形态。三是蓝、绿政治人物对两岸经贸合作的认知不同。台湾蓝营政治人物及民众认识到两岸经贸合作是别无选择，大陆经济发展对台湾可能存在"威胁"，但也是机会，要努力将"机会最大化、危险最小化"。绿营政治人物及民众认为两岸经济合作是"倾中卖台"，即使"陆资入岛"也是抢占台湾民众资源,抢占台湾人市场,大陆经济发展对台湾是"威胁"。四是企业界人士与一般民众对两岸经贸合作的认知不同。企业界特别是大企业界人士与从两岸经贸合作中获得实际利益的中小企业界人士,认识到两岸经济合作是利之所在,是市场需求,是发展机遇。但台湾一般民众特别是与大陆没有关联度的民众则认为,两岸经济合作是台湾经济失血,个人也失去工作,失去发展机会,特别是绿色选民对此的认知尤其强烈。五是台湾不同世代之间对两岸经贸合作的认知不同。30 岁以上的世代基于工作经历、阅历与个人承担家庭经济责任的需要,对两岸经贸合作大体尚能秉持理性与客观的看法,但 30 岁以下的年轻世代,由于是在李登辉与陈水扁 20 年"去中国化"教育下成长及阅历、经历所限,不少人对两岸经贸合作的认知相对幼稚与冲动,认为两岸经贸合作不是第一重要的,最重要的是"台湾主权"守护;两岸关系也不是最重要的,更非生活全部,第一位应该是"民主"的生活方式。认为两岸经贸合作导致了台湾经济的衰落与民众生活下降,两岸关系因素对台湾社会与经济而言是负面因素。"太阳花运动""主轴是反对、质疑两岸经济的进一步一体化,希望透过设置层层障碍,减缓两岸经济整合的步伐"。[14]

3. 充分估计到两岸社会之间存在的差异性。包括台湾社会普遍存在的"恐中""恐共"心理。由于发展道路不同,两岸社会间差异甚至对立客观存在,如尽管台湾经济高度依赖大陆,包括赴台游的陆客消费都已经成为台湾"最主要经济成长动能",但民调显示:"台湾民众对大陆的了解依然不足,甚至认为根本不需要了解大陆,七成民众希望严格限制大陆钱潮、人潮入台"。台湾民众这样的社会心态,昭示着"两岸关系的进展缺乏社会心理层面的支撑"。[15]从而包括陆客台湾行在内的两岸社会交往,应强化的是质的提升而非仅仅是量的扩张,两岸交流中出现的各种负面现象应加以研究并设法克服。务实地推动两岸经济、文化、教育、人员往来等各方面的进展。

4. 将打造两岸共同生活圈作为巩固深化以推进两岸交流的阶段性目标。大陆要争取台湾民心,必须先从淡化台湾民众的"主体意识"、培植两岸民众共同的认同入手。尽管一个人可能具有既定的价值观和政治态度,但是日常生活圈(社会网络)却能将新的政治信念和态度渗透到个人思想中,对个人的政治认知和政治态度带来重大影响。这点在那些到大陆来寻求更大发展的台商身上得到了体现,每次台湾岛内关键选举中,他们就会用选票表明自己的立场,虽然他们未必真正认同国民党的政策理念,但是他们真切地体认到,他们个人的前途和命运早已同大陆的发展牢牢地系在一起,片面地强调台湾的"主体意识",追求虚幻的"台独"理想，到头来损害的还是台湾民众的根本利益。两岸交流的巩固深化，不再仅仅是就交流而交流，而是要让更多的台湾民众走出台湾社会的日常生活圈，融入到大陆社会与两岸的经济与社会发展中来，增进认同感和归属感。为此，一要扩大邀请范围。二要重视"口口相传"的作用。中国文化中注重人情关系，过去 30 年两岸全面交流主要是以人际关系网为媒介来展开的，这些来过大陆或者是在大陆生活过的台湾同胞，会将他们在大陆的所见所闻和收获的感悟，与家人、朋友分享，而这些不管是从方式和内容上都比传媒和教科书更具有可信度。三要将两岸的社区交流持续推向深入。两岸社区交流的重要性在近几年得到普遍重视，台湾在社区建设和管理方面的经验成为大陆赴台团组热衷学习的重点。

5. 要将"以人为本"的思想寓于两岸交流工作之中。两岸关系是两岸人民之间的关系，两岸交流是两岸民众之间的交流，要始终坚持"以人为本"的思想和理念，体现民众的价值所在。一是要了解、理解与尊重民心。台湾历史的特殊性，造就了台湾民众的悲情记忆，加上这 30 年大陆的快速崛起以及两岸实力对比差距的拉开，台湾民众在同大陆打交道时心情复杂。在交流工作中如何面对和处理台湾民众这种心结和情绪？二是要联络以感其情。要本着不忘老朋友、广交新朋友，深交知心朋友的原则，通过各种形式与台湾朋友保持好联系，使双方的感情不断增进，友谊不断加深，共识不断累积。三是要交流以听其言。由于历史的原因，大陆与台湾在探寻现代化的进程中，各自选择了截然不同的发展道路和政治制度。政治上的对立，导致两岸民众间存在一定的敌意和隔阂。要深入到台湾民间，与广大台湾民众尤其是基层老百姓面对面接触，心与心相交。

6. 坚持"一中"原则，更需要实践"一中"原则。即不仅在两岸交流中要坚持一个中国的原则，而且要在具体的工作实践中推进与落实一个中国的原则。大陆应从具体的政策层面更多地体现"台湾人就是中国人"的"一中"原则，给予来大陆的台湾同胞同等待遇。

注释

[1] 赵春山：《累积互信，两岸和解关键》，台湾《联合报》，2013 年 9 月 24 日，A15。

[2] 郭正亮：《交流扩大，因累积增恶感》，台湾《联合报》，2013 年 9 月 24 日，A15。

[3] 《思想者论坛——认同与两岸关系》，香港《中国评论》，2009 年 9 月号，第 57 页。

[4] 《思想者论坛——认同与两岸关系》，香港《中国评论》，2009 年 9 月号，第 61 页。

[5] 《思想者论坛——两岸未来十年愿景》，香港《中国评论》，2010年12月号，第60页。

[6] 杨开煌：《"期待马'总统'的两岸政策论述"》，台湾《海峡评论》，2011年3月号，第50页。

[7] 周志杰：《再寻两岸关系深化的动力》，香港《中国评论》，2011年6月号，第13页。

[8] 《思想者论坛——认同与两岸关系》，香港《中国评论》，2009年9月号，第60—61页。

[9] 《思想者论坛——认同与两岸关系》，香港《中国评论》，2009年9月号，第61页。

[10] 萧元恺著：《台湾问题：政治解决策论》，香港三联书店，2010年版第24页。

[11] 蔡玮：《有关两岸文化合作的几点思考》，香港《中国评论》，2010年11月号，第8页。

[12] 《思想者论坛——两岸未来十年愿景》，香港《中国评论》，2010年12月号，第60页。

[13] 《思想者论坛——台湾青年如何看待两岸关系》，香港《中国评论》，2011年6月号，第70页。

[14] 社论：《太阳花没有改变台湾超稳定结构》，台湾《中国时报》，2014年9月27日，A23版。

[15] 社评：《两岸关系7个社会心理矛盾》，台湾《旺报》，2013年8月8日，C5。

两岸交流 30 年来"一国两制"在台湾遭遇的误解与挑战剖析

中国社会科学院台湾研究所政治室　王治国

"和平统一、一国两制"是大陆为实现祖国和平统一而提出的战略构想，不仅具有解决历史纷争的深刻理论意义，也以在港澳的成功实践而显示出巨大的实践意义。但客观来讲，与港澳成功的先例相比，"一国两制"一直在台湾岛内遭遇不小的阻力与误解。其原因是多元而复杂的。认真分析"一国两制"在岛内遭遇的误解与阻力及其形成的原因，对于还原"一国两制"的本来面貌，在岛内弘扬其优越性具有重要意义。

一、"一国两制"在台湾遭遇的误解与挑战

长期以来，"一国两制"战略构想的科学性与可行性一直受到岛内多方质疑和抹黑。具体而言：

（一）认为"一国两制"是要"矮化吞并"台湾

在台湾当局、政党及媒体的长期宣传下，岛内多数民众认为，"一国两制"是将台湾等同于港澳，就是把"中华民国"从一个"主权独立的国家""降格"为中华人民共和国的一个省或者特别行政区，是对台湾地位的"矮化"。此论调在台湾一直很有市场。2017 年 7 月，针对习近平总书记强调"一国两制"的香港成功实践，台陆委会就再次宣称，"'一国两制'只是中共当局片面提出的政治前提，均为地方化、'矮化'台湾的企图"。[1]

一些民众还认为，大陆利用了国际社会对中国就是中华人民共和国的简称的认知，通过"一国两制"在文字上设立"陷阱"，将自身作为整个中国的继承

者和代表，从而以兵不血刃的方式彻底"吞并""中华民国"。

（二）认为"一国两制"的制度设计有重大缺陷

台湾一些民众认为，综观世界各国，均为一国一制，"一国两制"所提的"两制并存"缺乏通例。社会主义与资本主义两种制度，一个是建立在生产资料以公有制为主体的基础上，一个则建立在私有制的经济基础上，两者之间完全处于尖锐对立的敌我矛盾中，没有共同存在的可能。即使"一国两制"成功运用于香港后，这一论调仍认为香港实行的是"假的""一国两制"。2016 年 11 月，台陆委会主委张小月就公开表示："'一国两制'从一开始就'不大可行'，因为若制度是好的就不会需要两个制度。"[2]

（三）认为"一国两制"在运作程序上体现"不民主性"

台湾还有一种论调，认为"一国两制"是大陆自行设计并强加给台湾的制度安排，并没有经过台湾人民的同意，在政治运作程序上缺乏民主性。这一论调也成为台湾当局拒绝与大陆进行政治对话的主要借口。1998 年 7 月，李登辉会见香港前总督彭定康时就高调声称，"一国两制"是"强加在人民头上的安排，人民没有选择权利"。[3]2002 年 10 月，陈水扁则在会见"欧洲议会友台小组议员访问团"时称，"台湾两千三百万人民多数反对一国两制及成为香港第二的意愿"。[4]马英九虽未附和李扁的说法，但多次强调"北京试图对台采行'一国两制'模式，令人觉得挫折"[5]，"就民主发展而言，台湾目前是华人世界的典范"[6]。蔡英文则宣称，台湾的情况与香港不一样，"毕竟我们还是一个'主权独立的国家'，香港还是受到一国两制约束的地方"。[7]

（四）认为台湾不同于港澳，不适用"一国两制"

还有一种论调，以台湾不同于香港和澳门，作为反对"一国两制"的依据。香港回归之前，李登辉即宣称"海峡两岸分裂的状态与香港的情况完全不同，中共将在香港实施的'一国两制'，与台湾二千一百五十万人民的意愿完全背道而驰，'中华民国政府'绝不会接受这种方式解决两岸问题。"[8]2001 年 7 月，陈水扁称："'一国两制'是要将台湾'香港化'。这样的'一国两制'，绝大多数台湾人民都不能接受。"[9]2012 年 1 月，竞选连任的马英九在国际记者会上也公开表示"'一国两制'在台湾没有市场"。[10]2016 年蔡英文带领民进党上台后，台陆委会则声称，台湾"与香港情况完全不同，政府坚持台湾前途与未来发展是由二千三百万人共同决定,这是台湾最大共识"。[11]

这种论调故意混淆了在台湾实施的"一国两制"与在香港实施的"一国两制"的不同之处,使得相当数量的民众认为台湾绝不能接受"一国两制"。

(五)认为香港出现诸多问题是"'一国两制'的失败"

"一国两制"应用于香港后,成功确保了香港的社会经济的稳定与发展。但与此同时,香港回归后,也出现了包括房价飙升、贫富差距拉大、社会抗议增多等一系列社会发展问题,而这些问题被视为"一国两制"造成的,进而认为"一国两制"在香港是"失败"的。

在这样一种认识下,台湾社会有相当一部分民众认为,既然"一国两制"在香港已经"失败",更不应该再用来处理台湾问题;台湾应该高度重视"一国两制"香港实践所带来的"警示"意义,绝不能接受"一国两制",进而导致"今日香港、明日台湾"的"恶果"。

(六)认为"一国两制"要先于两岸统一

部分台湾学者有意将大陆的"和平统一、一国两制"的大政方针反过来表述为"一国两制、和平统一",认为两岸关系的现状就是"一国两制",解决两岸统一问题,首先将"一国两制"就地合法化,先"一国两制",再实现"和平统一"。[12]这种解释其实已经与大陆所讲的"和平统一、一国两制"有了重大差异。对此,人民大学教授黄嘉树也曾表示,"一国两制"是与"只有一个中央政府"联系在一起的,即"主权属于全体人民,但是主权只能由代表国家的中央政府来行使";所谓"一国两制、和平统一"表面上是对大陆"一国两制"的引申解读,但其实是一个新范畴,不妨以一种新称谓来界定,如"一国两府两治"或"主权重叠下的治权分立"之类。[13]

(七)认为大陆已经准备放弃"一国两制"

自 1987 年"一国两制"被首次写入中共"十三大报告"和当年的国务院政府工作报告后,"一国两制"便一直在中国共产党和政府的工作报告中占据着重要位置。2008 年国民党重新上台执政后,台海形势发生重大的积极变化,"台独"的现实威胁性大大降低。在此背景下,大陆基于对台工作的策略考量,不再特意强调"一国两制",而是更多强调"九二共识"与反对"台独"。但这并不意味着大陆放弃"一国两制",相反是大陆对"一国两制"的信心与耐心进一步增强。

　　然而,"一国两制"在大陆官方文件和讲话中出现的次数与频率的减少,却被台湾错误地解读为大陆打算放弃对台实行"一国两制"的重要信号。以至于2014年9月,习近平总书记重申"一国两制"时,却被台湾岛内解读为大陆对台政策正在转趋强硬。泛蓝、统派立场鲜明的《中国时报》提出"一中"应是两岸共同组成的"整个中国";一向不触碰中国政治"敏感"问题,立场偏向泛蓝及保守主义的《联合报》,发表数篇文章指"一国两制"在台湾没有行情;泛绿、"独派"报纸《自由时报》则指中国提出"一国两制"是"包藏并吞祸心",呼吁大陆要尊重台湾人的选择。[14]

二、台湾误解和反对"一国两制"的背景和原因

　　"一国两制"在台湾遭遇误解进而被反对的原因是多元而复杂的,既有深刻的政治背景,也有复杂的社会原因,还有一些认识和理解上的误区。

(一)政治定位上的重大分歧是直接原因

　　长期以来,两岸在政治定位上的重大分歧,已成为深刻制约两岸政治关系发展的关键因素,进而影响到台湾岛内各界对"一国两制"的认知。大陆方面认为,1949年后,以"中华民国"为"国号"的"中央政府"在国内法、国际法上相继丧失代表中国的能力,中华人民共和国政府取而代之成为代表中国的唯一合法政府。台湾的国民党等蓝营则认为,"中华民国"是"主权"及于全中国、治权限于台澎金马的"主权独立国家",或"中华民国在台湾"是"主权独立国家"。民进党等绿营则强调台湾是以"中华民国"为"国号"的"主权独立国家"。[15]

　　从两岸层面看,双方在政治定位上的分歧,使得两岸无法妥善按照现行国际法和政治学学理来定位两岸之间的关系,进而无法建立足够的政治互信,也就使岛内很多人不能理性地看待"一国两制",进而对"一国两制"产生疑虑甚至敌意,并从负面角度解读大陆提出"一国两制"所释放的善意。

　　从岛内蓝绿政治势力层面看,蓝绿在政治定位上的分歧正是双方权力与路线斗争的具体体现,"台湾民主化的结果不仅没有缓和朝野对立,反而激化政党间的恶斗,在大陆政策上尤其难以取得共识"[16]。这使得蓝绿双方虽然都反对"一国两制",但反对的目的、理由等千差万别,在此过程中往往有掺杂着蓝绿

各自的政治利益。

（二）台湾"主体意识"及"拒统意识"增强是根本原因

"一国两制"在台湾岛内之所以被"污名化"且遇到很大阻力，根本原因在于仍有相当多台湾民众对与大陆统一存有疑虑和抗拒心理。

这种心理主要源自两个方面：一方面，由于两岸长期分离与隔绝，国民党数十年的反共宣传，特别是李登辉与陈水扁相继执政的长达 20 年的时间内，极力推动"去中国化"运动，马英九执政时期未能对之前李扁的"社会文化台独施政"进行拨乱反正，导致台湾岛内有相当多民众长期以来对大陆存有偏见甚至敌视，害怕与大陆统一。另一方面，从利益的角度讲，台湾民众对两岸统一以及"一国两制"能带来的好处缺乏充分的认识，当然其中也有大陆对统一和"一国两制"宣传力度不够的原因 [17]，而这也使得台湾民众对统一缺乏兴趣，认为"统一不会让生活更好、反而会增大变数"。

根据台湾政治大学选举研究中心对岛内民众的统"独"认同和身份认同的长期跟踪民调看，主张"尽快独立"与"偏向独立"的比例总体上一直呈上升态势，至 2017 年 6 月合计达到了 23.6%；而主张"尽快统一"和"偏向统一"的比例则在持续下降态势，合计仅为 11.8%，台湾民众统"独"认同上"统降独升"的趋势越发明显。与此同时，台湾民众承认自己是中国人的越来越少，认为自己仅仅是台湾人的越来越多。2017 年 6 月民调显示，有 56% 的民众认为自己只是"台湾人"，"既是中国人又是台湾人"及"中国人"的比例分别仅为 36.6% 及 3.6%。[18] 在这样的情况下，台湾民众自然很难接受作为统一后制度安排的"一国两制"。

（三）台湾特殊的社会发展历程是重要原因

1949 年国民党退台后，为维持自身"法统地位"以及政权的稳定，在台湾实行专制独裁统治。台湾人民不仅被全面剥夺了基本权利，而且随时都面临着被查、被抓、被判刑或处决的危险。[19]20 世纪 80 年代中期，随着岛内经济现代化的推进，台湾人民要求扩大政治参与、推行政治制度改革的呼声高涨，国民党的专制统治难以为继，被迫开始推行所谓的政治民主化。

台湾人民的前后两段特殊政治经验对比，使得绝大多数人对所谓政治民主具有强烈的"执念"，认为民主是其最高价值，进而担心"一国两制"影响其既有的所谓"民主生活方式"。

（四）台湾媒体持续唱衰产生误导作用

台湾媒体总体上对"一国两制"的关注度不高。1997 年香港顺利回归后，"一国两制"再次成为国际社会谈论的焦点，自此台湾媒体对香港实施"一国两制"的报道才有所增多，但仍呈现片面报道。一方面，不愿将香港与"一国两制"的政治制度相联系，力图避免台湾公众将香港回归后的成功和繁荣与"一国两制"联系起来，进而引发台湾民众对台湾与大陆统一问题的讨论。[19]另一方面，报道中呈现出明显的负面态度"一边倒"的现象。总是力图通过对香港在政治、经济、民生等方面的负面事件来证明"一国两制"行不通。在这样一个舆论环境中，台湾民众很难对"一国两制"有正确和充分的认识，久而久之就开始认为"一国两制"是既不合理也不可行的大陆的一厢情愿。

（五）"香港模式"的争论产生一定负面影响

香港在两岸关系上一直发挥着不可替代的重要作用。随着近年来香港与台湾两地关系进一步密切 [20]，台湾方面比以往更加关注香港的发展状况，并将"一国两制"在香港的实施与台湾民主政治的未来及两岸关系的发展挂钩。

在此过程中，台湾民众的观感很大程度来自香港媒体对"一国两制"的评价。然而，大部分香港中间派和亲泛民派媒体对"一国两制"的负面评价占据主导，往往有意渲染夸大香港回归后发生的一些负面社会问题，甚至无中生有。[21]

三、"一国两制"仍是实现祖国统一的最佳模式

"一国两制"长期以来虽然在台湾岛内遭遇诸多误解与阻力，但它在对台工作的实践和两岸关系发展的进展中不断得到发展和完善，具有了更强的生命力，仍是解决台湾问题、实现祖国统一的最佳模式。

（一）"一国两制"充分体现了维护国家领土和主权完整的原则性

台湾问题的核心是祖国的统一。邓小平同志曾说："凡是中华民族子孙，都希望中国能统一，分裂状况是违背民族意志的。只要台湾不同大陆统一，台湾作为中国领土的地位是没有保障的，不知道哪一天又被别人拿去了。"[22]因此中国在解决台湾问题上立场是坚定的，在维护主权和领土完整这一根本问题上，没有妥协的空间。

"一国两制"本身就是一个中国原则的最好体现。一方面,"一国"为"两制"的前提和政治基础,即在"统一"之后,在"一个国家"的框架内,两岸实行"两制",而不是先"两制",再经由两制的不断融合逐步实现"一国",因此统一性是"一国两制"中具有决定性的方面,或者说本质的方面。[23]另一方面,"一国两制"是一个国家根据自己的宪法、法律规定,在部分地区实行不同于其他地区的政治、经济和社会制度,但这些地区的政府是这个国家的地方行政单位或地方性政府,不能行使国家的主权[24],这就保证了国家主权与领土完整的不可分割性和中华民族的统一性。

(二)"一国两制"充分考虑了台湾岛内的历史和现实

台湾长期与祖国大陆分离,从 1624 年台湾沦为荷兰殖民地到 1987 年两岸开始民间往来的 300 多年台湾历史中,外族入侵占领 88 年,郑氏政权与清朝政府对峙 21 年,国共对峙 38 年,两岸长达 147 年处于隔绝状态。在此期间,台湾不仅遭受残酷的封建压迫,而且还惨遭殖民主义、帝国主义的侵略和掠夺,其所受侵略之多、规模之大、时间之长、罹难之惨,在中国其他地区是找不到先例的。[25]2005 年 5 月 11 日,应邀访问大陆的亲民党主席宋楚瑜在清华演讲时表示:"四百年的疏离,一百年的隔绝,五十年的对抗,尤其是两岸发展出不同制度,让台湾和大陆的隔阂愈来愈深。台湾人恐惧他们几十年来的打拼,会因为现状的改变而化为乌有。"[26]这种情况短期内是难以改变的,而在解决台湾问题的过程中又不可避免会触碰到这些问题。

"一国两制"恰恰是考虑到这些问题,主张在一个中国原则的基础上,通过两岸政治商谈,在一段时间内维持两岸各自社会制度的现状,并通过制度建构为未来融合发展预做准备。两岸统一后,台湾将真正以祖国大陆为腹地,获得广阔的发展空间。"台湾同胞可以同大陆同胞一道,行使管理国家的权利,共享伟大祖国在国际上的尊严和荣誉。"[27]

(三)"一国两制"体现了国家发展战略的现实需要

"和平统一、一国两制"伟大构想的提出,为过去 30 年中国的国家发展创造了一个有利的政治和经济环境。2012 年 11 月 8 日,中国共产党第十八次全国代表大会上的报告更进一步明确了"两个一百年"奋斗目标,即在中国共产党成立一百年时全面建成小康社会,在新中国成立一百年时建成富强民主文明和谐的社会主义现代化国家。要达成此目标,则意味着大陆需要一个更长的战略机遇期，需要维持一个和平稳定的外部环境。在台湾问题上，则需要继续坚持"平统一、一国两制"方针政策。

从另一方面看，解决台湾问题，归根到底还是要把自己的事情做好。数十年来两岸关系发展的实践也充分证明，祖国大陆改革开放和现代化建设不断取得巨大进步，是推动两岸关系发展、实现祖国和平统一的雄厚基础和可靠保障，决定了两岸关系的基本格局和发展方向。2015年3月，习近平总书记看望参加全国政协十二届三次会议的民革、台盟、台联委员时强调，"从根本上说，决定两岸关系走向的关键因素是祖国大陆发展进步"。[28]因此，继续坚持"一国两制"，维护战略机遇期，继续深化国家发展战略，不断增强自身实力，也是在为解决台湾问题累积能量与条件。

（四）"一国两制"具有政策与理论的高度开放性

"一国两制"不是一成不变的，相反作为实事求是和解放思想的产物，"一国两制"本身就需要不断地与时俱进并丰富内容，进而表现为政策理论与实践模式的高度开放性与创新性。

不同于传统国家学说和政治学理论是按照单一制和复合制来划分国家结构的，"一国两制"既保留了单一制的国家结构，又兼有复合制的许多重要功能和特点，这些重要功能和特点绝非仅仅具有象征意义和外在形式，而是在本质上对复合制因素的有力吸纳和再造，将使中国具备一种新的国家结构，也代表了一种新的国家统一观念。[29]按"一国两制"实现统一后，台湾作为特别行政区不仅享有立法权、独立的司法权和终审权，享有一定的外事权，而且还可以拥有军队，中央政府不派军队和行政人员驻台，不收税，这些都已经超越了联邦制国家中成员邦所享有的权力。因此有学者认为，"一国两制"已经吸收了复合制国家的某些合理的设计。[30]

注释

[1] 《一国两制在台湾？》，台湾《联合报》2017年7月1日。

[2] 《港议员被取消资格 张小月：一国两制不可行》，台湾《自由时报》2016年11月16日。

[3] 《李"总统"接受彭定康专访》，台湾"中央日报"1998年9月24日。

[4] 《扁：谈三通 不能附加其他条件》，台湾《联合报》2002年10月31日。

[5] 《马：中对台一国两制策略 令人挫折》，台湾《中国时报》2008年9月10日。

[6] 《马英九接受彭博社专访：中国传统文化与民主相容》，台湾《中国时报》2016年6月15日。

[7] 《接受"华尔街日报"专访 蔡英文：不会屈服中国压力》，台湾《自由时报》2016年10月5日。

[8] 《我绝不接受一国两制》,台湾《中央日报》1997 年 6 月 18 日。

[9] 《回应钱七项,陈"总统":一国两制是要将台湾香港化》,台湾《中国时报》2001 年 7 月 14 日。

[10] 《马英九:我到哪里都是"中华民国总统"》,台湾《联合报》2012 年 1 月 12 日。

[11] 《陆委会驳一国两制"台港情况不同"》,台湾《联合报》2017 年 7 月 2 日。

[12] 王英津:《"一国两制"与两岸统一刍议》,《统一论坛》2015 年 02 期,第 14 页。

[13] 黄嘉树:《求同存异、与时俱进——从解决"两府争端"的角度看"一国两制"的发展》,《台湾研究》2002 年第 2 期,第 38 页、第 39 页。

[14] 《习近平重提"一国两制",台媒解读不一》,新加坡《联合早报》2014 年 9 月 29 日。

[15] 王鹤亭:《两岸政治定位的分歧处理及建议》,《台湾研究集刊》2009 年第 2 期(总第 104 期),第 35 页。

[16] 林文程:《台海两岸关系的现况与未来》,苏起、童振源主编:《两岸关系的机遇与挑战》,台湾五南图书出版公司 2013 年 9 月初版,第 56 页。

[17] 两项民调数据来源参见台湾"政治大学选举研究中心"网站:http://esc.nccu.edu.tw/app/news.php?class=203。

[18] 李振广:《当代台湾政治文化转型探源》,中国经济出版社 2010 年 3 月第 1 版,第 44 页。

[19] 宋雪婷、李展:《从"中国时报"港澳报道分析"一国两制"在当下港澳与未来台湾》,《东南传播》2014 年第 2 期(总第 114 期),第 24 页。

[20] 2016 年,台湾已成为香港第三大贸易伙伴;第五大港产品出口市场,第五大转口市场,以及第二大进口来源地;香港则成为台湾第四大贸易伙伴,第二大出口市场以及第二十五大进口来源地。资料来源于香港经济贸易文化办事处官网:http://www.hketco.hk/tc/economy_info/,访问时间:2017 年 8 月 20 日。

[21] 庄吟茜:《"一国两制"在台湾的污名化:剖析与澄清》,《台湾研究》2016 年第 1 期,第 34 页。

[22] 《中国台湾问题》,九州出版社 1998 年 9 月第 1 版,第 79 页。

[23] 王英津:《"一国两制"与两岸统一刍议》,《统一论坛》2015 年,第 14 页。

[24] 王鹤亭:《"一国两制"台湾模式研究的回顾与展望》,《重庆社会主义学院学报》2011 年第 2 期,第 54 页。

[25] 彭维学:《"台独"的社会基础》,九州出版社,2008 年 4 月第 1 版,第 15 页。

[26] 《制度调整,有互补互通空间》,台湾《联合报》2005 年 5 月 12 日。

[27] 《江泽民文选》第 3 卷,人民出版社 2006 年版,第 525 页。

[28] 《习近平强调:坚持两岸关系和平发展道路,促进共同发展,造福两岸同胞》,参见国台办网站:http://www.gwytb.gov.cn/zt/xijinpingzhuanti/201504/t20150409_9538279.htm。

[29] 李义虎:《作为新命题的"一国两制"台湾模式》,《国际政治研究》(双月刊)2014 年第 4 期,第 76 页。

[30] 北京大学王丽萍认为:"急于在'一国两制'与联邦制之间画清界线,甚至对联邦制草率地加以否定。这一方面体现了对联邦制的误解,另一方面则出于在国家结构形式问题上的僵化思维。实际上国家结构形式没有优劣之分。单一制国家为实现国家主权和领土完整吸收(获得)联邦制国家的某些特征,虽然模糊了国家结构的两种基本形式之间的界线,但其价值在于有利于实现国家的统一和主权的完整。"参见:王丽萍《联邦制与世界秩序》,北京大学出版社 2000 年

第 1 版，第 216、217 页。中国人民大学王英津提出："具有联邦精神的'一国两制'台湾模式，台湾享有分权性自治权，与中央形成准联邦关系"。参见王英津：《国家统一模式研究》，台湾博扬文化 2004 年版。

两岸关系发展形势的量化分析
——基于耗散结构理论的测度

南开大学台湾经济研究所　朱　磊

世界上存在不少这样的情况：一个国家虽然没有分裂，但也没有完全统一，未来的国家演化究竟是趋于分裂还是走向统一，学界对此一般从不同角度进行定性分析，由于影响因素过多，极少见到对此有定量分析的文献。本文试图从复杂性科学的视角出发，构建国家演化的理论模型，对国家统一的演化进程尝试量化分析，尤其对于当前台海两岸复杂形势的判断，可以为政府相关部门的科学决策提供重要参考依据。2016 年以来，台湾出现"台独"政党岛内执政、"台独"政策措施纷纷出台、"台独"倾向民众比率增加、台湾民众对国家统一呈现焦虑感和恐惧感等现象，有观点认为两岸关系发展方向并未趋于统一，也有观点从大陆软硬实力不断增长的角度认为国家统一仍然是当前两岸关系发展的必然方向，本文将运用 3S 模型对两岸关系发展形势与趋势进行量化分析和检验。

一、国家统一的系统演化原理

国家是由个人及利益集团组成的多层级系统。因国家统一或分裂而引起的国家版图的变动是国家系统的一种相变。一个统一有序、管理高效的多层级国家系统有利于国家系统功能涌现和提升并且符合民众利益最大化。国家系统向统一演化符合复杂系统趋于有序的演化方向及人类社会组织形式的总体发展趋势。

国家统一的内涵主要是指国家系统层级结构的有序性和同一性。从国家最高权力[1]的角度可将国家分为统一、分裂和分治三种状态。国家的最高权力包括对内的最高权力和对外的独立地位，前者指可以行使和分配颁布法律、司法、任命公职人员、征收捐税、发行货币、组织和调动军队等权力的权力，后者是被国际上绝大多数国家承认、并具有行使对外战争与和平、缔结国际条约等权力的权力。[2] 一个国家如果对内最高权力和对外独立地位都是唯一的，国家是统一状态；如果二者都不唯一，国家是分裂状态；如果对外独立地位是唯一的，国际上只承认一个代表该国的政权，但同时对内最高权力不唯一，存在两个或更多互不隶属、各自为政的政权，则国家处于分治状态。统一或分裂状态如果得到各方政权的认可均可以是稳定状态，但分治状态意味着一国内部不同政权间对国家演化方向存在根本分歧，很难有持续的稳定性。

国家系统内部各方力量总是处于此消彼长的变化之中，从而导致系统整体的演化，在此过程中国家系统内部会自发产生熵，即无序性。因为国家系统由多种利益集团的子系统组成，这些子系统由次利益集团的孙系统组成，可以如此不断细分，直到个人。从每个层级系统的角度，无论个人还是利益集团，为了存在都有趋利避害的本性，个人到各层级利益集团都在追求自身权益最大化，如果没有任何相互制约，逻辑结果必然是每个人或每个利益集团的权益趋于无穷大，整个社会将处于无序状态。无序指系统中要素的存在或变化有很多种可能性，有序则是系统内部要素之间及系统之间的联系具有规则性，其存在或变化的可能性较少。对人类社会而言，无序意味着不稳定和脆弱，但有利于释放创造力；有序意味着稳定和强大，但创新性约束较大。因此无序和有序各有利弊，没有哪种状态是绝对的好或坏。个人与每个层级的利益集团都需要与外界进行物质、能量与信息的交换，不断追求自由度的本能要求会产生熵增，而现实中任何系统的外部资源都存在有限性，个体与外界不可能无限自由地产生熵流，任何个体与利益集团在获取资源时都要受到其他个体与利益集团的制约，这些外力产生熵减，系统只有在与外界相互作用与交换的条件下才能保持有序和无序的平衡。

国家系统发生相变的运行原理是：当外部条件及内部要素改变时，系统当前状态变得不稳定，在临界点附近，系统通过不断涨落测探有序宏观状态的各种新的可能性，某种新的集体运动形式将越来越强，最终压倒所有其他的集体运动，通过自组织方式出现一种新的宏观有序状态，反映在国家版图上面就是统一或分裂。国家系统演化是一个自组织产生新系统的演化发展过程，其中能否形成耗散结构是一个新系统能否诞生和进化的关键。

普利高津（I.Prigogine）创建的耗散结构理论研究了系统自组织演化发生的

条件。"耗散结构一旦形成，时间以及空间的均匀性可能就遭到破坏。"[3] 如果不能形成耗散结构，个人及利益集团追逐自身利益的本能会对国家系统产生熵增，国家趋于无序；如果未统一国家系统满足耗散结构条件，系统可以通过自组织功能恢复稳定有序的国家统一状态，完成从分裂或分治到统一的非平衡相变。耗散结构是指远离平衡态下动态的稳定化有序结构，其形成条件包括开放、非平衡、非线性和涨落。

开放主要是指国家系统对国际大系统的开放，作为外部环境的国际大系统对国家系统演进有重要影响，国际格局对国家统一形势发生直接作用，国际势力介入可以强化统一或分裂的现状或变化。反过来，追求国家统一可能带来国家整体力量的增强，会对国际格局产生或多或少的影响，意味着国家在国际上权益配额的改变，由此必然产生与国际势力的相互作用。

非平衡态意味着力量分布不均匀，未统一政权之间存在力量差异。非平衡是形成和维持宏观有序结构的必要不充分条件，只有出现有强大向心力的政权并与其他政权的力量拉开差距，才有条件结束国家混乱状态、主导完成国家统一。国家系统内部要素不平衡发展引发系统失稳是国家系统发生相变的最重要动力，而系统所处的外部环境对系统的非平衡程度有重要影响，有时需要通过系统与外部环境互动改变国际势力的平衡策略、打破系统内部平衡。一国内部的政权之间的竞争离不开与国际势力的关系处理，很多情况下需要排除或转变外部力量的介入才可能进入国家系统的非平衡态。

非线性和涨落是国家系统发生相变的必然条件。系统发展的本质是非线性相互作用，体现为要素间的排斥和吸引、竞争和协同。在临界区域附近，涨落加上非线性相互作用形成的关联放大效应，主宰系统演化的方向和模式。国家系统内部的政治、经济、社会、文化、军事等各领域子系统之间会产生非线性作用，国家系统与母系统及子系统之间也存在非线性作用，国家系统发生统一相变不一定是政治因素直接导致的结果，很多时候是通过经济、社会等领域的涨落对政治领域产生非线性作用，诱发统一相变。涨落是系统宏观量对平均值的偏离。系统演化的规律"常常是一种不可预见的涨落在两个等价的有序状态之间做出了最终选择"[4]。在非平衡态，如果系统中存在着正反馈机制，涨落就会被放大，导致系统失稳而被推到临界点上。系统在临界点上的行为有多种可能性和不确定性，涨落在其中起着重要的选择作用。国家系统任何时候、任何条件下都存在政治事件、经济波动或社会运动等各种涨落，非平衡自组织系统对于某些涨落格外敏感，微小的随机涨落往往带来出乎预料的后果，国家统一的发生常常不是按预定计划实现，而是随机涨落引发的突然进化。

在一个未统一国家，两个或两个以上政权之间存在激烈竞争，这种差异随着暴力或和平方式的竞争不断增大而使国家系统远离平衡，逐步具备实现国家统一的非平衡条件。在非线性和涨落作用的影响下，系统可以通过耗散结构的自组织功能恢复稳定有序的国家统一状态。

二、国家系统 3S 模型测度方法

本研究根据耗散结构理论构建 3S 模型以"势""力""策"指标量化评估开放、非平衡、非线性和涨落的条件。外部形势（简称"势"，Situation）是政权运作和发展过程中的外部国际环境，是开放性的体现与状态；内部力量（简称"力"，Strength）是政权自身具备的软、硬实力，是测量非平衡程度的主要方面；政权策略（简称"策"，Strategy）是政权采取的施政策略，影响不同子系统之间以及不同层级系统之间的非线性作用效果与涨落波动程度。这三方面因素分属三个层级的系统："形势"代表最上面的国际系统，"力量"代表中间的国家系统，"策略"代表最下面的政权系统。系统是分层级的，且不同层级的系统之间发生非线性作用，共同决定社会复杂巨系统的演化方向。

政权追求国家统一或分裂或权力最大化目标时有三个约束条件：国际形势、自身能力和国内民意，因此政策着力点也在于营造于己有利的"势""力""策"条件。"势"意味着国家系统所处的外部环境，政权子系统与世界格局的相互作用，其强弱对国家系统的演化进度有不同程度的影响。"力"是慢变量，但也是最根本的序参量，因此长期而言国家建设主要是"硬实力"和"软实力"的建设，即自身全面发展进步。政权子系统之间"力"的差距拉大是国家系统走向非平衡态的重要表现。"策"意味着政权能否将现有的"势"与"力"最大化地利用起来，扩大非线性作用为实现自己的目标服务。国家系统演化处于临界点时，政权能否把握涨落实现统一相变很大程度上取决于政权的"策"。

本研究运用 3S 模型对台海两岸实现国家统一的进程进行量化分析。将"势""力""策"三方面内容细化为若干可测度的量化指标，运用这些指标测算两岸关系发展有序度的变化。如果有序度增强表示趋于国家统一，反之则为趋于国家分裂。测算的主要思路是利用耗散结构中的熵变与系统有序性发展的判别方法对国家系统的发展演化进行相关判定，从定量的角度分析国家统一发展进程。通过分析国家系统的熵值变化，分析整个国家系统的发展趋势。当外部环境影响产生的负熵的绝对值大于熵增值时，整个系统将实现从无序走向有序，国家由分裂趋向统一。

根据玻尔兹曼的非平衡态系统熵计算方法，对于一个不确定性系统，若用随机变量 X 表示其状态特征，设 x 的取值为 $X\{x_1,x_2,\cdots,x_n\}(n \geqslant 2)$，每一取值对应的概率为 $P\{p_1,p_2,\cdots,p_n\}(0 \leqslant p_i \leqslant 1,\ i=1,2,\cdots,\ n)$，且有 $\sum p_i = 1$，则该系统的系统熵为：

$$S = k\log_2\Omega = -C\sum_{i=1}^{n}(p_i h\, p_i) \qquad （1）$$

其中 Ω 为系统状态个数，k 为玻尔兹曼常数，C 为比例常数。

在本文中，国家系统耗散结构通过年份信息熵和指标信息熵两类熵进行判断：运用年份信息熵定量测算系统中历史时间序列中每一年份的有序度数值，从而判断系统的有序演化方向；指标信息熵则综合量化耗散结构测度的多维指标要素，从而得出系统历史时间序列中每一年份的系统综合发展度，通过年份信息熵和指标信息熵的综合分析比较最终比较准确地判断出系统的有序状态和健康发展程度。

（1）年份信息熵

假设将对系统中 m 个年份 n 个指标进行评价，Pi（i 为指标，j 为年份）为原始数据的归一化值，根据公式（1），取比例常数 $C = 1/h\,m$，则年份信息熵的计算公式为：

$$s_j = -\frac{1}{h\,m}\sum_{i=1}^{n}\frac{p_j}{p_j}h\,\frac{p_j}{p_j}，\text{其中}$$

$$p_j = \sum_{i=1}^{n}p_j(i=1,2,\cdots,\ n;\ j=1,2,\cdots,\ m)$$

根据本研究提出的实力（Strength）、"形势"（Situation）与"策略"（Strategy）三个角度及选取的指标，在计算年份信息熵时分别从三个角度进行计算，公式为：

$$s_{j势} = -\frac{1}{h\,m}\sum_{k=1}^{k_1}\frac{p_k}{p_j}h\,\frac{p_k}{p_j}，\text{其中}$$

$$p_{j势} = \sum_{k=1}^{k_1} p_k (k = 1,2,\cdots,\ k_1;\ j = 1,2,\cdots,\ m)$$

$$s_{j力} = -\frac{1}{\text{h } m} \sum_{k=k_1+1}^{k_2} \frac{p_k}{p_j} \text{h} \frac{p_k}{p_j},\ 其中$$

$$p_{j力} = \sum_{k=k_1+1}^{k_2} p_k (k = k_1+1,\ k_1+2,\cdots,\ k_2;\ j = 1,2,\cdots,\ m)$$

$$s_{j策} = -\frac{1}{\text{h } m} \sum_{k=k_2+1}^{n} \frac{p_k}{p_j} \text{h} \frac{p_k}{p_j},\ 其中$$

$$p_{j策} = \sum_{k=k_2+1}^{n} p_k (k = k_2+1,\ k_2+2,\cdots,\ n;\ j = 1,2,\cdots,\ m)$$

（2）指标信息熵

系统历史时间序列中每一年的综合发展度通过指标信息熵确定指标权重，最终算出某一年份的综合发展度，计算如下：

①指标信息熵

$$E_j = -\frac{1}{\text{h } m} \sum_{j=1}^{m} \frac{p_j}{p_i} \text{h} \frac{p_j}{p_i},\ 其中$$

$$p_i = \sum_{j=1}^{m} p_j (i = 1,2,\cdots,\ n;\ j = 1,2,\cdots,\ m)$$

②指标权重 $Q_i = \dfrac{1-E_i}{n - \sum\limits_{i=1}^{n} E_i}$

③年份综合发展度 $f_i(p) = \sum\limits_{i=1}^{n} Q_i \dfrac{p_j}{p_i}$

$$T = f_i(M) + f_i(T)$$

其中，T 为国家系统综合发展度，$f_i(M)$ 为大陆的年份综合发展度 $f_i(T)$ 为台湾的年份综合发展度。

按照 3S 模型的"势""力""策"三个方面分别计算年份信息熵，通过分析系统总熵值的变化趋势和"势""力""策"的熵值变化的关系，判断"势""力""策"在国家统一进程中发挥的重要程度。根据年份信息熵公式得出国家系统的总熵和各类型熵的熵值的计算结果，根据指标信息熵公式得到系统中各类指标的权重值和两地历年综合发展度。

然后再运用复合系统协调度模型对上述国家系统耗散结构模型的结果进行检验。复合系统协调度模型的理论基础是哈肯（H.Haken）创立的协同学："最终哪种结构得以实现，将取决于各个集体运动形式（方式）的增长率，这一观点意味着这些不同的运动形式不断相互竞争。"[5] 复合系统的协调是指在系统内部的自组织和来自外界的调节管理活动作用下，其各个组成子系统之间的和谐共存，以实现系统的整体效应。协调是指系统之间或系统组成要素之间在发展演化过程中彼此的和谐一致。为实现上述的和谐一致而对系统采取的若干调节控制活动称为对系统施加的协调作用。系统之间或系统组成要素之间在发展演化过程中彼此和谐一致的程度称为协调度。协调作用和协调度决定了系统在达到临界区域时走向何种序与结构，或称决定了系统由无序走向有序的趋势与程度。

协同学将系统的内部变量分为慢变量和快变量，其中慢变量（序参量）是决定系统演化的根本性变量。系统从无序走向有序的关键在于系统内部序变量之间的协调作用，它决定着系统演化的特征和规律。一个未统一国家中的两个政权子系统的序变量关系，决定了国家复合系统协调度的发展路径指向统一还是分裂。

具体模型构建过程如下：

设国家系统的政权子系统为。设子系统在发展过程中的序参量为。假设的取值越大，系统的有序程度越高，反之则系统的有序程度越低；假设的取值越大，系统的有序程度越低，反之则系统有序程度越高。

则子系统的序变量分量有序度的计算公式为：

$$U_j(e_{ji}) = \begin{cases} \dfrac{e_{ji}-\beta_{ji}}{\alpha_{ji}-\beta_{ji}} & i \in [1,l] \\ \dfrac{\alpha_{ji}-e_{ji}}{\alpha_{ji}-\beta_{ji}} & i \in [l+1,m] \end{cases} \quad (1)$$

从总体来看，子系统的有序度可通过下面的公式计算：

$$u_j(e_i) = \sqrt[m]{\prod_{i=1}^m u_j(e_{ji})} \quad j=1,2 \quad (2)$$

当整个复合系统发展演化到时刻，则复合系统的协调度为：

$$C = \theta \sqrt[2]{\left| \prod_{j=1}^{2} [u_j(e_j) - u_j^0(e_j)] \right|} \qquad （3）$$

式中满足以下条件：

$$\theta = \frac{\min[u_j^1(e_j) - u_j^0(e_j)]}{\left| \min[u_j^1(e_j) - u_j^0(e_j)] \right|}$$

三、两岸关系发展形势的量化分析

1949 年中华人民共和国成立，国民党统治集团退踞台湾，在外国势力的支持下，与大陆对峙，由此产生了台湾问题。台湾问题的实质是 20 世纪 40 年代中后期中国内战遗留并延续的政治对立。两岸近 70 年来经过隔绝、交流与多种形式的互动，尚未结束政治对立，岛内持分裂主张的政党还两度上台执政，岛内支持"台独"的民意比重较之 30 年前大幅上升。本研究运用国家系统 3S 模型的分析方法对 21 世纪以来的两岸子系统之间的关系进行测算，结果显示，中国国家系统的演化方向仍然是趋于实现国家统一。

统计样本数据截取 2001 年至 2016 年的公开统计数据，共选取了 63 个指标：

外部形势（简称"势"，Situation）共设计 2 大类 14 个细化指标：

		经济的世界占比
		贸易的世界占比
		金融的世界占比
国际影响力	世界占比	军事的世界占比
		科技的世界占比
		涉外资金投入
		对外交往国家数量

国际竞争能力	进出口总量	进口贸易总额
		出口贸易
	国际支付能力	外汇储备量
		黄金储备量
		外汇储备总额
	国际投资	外资投资总额
		对外投资总额

内部力量（简称"力"，Strength）共设计 9 大类 43 个细化指标：

资源	人力资源	人口数
		预期寿命
		经济活动人口比重
		大学以上毕业人数比重
	土地资源	土地面积
		可耕地面积
		森林面积
经济活动能力	经济活动总量	GDP
		钢铁产量
		粮食总量
		能源生产量
	经济活动均量	人均 GDP
		人均钢铁产量
		人均粮食产量
		人均能源消费量
	经济活动结构	工业化率
		第三产业比重
科技能力	科技投入	科技投入总额
		研究与开发占 GDP 比重
	科技水平	科技成果数专利
		R&D 技术人员
	科技地位	每万人拥有的科技人员数
		高技术密集型产品占出口比重
		互联网用户数
可持续发展水平	协调性	单位能源消耗生产的 GDP

社会发展程度	教育水平	人均教育经费
		高等教育入学率
	文化水平	成人识字率 15 岁以上识字率
		中学以上文化程度人口比重
	社会保健水平	人均保健支出
		每万人拥有的执业医生人数
	生活水平	居民消费水平支出
		人均居住面积
	城市化程度	城市人口比重
政权强制力	军事能力	军事防卫支出
		军费开支占 GDP 比重
政治影响力	政党接受度	成年人口中执政党所占的比例
	政府对经济的调控能力	政府支出占 GDP 比重
		财政收入占 GDP 的比重
社会向心力		台湾民众统"独"立场
文化凝聚力 外国留学生人数 台湾民众对台湾人 / 中国人认同		入境旅游人数

政权策略（简称"策"，Strategy）共设计 4 大类 6 个细化指标：

动员能力	执政党党员占民众比重
	中央财政收入占全部财政收入比重
组织能力	执政党的基层组织（党支部）数量
统"独"意志	执政党党章文献及领导人就职演说中出现国家统一的频率
执行能力	议事机构中执政党的比例
	政府机构的健全和有效性

两岸系统熵值计算结果如下：

大陆				台湾			
势－熵（陆）	力－熵（陆）	策－熵（陆）	总熵(陆)	势－熵（台）	力－熵（台）	策－熵（台）	总熵(台)
0.6234	0.725	0.2184	1.5668	0.5447	0.7382	0.3242	1.6072
0.6202	0.792	0.2199	1.6321	0.5582	0.8155	0.3301	1.7038
0.6176	0.8189	0.2997	1.7362	0.5848	0.8425	0.3132	1.7405

0.6079	0.8557	0.3071	1.7707	0.5888	0.8602	0.3296	1.7786
0.6116	0.8672	0.314	1.7929	0.6077	0.8768	0.284	1.7686
0.6172	0.8747	0.2685	1.7605	0.6226	0.8804	0.2788	1.7817
0.6125	0.8731	0.3226	1.8082	0.6122	0.8778	0.3052	1.7951
0.6207	0.877	0.2747	1.7725	0.5846	0.8928	0.25	1.7274
0.6337	0.8882	0.2798	1.8017	0.5677	0.8924	0.2639	1.7241
0.634	0.8846	0.2822	1.8009	0.5805	0.8924	0.2836	1.7565
0.6336	0.8844	0.2784	1.7964	0.5774	0.8947	0.28	1.7521
0.6356	0.8858	0.2643	1.7857	0.582	0.8931	0.2771	1.7523
0.6352	0.8867	0.2439	1.7658	0.5614	0.8858	0.2747	1.722
0.6376	0.8901	0.2265	1.7542	0.5667	0.8803	0.2972	1.7443
0.6416	0.8873	0.2128	1.7417	0.5681	0.8834	0.2499	1.7015

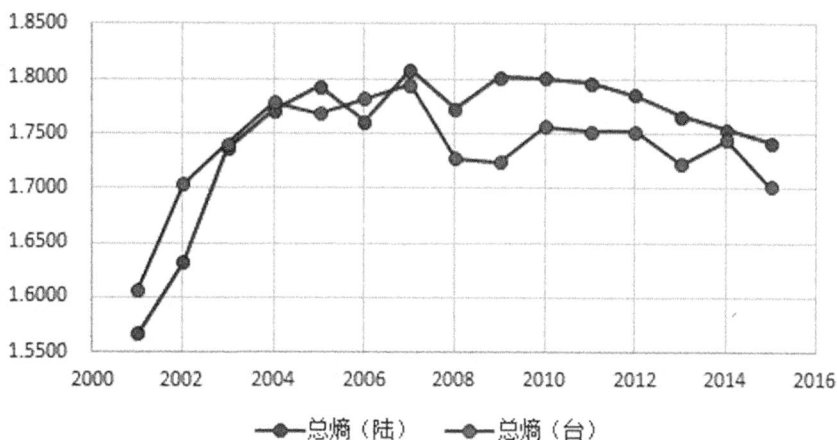

图 1 两岸熵值

熵值用来衡量国家系统的演化方向。两岸趋于统一，有序度增加，熵值减小。系统的熵值越大，意味着其有序度越低，反之，系统的有序度越高，其熵值越小。从图 1 可以看出，2001—2007 年，大陆、台湾各系统的熵值是增加的；2008—2015 年，熵值均呈现下降趋势，系统总体向着健康、有序方向发展，两岸关系趋于统一。

综合发展度			
	大陆	台湾	两岸
2001	0.4817	1.5187	2.0004
2002	0.5487	1.2207	1.7694
2003	1.1121	1.2705	2.3825
2004	1.1442	1.3429	2.4872
2005	1.1907	1.3369	2.5276
2006	1.2377	1.3269	2.5646
2007	1.4220	1.3560	2.7780
2008	0.9507	0.9532	1.9039
2009	1.0960	0.9797	2.0757
2010	1.2199	1.0451	2.2650
2011	1.3461	1.1044	2.4504
2012	1.4498	1.1071	2.5570
2013	1.5727	1.0218	2.5944
2014	1.7255	1.0885	2.8140
2015	1.9054	1.3198	3.2253

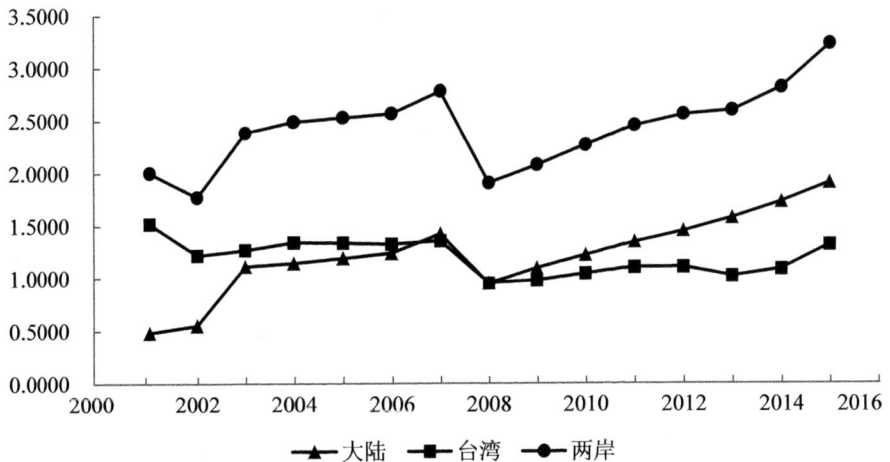

图 2　综合发展度

熵和综合发展度从不同角度衡量国家系统运行状态。系统综合发展度可以用来判断出系统的有序状态和健康发展程度，根据指标信息熵计算得出。综合发展度越高意味着系统的综合发展实力越强，系统的有序度越高，国家演化进程越趋于统一。从图2中可以看出，2001—2015年大陆、台湾与两岸综合发展度均呈现上升趋势，表明大陆子系统、台湾子系统、中国国家系统综合发展能力由低级向高级发展。但同时期大陆与台湾综合发展能力不同，对中国国家系统的影响与贡献不同：2001—2007年，台湾子系统综合发展能力高于大陆，但两岸差距迅速缩小；2008—2015年，大陆子系统综合发展能力超过台湾，且大陆子系统对中国国家系统发展的影响与贡献越来越大。两岸综合发展度是用来衡量中国国家系统的整体发展条件，体现了中国国家系统的有序发展程度，两岸综合发展度越高，中国国家系统越朝有序的方向发展，两岸关系越趋于统一。

年度	两岸复合系统协调度
2002	0.048321
2003	0.079535
2004	0.124794
2005	0.168747
2006	0.195383
2007	0.228502
2008	0.242004
2009	0.27218
2010	0.317741
2011	0.35469
2012	0.377484
2013	0.372323
2014	0.385082
2015	0.409825

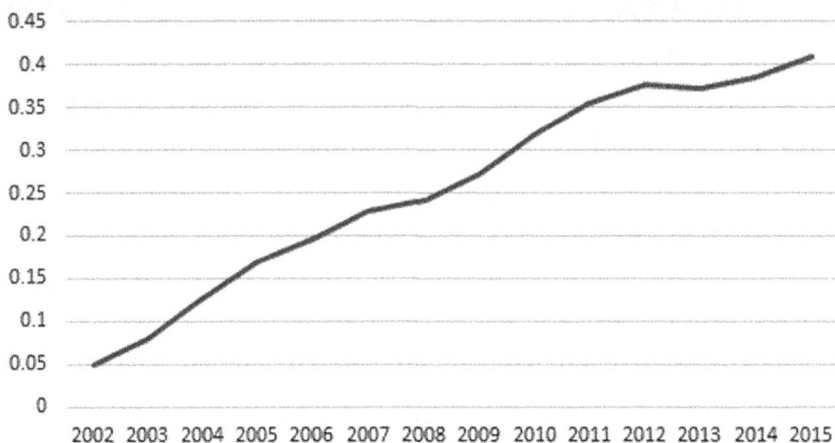

图3 两岸复合系统协调度

通过对两岸2001—2015年中国国家系统的协调度分析，表明两岸之间存在长期协调关系，只在2013年两岸复合系统状态协调度上升态势有短暂停滞，但从总体上看，该复合系统具有正协调度，即两岸系统处于向统一发展态势。协调度曲线平滑说明该复合系统的协调状况相当稳定，该分析结果与两岸综合发展度测算结果相吻合，从而说明了本文提出的3S模型的可操作性与结论的正确性。

四、结论

近16年来两岸关系的发展方向始终在朝有利于两岸统一的有序方向持续发展，两岸关系的协调度一直稳步提升。从历史发展和执政当局的角度看，台海两岸实现国家统一总体进程需要经历"争统一、争统独、谈统一"三个主要阶段，当前两岸处于第二阶段。两岸原有的平衡对峙被打破，但大陆暂时还不具备马上统一台湾的充分条件，两岸形成不平衡对峙，台湾在统一大陆无望的情形下转为争取"独立"，出现政治方面"台独"政党执政、经济方面"台独"政策措施出台、社会方面"台独"倾向民众比率增加、文化方面台湾民众对国家统一焦虑感和恐惧感增强等现象，都是两岸关系发展到该阶段的正常现象，并未改变两岸关系趋于实现国家统一的发展方向。大陆所主导的国家统一进程正在越来越多地具备耗散结构的条件，因此国家系统演化走向统一的长期趋势是越来越有利，而不是相反。

参考文献

[1] [比] 普利高津：《从存在到演化》，北京：北京大学出版社，2007 年版。

[2] [德] 哈肯：《协同学：大自然构成的奥秘》，凌复华译，上海：上海译文出版社，2013 年。

[3] [法] 托姆：《突变论：思想和应用》，周仲良译，上海：上海译文出版社，1989 年版。

[4] [德] 艾根：《关于超循环》，《自然科学哲学问题》，1988 年第 1 期。

[5] 孟庆松，韩文秀：《复合系统协调度模型研究》，《天津大学学报》第 33 卷第 4 期。

[6] 朱磊：《国家统一的动力：复杂性思维视角下的势、力、策》，《理论与现代化》，2016 年第 4 期。

[7] 朱磊：《两岸关系发展的三个阶段》，（港）《中国评论》，2017 年第 4 期。

[8] 朱磊：《维护经济合作成果符合两岸同胞利益》，《人民日报》（海外版），2016 年 5 月 12 日第 3 版。

数据来源

中国统计年鉴 2001—2016

"中华民国"统计年鉴 2001—2015

世界银行中国数据 2001—2015

2015 年度中国对外直接投资统计公报

2000-2010 World Fact book（世界概况）

中国国土资源公报 2009—2016

中国财政年鉴 2005 年

"中华民国""外交"统计年报 2003、2008、2015 年

台湾"中央健康保险署"

台湾"行政院主计总处"

台湾"内政部户政司"人口资料库

台湾"教育部"教育统计资料库

台湾"智慧局"2000—2015 年报专利统计

台湾政治大学选举研究中心民调数据：台湾民众台湾人／大陆人认同趋势分布 2001—2016

世界竞争力报告 2001—2015

全国来华留学生数据统计 2001—2015 年

中国共产党党内统计公报 2001—2015

中国外交部：中华人民共和国与各国建立外交关系日期简表（截至 2017 年 1 月）

SIPRI 年鉴：军备、裁军和国际安全 2001—2014

世界钢铁统计年鉴 2001—2015

世界黄金协会：1978 年以来多币种金价数据

注释

[1] 很多文献将国家最高权力视为"主权（Sovereignty）"或"立法权"，但"主权"内涵与意义在国际学术界有较大争议，因此本文不采用"主权"概念，而用"最高权力"表述可以行使诸多终极权力（包括"立法权"）的权力，换言之，国家最高权力派生出立法、司法、行政等具体

的终极权力。

[2] 英国学者布尔（Hedley Bull）的"内部主权"与"外部主权"的分类概念与此类似。Hedley Bull, The Anarchical Society：A Study of Order in World Politics, London：Macmillan, 1977, p.8.

[3] [比]普利高津：《从存在到演化》，北京：北京大学出版社，2007年版，第62页。

[4] [德]哈肯：《协同学：大自然构成的奥秘》，凌复华译，上海：上海译文出版社，2013年，第211页。

[5] [德]哈肯：《协同学：大自然构成的奥秘》，凌复华译，上海：上海译文出版社，2013年，第208页。

两岸交流中的台湾民意转变与融合发展前景

海峡两岸关系研究中心　仇开明

自 1987 年 11 月始，两岸隔绝状态被打破，两岸同胞开启交流交往，至今已达 30 载。30 年来，两岸经济社会交流往来经历了从无到有、由少到多、从间接到直接、从单向到双向的不断扩大和深化的过程，尤其是 2008 年后两岸关系开创和平发展新局面，形成了全方位、宽领域、多层次的格局。但是，我们也应看到在两岸交流过程中，由于双方存在的固有矛盾分歧尚未解决、体量大小悬殊、发展路线差异等因素影响，台湾民众对两岸交流的态度经历复杂变化。近些年来，岛内"台独"势力为一己之私，大肆操弄和裹挟台湾民意，以谋求政治利益。民进党再度执政后，对外陷于冷战思维和地缘政治旧格局，对内则试图切割两岸之间日益紧密的联系，违逆两岸关系发展潮流。然而，日益紧密联系的两岸关系正在证明台湾前途系于两岸关系发展，如果民进党及"台独"势力不改弦更张，其选择的路线终将无法持续下去，并被觉醒奔涌的民意洪流所翻转吞噬。两岸各界大交流推动两岸经济、社会、文化联系达到前所未有的水平，符合两岸同胞的共同利益，在此基础上的两岸经济社会融合发展已是大势所趋、人心所向，不会因"台独"势力的阻挠而止步，历史将证明其拥有越来越光明的前景。

一、两岸交流 30 年推动两岸联系达到前所未有水平

（一）30 年来，两岸经济合作取得突破性进展，两岸经济互利互补

格局基本形成。

1. **两岸经济交流合作从开始的零星、间接的贸易和投资逐步走向机制化、常态化。** 两岸经贸交往初期，其主要形式是经由香港进行的转口贸易以及由转口贸易带动的台商对大陆零星投资和海上小额贸易。1987 年 11 月，两岸隔绝状态被打破后，两岸经济交流合作随之发展起来。尤其 2008 年 5 月两岸关系进入和平发展阶段后，开始了两岸经济合作制度化的进程。2010 年 6 月，海协会与台湾海基会签署《海峡两岸经济合作框架协议》（ECFA），构建了两岸经济合作机制化平台，将两岸经济合作推向新阶段。30 年来，两岸经贸往来总体处于增量过程中，贸易结构渐趋优化。台商对大陆投资势头不减，台商投资日益呈现产业广泛化、类别多样化、经营形态多元化、地区分布扩展化、规模大型化等新特征。两岸一般贸易比重持续上升，加工贸易比重有所下降。2016 年两岸贸易额达 1796 亿美元，大陆对台逆差 988.6 亿美元。台湾是大陆第七大贸易伙伴和第六大进口来源地，大陆是台湾最大的贸易伙伴和贸易顺差来源地。

2. **在两岸经济合作发展过程中，大陆方面在其中发挥了更多的推动与支撑作用。** 改革开放之初，大陆劳动力众多，生产要素价格颇低，生产力水平不高，急需大量资金和先进的技术、管理来提升生产能力，而此时的台湾正好能与大陆经济实现互补，通过借助大陆的劳动力资源和低廉的加工成本以及土地等优惠政策，将大陆作为重要的海外生产市场，从而实现产业转型。21 世纪以后，特别是 2008 年至今，随着大陆实力不断增强及两岸大交流时代的来临，两岸经贸联系更加密切，台湾对大陆的出口和投资快速增长，经济上对大陆的互补获益日益增强，以大陆为平台的经济融合进程加快。在两岸经济关系发展的不同阶段，虽受益主体发生变化，但两岸贸易、投资等经贸往来呈现出的"来多去少"不平衡现象并未改变。正是这种两岸经贸关系的失衡，使大陆成为两岸融合发展的主要支撑。总的来说，大陆率先采取单方面开放的政策，以先行带动后进，促进台湾紧随其后，打开了融合的大门。大陆的庞大市场是吸引台湾经济的利基，在两岸经济融合发展中发挥了基础性作用。

（二）**30 年来，两岸社会融合进程加速，两岸同胞利益更加紧密地结合。**

1. **两岸交流往来蓬勃发展，加深了同胞感情。** 两岸民间各领域交流合作历经从开始的单向交流往来到双向交流往来再到逐步形成两岸人民大交流格局的发展过程。2008 年两岸直航、通邮全面启动，大陆居民赴台旅游从无到有、快速发展，使两岸人民尤其是基层民众交流更加热络，遍及经济、文化和社会生活的广泛领域。两岸人员往来与各项交流日益扩大、深化、密切，不断促进两岸同胞之间的相互了解、理解与感情，不断增强两岸同胞发展两岸关系的民意基础，尤其是带动形成了两岸关系和平发展是两岸同胞主流民意的局面。统计数据显示，1988 年至 2015 年，台湾同胞来大陆，从 45 万人次增加到 549 万人次；大陆居民赴台，则从几百人次增加到 435 万人次。2016 年受到台湾政局变化等因素影响，大陆居民赴台旅游从 2008 年开放以来首次出现下降，但台湾居民来大陆 573 万人次，仍比 2015 年增加 30 万人次。大批台湾同胞开始在大陆求学、生活、工作，而且陆客、陆生、陆配等也进入台湾，这种全面性的双向民间社会交流改变了长期由政府和精英人士主导的两岸交流格局，使两岸社会的互动与融合更加多元，根基更为牢固。民间社会双向交流成为两岸社会融合发展的根本动力。

2. **两岸社会、民生各领域交流与合作规范逐步确立，两岸交往内涵日趋丰富。**20 世纪 90 年代初，两岸分别成立了各自授权的民间团体海协会与台海基会。1992 年 11 月，两会达成各自以口头方式表述"海峡两岸均坚持一个中国原则"的共识，即"九二共识"。2008 年 6 月，两会在"九二共识"基础上恢复商谈。2008 年至 2015 年 8 月，两会先后举行了 11 次会谈，签署了 23 项协议，涉及食品安全、船员劳务合作、农产品检疫检验、计量检验认证、知识产权保护、医药卫生、核电安全、气象地震监测、民航飞安与适航、避免双重课税及加强税务合作等多个领域，并达成诸多重要共识，在相应领域构建起信息通报与交换、业务会面与合作、管理与保护、人员交流与互访等方面的规范以及重大、突发事件协处等制度化合作机制，拓展了两岸交流合作领域，增进了两岸同胞福祉，推动了两岸经济社会健康发展。

二、台湾民意对两岸交流出现徘徊与游离心态。

30 年来，两岸经济社会的交流合作促使两岸联系达到了前所未有的水平。但岛内民意在"台独"势力长期操作下形成的"台湾主体意识"高涨，对两岸关系发展造成一定干扰。

一方面，经过长期实践探索，两岸关系和平发展成为两岸同胞的主流民意，尤其给台湾同胞带来很多实实在在的利益，受到台湾民众的普遍欢迎。这一点自 2008 年以来已经得到了诸多民调的验证，甚至民进党在其话语体系中也不得不改变了反对两岸关系和平发展的论调。2016年民进党再次执政后，其两岸政策导致陆客大幅减少并使岛内观光服务业受到巨大冲击，备受台湾民众的不满和质疑，岛内社会民意更认识到两岸关系和平发展对台湾社会发展之必要与可贵。

另一方面，近年来两岸关系的快速发展确实被岛内势力操作造成台湾民众心态上的一些疑虑和失衡，突出表现在：一是大陆崛起及两岸关系发展带来对台湾的吸磁效应，对所谓"台湾主体性"的冲击引起台湾民众的焦虑与不安心理；二是台湾社会贫富差距的扩大和新世代的"相对剥夺感"，被"台独"势力操作成归咎于两岸关系发展。以最重要的两岸经济交流为例，大陆已从过去的被动方、受惠方变成主动方、施惠方。从结构上看，大陆从生产基地变成消费市场；从路径上看，大陆从引进者变为合作者，其本质已是输出者；从关系上看，台企与陆企一起或借助大陆走向国际市场和区域经济整合的趋势显著增强；从需求上看，大陆对两岸经贸的刚性需求趋于下降，而台湾则趋于上升；从影响上看，大陆宏观经济政策对台湾经济影响力趋于扩大。随着大陆改革开放和社会主义现代化建设步伐进一步加快，综合实力继续上升，"五位一体"总体布局和"四个全面"战略布局持续推进，台湾在两岸交流中面对大陆崛起的进程仍将经历一段心理调试期。而近年来台湾社会贫富差距拉大并未有效遏止，仍然存在绿营势力刻意操作的空间，尤其是台湾社会弱势群体、青年群体更易于陷入民粹化裹挟，成为干扰两岸交流合作的力量，也可能被操作成为政党政治竞争的议题，影响政治进程。

三、"台独"势力变换手法以狭隘的党意操弄裹挟台湾民意。

在台湾社会民意发生复杂变化的情况下，台湾政党政治中的选举动员模式从过去以统"独"、省籍、族群动员为主轴转为诉求社会公平正义的"阶级动员"，并与"国家认同"问题相互交织，绿营对两岸交流进行"污名化"政治操作。以2014年"太阳花学运"为标志，岛内民粹主义抬头，民进党借势操纵选民情绪，获取政治利益。

近年来，受全球金融危机、资本主义生产方式存在的固有矛盾等因素影响，资本主义国家和地区普遍突出存在贫富差距扩大、青年失业率居高不下、薪资停滞、发展前景暗淡等现象，台湾也不能置身事外。但台湾绿营势力将其与两岸关系联结起来，将矛头对准大陆，既指责两岸交流削弱台湾的"主体性"，又将贫富差距扩大的责任推卸给大陆，从而加剧台湾社会"恐中""反中"情绪，在岛内将国民党打成"既倾中卖台又代表资本权贵"的政党形象，从而为民进党的上台和执行"台独"路线铺路。

民进党再度执政后，继续落实它在选举中所确定的路线，主轴是试图切割两岸、远离大陆，主要表现在内外两方面。对外，"倚美日、抗大陆"，推动"新南向政策"试图减弱对大陆的经贸依赖；对内，不断推动"去中国化"等"柔性台独"活动，采取措施限缩两岸交流，千方百计在政治、经济、历史、文化等各领域弱化两岸联结。台当局还以兑现承诺为名塑造其代表弱势、追求所谓"公平正义"的形象，采取一些激进的"改革"措施，如"一例一休""年金改革"，试图以"均贫富"手段满足民粹诉求。以上种种政策操作，反映了台湾当政势力对台湾民意娴熟操弄，其路径和轨迹显示其出发点完全是服务于其党派的自身利益，而不是台湾民众利益和台湾经济的迫切需要。

四、两岸经济社会融合发展历史潮流不可阻挡。

蔡英文当局的政策实际上限缩了台湾的发展选项，试图在各方面弱化两岸之间的联结，甚至为"台独"进行各式各样的准备。但30年的两岸关系发展历程证明民进党这样的路线选择从根本上违背台湾民众要和平、求发展的愿望，终究是无效的、徒劳的，违背两岸关系发展的潮流趋势。通常所说两岸关系发展"大势"与台湾内部认同"小势"，在现阶段同时作用于台湾社会，呈现拉锯状态，但"小势"终究拧不过"大势"。其结局只有两种选择，要么调整路线，要么自己品尝自己制造的民粹苦果。民调显示，不足一成台湾青年对台湾未来乐观。操弄不可持久，幻影终被识破。由于台湾经济低迷和就业前景暗淡，随着大陆进一步落实"惠台青创"政策，台湾青年到大陆实习、工作或创业人数持续增加，这些台湾青年在西进的过程中将进一步认识大陆、发现大陆，台湾民意将挣脱操弄与裹挟的束缚，逐步回归其本来面目。

正如习近平总书记指出的那样："随着两岸关系和平发展不断取得新的成果，相信一定会有越来越多的台湾同胞认识到，台湾的前途系于两岸关系和平发展、系于中华民族伟大复兴。"30年来，两岸同胞在经济合作中扩大了共同利益，在文化交流中增强了精神纽带，在直接往来中增进了彼此感情，大陆对台湾民众的吸引力持续增强，在大陆工作生活的台湾民众人数日益增多，大陆针对台湾民众的便利化与优惠措施越来越完善，广大的台湾同胞正不同程度地参与到两岸经济社会融合发展的事业中来，为进一步深化两岸经济社会融合发展奠定了扎实的基础与条件。30 年的发展历程告诉我们，深化两岸经济社会融合发展，推动和加强两岸各领域交流合作，受到两岸同胞普遍欢迎，符合时代发展进步潮流，是台湾民众追求美好生活的必由之路、完全符合中华民族整体利益，是实现中华民族伟大复兴中国梦不可或缺的组成部分，必将展现越来越光明的前景。

当前海峡两岸围绕"九二共识"的博弈分析

武汉大学 马克思主义学院 林子荣

2016 年民进党赢得台湾地区领导人及民意代表两项选举，在岛内首次实现"全面执政"。众所周知，2008 年以来，两岸关系能够走上和平发展的正确轨道，能够取得两岸两会签署 23 项协议等一系列成就，关键在于海峡两岸确立了坚持"九二共识"、反对"台独"的共同政治基础。"九二共识"的核心意涵就是两岸双方均坚持一个中国原则。然而，迄今民进党依然顽固坚持两岸"一边一国"的"台独"立场，不愿意放弃"台独党纲"，明确主张追求"台湾独立"，拒绝接受"九二共识"，这便动摇了两岸关系和平发展赖以维系的政治基础，两岸关系发展面临方向和道路的抉择。本文根据当前祖国大陆、台湾当局、台湾民众三者之间在"九二共识"问题上的互动关系构造动态博弈模型，在此基础上，采用逆推归纳的方法，判断博弈的路径和各博弈方的得益。文章最后就博弈分析结果加以探讨。

一、相关理论与文献回顾

博弈论（game theory）主要研究决策主体的行为发生直接相互作用时的决策以及决策的均衡问题（张维迎，1996），其所追求的均衡是指博弈参与者的最优策略组合，比如均衡概念中十分重要的纳什均衡，就是指在给定他人策略不变的前提下，没有任何博弈参与者有动力选择其他策略，从而使这种均衡得以维持（周方银，2001）。根据博弈的过程，博弈有静态博弈（Static Games）和动态博弈（Multistage Games）之分。在静态博弈中，所有参与者同时行动，或行动虽有先后，但没有人在自己行动之前观测到别人的行动（刘东峰，2002）。

动态博弈是指参与者行动有先后顺序，且后行动者能够观察到先行动者所选择的行动并根据前者的选择调整自己的选择，而前者自然会理性地预期到这一点，所以不可能不考虑自己的选择对其对手选择的影响。

从本质上讲，两岸政经关系也是一种博弈行为，遵循博弈行为的一般规律（刘舸，2010）。两岸政经互动的博弈，表现为祖国大陆与台湾地区作为理性参与者，各自基于政经利益考量，合理利用自己所搜集到的信息估计未来行为结果的各种可能性并进行策略选择。目前，将博弈论运用于分析台湾问题的文献主要集中于研究大陆、美国、台湾地区在一些涉台议题的三方博弈。刘东峰（2002）根据祖国大陆、台湾地区、美国三者之间的互动关系构造动态博弈模型，研究指出大陆应努力增强实力，具备战必胜的实力，唯此才能有效阻止台湾"独立"。李鹏（2006）运用国际关系理论中绝对获益和相对获益理论，以美台围绕"废统"问题的博弈为例，探讨美国"维持现状"台海政策实质。王曦（2006）把台湾问题模型化为一个台当局、大陆和美国的三方序贯博弈，他的研究得出包括美国是台海维持现状最大赢家、在"台独变现"的情况下大陆一定出兵等推断。

关于博弈主体的选择，现有一些研究成果采以"台湾地区"作为参与者。笔者以为，如若以台湾地区作为两岸博弈的主体，事实上它只能以增进台湾整体利益、长远利益为目标，并在这一目标指引下进行策略选择，而如果以台湾当局作为参与者，它一方面需要考虑台湾的整体利益、当前利益，另一方面其具体政策设计还需要体现执政党的价值追求，而为达其"施政目标"，它有时还需要就坚持或调整执政党所秉持的政治理念做出选择。正因为如此，蔡英文作为民进党籍台湾地区领导人，在岛内带领民进党"全面执政"的过程中，一方面负有进一步扩大"两岸和平红利"、在深化两岸关系过程中增进台湾民众福祉的责任，另一方面，她会困囿于民进党的两岸政策以及她自己坚持的"台独"立场，在处理两岸问题过程中势必受到民进党内部分离主义信仰者和台湾其他"独派"势力的掣肘。

再者，现有研究还没有将台湾民众作为博弈参与者，但事实上岛内民意很大程度左右着当局的两岸政策以及大陆的对台政策，民进党若想在岛内实现长期"执政"，就必须以台湾主流民意为依归；大陆也一再声明"贯彻寄希望于台湾同胞的方针决不改变"，无论在什么情况下，大陆"都尊重他们、信赖他们、依靠他们，并且设身处地为他们着想，千方百计照顾和维护他们的正当利益"。[1]因此，在两岸博弈过程中，作为两岸关系和平发展的受益者以及两岸关系恶化最直接、最大的受害者，台湾民众也必然会参与其中。

笔者以为，在民进党赢得岛内领导人选举并实现"全面执政"的政治情势下，影响未来两岸关系走向的关键在于台湾当局是否认同"九二共识"及其核心意涵，[2] 而这一关键因素的实现又取决于祖国大陆、台湾当局以及台湾民众三方的博弈。

二、两岸三方围绕"九二共识"的博弈分析

一个中国原则是两岸关系发展的政治基础，1992 年两岸两会在香港会谈中形成的共识则是海峡两岸对于坚持一个中国原则的共同政治承诺，是一个中国原则在两岸关系发展实践中的具体表现（张文生，2016a）。因此，"九二共识"明确界定了两岸关系的根本性质，其与一个中国原则是一体两面的关系。承认"九二共识"，两岸双方便在巩固和维护一个中国框架这一原则问题上形成清晰的共同认知和一致立场，在此政治基础上，两岸双方就可以保持良性互动，反之，不接受"九二共识"，又不确认"一中"原则，这便动摇了两岸关系和平发展的政治基础。正因为如此，祖国大陆将台湾当局对于"九二共识"的态度视作检验其善意的试金石，一再强调坚持"九二共识"，是两岸建立政治互信、实现良性互动的前提和基础，是巩固和深化两岸关系和平发展的"定海神针"，也是大陆同台湾当局和岛内各政党开展交往的基础和条件。

但是，蔡英文在 2016 年台湾地区领导人竞选期间和选后迄今都未能公开表明接受"九二共识"，相继抛出"维持现状论""在中华民国现行宪政体制下推动两岸关系""接受九二会谈历史事实以及双方求同存异的共同认知"等说辞对两岸关系根本性质的原则问题进行模糊化处理，并试图以此缓和两岸关系，延续两岸关系既有成果（张文生，2016b）。针对蔡英文就职演说中就两岸政策所做的阐释，大陆认为在必须明确接受两岸关系和平发展的政治基础这道必答题面前，她交出了一份没有完成的答卷，台湾当局新领导人必须完成没有完成的答卷。因此，可以预见，在台湾当局尚未完成答卷前，两岸围绕接不接受"九二共识"所展开的博弈还将继续。

（一）博弈模型构建

在建立动态博弈模型之前，笔者首先做以下 4 点说明：

1. 在两岸关于"九二共识"的博弈中美国将选择模糊的"观望"态度。这一假设的现实依据在于：美方关注的是台海和平稳定的局面能否得到维护。无论台当局接受"九二共识"与否，只要其能与大陆维持和平稳定的台海局势，

美国都将欢迎。因此，只要台当局不单方面改变现状，不搞"法理台独"或从事其他可能使"台独"变现的具体行动，美国不会积极地说服民进党接受具有"一中"核心意涵的"九二共识"，也不会"加持"台当局拒绝承认"九二共识"。

2. 假设只要台湾当局不搞"法理台独"或从事其他可能使"台独"变现的具体行动，大陆争取和平统一的努力决不放弃。以和平的方式实现统一最符合包括台湾同胞在内的中华民族的整体利益，大陆一再重申将以最大诚意、尽最大努力争取和平统一的前景。即便民进党在岛内实现全面执政，但是大陆对台大政方针是明确的、一贯的，不会因台湾政局变化而改变，我们有理由相信，只要台当局不踩大陆底线，大陆不会动用武力，这一假设符合大陆对台的一贯政策，符合"一国两制、和平统一"的基本方针。

3. 本模型将台湾民众看成一个整体，台湾主流民意代表这个整体的意志。他们将通过选举投票、开展社会运动或者参与民意调查等形式表达他们的诉求，从而参与博弈过程。

4. 在祖国大陆、台湾当局、台湾民众围绕"九二共识"展开的博弈中，本研究假设他们各有两种策略可以选择。台湾当局可以选择接受或者不接受"九二共识"；台湾民众可以选择同大陆一道维护"九二共识"亦或支持台当局拒绝接受"九二共识"；大陆同样面临两种选择，同台湾当局妥协或中断两岸交流。本文将博弈三方的选择绝对化为两种，主要目的是为了有效控制变量，让分析变得可能。需要特别说明一点：台当局认同"九二共识"的实质是认同两岸同属一个中国的核心意涵，因此，只要台当局能够以自己的方式明确地表明"大陆和台湾同属一个中国，两岸关系不是国与国关系"，本论文将视台湾当局接受"九二共识"。

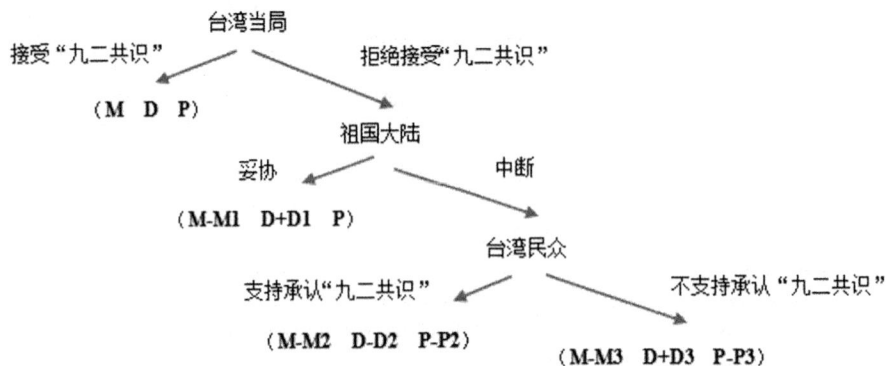

图 1　祖国大陆、台湾当局、台湾民众围绕"九二共识"的博弈图

基于以上几点假设，笔者根据祖国大陆、台湾当局、台湾民众三者之间的互动关系构造动态博弈模型，用博弈树表示如图1。该博弈分为三阶段，第一阶段台当局就接受或拒绝承认"九二共识"进行选择。如果台当局选择接受"九二共识"，两岸关系和平发展的局面将得到维护，两岸关系将持续向前发展，此时各参与方的获益表示为：祖国大陆 =M、台湾当局 =D、台湾民众 =P，本模型字母均为正值；而如果台当局明确拒绝接受"九二共识"或者持续未能确认体现一中原则的共同政治基础，博弈将进入第二阶段，此时各方获益取决于大陆将采取的行动选择。

如果大陆选择妥协，亦即接受目前台湾当局模糊的两岸政策，三方的获益为：大陆 =M-M1、台湾当局 =D+D1、台湾民众 =P。其中，台当局因成功回避"九二共识"，在坚持"台独"立场的同时又能使两岸关系避免出现严重倒退，还能延续两岸关系发展的既有成果，它的获益将上升 D1；而大陆在"九二共识"问题上的"妥协"，将被视为在"一中"原则问题上做出重大让步，由于失去了处理两岸问题的底线和原则，获益将下降 M1；台湾民众则因台海和平稳定的局面没有因台湾当局未接受"九二共识"而改变，其获益将为 P。

如果台湾当局坚持不承认"九二共识"，或者持续未能确认体现一中原则的共同政治基础，而大陆又不愿意妥协，两岸各层级交流中断，那么博弈将进入第三阶段，结果取决于台湾人民的选择。首先，无论台湾民众作何选择，他们的获益都将因两岸交流全面中断而减损。如果台湾民众选择支持承认"九二共识"，愿意同大陆一道维护"九二共识"，通过支持台湾"在野势力"或者开展社会运动表达诉求，给民进党当局施加强大压力，迫使其承认"九二共识"，亦或是在下一次台湾地区领导人选举中将民进党换下台，选择认同"九二共识"的政党，那么博弈结束。这种情况的博弈结果，祖国大陆、台湾当局也将因两岸关系经历"地动山摇"而有所减损，记三者获益为祖国大陆 =M-M2、台湾当局 =D-D2、台湾民众 =P-P2；另一种情形，如果台湾民众追随台湾当局走"分离"路线，支持台湾当局拒绝接受"九二共识"，那么围绕"九二共识"所展开的博弈也将停止，两岸将进入新的博弈。因两岸交流持续中断所造成的两岸关系严重恶化将使祖国大陆的获益受损，台湾当局则因为在岛内得到台湾民众"加持"，其拒绝接受"九二共识"的立场获得台湾民意支持，政治利益得到维护，获益将提升为 D+D3，笔者记此情形下各方获益为大陆 =M-M3、民进党当局 =D+D3、台湾民众 =P-P3。

（二）博弈结果分析

本文所构建的祖国大陆、台湾当局、台湾民众围绕"九二共识"的动态博弈模型分为三个阶段，笔者将采用逆推归纳法，从分析第三个阶段台湾民众的行为开始，逐步倒推分析前一个阶段相应博弈方的行为选择，最终对动态博弈结果，包括博弈的路径和各博弈方的得益等做出判断。通过归纳三个博弈主体各阶段的选择，即可得到各个博弈方在整个动态博弈中的策略（谢识予，2007）。

在第三阶段，参与者台湾民众最优选择取决于获益 $P-P2$ 与 $P-P3$ 两个数值大小的比较：

1. 如果 $P-P2>P-P3$，则台湾民众将选择认同"九二共识"，同大陆一道，维护两岸关系和平发展的共同政治基础。回到第二阶段，因为大陆了解，如果采取中断策略，台湾民众将会选择支持"九二共识"，向台湾当局施压，大陆的选择将取决于中断交流的获益 $M-M2$ 是否大于同台湾当局妥协的获益 $M-M1$。当 $M-M1>M-M2$，大陆将会同台当局妥协，台当局将因此成为最大赢家，获益 $D+D1$；当 $M-M1<M-M2$，大陆将采取中断交流的策略，台当局如果坚持否认"九二共识"获益为 $D-D2$，小于接受"九二共识"的获益 D，因此台当局将会选择认同"九二共识"。

2. 如果 $P-P2<P-P3$，则台湾民众将选择支持台当局拒绝接受"九二共识"。这种情况下，大陆的选择取决于中断交流的获益 $M-M3$ 是否大于同民进党当局妥协的获益 $M-M1$。当 $M-M1>M-M3$，大陆将会同民进党当局妥协；当 $M-M1<M-M3$，大陆将采取全面中断交流的策略。这种情况下，无论大陆作何选择，民进党当局否认"九二共识"的获益都将大于接受"九二共识"，因此其势必顽固坚持拒绝接受"九二共识"的立场。

表 1　博弈的路径和各博弈方的得益

获益比较	台湾民众	获益比较	祖国大陆	台湾当局
P-p2>P-p3	支持承认"九二共识"	M-m1>M-m2	妥协	否认"九二共识"
		M-m1<M-m2	中断	认同"九二共识"
P-p2<P-p3	支持不承认"九二共识"	M-m1>M-m3	妥协	否认"九二共识"
		M-m1<M-m3	中断	否认"九二共识"

表 1 呈现了祖国大陆、台湾当局、台湾民众围绕"九二共识"展开博弈的

4种可能的均衡结果，而其中哪一种均衡结果是实际行为最为可能的结果，取决于两个方面：首先是"九二共识"在岛内是否具有广泛的群众基础；其次是祖国大陆将为中断两岸交流付出多大的代价。关于这两个关键点，我们可以明确以下三点：

其一，维护国家主权和领土完整是国家核心利益，任何涉及中国主权和领土完整的问题，必须由包括台湾同胞在内的全中国人民共同决定。民进党当局拒不承认"九二共识"本质上是顽固坚持"台独"立场，而大陆坚持"九二共识"本质上是坚持"一中"原则。因此，在"九二共识"问题上同"台独"势力妥协有损国家核心利益，为此将付出巨大的政治成本。也正因为"九二共识"问题关乎维护国家主权和领土完整，两岸的民意都应该被尊重。

其二，在大陆业已经成为台湾第1大出口市场、第1大进口市场、第1大贸易顺差来源地的背景下，两岸交流合作如若中断，台湾在经济上将失去第一大贸易伙伴。此外，在经济全球化、区域经济一体化加速推进的情势下，作为海岛型经济体的台湾也不可能绕开作为全球第二大经济体、亚太地区最大经济体的大陆而融入世界市场。因此，我们有理由相信，两岸交流中断，包括暂停现有两岸官方、半官方的沟通和协商机制，甚至取消一系列惠台政策，关闭两岸一切联系互动的管道，台湾民众的利益必定受损，而两岸交流中断持续时间越长，台湾经济因此付出的代价也将越大，台湾民众的获益折损程度也会随着两岸关系的持续恶化而不断加深。由此，P-P2>P-P3有其客观的必然性，理性的台湾民众将会支持承认"九二共识"。

其三，从两岸之间相互依赖的敏感性和脆弱性来看，台湾对两岸经济关系相互依赖的敏感性和脆弱性都要远高于大陆（李鹏，2010）。对大陆来说，两岸贸易和台商投资对大陆经济发展起到了重要作用，但这些毕竟只是大陆整体外贸和吸引外资的一部分，即使两岸贸易和台商投资数量缩减，大陆会付出一定的经济代价，但大陆经济体量庞大，回旋余地大，依然可以通过调整经济政策等方式将损失降到最低，对大陆整体经济的影响有限。此外，当前两岸力量对比表现出"陆升台降""陆涨台消"的变化态势，台湾当局"经济牌"失效，大陆优势在不断显现（严安林，2013）。相关研究显示，2000年以来，无论是台商投资对大陆经济的贡献度还是两岸贸易对大陆经济发展的贡献度，都呈现下滑的趋势，两岸经贸往来对大陆的经济贡献度是在减弱，而非增强。换言之，伴随着大陆经济快速崛起，大陆经济发展对台湾的依存度较九十年代已显著降低（唐永红，2010；熊俊莉，2015；林子荣，2016）。因此，我们有理由相信，大陆将为中断交流付出的代价小于为保两岸关系同台当局妥协而牺牲的政治成本。M-M1<M-M2 与 M-M1<M-M3 有其客观的必然性。

基于两岸三方博弈分析的结果，笔者以为，如果民进党希望在岛内能够实现长期执政，如以蔡英文所领导的执政团队真正以台海和平为念，以台湾社会整体利益、长远利益为念，以台湾民众福祉为念，那么台湾当局势必要承认"九二共识"，认同其核心意涵。

三、基于博弈分析结果的若干认识

博弈分析的结果显示：虽然当前民进党在台湾实现"全面执政"，影响未来两岸关系发展不确定性、不稳定因素增加，但是在祖国大陆业已牢牢把握两岸关系发展主导权的情势下，客观环境是更有利于维护台海和平稳定，更有利于遏制"台独"分裂势力。民进党及其执政团队只有正视两岸关系和平发展的历史潮流，承认"九二共识"，认同其核心意涵，才能在发展两岸关系过程中为民进党赢得在岛内长期执政的机会。基于博弈分析结果，我们可以得到以下三点认识：

（一）大陆应保持定力，进一步夯实"九二共识"在岛内的群众基础

第三阶段的博弈分析显示，大陆中断交流的获益水平取决于台湾人民对于"九二共识"的态度。虽然大陆经济体量大，经济回旋余地大，但是，倘若"九二共识"在岛内缺乏广泛的民意基础，台湾绝大多数民众支持不承认"九二共识"，甚至支持民进党采取对抗态度，那么大陆实施"中断"策略势必加深两岸隔阂，不仅将使两岸过去八年所取得的成果得而复失，而且会造成两岸关系持续恶化，最终致使两岸关系陷入"地动山摇"的境地，两岸和平统一进程遥遥无期，两岸双方都将为此付出惨痛代价。但是，如果台湾当局长期不接受"九二共识"，台湾民众亦支持或者接受台湾当局的两岸政策，那么采取全面中断策略将是大陆不得不的选择。

鉴此，当前大陆对台工作的重点仍然是积极争取台湾民心，进一步夯实"九二共识"在岛内的群众基础，同台湾民众共同维护两岸关系和平发展的政治基础，避免全面中断策略的出现，避免两岸关系的剧烈波动，这是大陆在掌握两岸关系主导权的同时能否和平制胜的关键。事实上，"九二共识"作为过去 8 年两岸关系和平发展丰硕成果和台海和平稳定的关键，符合两岸人民的利益，

也得到民意的高度支持（张文生，2016a）。根据美国杜克大学和台湾政治大学选研中心的民调结果显示，五成三的岛内受访者赞成"九二共识"（赵建民，2016）。台湾竞争力论坛 2016 年 7 月 7 日发布的民调结果也显示，有 46.8% 的受访者认为台当局应接受"九二共识"，高出不支持者 15.2 个百分点。也正因为如此，"九二共识"并非大陆基于自身利益为台当局开出的"条件"，而是以两岸人民利益为依归两岸双方都必须坚持的"底线"。台湾民众对于"九二共识"的认同与维护是当前大陆必须坚持"九二共识"的充分理由。

在此情势下，笔者以为，大陆在这场两岸三方围绕"九二共识"所展开的博弈中，应始终对包括 1154 万中南部台湾同胞在内的 2300 万台湾同胞保有信心。在面对民进党政客以个人私意歪曲岛内主流民意，以一党之私绑架两岸关系和平发展的主流民意时，大陆应当始终保持定力，相信台湾人民，依靠台湾人民，进一步夯实"九二共识"在岛内的民意基础。

（二）从长远看，接受"九二共识"将使民进党当局成为获益一方

民进党长期以来拒不承认"九二共识"，主要有两个借口：其一，认为 1992 年两岸双方并没有达成任何共识；其二，认为"九二共识"是国民党提出的政治符号。然而事实上，"九二共识"是经过两岸双方有关方面明确授权认可，有完整的历史记录，不容置疑。民进党过去之所以拒不承认"九二共识"，抗拒"九二共识"，其主要原因在于当年民进党为了形塑自己作为岛内本土政党的形象，对抗国民党，将"九二共识"歪曲为国民党"出卖台湾"的结果，归根到底还是为了满足选举需要，恶意进行抹黑，由此，作茧自缚，时至今日，民进党"不能自拔"。其实，大陆方面将"九二共识"作为台湾当局的必答题，就是充分考虑到台湾当局的顾虑，因为"九二共识"既有交集又为两岸双方各自认可的表述留有余地，它非但没有挑战台湾地区的"法理基础"，反而给予其合理存在的空间，这是对台湾现有的政治秩序、生活方式的最大包容（倪永杰，2016）。也正因为如此，将"九二共识"作为台当局的必答题是大陆释放善意的表现。

纵观蔡英文宣布参选台湾地区领导人以来在两岸关系问题上所做论述的演变，我们可以从善良意志出发，解读她的两岸政策内容不断丰富是在千方百计向"九二共识"靠拢，千方百计地希望大陆相信她绝不会从事"台独"分裂活动。但是，如果以她是否在两岸关系根本性质这一原则问题上做出明确表态为标准来加以考察，显然，蔡英文是在千方百计地回避"九二共识"，回避"两岸

同属一中"。无论是维持现状论，还是"中华民国宪政体制下"的论调，就算是就职演说中附加"中华民国宪法""两岸人民关系条例"等，甚至绑架岛内民意作为挡箭牌，迄今为止，台湾当局未能做出令大陆满意的策略性调整，归根到底还是台当局不愿意放弃"台独"立场。在共民两党缺乏基本政治互信的前提下，蔡英文当局以民进党能接受的语言来诠释"九二共识"的核心意涵都将是徒劳的，换言之，大陆之所以"执着"于"九二共识"四个字，正是共民两党缺乏政治互信所引致的结果，而蔡英文接受"九二共识"恰是向大陆，向两岸民众，向国际社会展现其推动两岸关系和平发展的决心和诚意的机会。虽然台当局会因为接受"九二共识"在短期内受到民进党内部制衡力量和岛内深绿势力的抨击，在政治获益上有所减损，但是，与此同时，"九二共识"不但是两岸关系和平发展的政治基础，也将成为共民两党开展党际合作的政治基础。这将使横亘在共民两党间的政治障碍得以模糊化，也将使台湾当局在台湾，在两岸，在国际社会获得更大的施展空间。因此，从长远来看，这对于希望在岛内实现长期执政的民进党而言，是有益的。

（三）强化不接受"九二共识"的可置信威胁，促动当局以实际行动维护"一中"原则

互信需要行动培养与行为检验。笔者以为，蔡英文当局与其围绕"九二共识"四个字，在论述上绞尽"政治智慧"应付大陆，不如回到"九二共识"的核心意涵，以实际的行动表现维护"一中"原则，从而为共民两党，两岸官方逐步累积政治互信。

遗憾的是，蔡英文及其领导的民进党在选后的一系列行动表现，非但没能兑现其"维持现状"的承诺，更是与"两岸同属一中"的原则背道而驰。台湾当局一系列不友善的行径，非但不能强化两岸当局的互信，相反，是在加深共民两党的隔阂。这种极不负责任的作为暴露了台湾当局拒不承认"九二共识"的真实原因，也说明大陆执着于"九二共识"的合理性和必要性。

笔者以为，台湾当局在不接受"九二共识"的同时，行"分裂"之实非但不能对大陆起到"示威"的效果，反而会使自己的处境更加困顿。面对当前两岸关系僵局，大陆一方面应进一步施压，强化台湾当局不接受"九二共识"的可置信威胁，另一方面，应积极促动台湾当局以实际行动维护"一中"原则，为破解当前两岸关系僵局建立互信基础。

结 论

过去八年，两岸关系和平发展、两岸双方互利共赢的状态得以维持是基于"九二共识"这一政治基础。因此，不承认"九二共识"便是改变现状。即便台湾当局试图运用自己能接受的语言来诠释"九二共识"，并希望能为大陆所接受，但迄今为止，台当局所"刨"出来的相关论述都没能确认体现一个中国原则的共同政治基础。

本研究认为，在祖国大陆业已成为世界第二大经济体，台湾第一大贸易伙伴的背景下，在两岸力量对比表现出"陆升台降""陆涨台消"的变化态势下，如果民进党希望在岛内能够实现长期执政，如果蔡英文所领导的执政团队真正以台湾民众福祉为念，那么台湾当局势必要承认"九二共识"，认同其核心意涵。需要特别强调的是，大陆将"九二共识"作为台湾当局的必答题，不仅是因为"九二共识"作为两岸关系和平发展的政治基础，是两岸关系的定海神针，更是因为在"九二共识"这一政治基础上推动两岸关系和平发展是两岸民心所向。两岸民众对于"九二共识"的认同与维护是大陆必须坚持"九二共识"的充分理由。

鉴此，大陆一方面应强化不接受"九二共识"的可置信威胁，促动当局以实际行动维护"一中"原则，为破解当前两岸关系僵局建立互信基础；另一方面应进一步夯实并扩大"九二共识"在岛内的群众基础，同台湾民众一道共同维护两岸关系和平发展的政治基础，这是大陆在掌握两岸关系主导权的同时能否和平制胜的关键。

参考文献

[1] 刘东峰，2002：《台湾问题的动态博弈分析》，《世界经济与政治论坛》第 3 期。

[2] 刘舸，2010：《博弈论与两岸经济合作机制的构建》，《燕山大学学报（哲学社会科学版）》第 2 期。

[3] 李鹏，2006：《绝对获益、相对获益与美国"维持现状"的台海政策》，《台湾研究集刊》第 2 期。

[4] 李鹏，2010：《海峡两岸经济互赖之效应研究》，北京：九州出版社。

[5] 林子荣，2016：《闽南与南台湾经济共生关系研究》，厦门：厦门大学。

[6] 倪永杰，2016：《"九二共识"就是善意》，http://www.taiwan.cn/plzhx/zhjzhl/tyzhj/niyongjie/201608/t20160816_11538575.htm。

[7] 唐永红，2010：《两岸经济制度性合作与一体化发展研究》，北京：九州出版社。.

[8] 唐永红，2014：《两岸经济合作的政治效应问题探讨》，《台湾研究》第 3 期。

[9] 王曦，2006：《台海问题的博弈分析：框架与均衡》，《世界经济》第 4 期。

[10] 谢识予，2007：《经济博弈论》，上海：复旦大学出版社。

[11] 熊俊莉，2015：《现阶段两岸经济相互依存关系探析》，《台湾研究》第 1 期。

[12] 严安林，2013：《两岸关系和平发展的新特点与新态势》，http：//www.huaxia.com/thpl/ sdfx/3609266.html?oeld3。

[13] 张文生，2016a：《习近平对台重要思想解析》，《台海研究》第 2 期。

[14] 张文生，2016b：《2016 或将成为两岸关系转折之年》，http：//www.chbcnet.com/zjps/content/ 2015-12/27/content_1207384.htm。

[15] 张亚中，2016：《蔡英文赢，两岸进入冷内战》，http：//hk.crntt.com/crn-webapp/mag/docDetail. jsp?coluid=0&docid=104089703。

[16] 周方银，2001：《国际问题数量化分析》，北京：时事出版社。

[17] 赵建民，2016：《蔡"总统"不可不察的两岸民意》，http：//www.aiweibang.com/yuedu/144412356. html.

注释

[1] 2005 年 3 月 4 日，时任中共中央总书记胡锦涛在看望参加全国政协十届三次会议民革、台盟、台联界委员时指出，台湾同胞是我们的骨肉兄弟。他强调，无论在什么情况下，我们都尊重他们、信赖他们、依靠他们，并且设身处地地为他们着想，千方百计照顾和维护他们的正当权益。

[2] 2016 年 3 月 5 日，习近平总书记在参加十二届全国人大四次会议上海代表团审议时指出，"九二共识"是确保两岸关系和平发展行稳致远的关键。他强调，民进党当局承认"九二共识"的历史事实，认同其核心意涵，两岸双方就有了共同政治基础，就可以保持良性互动。

两岸经济社会融合的理论与路径探讨

中国社科院台湾研究所经济室　　熊俊莉

两岸关系和平发展是动态演变过程，随着台湾岛内政局及两岸经济社会发展的形势变化，2016 年进入转折期。"九二共识"这一两岸关系和平发展的基础被民进党破坏，两岸经济合作及社会交流交往面临诸多挑战。在这个关键时期，推动两岸经济社会融合发展，"携手构建两岸命运共同体"，是大陆为突破两岸关系发展困境，保证和平统一方向不变而提出的重要倡议。它也为两岸共同参与国家复兴提供了重要途径，为避免统一后整合对国家复兴之路造成干扰提供重要保障。

融合理论研究综述

两岸经济社会融合理论是个全新的研究领域。当前，在融合理论方面，研究多集中于某一独立领域，如经济融合、社会融合等。经济融合主要集中在对企业、产业的研究，如马健[1]（2006）、聂子龙等[2]（2003），社会融合主要集中在对不同社会群体以及民族、宗教内的认同研究，如周皓[3]（2012）、李丹等[4]（2015）。对于经济、社会等相互影响、相互作用过程中同步融合的研究尚少。而在两岸关系研究方面，经济合作、政治关系、文化交流等是现有研究的主要着力点，也缺乏对经济社会融合的综合性研究。

现将不同视角的融合理论综述如下，为建构两岸经济社会融合理论提供借鉴。

（一）经济融合

这里主要讨论产业融合理论和企业融合理论。前者是当前两岸推进经济融合的重要工具之一，后者作为组织融合的一种特殊形式，对两岸未来由点到面、逐步推进组织融合具有重要参考。

1. 产业融合。在全球化及科技迅速发展背景下已经十分普遍，是不同产业或同一产业不同行业相互作用而逐步形成新产业的动态发展过程。区域间产业融合是打破区域之间的壁垒，增强区域之间的联系，促进区域经济一体化的重要内容。所谓打破壁垒，包括传统的产业的技术边界、业务边界、市场边界、运作边界以及区域边界[5]。

2. 企业融合。常被特指企业并购的资源、文化的整合过程。企业并购过程中有形资源（资本、产品）的整合易，但成功的关键往往都在文化融合（人的观念）。所谓文化融合，即不同形态的文化或者文化特质之间的相互结合、相互吸收，彼此改塑对方，最终"同化"或相互感应。文化融合在国际上最普遍的实践为跨国企业中价值观的整合，即整合企业中来自不同文化模式的员工的观念。文化沟通和文化协同是文化融合的两个阶段。

（二）社会融合

这里主要讨论认同融合理论，因为认同融合而实现两岸和平是我们追求的统一的最优路径，即在台湾民众心中形成一种深层次的、发自内心的与大陆的统一感。美国心理学家 swann 对自杀式恐怖袭击、宗教献祭等案例进行研究，发现这些行为背后都有一个共同的机制即认同融合（Identity Fusion）。我国学者管健（2011）[6] 等提出，认同融合是个人与他人、本群体与他群体在情感上和认同上趋同的过程。大多数情况，个体是通过社会分类（比如资源、看法）对自己的群体产生认同，而一旦产生群体认同后，就会产生内群体偏好和外群体偏见。要建立这种融合，首先要增强联结感，个体相信自己和其他成员在群体中平等地发挥作用，其次是相互作用，个体认为自己会为群体其他成员做的事，其他成员也会为他做，双方相互促进[7]。

特别需要提到认同的不可逆原则。Swann 通过实证提出认同融合的四项原则（个人意志 – 个人自我原则、身份协调原则、关联关系原则、不可逆原则）。其中，不可逆原则指出，当某一特定情境产生会促进群体认同，而移除后个体的群体认同就会降低。但一旦融合，个体就会倾向保持融合。

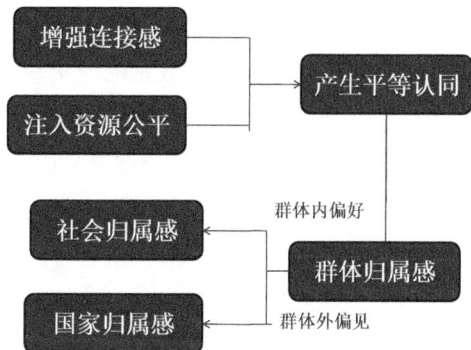

融合的国际实践与经验

尽管可用于指导的理论成果不多，但战后国际社会的分裂，为经济社会融合提供了充分实践的土壤，而人们对再次爆发战争的恐惧与防备，创造了国际融合的动机。在广泛的奇思妙想的融合"治伤"方法中，两德统一与欧盟一体化的融合经验最具代表性，值得我们在研究两岸融合时参考与借鉴。

德国统一过程的经济社会融合

根据夏路（2015）[8]的研究，越南、德国、也门三国分别通过武力、吸收、一体化模式完成了国家统一。在其看来，选择何种国家统一模式的关键因素是异质性复合权力结构。德国模式，是以吸收方式实现和平统一，并在统一后推动融合。尽管在统一前对融合可能付出的代价已有所预判并充分准备，但过程中产生的问题以及至今仍存在的"后遗症"值得我们思考。其对两岸经济社会融合的启示如下：

首先，它是一种统一后通过完全复制组织与制度的方式推动的全面融合。东德主动放弃主权而并入西德，在法律文本《统一条约》的保障下，将西德"基本法"以及一整套体制（如经济、社会和货币）植入东部地区，这种"合二为一"实际上是德国西部"西化"东部。这种完全复制组织及制度而进行融合的方式被事先评估为是完全可行的。

然而，巨大的经济、社会差异使这种组织、制度全面融合的实际进程出现极大的困难。虽然西德人口远多于东部，且经济上、财政上、社会保障等均具明显而巨大优势，但强行的、快速推进的结构性的扭转，对于统一后的国家与民族整体来看代价巨大。一是整体经济实力受到冲击。强行扭转东德地区的经济结构，使其迅速由工业社会转向服务业社会，生产性、加工性企业和农业比重迅速下降，服务业比重急剧上升，原有制造业优势受到明显冲击；整体民众的富裕水平因为平衡东部地区而下降，公民的赋税相应增加；在财政上向东部累计投入至少11000多亿马克，使原本厚实的财政基础出现巨大的空洞，等等。二是区域差异在民众感知范围内扩大。组织、制度的全面复制本意是为缩小区域差异，但实际却是事与愿违，区域差异在对民众有感的部分明显扩大。制度统一后，德国东部地区也实施私有制与市场经济，快速转向使"直接或间接失业人员剧增，东部地区的失业率几乎比西部翻了一倍，而且直到2011年还未见明显好转"。货币统一后，东部民众"一夜暴富"，物价飙升，而当地产品迅速失去市场竞争力，进而出现经济下滑、人口流失与收入的相对贫困化。三是出现负向的心理融合。在组织、制度全面复制与推广后，仍然出现这种"统一病"尤其令人费解，但正因此证明心理融合的困难性与复杂性。德国统一后，东部经济、社会结构突变，民众失去原来熟悉的一切，大到国家宪法，小到个人认同感，即使两德有共同历史、语言、文化都非短时间能适应的。而由于统一后经济社会融合的速度远低于预期，在两方民众感受的东西部差异反而扩大，这使两个地区民众之间反而出现了更大的心理间距。这是一种新的心理裂痕，是统一后才出现的，统一前双方最多仅能称之为不融洽，但统一后反而发展为蔑视和不相容。比如统一后，西部地区开始流行明显带歧视的词Ossi（指东部德国人），而在东部也有一种强调不同于西德的东德人认同意识逐渐发展起来。

因此，在组织与制度实现统一后，德国东西社会经济的、民主的（意识形态）统一并没有解决[9]。在统一后的很长一段时间里，德国东西部社会经济的实质性融合没有出现，"统一后遗症"很难化解与消除。传统以及意识形态等深层次的东西，对人们心理造成冲突，在实际上迟滞了德国的"内部统一"。克里斯塔卢夫特[10]指出："要是不实现经济、社会和思想、情绪上的统一，政治上的统一就永远不能实现，永远不能完成！"

（二）欧洲经济社会融合的经验教训

成立迄今60周年的欧盟，可为两岸经济社会融合提供大量建设性的经验借鉴。

首先，欧洲经验证明了不同国家、民族间可以推进融合，同时对经济、社会、文化以及制度与组织等多领域融合的同步进行做出了示范。一是经济融合。整合后的欧盟成为世界上第一大经济实体，区内基本实现"四大自由"，约3.38

亿人在使用其统一的货币（欧元）。二是政治融合。从 6 个国家扩展到现在的 28 个国家，形成了名副其实的政治经济联盟，政策上已具一定协调度与一致性。三是组织融合。形成了共同的中央决策机构（欧洲理事会）、行政机构（欧盟委员会）、立法机构（欧盟理事会、欧洲议会）、司法机构（欧洲法院）、金融机构（欧洲中央银行）、能源机构（欧洲原子能共同体）。四是制度融合。区内货币、金融政策、内部市场、外贸等已实现高度统一，即使有截然不同政治文化的东欧国家也参与融合形成了共同的农业政策、环保能源和食品安全等一致法规。

经济融合是欧洲全面一体化过程中的主要核心。"四大自由"（货物、人员、服务及资金）在欧洲经济区内被倡导，大市场、自由流通与融合基金是各国加入欧盟的初衷，而且经济融合的重要性并没有随着时间而减弱。尽管金融危机时期融合速度有所下降，但在共同市场和融合基金这两大经济融合支柱的吸引下，融合仍在继续。

表 1　欧盟三支柱

欧洲各共同体（EC）	共同外交与安全政策（CFSP）	刑事方面的警察和司法合作（PJCC）
关税同盟和统一市场	外交政策：	毒品交易和武器走私
共同农业政策	人权	人口贩卖
共同渔业政策	民主	恐怖主义
经济和货币联盟	援助第三国	对儿童犯罪
欧盟盟籍	安全政策：	组织犯罪
教育和文化	共同安全与防务政策	行贿、收贿和欺诈
泛欧网络	欧盟快速反应部队	
消费者保护	维和	
保健		
研究		
环境政策		
社会政策		
难民政策		
申根协定		
移民政策		

资料来源：根据 1992 年的《欧洲联盟条约》，欧盟由三支柱组成。维基百科。

然而，政治文化特别是心理融合未及时跟进，造成欧洲融合成效出现分化。初期欧洲融合十分顺利，但当经济发展水平与经济体制有巨大差异的中东欧国家加入后，就给融合带来了新的内容、形式及更多挑战[11]。差距、信任与身份感是最关键的挑战。新成员的加入虽然使融合的整体利益增大，但也造成经济受益的分歧，导致各成员间的不信任感。而在历史、文化、信仰差距巨大的欧洲，比如希腊与德国之间巨大的经济差距，波兰和瑞典之间巨大的信仰差异等，要在认同上进行融合是相当困难的。欧盟原本希望"所有人都成为欧洲公民"，但"现在民族国家的概念不但没有消失，反而比以往更加清晰"。融合进程出现了分化。在匈牙利、波兰、罗马尼亚等地，加入自由市场与政策缺失之间的失衡愈来愈明显。这些地区是经济融合中受益最大的地区，如波兰大量使用了欧盟融合基金，但政治上完全不愿参与融合。与之形成反差的是西班牙、葡萄牙等地。这些地区尽管经济上出现失业率与不平等问题加剧等问题，但仍十分"亲欧洲"：西班牙人十分羡慕欧洲其他国家所取得的成就，在加入欧盟之后产生了对欧洲身份的自豪感。据调查，西班牙对欧盟的好感比欧盟其他国家高7个百分点，对自己的"民族身份感"的依恋感低4个百分点[12]。

推动两岸经济社会融合的思考与建议

当前推动两岸经济社会融合，一方面是应对两岸关系发展新形势的重要举措，另一方面在统一前推进经济、政治、社会、文化各领域的差异缩小，将有助于减少未来两岸统一时的硬性对抗，在条件允许的情况下还可能加快统一的步伐。

（一）推动"四位一体"的经济社会融合，经济融合发挥基础作用

两岸关系发展推动方向，应由过去强调先易后难、先经后政，转向先重后轻、难易共进，推动经济社会文化全面融合的阶段。

1.经济融合。使两岸民众在参与经济活动的利益等方面都是平等的；在个人的收入、就业、职业、社会福利等经济地位上也都体现公平。

2.政治融合。两岸民众在参与国家政治的权利方面是平等的，在政治身份地位等方面是公平的。

3.社会融合。两岸民众能自由平等互动与交流，人际、个人与小群体、小群体之间的交往和社会参与等是无歧视、相互无差别对待的。

4.文化融合。两岸民众在心理上对同属于一个群体、社会、民族、国家是认同的（即"两岸一家"），在对个人生活状况、社会发展阶段、相互间感情以及是非观念、价值观等看法上有普遍共识。

在融合的四个维度中，经济融合是推动"四位一体"全面融合的基础。通过德国、欧洲等案例研究可发现，经济融合是其中最核心、最繁复的问题之一，经济融合处理不好，将成为加剧社会文化等其他融合因素。而围绕经济融合设计的一系列融合路径，若得当则可发挥其对政治融合、组织融合、制度融合等的外溢效果。因此，推动两岸融合应充分发挥经济融合的基础性作用，通过对逐渐推动民众无差别经济地位的过程，促其在社会互动、政治参与、文化认同等方面的融合同步推进。

两岸经济社会融合的不同阶段与多元模式

两岸经济社会融合应作为长期目标推动，总体目标是"形成在群体、社会、民族、国家认同上一致的两岸族群"。为实现这一长远目标，必然应分阶段、分领域逐步推进。

1.阶段性目标：初级阶段，虽未形成身份认同，但双方在推进融合的大方向指导下，采取"两岸一家"的行为。由行政力主导，在民间采取一定约束、管制或宣导，使两岸民众受到公平的、无差别、无歧视的待遇。第二阶段，民众从对从行政或强制力采取的"两岸一家"行为，建构起在知识层面的"两岸一家"的认知；第三阶段，形成"两岸一家"的情感。两岸民众作为思想和行为的主体，主动的、积极地践行"两岸一家"。

2.框架与模式。两岸经济社会融合不是一种制度对另一种制度的完全替代，可能形成四种不同的框架与模式。以下模式中，两岸现存的制度为框架，民众为元素。

扩充型融合。两个区域，其中一方只有元素没有框架，可将其元素并入另一区域的框架制度内。在两岸融合中，在部分台湾的空白领域如境外公共服务，可将台湾民众纳入大陆的框架体系，这也是双方民众都乐于见到的。

叠加型融合。两个区域的框架完全相同，双方元素在同一框架内可叠加共生，增强整体实力与竞争力。在两岸融合中，框架相同的领域不少，如技术、能源等遵循国际标准制度的领域，均可寻求这种融合模式。

替代型融合。两个区域具有不同框架，两者的原理相斥，融合后只能采用一种制度框架。在两岸融合中，对于国家民族认同、主权观念、政权统一性等领域，最终必然走向替代性融合。

互补性融合。两个区域虽然框架不同、元素不同，但具互补性，可投射至同一空间，经冲突碰撞后融合为不同于任一原框架的新的结构。在两岸融合中，在许多经济领域如服务、产业合作等，社会领域如城乡融合、社区治理等，均可吸收双方制度的优势，推动两岸进行互补性融合。

设立两岸经济社会融合的指标体系

过去判断两岸关系发展的指标多为交流、合作方面的指标，当前应根据经济社会融合的新要求，制定新的指标体系。大陆有关单位应及时测算两岸融合指标，并发布"两岸融合指数"或"两岸融合晴雨表"，以衡量经济社会融合现状并及时检讨。

经济融合指标。采用可体现经济状况的收入、房产；体现经济条件的工作环境、居住环境；体现经济地位的职业声望、职业阶层等；体现经济平等的投资机会、社会保障等指标。

政治融合指标。采用可体现政治参与的台胞参与的政府机关或事业单位的情况、台胞人数；体现政治地位的政策制定、执行机构的参与情况等指标。

社会融合指标。采用可体现社会参与的社区台胞比重、两岸婚姻情况；体现社会平等的医保制度、社保制度、就学及就业等的台胞适用性等指标。

文化融合指标。强调主观看法与价值观认同。采用可体现社会认同的对自身经济状况（如职业、住房以及生活在大陆）的满意度、对社会（如就医、就学）的满意度；体现文化认同的生活习惯一致性、价值观认同度；体现群体认同的城市归属感、与市民的社会距离；体现国家认同的两岸一中看法、中华民族复兴为己任等指标。

（四）在平潭大胆创新、先试先行两岸经济社会融合。习总书记对平潭提出"两个窗口"的期望，并力助平潭打造为对台为主的自贸区与实验区。平潭应积极落实"五个共同"目标，率先实验"四位一体"融合，充分利用中央赋予平潭的政策优势，形成可推广的融合模式。

以平潭新成立的两岸"共同家园"研究院为基础，积极吸引两岸人才，参与研究并设计以平潭为试验田推动两岸经济社会融合的路径、做法。加强对融合理论的研究，特别是融合条件、融合动力、融合进程规律性的认识，解决融合过程的问题与障碍，分析加快融合进程的对策 [13]。

在平潭可试行"对组织系统创造性的融合"，构建两岸平等、有共同目标与价值取向的真正的"两岸族"，其基本特征为有方向一致的目标、达成协作的愿望、有效的信息沟通。将两岸组织性的协作或重组，即融合成一个整体，从竞争对手这个对立角色中转换到协作共同体的亲密关系，进而巩固和壮大融合后的整体实力，提高整体对外部竞争力。

在经济融合中，从强调资金、技术、人才的生产力整合，转变思维为消费面、服务面的融合。融合后的"两岸族"对服务的要求、态度、行为是一致的，对消费和服务的体验、感受是基本一致的，久而久之也就形成一致的价值观。

认同融合为重中之重。充分利用认同的不可逆原则，警惕认同融合的负面反馈，即若认同被破坏，个体将趋于抗拒融合。

参考文献：

[1] 马健：《产业融合论》，南京大学出版社，2006 年。

[2] 聂子龙，李浩：《产业融合中的企业战略思考》，《软科学》，2003 年第 2 期。

[3] 周皓：《流动人口社会融合的测量及理论思考》，《人口研究》，2012 年第 3 期。

[4] 李丹等：《西南地区少数民族工程移民的经济融合与社会融合》，《四川大学学报》，2015 年第 4 期。

[5] MBA 智库百科：产业融合，http：//wiki.mbalib.com/wiki。

[6] 管健：《身份污名与认同融合——城市代际移民的社会表征研究》，社会科学文献出版社，2012 年。

[7] 袁灿灿等：《认同融合理论研究述评》，《心理学进展》，2014，4，914—922。

[8] 夏路：《分裂国家统一模式的比较研究——复合权力结构的视角》，2015 年。

[9] 高鹏：《两德的统一及其影响》，湘潭大学硕士世界史学位论文，2007 年 5 月。

[10] 克里斯塔·卢夫特：《最后的华尔兹——德国统一的回顾与反思》，中央编译出版社，1995 年中译版，第 168 页。

[11] 陆志强，《中东欧新成员国与欧盟经济融合研究》，华东师范大学博士论文，2006 年。

[12] 《西班牙例外：失业、不平等和移民，但不要在右翼民粹主义政党》报告，参考资料，2017 年 3 月 28 日。

[13] 陈婷：《组织融合理论的基础与发展意义》，《管理纵横》，2010 年。

新形势下推进两岸经济融合发展
的路径与对策建议

闽南师范大学台商研究中心　吴凤娇

两岸经济融合发展是两岸融合发展不可或缺的物质基石，是建构两岸命运共同体、实现和平统一的重要途径。但 2016 年民进党重新执政后，拒不承认"九二共识"和两岸同属一中的核心意涵，蓄意推行"重国际轻两岸""重美日轻大陆"的经济路线，以"消极、限制"的政策思维阻滞两岸经济合作，不仅加剧台湾经济发展的困境，也加大了两岸经济融合发展的难度。为此，本文将在具体分析民进党执政后两岸经济合作新表征的基础上，着重探讨当前两岸经济合作面临的政经挑战，并据此展望推进两岸经济融合发展的面向与路径。

一、民进党执政后两岸经济合作进入"冷缩期"

自 2008 年 5 月以来，两岸关系在坚持"九二共识"和反对"台独"的基础上进入和平发展新阶段。两岸经济合作全面、纵深开展，制度化成果显著，逐步消除了两岸间存在多年的货物、服务和要素流动壁垒，有效增进了两岸同胞的福祉。但民进党重新执政后，两岸经济合作的良好态势被迫中断，制度化合作完全停摆，无论是两岸贸易还是两岸投资都受到实质性冲击。

（一）两岸贸易增长乏力，2016 年出现负增长

据商务部统计，2001—2004 年以来，两岸贸易增长快速，年均增长高达34.28%。2005 年以后，两岸贸易增长有所减缓，波动加大。2008 年后，两岸贸易增速下滑态势明显，如 2014 年两岸贸易额仅为 1983.1 亿美元，较上年微增0.6%；2015 年则降为 1885.6 亿美元，同比下降 4.9%；2016 年两岸贸易额持续

负增长，低至 1795.95 亿美元，同比下降 4.5%。其中，大陆对台湾出口为 403.7 亿美元，同比下降 10.1%；自台湾进口为 1392.3 亿美元，同比下降 2.8%。相较于两岸整体贸易的小幅下降，两岸农产品贸易下降更为明显。2016 年两岸农产品贸易额为 18.84 亿美元，同比下降 1.38%，其中台湾农产品对大陆出口同比下降达 9.3%[1]。近年来，两岸贸易增长停滞，固然受到全球经济不景气、两岸贸易需求结构变化等客观因素的影响，但台湾对两岸贸易的开放度不足亦有明显的负面效应。截至 2016 年，台湾仍禁止 2114 项产品从大陆进口，允许从大陆自由进口产品只占进口总产品项目数的 77.8%，而准许进口的 8574 项产品中还有 703 项属于有条件进口 [2]。

表 1 2001—2016 年两岸贸易统计

单位：亿美元

年度	贸易总额		大陆对台出口		大陆自台进口		贸易差额
	金额	同比（%）	金额	同比（%）	金额	同比（%）	
2001	323.4	5.9	50	-0.8	273.4	7.2	-223.4
2002	446.7	38.1	65.9	31.7	380.8	39.3	-314.9
2003	583.6	30.7	90	36.7	493.6	29.7	-403.6
2004	783.2	34.2	135.5	50.4	647.8	31.2	-512.3
2005	912.3	16.5	165.5	22.2	746.8	15.3	-581.3
2006	1078.4	18.2	207.4	25.3	871.1	16.6	-663.7
2007	1244.8	15.4	234.6	13.1	1010.2	16.0	-775.6
2008	1292.2	3.8	258.8	10.3	1033.4	2.3	-774.6
2009	1062.3	-17.8	205.1	-20.8	857.2	-17	-652.1
2010	1453.7	36.9	296.8	44.8	1156.9	35	-860.1
2011	1600.3	10.1	351.1	18.3	1249.2	7.9	-898.1
2012	1689.6	5.6	367.8	4.8	1321.8	5.8	-954
2013	1972.8	16.7	406.4	10.5	1566.4	18.5	-1160
2014	1983.1	0.6	462.8	13.9	1520.3	-2.8	-1057.5
2015	1885.6	-4.9	449	-3	1436.6	-5.5	-987.6
2016	1795.95	-4.5	403.7	-10.1	1392.3	-2.8	-988.6

资料来源：商务部台港澳司 [EB/OL] .http: // tga.mofcom.gov.cn/article/sjzl

（二）台商对大陆投资出现"减量、调域"新态势

一直以来，大陆是台湾最重要的境外投资目的地。2002 年后，台湾对大陆投资占其全部境外投资的比重就一直维持在六成以上，2010 年甚至高达 83.81%。然而随着大陆经济结构调整升级及经营环境变化，台商对大陆投资意愿不如以往，投资规模有所下降。据台湾"投审会"统计，2016 年台商对大陆投资金额为 96.7 亿美元，同比减少 12.95%，占全部境外投资的比重降至 44.37%。另据商务部统计，2017 年 1—3 月，大陆批准台商投资项目与实际使用台资金额分别下降 6.4% 与 2.8%。在投资规模减少的同时，台商对大陆投资领域正逐步转向高新技术产业和现代服务业。如台湾电子厂商加快在大陆的投资布局，2015 年台联电宣布投资 7.1 亿美元在厦门投资 12 英寸晶圆代工厂；2016 年台积电在南京投资 30 亿美元设立的半导体公司正式动工兴建。相应地，台湾纺织、鞋类等传统产业的部分投资转向东南亚国家的迹象日益明显。2016 年底，台湾大型服装代工企业儒鸿公司正式关闭江苏无锡优妮资纺织服装有限公司，将工厂迁至越南。

（三）陆资入台阻力加大

自 2009 年 6 月陆资入台正式启动以来，台湾当局不仅在开放投资项目而且在投资资格、投资方式和投资额度上都对其设置诸多限制，相关规范和配套措施不力更造成员工招聘及人员往来居留等问题无法得到实质解决。截至 2016 年 12 月，陆资赴台投资件数累计仅为 947 件，核准投资金额共 16.9 亿美元。民进党执政后，台湾当局对大陆企业入台投资审查更加严苛，过度渲染陆资对台湾"安全、就业、技术的风险"，屡次以"对等""安全"为由驳回大陆企业对台投资案，如大陆紫光集团入股台湾力成等 3 家 IC 封测公司投资案、爱奇艺对台投资案先后被拒。2016 年，陆资赴台投资件数为 158 件，同比下降 7.05%，投资金额为 2.48 亿美元，同比微增 1.45%。

表2 2011—2016年陆资入台投资状况

单位：千美元、%

年度	陆资赴台投资件数	陆资赴台投资金额	陆资赴台投资金额的增长率
2009	23	37486	
2010	79	94345	151.68
2011	105	51625	-45.28
2012	138	331583	542.29
2013	138	349479	5.40
2014	136	334631	-4.25
2015	170	244067	-27.06
2016	158	247628	1.45
合计	947	1690844	

资料来源：台湾"投审会". 2016 年 12 月核准侨外投资、陆资赴台投资、境外投资、对大陆投资统计月报 [EB/OL]. http://www.moeaic.gov.tw。

（四）两岸人员往来"一升一降"，大陆居民赴台旅游人数大幅缩减

一直以来，大陆持续为台湾民众往来两岸提供便利，出台一系列的促进台商投资、鼓励台湾青年到大陆就业创业等新措施，增强了对台湾同胞的吸引力。而民进党执政后，两岸关系趋向紧张，岛内民众对大陆居民不友善气氛上升，加上"陆客火烧车事件"等重大安全事故频发，使大陆居民赴台旅游意愿急剧下降。据台湾"内政部"统计，2016 年台胞来大陆达 368.54 万人次，比 2015 年增加 28.15 万人次，同比增长 8.27%；而大陆居民赴台湾 351.17 万人次，比 2015 年减少 67.23 万人次，同比减少 16.07%。其中大陆居民赴台湾旅游 268.33 万人次，比 2015 年减少 61.01 万人次，同比减少 18.52%。

（五）两岸民间、地方性的经济交流与合作依然活跃

2016 年，大陆继续推进两岸民间经贸往来，两岸文化产业博览交易会、两岸现代农业博览会、海峡论坛、两岸花卉博览会、两岸电机电器博览会、两岸互联网金融暨大数据金融峰会、两岸企业家峰会等相继举办，吸引了台湾工商团体和企业负责人、青年和基层民众代表等在内的两岸社会各界踊跃参与，并达成了系列具体成果。

为便利台湾青年到大陆就业创业，大陆从中央到地方相继出台了一系列优惠政策和措施，涉及设立创投引导基金、开放职业资格考试、保障住房、给予社保补贴及就业补贴、提供创业辅导培训等方方面面。迄今为止，国台办共授牌设立 41 个海峡两岸青年创业基地和 12 个海峡两岸青年就业创业示范点，截至 2016 年底已吸引超过 6000 名台湾青年实习就业创业，17000 多名台湾青年参加基地或示范点组织的各类实习就业、创业创新交流活动，产生了良好的集聚示范效应。2017 年 5 月 10 日，大陆又出台了一系列便利台湾同胞在大陆学习、就业、创业的优惠政策，包括开放在大陆工作的台湾研究人员申请国家社科基金、新增北京等 6 省市为开放台湾居民事业单位就业试点区域等，同时在大陆就业的台湾居民将享有住房公积金缴存和使用权利等措施也在加紧出台。到大陆学习、就业、创业成为越来越多台湾青年实现个人梦想和人生价值的选择。

二、新形势下两岸经济合作面临多重挑战

（一）两岸经济合作的政治阻力加大，制度化机制停摆，重回非公权力主导的民间合作

2008 年以来，两岸在"九二共识"的基础上，形成以海协会和海基会为主的两岸经济合作协商机制、签署了包括《海峡两岸经济合作框架协议》在内的 23 项协议、设立了两岸经济合作委员会、两岸产业"搭桥"等磋商机构和合作平台，两岸经济合作步入制度化轨道。然而遗憾的是，民进党执政后，拒不承认"九二共识"和两岸同属一中的核心意涵，顽固坚持"台独"路线，导致两岸制度化合作包括两会的协商机制、国台办和陆委会的联系沟通机制等被迫中断，不仅 ECFA 后续商谈无法进展，协商多年的两岸货物贸易协议最终夭折，而且两岸经济合作委员会及下设产业合作小组、两岸"产业搭桥"等随之停止运作，ECFA 等已有协议的执行遭遇困难。未来看，民进党承认"九二共识"使两岸经济合作重回制度化合作轨道的可能性不大，两岸经济合作将重新回到以市场机制为主导的民间合作。诚然，2008 年以前，两岸经济合作在公权力协商缺位背景下取得了长足发展。但是，现阶段的两岸经济合作无论在外部发展环境还是在内部发展进程都发生了不同既往的深刻变化。如果只靠市场主导，而没有两岸公权力部门的直接协商，未来两岸经济合作开拓新领域、开发新市场的难度必然加大。

（二）民进党"去中国化"的政策导向明显，两岸经济合作转向政策对抗

2008 年以来的实践表明，两岸经济合作已成为台湾经济稳定增长的重要力量，符合台湾民众的根本利益。但是蔡英文执政后，为实现"台独"的政治目标，在"520"就职演讲中只字未提"两岸经济关系"，取而代之的是宣告要"加强和全球及区域的联结，积极参与'多边'及'双边'经济合作及自由贸易谈判"，并且要"告别以往过于依赖单一市场的现象"，其"惧中、防中、反中"的政治宣示，"去中国化"的政策导向暴露无遗。蔡英文上台一年多来，在"重国际轻两岸""重美日轻大陆"的经济路线下，没有出台一项促进两岸经济合作或发展的政策措施，而是继续收紧对陆资入岛的管制，裁撤 ECFA 小组；同时强化同美日经济合作，大力推行"新南向政策"，积极发展同东南亚、南亚等国的经济合作，意图以此弱化两岸经济合作，阻挡两岸经济融合趋势。蔡当局"去中国化"的经济政策不仅会加剧台湾经济的困境，使台湾在新一轮区域经济整合中日益边缘化，同时也势必干扰两岸经济合作的发展。

（三）两岸新兴产业趋同发展，同质性竞争趋势加剧

近年来，随着两岸经济实力消长和大陆工业体系崛起，台湾部分传统优势产业如液晶面板、LED 照明、石化产业等已被大陆赶超，两岸产业由以前的互补分工合作转向局部领域的水平竞争替代。在"十三五规划"和"中国制造 2025"的推进中，大陆正大力扶持太阳能、面板、半导体、高档数控机床和机器人、新材料、新能源汽车等战略性新兴产业，这与台湾新兴产业的布局高度重叠，发展趋同性增强。以半导体产业为例，2016 年大陆半导体产值达 1.95 万亿元新台币，预计 2018 年大陆半导体产业将超过台湾。面对两岸产业的同质性竞争加剧趋势，蔡当局对岛内业者呼吁两岸产业整合的声音充耳不闻，对两岸产业对接合作避而不谈，未在两岸产业政策协调及产业链合作上有任何作为，而是刻意渲染大陆本土产业崛起对台湾经济带来的威胁，大肆炒作"红色供应链"假议题激发岛内民粹保护主义，试图引起岛内民众对两岸产业及经济合作的疑惧甚至敌意，进而争取岛内民众对其经济"去中国化"政策的认同。

（四）全球贸易保护主义兴起，两岸经济合作亟待转型升级

多年来，两岸经济合作主要为"台湾接单、大陆生产、出口欧美"的加工贸易模式，合作动力源于两岸在传统制造业领域生产要素优势的高度互补。在

两岸经济合作发展进程中，这种成本驱动型、市场单一化的合作模式客观上造成两岸产业失衡、市场失衡及贸易结构失衡，且在全球贸易保护主义兴起、大陆经济新常态下难以持续。2014年以来两岸贸易、投资增速均大幅放缓，甚至出现负增长，便是两岸经济合作结构性失衡日益严重的后果。两岸经济合作亟待在新市场商机牵引下实现合作模式转型和发展动力转换。

三、推进两岸经济融合发展的路径与政策建议

两岸经济融合发展是两岸融合发展不可或缺的物质基石，是建构两岸命运共同体、实现和平统一的重要途径。自2014年政府工作报告首次提出，推进两岸经济融合发展已成为中央发展两岸经济关系的核心战略，是大陆应对两岸经济关系发展的国际形势演变及内在结构性失衡提出的新理念、新方向。

当前，民进党当局采取"小步快走"方式推行"渐进式台独"，在经济、文化、教育等领域全面推行"去中国化"政策措施，两岸关系趋向恶化，两岸政经良性互动格局完全打破。在此严峻形势下，大陆要"以我为本"，积极推进自身经济发展，以"一带一路"、"中国制造2025"、京津冀协同发展及长江经济带建设等战略助力两岸经济合作转型升级；要谋求两岸产业链的双向嵌入，立足于促进两岸经济各领域、各群体的协同性合作，扩大两岸经济合作受益面，努力探索既可以遏制民进党"经济去中国化"政策，又可以惠及台湾普通民众的政策措施，在两岸经济融合发展中不断夯实民意基础，为两岸和平发展、和平统一创造更好的条件。基于此，推进两岸经济融合发展应着力于以下方面：

（一）大陆牢牢掌握主导权，积极应对民进党当局的"去中国化"政策

两岸经济合作符合市场规律，有利于增进两岸民众利益，存在内生发展动力，这是不以民进党当局意志为转移的客观事实。但两岸经济合作对政策敏感性强，民进党当局"去中国化"的限制性政策不可避免会对其产生负面影响。据台湾统计，2017年1—4月，台湾对外贸易总额为1792.25亿美元，同比增长17.34%，对大陆为409.22亿美元，同比增长18.74%；对东盟六国为281.88亿美元，同比增长21.59%，特别是从东盟六国进口100.59亿美元，大幅增长30.08%[3]。在今年3月29日台北举行的第九届全球采购大会上，来自"新南向"地区的买主为247家，占总数的近五成，创历年新高，而来自大陆的买家从68

家减为 57 家。虽然，台湾与东南亚国家的贸易增长主要是东南亚地区经济景气复苏所导致，客观上产生了降低两岸经贸在台湾经济中比重的替代效应。但"新南向政策"短期内在经贸、人文交流等方面确实取得了一定成效，值得关注。

对此，大陆应牢牢掌握两岸经济关系发展的主导权，增强对台湾经济的"磁吸力"，使民进党"去中国化"的政策落空。一方面，加紧实施京津冀协同发展、长江经济带建设、自贸区等战略，开拓两岸经济关系的新动能；持续推动和深化两岸民间经济往来，落实推进与台湾非绿县市开展赴台观光旅游、农产品采购、智慧城市合作等方面合作，继续出台便利于台商投资大陆和台胞在大陆学习、就业、生活的优惠措施，加速台湾人才、资金和技术等向大陆转移；另一方面，有效运用经济、外交、政治等多种手段粉碎民进党当局开拓"国际"经济空间的险恶企图，要求中华人民共和国邦交国在台湾承认"九二共识"等前提下同其发展经贸关系。

（二）有效治理内在结构性失衡，实现两岸经济合作转型升级

依前所述，在全球贸易保护主义兴起、大陆经济新常态的背景下，以加工贸易、出口外销为主的传统两岸经济合作模式难以维系，产业失衡、市场失衡及贸易结构失衡等内在结构性失衡日益凸显，两岸经济合作亟待开拓新领域、开发新市场、转变新模式，实现转型升级。路径之一："十三五"期间大陆正积极推动产业升级和发展方式转型，着力发展网络经济、服务业经济、创意经济，这为两岸经贸合作提供了新商机。两岸在智能制造、物联网、生物医药、绿色低碳产业、高端装备和材料、数字创意产业等战略性新兴产业上的合作空间巨大。大陆应积极发挥自身产业与市场体系优势，引导台资转向现代服务业和战略性新兴产业，鼓励两岸企业在技术、专利、产品、应用、资金、市场和人才等层面的交流合作，以推动产业链与价值链的深度整合、实现两岸产业嵌入式合作。同时，借助两岸产业协会等民间平台促进产业布局和产业政策协调对接，避免恶性竞争。路径之二："一带一路"建设是当前大陆大力推动的对外经济合作战略。在世界经济复苏乏力、大陆经济新常态下经济增速放缓以及台湾经济衰退的现况下，"一带一路"应成为两岸经济合作的重要实践场域。大陆一直对台湾工商企业参与"一带一路"建设持欢迎态度，鼓励台湾企业与大陆企业共同开发"一带一路"商机，积极开展基础设施建设、经贸园区与产业园区共建、资本共营的试点合作，将两岸产业链、供应链延伸至"一带一路"沿线地区，

共同开拓"一带一路"市场，推动两岸经济合作模式由成本驱动、市场单一化向利益共享、市场多元化转变。

（三）扩大台湾基层民众的受益面，推进两岸经济利益公平分配

无论从理论还是从实践层面均明显证明，两岸经济合作有力地支撑台湾经济的增长，促进了台湾总体福利的增加。同时囿于经济合作领域仍面临台湾当局的政策限制，两岸经济合作利益在台湾内部的分配存在产业分布、区域分布及受益阶层分布的不平衡。在民进党及其操控媒体的宣传操弄下，岛内出现"两岸经济图利财团、扩大贫富差距"等的错误论述，造成部分民众对两岸经济合作心存顾虑甚至不满、抗拒。推进两岸经济融合要以"重新巩固两岸经济合作的民意基础"为出发点，要在尊重市场规律的前提下，立足于促进两岸经济各领域、各群体的广泛合作，以经济融合发展扩大两岸经济合作受益面，积极拓展两岸经济合作的产业面、区域面和受益阶层面，扩大台湾基层民众特别是中小企业、农渔民、青年的参与度，让更多两岸民众增加获得感。

（四）构建以民间力量为主的对接机制和协商平台，打造"自下而上"的合作新形式

2008 年以来，两岸经济合作在"官方主导、民间推动"的双轨式合作管道下取得了显著的成就。但民进党执政后，官方合作的机制和渠道不再通畅，行业协会、民间经济组织与工商企业将成为两岸经济关系发展的主体。2013 年 5 月，中国大陆质量认证中心与台湾金属工业研究发展中心等 4 家 LED 产品检测实验室签署了两岸 LED 路灯产品认证检测合作合同，接受这 4 家台湾检测实验室的相关检测结果，有利于降低两岸企业相互认证费用，提高竞争力[4]。这是两岸民间推进产业合作的有益尝试。因此，大陆应建构以民间力量为主的对接机制和协商平台，发挥两岸企业家峰会、海峡论坛等化解两岸经济合作分歧、达成共识、协同行动的平台功能，密切与台湾工业总会等六大工商团体的常态化联系，建构两岸产业协会在产业对接与合作上的沟通、协商机制，辅导两岸企业尤其是中小企业建立战略联盟，吸引台湾更多青年来大陆就业创业，打造"自下而上"的两岸经济合作的新形式。

注释

[1]　商务部台港澳司：《2016 年 1—12 月大陆与台湾贸易、投资情况》[EB/OL] .http：//tga.mofcom.

gov.cn/ article/sjzl/jmjl/201702/20170202508884.shtml。

[2] 台湾"农委会"：《农业贸易统计资料查询》[EB/OL] . http：//agrstat.coa.gov.tw/ sdweb/public/ trade/ tradereport.aspx。

[3] 台湾"观光局".统计数据查询系统 [EB/OL].http：//admin.taiwan.net.tw

[4] 中时电子报.全球采购大会聚焦新南向，247 名买主占总数的 43％ [EB/OL]. http：//www. chinatimes.com/ cn/realtimenews/20170329002562-260410

两岸社会融合发展研究：内涵、问题与路径

福建社会科学院现代台湾研究所　叶世明

党的十八大以来，习近平总书记深刻阐述了中华民族伟大复兴与两岸同胞命运前途息息相关的密切联系，并在反思过去大陆对台工作经验教训与深刻把握台湾局势和两岸关系形势的发展变化的基础上，习近平总书记提出了"两岸融合发展"的新战略、新思路。这标志着大陆对台政策的新趋向，具有重要的理论和现实意义。促进深化两岸社会融合发展，成为新阶段的重要方向和目标。本文从社会融合的内涵入手，探讨两岸社会融合发展存在的问题与路径。

一、两岸社会融合发展的内涵

社会融合是社会学的重要概念，尽管社会融合一直为社会学家、心理学家、政策分析家和政策制定者们所关注，但社会融合的定义还比较纷杂，没有统一的定义。社会团结理论强调了国家在社会融合中的重要性，尤其突出法人团体和集体意识在社会融合中的重要性，成为当代社会融合理论的重要源泉。综合相关定义，可将社会融合理解为指社会不同因素、部分结合为一个统一、协调整体的过程及结果，亦称社会整合。它是一个双向的、动态的、渐进式的、多维度的、互动的过程，以渗透、交融、互惠、互补为其基本特征，在这个过程中，通过共享历史和经验，系统地通过社会调节，跨越界限、模糊界限、重构界限等促进社会的融合。两岸社会融合发展是在两岸社会融合的过程中共同永续发展，是两岸各领域交流合作和人员往来发展到一定阶段的必然要求，包括两岸社会共同治理，是政策融合与制度融合，以及社会心理（或情感）融合和结构（或行为）融合等。它是两岸在社会领域全面融合的过程，是以和平、稳

定、社会经济均衡发展为目标，在多元一体、共享原则下，遵循共同法规和共同机制，实行相互协调、双向互动的有限共治共享，并将两岸社会主体按照角色分工，结成有机的社会联系，使社会结构协调有序发展。它是两岸基于一个中国的根本前提下，紧紧围绕增进同胞亲情和福祉，拉近同胞心灵距离，增强对两岸命运体的共同认知，也就是把握住两岸同胞要以心相交，增进民族认同、文化认同、国家认同，以实现同胞心灵契合为导向，消弭分离意识，聚同化异的过程；是落实"两岸一家亲""两岸命运共同体""两岸心灵契合"的具体路径与举措；是让台湾同胞优先享受到大陆的发展机遇，优先享受到中华民族伟大复兴所带来的福利，逐渐形成命运相连的两岸共同体，构建共同利益。两岸社会融合发展是在继续扩大和深化两岸交流的基础上，通过凝聚两岸同胞的共同利益，并不断用真诚、善意、亲情拉近两岸同胞的心理距离的方式，来实现两岸和平统一的新思路，是习近平国家统一思想的新发展，将争取台湾民心工作的场域从台湾拓展到大陆，让台湾同胞到大陆来就业，参与大陆的社会建设，并直接获利受益，在台湾同胞融入大陆经济社会建设的过程中，他们的发展前途会嵌入到大陆的发展前途中，必定会为两岸由和平发展走向和平统一注入新动力。[1]

二、两岸社会融合发展的问题

当前，两岸社会交流与互动存在的主要问题：一是两岸人员往来不对称问题十分突出；二是交流群体、结构、地域严重不均衡等。根据扩散理论的相关原理，两岸社会融合发展过程中必然会彼此发生作用力与反作用力，从而对两岸的社会融合产生影响和冲击。主要问题有：

理念竞争和制度制约。两岸社会融合发展的碰撞表现在价值观念及制度政策上。无论从理念思维还是在实践操作上，都缺失具有广泛性、持续性和深层次性的社会基础。长期以来，两岸社会发展道路差异，导致两岸价值观不同，加之政治军事对峙所带来的隔阂，最终导致横亘在两岸社会之间的鸿沟产生。由于两岸经济一体化尚未形成，敌对状态尚未结束，两岸政治定位在短时间内难以解决，两岸政治互信和社会互信不足，两岸政治制度、价值观念悬殊，两岸民众认同差异较大，尤其是"台独"势力的刻意阻挠与破坏等，此外，台湾局势发生了重大变化，在政党生态上"绿长蓝消"，在社情民意上年轻世代的"台湾主体意识"更趋强烈。这些都阻碍了两岸社会融合发展的深入。

由于民进党拒不接受"九二共识"政治基础，两岸交流受到很大影响，不仅官方交流中断，而且民间社会交流也连带受损。两岸社会融合发展主要是由大陆官方推动、台湾民间的个人、社团和企业参与的新形式，两岸社会融合发展基本呈现单方面的融合样态，即大陆"发展之中融汇了台湾"。大陆提出的两岸"共同家园"、两岸一家亲""共同承担民族复兴""共享崛起的成果"等，都是大陆对台湾人民的主观期待和良好愿望，是依据两岸已经签订的各项协议，已经存在的各领域交流合作的途径，只要是民间性、经济性、文化性都不会全面中止，但是在台湾政局丕变的初期，回归市场的选择和决定，明显的衰退是有可能的。[2] 由于台湾当局对两岸交流合作的限制较多，两岸社会融合发展也因"泛政治化"受到阻隔，两岸在社会管理、民生保障、精神信仰等方面仍然不能协调同步。两岸社会交流融合缺失健全有序的机制保障和平台，造成两岸社会各层面缺乏直接、无障碍、机制化的沟通，进而制约了两岸社会的融合发展进程。

两岸社会互动频繁凸显潜在与衍生问题。两岸社会政治制度及理念的差别，在未来的两岸社会融合进程中，双方可能会在具体事务上因为制度的差异，导致在判断与认同上产生明显分歧。事实上，出于保护自身利益的现实需求和内部压力，冲突是难免的。如两岸人员的密集互动，随之而来的是跨境犯罪的可能性增加，将使双方产生管理上的困难，增加两岸之间的社会矛盾，从而可能对两岸的社会治安与和谐发展带来影响。这不仅源自双方错综复杂的历史情结、政治对峙、军事对抗、意识形态对立以及文化认同等多重因素纠葛，更由于近20年来两岸密切交流互动衍生出来的各种问题及凸显的潜在问题，增加了两岸社会融合发展的复杂性。

三、两岸社会融合发展的路径

1. 全面推进社会管理服务创新，通过社会融合发展，大陆可以更好地学习台湾先进的社会管理服务经验，完善社会福利制度，进一步加强在社会服务方面的交流合作，提高社会服务水平。并让台胞通过参与大陆的社会建设来实现融合发展，大陆提出了"两个一百年"的奋斗目标，正在全力实现中华民族伟大复兴的中国梦。在这一历史进程中，大陆可以给台湾居民来大陆就业、创业提供很多资源和机会。并研究解决在大陆台胞以及两岸跨境工作、生活人员的社会保障衔接问题以及医疗、教育和民间合作等具体内容。通过社会政策的衔接有效推动两岸社会融合发展，可行性和强大的生命力。

2. 创新基层对台工作机制，创新台胞融入社区生活社会管理体制，着力建设两岸同胞融合的温馨家园。以社区为抓手，通过活动带动、强化社会服务，推进融合。学习上海的经验，尽快研究出台便利台湾同胞在大陆学习、就业、创业、生活的政策措施，回应并落实台胞在待遇、政治、经济和社会文化等全方位权益保护的需求，落实公共服务和福利均等化，营造台胞台商投资兴业、交流往来和居住生活的良好社会环境；创新台胞融入大陆社会生活的社会管理体制，建立与台湾社区的交流合作机制，进一步推动两岸社区友好往来，一方面，鼓励街道社区等基层组织加强与当地常住台胞的沟通联络，帮助他们协调处理具体问题，促进民众感情的融合；另一方面，吸取台湾社区治理的经验，同时邀请更多台湾基层社区治理者和基层民众来大陆，交流和感受社区治理、服务的经验和成果；聘请台胞担任社区主任助理，通过聘请台胞主任助理，助力台胞参与社区治理的平台和机制的建设，在更大范围、更高层次上促进台胞融入社区，构建两岸同胞融合的温馨家园。

3. 依法支持台商、台湾专业人士和优秀人才依法参选、担任人大代表或政协委员，加入群团组织，参评相关荣誉。台胞在大陆参与当地政治生活有利于增进彼此了解，维护自身权益，增进获得感与融入感。

4. 要进一步推动台胞包括青少年的日常与体验式交流交往的机制化、经常化发展。深化交流合作，促进两岸社会融合发展。一是大力推动台湾义工文化、慈善文化进校园，完善学校志愿服务机制，引导广大师生积极投身社会公益事业；二是精心组织两岸中华经典诵读等各类文化、艺术、体育交流活动，引导两岸学生弘扬民族文化，增强民族意识，促进相互了解，增进彼此友谊，营造"两岸情、一家亲"的良好氛围；三是以"帮困助学""敬老爱老""文明礼仪""低碳环保"为主题，组织两岸中小学生开展联合志愿服务活动，增强学生融入大陆的社会责任感和服务意识。四是强化融合意识，搭建交流平台，如台湾高校杰出青年赴大陆参访团以及在"两岸青年之友"沙龙等，让台湾青年更多了解大陆。五是每年传统节日，如春节、端午、中秋等，都要拨出专款，组织台胞到福利机构看望孤残老弱者，为他们送温暖，激发他们热心社会公益，捐资助学、扶贫济困，主动参与各项社会公益事业建设及和谐社会的创建。同时，也利用传统佳节举办联谊活动，走访重点台胞台属和困难台胞，开展贫困台胞台属救济帮扶工作，调动好他们融入社会的积极性。六是组建台胞志愿服务队，通过搭建志愿服务平台，带动台胞参与志愿服务，鼓励台胞将台湾地区优秀志工经验带入社区，让台胞志愿者在幸福参与公益服务的同时提升台胞对两岸一家亲的价值认同感，构建和谐幸福的共同家园。

5.坚持以人为本，为台胞服务，争取台湾民心作为对促进两岸融合工作的出发点和落脚点，不断创新对台工作机制。完善台商座谈会制度，密切政府与台商的联系，优化台商服务机制；重视发挥民主党派、台商协会、涉台机构、社团组织在联系台湾相关团体和人士中的优势以及在处理相关涉台事务中的特殊作用；充分发挥台胞调解员、陪审员的桥梁沟通作用，利用台胞调解员、陪审员具有的"同乡、同业"优势，积极邀请台胞调解员、陪审员参与调处涉台案件，加强与台商协会之间的诉调衔接机制，形成多方参与的涉台矛盾纠纷解决机制，形成经济、高效化解矛盾的合力，创新维护台胞权益的调解机制。

6.推出新举措，促进台胞服务体系建设。从创业、生活、交流和保障等各个方面加强对台服务，建立健全各负责领导挂钩联系规模以上重点台企、台商以及台商权益保障工作联席会议制度，设立台商求助受理中心、台商台胞服务热线，及时解决台资企业在生产经营中遇到的困难和问题，帮助台资企业在大陆生根、不断发展壮大；最大程度满足台商子女在义务教育阶段的入学需求。

7.在平潭，先行先试构建"两岸同胞融合共同家园"，全面推动闽台在经济、交流、往来、居留等方面广义的、多方位、深层次的融合。通过借鉴台湾的社区自治理念，如慈善事业，环保观念，还有垃圾分类等，共同借鉴两岸社区治理先进经验，共同建设，可培育一批台胞社区骨干，吸收他们直接参与社区治理，或通过政府购买服务，为社区的台胞提供针对性的社工服务。从而实现包括台胞在内的社区广大居民共谋共策、共治共享。

8.打通制度融合渠道，提升融合能力建设，建立密切与台胞团体型组织的联谊交流机制。为了让台胞进一步了解、融入大陆社会，改善两岸民众的关系，增进感情，应建立密切与台胞团体型组织的联谊交流机制。设立对台胞团体型组织的工作联络员，负责与台胞社团的日常联络工作，随时关心和关注他们的生活与需求，想台胞之所想，解台胞之所急，做好服务与管理工作。一方面维护台胞台属合法权益；另一方面发挥他们的才智和独特优势参与大陆社会建设，体现"两岸一家亲"理念。让台胞们在大陆安居乐业，事业得到更好的发展，生活更加幸福。

9.努力增强民生事务的合作，加强两岸养老产业合作，促进民生交流合作与社会融合。"十三五"时期，大陆人口老龄化、高龄化、空巢化进程将进一步加快。失能老人的增多，令传统的家庭养老模式难以为继。在老年型社会里，如何使老年人维持尊严和有保障的生活，成为整个社会包括老人本身、家庭、民间组织和政府共同关注的焦点。大陆目前社区照护以及养老机构的供给总量远远少于需求量，同时存在供给服务内容单一、设施功能单一、硬件设施投入低水平；服务资源不足、专业人才不足，从业人员文化程度偏低，专业知识缺乏；服务水平低，人文关怀不到位，不能做到心灵关怀等问题。

大陆应结合健康养生产业发展的机遇以及老年服务产业发展状况为重要契机，加快发展健康养老服务行业，为大健康产业的上下游产业群，提供产品展示、树立品牌、商贸对接的重要平台。加强全面规划、运营、管理等，推动医养融合发展，化解"养没有医，医不能养"的矛盾探索新路；加快推进社会养老事业发展的战略部署。两岸同宗同源，在传承中华民族传统孝道文化和养老服务上，我们要学习台湾养老业先进的养老理念、来改进我们的工作思路和方法。依托具备条件的台商投资区或平潭综合实验区，主动承接台湾养老服务业转移，拟在引进台湾知名养老服务集团和连锁机构，开发老年产品用品、培育养老产业集群，打造养老金融产品等四个方面加大力度，建立两岸养老产业合作开发示范基地，推动两岸养老服务业互助互长的共同发展，促进两岸养老产业合作、民生交流合作与社会融合发展。

结　　语

两岸同胞共圆中国梦实现中华民族伟大复兴，需要两岸同胞共同努力。深化两岸社会融合发展，是强化两岸和平统一的社会基础。"在中华民族发展史上，两岸同胞从来都是命运相连、荣辱与共的。两岸同胞要携手同心，为实现中华民族伟大复兴贡献智慧和力量，以人为本，实现融合发展。国家统一不仅是形式上的统一，更重要的是两岸同胞心灵契合，而要达致"心灵契合"，应与台湾同胞分享发展机遇，促进两岸民众利益的联结与社会融合发展，增加两岸同胞的受益面和获得感，使更多台湾民众在两岸经济社会交流合作中受益。推动两岸社会融合，有助于解决两岸民生福利问题，促进两岸更紧密合作，增强台湾同胞的国家认同。当前，其主要问题在于利益共享机制尚未完善、制度壁垒尚未完全突破和社会政策尚有制度落差。为此，需要完善两岸社会政策体系的协调方式，构建两岸社会融合发展的交流平台，是两岸增进彼此了解、融化隔阂、消除合作壁垒的有效途径。最后，两岸社会融合过程循序渐进、前后承接，是一个逐步构建的过程，其中蕴含着复杂的认同因素，需要我们深入思考、积极探索，以凝聚扩大闽台同胞的共识，共同致力于促进两岸社会融合的实践。两岸社会融合发展是指两岸社会通过一定措施消除彼此间的限制，从而形成一个新的结构，属于结构性的融合与发展。两岸之间还要承认并尊重差异，让不同的社会制度和生活方式彼此包容、和谐相处、相得益彰。[3]

注释

[1]　王英津：《融合发展：推进和平统一新思路——习近平对台思想与两岸关系》，《中国评论》第232期，第4—5页。

[2]　杨开煌：《大陆和平发展政策评估——试析习近平对台重要思想》，《台海研究》2016年第2期。

[3]　陈斌华，鞠海涛：《新形势下做好对台工作的根本指引——习近平对台工作重要思想初探》，《台海研究》2016年第4期。

蔡英文当局执政周年评估

全国台湾研究会　杨幽燕

2016年台湾"二合一"选举中，蔡英文以得票率56%绝对优势当选台湾地区新领导人，民进党囊括"立法院"六成席次，加上2014年县市长选举大胜，民进党实现了从地方到"中央"、行政到"立法"的全面执政。蔡英文当权一年来，开高走低，执政满意度不断滑落，不满意度连续飙升，声望与李登辉、陈水扁、马英九就职一年相比，敬陪末座。台湾民众尤其是青年人已经后悔当初票投民进党。评估蔡英文当局一年来的表现，可以用四个"局"字来概括，即内部治理陷入乱局，两岸关系陷入僵局，涉外事务陷入窘局，总体上是内外交困的困局。目前来看，尚无任何主观和客观条件能够支持蔡英文摆脱窘境，在余下的三年任期里，蔡英文当局的执政绩效及两岸关系前景均很难让人有乐观的期待。

内部治理陷入乱局

烽火改革，战场一片狼藉。民进党上台伊始，强势主导"不当党产条例"通过初尝胜利，将"一例一休""同婚法案""公投法""电业法""开放日本核食""军公教退休制度检讨"等相关"法案"都列入"立法院"议程，改革场面壮观声势浩大，但由于多数议案争议性很大，社会短期无法消弭也难以承受分歧，强推结果刺激台湾政治对立和社会不安急剧升高。"年金改革"引发军公教强烈不满，"年金改革委员会"先后在北中南召开分区座谈会，场场都发生冲突。劳资矛盾激化导致各行业工会罢工抗议频发，蔡当局强行推动"劳基法修法"修正案，砍掉劳工七天假，确定"一例一休"，引起较大劳工团体宣布与民进党决裂。"婚姻平权民法修正草案"，"反同"与"挺同"的社会团体严重对

131

立，纷纷走上街头表达诉求。

施政品质不佳，效能低下。民进党主导将"不当党产条例"靠前处理，冲击"立法院"正常运作，到 2017 年春节前总预算仍未通过。蔡英文与林全团队为挽回低迷声势，不断加码释出政策利多，"立法院"党团被动配合行政团队，不仅造成"立法"仓促质量粗糙，也被讥为"橡皮图章"和"挡箭牌"。执政团队推动与立法部门各行其是，或者推动无章法，年金改革、司法改革、能源转型等未见起色，引发巨大民怨。"一例一休"匆忙上路的结果是增加企业成本、工人得不到好处及物价上涨，造成资方、劳方和消费者三输，广为外界诟病。桃园机场淹水、雄风导弹"误射"等事件及行政团队人员脱序失言情形接连发生，进一步拉低当局整体形象及风评。

政策"发夹弯"，诚信尽失。选前坚持"反核"立场，选后态度松动，被批"违背党的核心价值"；选前承诺"电价 10 年不涨"，选后声称"不会大涨"；原本力主"实质周休二日"，上台后转变为"一例一休"，并强砍 7 天法定假日；原先强烈反对"美猪"进口，上台后为讨好美国转而有意开放；上台后为与日本拉近关系，对民众食品安全的呼吁置若罔闻，拟开放进口日本核灾地区的食品，反核但不反核灾食品自相矛盾。

经济低迷，竞争力继续下降。蔡英文把改善台湾经济的希望寄托于"新南向政策""五大创新研发计划"及加入美国主导的 TPP 等经济及产业政策，但是由于缺乏两岸关系向好的大环境以及美国退出 TPP，前途未卜。蔡将"新南向政策"作为对外战略的新支点及其施政的新亮点，欲大力推动强化与东南亚、南亚地区的经济、文化关系，以"告别以往过度依赖单一市场现象"。一年来蔡亲力亲为督查督办，上任一个月即迅速通过"新南向政策"纲领，提出短、中、长期目标、行动准则及推动架构。去年 9 月 5 日，"行政院"宣布"新南向政策推动计划"正式启动，相关部门几个月内也相继提出落实计划。但是，尽管当局大张旗鼓宣导，商界至今仍未清楚新南向政策重点为何，究竟是要把厂商移出台湾，还是要强化台湾对周边的经济影响力和辐射力，加上商界对对象国当地宏观政策、营商环境了解有限，又有台塑集团在越南被重罚的前车之鉴，大都望而却步，新南向政策收效寥寥。

2016 年台湾全年 GDP 增速为 1.4%，但失业率和通货膨胀率均高于 2015 年，失业人口中，年轻人失业现象日益突出。2016 年台湾全年外销订单金额 4445.4 亿美元，比 2015 年减少 72.7 亿美元，负增长 1.6%。2016 年台湾"国际"竞争力排名下降，结构转型仍处困境。台湾旅游业受两岸关系影响损失最大，据估算，陆客减少已对台湾经济造成至少500亿元新台币的损失。台湾游览车业已陷入严重困境，总计约有4500台车辆被闲置，其中有3000多台正在打折出售。岛内舆论用"哀鸿遍野"、苦不堪言形容该行业景况。2017年5月初，台湾公信力公司公布的蔡当局执政一年经济表现的民调结果显示，对于台湾经济竞争力满意的只有18.7%，不满意的达到51.1%；对个人经济状况满意的只有10.5%，不满意的有42.5%。

两岸关系陷入僵局

"520"就职演说是两岸关系论述的起点也是终点，蔡英文朝着"力抗大陆"的方向前行。作为正式上任的开篇之作，蔡英文"520"就职演说有关两岸的论述较传统立场有调整，与以往相比最大的不同是提出"新政府会依据'中华民国宪法'、'两岸人民关系条例'及其他相关法律，处理两岸事务"；提出"两岸的两个执政党应该要放下历史包袱，展开良性对话，造福两岸人民"。但就职演说未接受"九二共识"，更不认同其核心意涵。国台办评价其为"未完成的答卷"。此后一年间蔡虽然不断抛出一些新概念和新名词，比如"四个不变"（"我们的承诺不会改变，我们的善意不会改变，我们也不会在压力下屈服，更不会走回对抗的老路"）、"三新"（"新情势、新问卷、新模式"），但所有论述均绕开回答两岸关系的根本性质，从未正面回答两岸是"两国"还是非两国，止步于"520"就职演说。执政届满周年前蔡英文再次强调，旧的问卷应该让它过去，新的问卷上头有新的题目，"两岸领导人如何共同来维持两岸的和平与繁荣，这才是新的课题。"表明蔡英文已决心拒绝答卷。

蔡英文一直高喊"维持现状""善意不变"，实际上大陆对"520就职演说"做出"未完成的答卷"评价之后，尤其是9月下旬台湾未能获邀参与第39届国际民航组织大会后，其政策面趋于消极保守。主要特征：一是"抗"——与大陆对抗。民进党创党30周年，蔡英文以党主席身份发表公开信指出，民进党"要力抗中国压力"，发展与他国关系。二是"脱"——摆脱大陆经济依赖。强调两岸经济愈来愈是竞争关系，台湾将透过"新南向政策"强化与东南亚与南亚国家经济与贸易的联结，要摆脱对大陆的"过度依赖"。三是"异"——两岸有差异。用民意做挡箭牌，片面强调与大陆政治制度、社会形态及民意不同，声称"台湾是个民主社会，中国必须尊重我们因民主机制产生的立场或判断"，"政府不可能做出违反民意的事情"。四是"碍"——认为"九二共识"是阻碍。

认为大陆坚持协商要有前提对双方关系发展是阻碍，台湾已展现"建设性""善意"及"耐心"，大陆则用"传统思维"与施压来回报。今年5月19日陆委会主委张小月表示，大陆要求越南等国承认"一中"原则，是非常"昧于现实"的做法。强调"中华民国是主权独立国家"，"我们绝对不会接受一中原则，台湾不是中国大陆的一部分"。

推行"去中国化"，游走"台独"边缘，进一步恶化两岸关系气氛。蔡英文在刻意回避、闪躲两岸关系性质这一核心问题的同时，民进党执政当局在政治、经济、文化、社会、教育各领域"去中国化"则大刀阔斧、雷厉风行，意在削弱两岸的共同记忆，切割双方的诸多文化历史联结。如，蔡英文正式上任之际表示，不再遥祭南京中山陵；教育部门负责人潘文忠就任第二天即宣布废止2014年通过的社会、国文科微调"课纲"；以"政治争议高"为名"斩首"台北故宫南院12兽首；淡化孙中山诞辰150周年纪念日；台北中正纪念堂"去蒋化"，"文化部"宣布禁止纪念堂售卖有关蒋介石的商品；清明节取消遥祭黄帝陵；降级祭奠民族英雄郑成功；"国防部"停办抗战80周年纪念展。

这些行动让"激进台独"势力备受鼓舞，令"台独"逆流回潮。一些民进党"立委"公然提出包含有"两国论"或者"一边一国论"的成分和"去中国化"的内容的议案。如，提出修改"中华民国国徽国旗法""宣誓条例""总统副总统宣誓条例"等；民进党党团提出的"促进转型正义条例草案"也包含有"去中国化"的内容。"立法院"在审查"行政院"版"国民体育法"草案时，将"中华奥委会"篡改为"国家奥委会"。"大法官"许宗力公然声称自己认同"特殊的国与国关系"，"激进台独"势力积极鼓噪修改"公投法""正名制宪""以台湾名义加入联合国"。

两岸和平红利大受冲击，两岸民间对立情绪升高。蔡当局单方面破坏了2008年以来两岸关系和平发展的政治基础，两会商谈中断，两岸事务主管部门沟通联系机制停摆，各领域交流不同程度受到影响。过去一年间，两岸交流交往中衍生的问题每天都在发生，但得不到及时有效的处理，造成两岸民间尤其是两岸网民间的误解和对立。凡是与两岸有关的话题，如诈骗犯遣返、大陆游客火烧车事件、八田与一铜像斩首、台湾参与世界卫生大会、大陆放弃台北世大运团体赛、李明哲事件等，都会引发对立情绪，拉大两岸民间的心理距离，突出的后果是造成大陆居民赴台旅游意愿显著降低。据台湾"交通部观光局"统计，2016年大陆赴台观光旅客共计351万人次，占比32.9%，但与2015年相比，已经减少了16.1%，2017年前4个月赴台陆客人数同比大减50.2%，团客减幅达 61%，个人游数量减幅也超过 4 成。

涉外事务陷入窘局

重点经营对美关系，遭遇挫折。蔡英文直言台美关系是"21世纪最重要的友谊"，非常期待美国持续在亚洲一直所做的努力，以维持该区域的平衡、和平与稳定，非常期待美国新政府继续维持"台湾关系法"及"六项保证"，并继续提供台湾所需要的防御性武器。新任"在台协会主席"莫健称赞蔡有非常明确的意愿与大陆进行建设性对话，还称，期盼未来台美关系更坚定，让台湾更有信心与大陆打交道。特朗普当选后与蔡英文通话，公开称呼蔡为"台湾总统"，并质疑美国的一个中国政策，引发中美关系紧张。但是，正式就职后特朗普迅速回归美对华政策传统轨道。今年 2 月份特朗普与习近平通话表态尊重美国的一个中国政策，4 月海湖庄园"习特会"富有成果，为中美关系发展提供了清晰的政治指导与前进方向。之后蔡英文再提"期待在重要时刻和关键事情上能有机会跟美国政府有更直接沟通，也不排除有机会跟特朗普总统本人能够通电话"，特朗普随即表示不想在中国正在帮助处理朝鲜问题的时候给习近平制造困难，直接予以拒绝。在经贸方面，蔡英文一直寄望于参与 TPP（跨太平洋经济伙伴协定）谈判参与亚太区域经济合作，特朗普当选后即宣布退出 TPP，令蔡的经济战略顿失依托。尽管中美关系未来不会一帆风顺，但台美关系服从于中美关系的总趋势不会改变。

谋求提升对日关系，空间有限。民进党当局将日本作为抗衡大陆的另一战略支撑，主动向日本示好，称赞历届日本政府尤其安倍政府都对台湾保持善意，表白"我们跟日本一样都是属于海洋的'国家'，在海洋事务上，应该发展共同的利益"。蔡英文的副手陈建仁会见日本访问团时声称"台湾与日本是命运共同体"。台"立法院长"苏嘉全访日宣称台日间如同"哭笑与共的夫妻关系"。蔡就任第三天就放弃了民进党的一贯立场，声称对冲之鸟礁（日本称"冲之鸟岛"）是"礁"还是"岛"的问题上"不采取法律上的特定立场"，撤回派遣往日本冲之鸟礁附近海域的巡逻船。蔡英文和民进党一些政治人物还美化日本的殖民统治，参加纪念台籍日本兵的活动，宣称要为台籍日本兵寻找历史正义，之后台湾屏东石门古战场的抗日纪念碑碑文"澄清海宇　还我河山"被拆除。2017 年1 月 1 日起，日本对台湾的窗口"公益财团法人交流协会"，正名为"公益财团法人日本台湾交流协会"；蔡当局立即决定相应对口的"亚东关系协会"，改名为"台湾日本关系协会",并于5月17日正式揭牌,双方此举动将日本与台湾地区并列,政治意味浓厚且默契十足。

安倍政权表现出强烈意愿提升对台关系,但有多重企图,希望以最少代价来攫取最大利益。其中开放日本核灾区食品进口是日本向蔡英文提出的要求之一。该议题一经提出在台湾引起强烈反应,民意一面倒反对,媒体、公众和国民党纷纷质疑民进党拿食品安全议题作为台日增进关系的交换条件,蔡当局3天内匆匆举办10场公听会,在多个县市引爆冲突。由于蔡英文本人、"外交部"、"卫福部"及"立法院"党团都被批得体无完肤,对核灾食品解禁不敢轻举妄动,而日本坚持解禁核灾食品才能答应台湾提出的五项农产品输入和启动"台日经贸伙伴协议"谈判等诉求。蔡英文当局处在被动、复杂的两难境地。

民进党执政下的台日关系大不同于马英九时期,实质关系有进一步提升的可能,但日台关系终将受制于中日关系的大局,同时也受美日关系、台美关系的限制,空间其实不大。今年5月日本自民党干事长率领代表团参加中国举办的"一带一路"国际合作高峰论坛,有评论认为这是一个重要信号,标志着中日关系正发生微妙的变化,日本政府愿意改善中日关系,并且采取积极有效措施寻求双方合作的途径和领域。果真如此,日本政府就必须在台湾问题上谨言慎行,不向蔡英文政府释放错误信号,蔡以日本为靠山的如意算盘就很可能落空。

"邦交国"岌岌可危,参与国际组织寸步难行。2016年12月20日,圣多美-普林西比宣布与台当局"断交",之后宣布与中国复交,其他"邦交国"也传频"断交"警报,台最重视的"邦交国"梵蒂冈高官已经表示,希望与中华人民共和国建立正式的外交关系。由于台不承认"九二共识",两岸无法协商台参与国际组织活动事宜。2016年9月国际民航大会、10月国际刑警组织大会,台湾方均不得其门而入。2017年台湾用尽洪荒之力,多方动员美国、日本、欧洲国家及其"邦交国"为台湾参加今年的WHA说项发声,蔡英文为此用多种文字发表十几篇推文,但毫无效果,最终未能盼来邀请函。蔡英文当局既不承认"九二共识",也不认同马英九执政时期"两岸关系优于外交关系"的定位,转而鼓吹所谓"踏实外交",对外战略总方向是亲美日远大陆、重南向轻西进,意图依靠美日来抗衡、削弱大陆国际影响力,其结果是加剧两岸对抗,国际空间也越走越窄。

蔡英文当局的执政前景

蔡英文就任时施政满意度超过半数、不满意度仅一成，执政半年后出现满意度低于不满意度的"死亡交叉"，一年后岛内各家民调不满意度大部分在五成以上，满意度不足三成。这样的民调数据走势，是蔡英文当局一年来执政陷入困局的生动写照。造成对蔡英文当局执政满意者大幅转向的不是别人，而是蔡英文自己。

观察蔡英文一年来的表现，作为民进党执政团队的领头羊，其个人特质在很大程度上决定了她的执政的品质。一是格局不够。为了坚持民进党的意识形态，而漠视民众福祉与需求，大权在握而不知节制，甚至充满私心和政治算计，推出"前瞻建设计划"实为下次选举绑桩，以"溯及既往、有罪推定"的"党产条例"清算政治对手，以打趴国民党、确保本人连任、延续民进党长期执政为第一要务。二是刚愎自用。高估自己及民进党的执政能力，为所欲为，急功近利；高估美国、日本等外部势力的支持，一厢情愿，亲美媚日；低估两岸关系在解决台湾内外问题的关键性的地位与作用，低估大陆反"台独"的决心、能力与强大民意，严重误判两岸情势及两岸关系恶化对台湾无所不在的影响。三是缺乏担当。既不愿承认两岸是一国，又不敢宣示"两岸是两国"。既不接受"九二共识"，又提不出替代方案。承诺维持现状又任由现状改变。从不认真反省检讨自己，施政不顺不是归咎于前朝国民党，就是怪罪大陆打压，最近则因为满意度过低而抱怨民众缺乏耐心。就蔡英文个人而言，她的"台独"理念，本人性格和行事风格均已定型，调整改变的余地不大，因而，尽管台湾民众对她的执政满意度连创新低，但未来三年任期内，蔡英文当局改弦易辙、焕然一新的可能性不高，恐将陷入困局难以自拔。

目前，民进党是"一党独大"，表现出权力的傲慢，而国民党的政治实力萎缩，新任党主席能否团结全党，在蔡英文当局执政陷入困局的情势下聚力再起，尚有待观察，但台湾的政治对立有增无减，社会撕裂更形严重，经济民生又难以改善，民怨不断累积，蔡英文当局的执政满意度还将继续下滑。为应对选举维系政权，蔡英文存在着重走陈水扁老路的可能性，台湾政局与两岸关系的不确定性增加。特别注意的是，"激进台独"势力在民进党全面执政的情况下，积极诉求"正名、制宪、建国"，鼓噪"法理台独"，民进党的一些党籍"立委"与"时代力量"的"立委"不时地在"立法院"挑起敏感议题，意欲推进"渐进式台独"，扩大两岸分裂。台"立法院"日前已完成了"公投法"部分条文的修正案初审，大幅降低了提案、联署及通过的门槛，未来如果通过三读，"台独"议题成案并付诸"公投"将便利可行，从而为以法律方式进行"台独"活动打开方便之门，这无疑将成为两岸关系及台海和平的重大隐患。

由蔡英文承诺维持现状说开去

全国台湾研究会　王　升

蔡英文在 2016 "大选" 中承诺 "维持两岸现状" 是她胜选的重要原因之一。因为承诺维持现状，给外界的想象是民进党执政后不会片面改变现状，即不会主动推动 "法理台独"，两岸关系也会继续和平发展，从而解决了 "最后一里路" 的问题，不但在美国那里过关，而且在中间选民那里也过关，还没有引起深绿选民的反弹，达到了 "选票最大化" 的效果。尽管选举中国民党不断质疑蔡英文，到底是 "维持什么样的现状"，"怎样维持现状"，但蔡英文始终不做正面回答，用 "维持现状就是维持现状" 模糊以对，让外界各自解读、各取所需。作为选举策略，承诺维持现状无疑是成功的。

维持现状本意是维持 "独立的现状"

蔡英文上台后，仍然标举维持现状。蔡英文在去年 "双十讲话" 中声称，"维持台湾民主及台海和平的现状，是新政府坚定不移的立场"，强调 "我们的承诺不会改变、我们的善意不会改变、我们也不会在压力下屈服、更不会走回对抗的老路，这是我们对维持现状的基本态度"。在此，蔡英文较为明确地对维持现状的内涵做出了解释，就是 "台湾民主及台海和平"。

对于维持现状，外界一般以为应该包括台湾前途和两岸关系两个部分，而且做出多种解读，如维持台海和平、维持两岸关系和平发展、维持两岸敌对状态、维持不统不 "独" 状态、维持台湾已经 "独立" 的现状等等。但是，蔡英文执政一年来，在提交了一份 "未完成的答卷" 之后，未对两岸政策再有进一步阐述，在接受华盛顿邮报和路透社的专访中还表达了 "善意已经尽量展现" 意思，还抛出 "新情势、新问卷、新模式" 的空灵假说，等于宣告不会再补交答卷，同时，始终拒不接受"九二共识"，也不提出替代方案，任由两会商谈中断，两岸事务主管部门联系沟通机制停摆，两岸关系和平发展的现状被改变。蔡英文没有对维持两岸关系和平发展做出必要的努力，可见蔡英文的维持现状承诺，并不包括两岸关系。

在台湾前途上维持现状，是相对于统一和"独立"而言的，也是马英九与蔡英文难得一见的共同点。但是，蔡英文的维持现状与马英九的"维持不统不独不武的现状"又是不同的。马英九主张"两岸一国"台湾不能"独"、目前条件不成熟所以也不能统，蔡英文则主张"两岸两国"台湾不能被统、台湾已经"独立"所以才不"独"。

回顾民进党关于前途的主张，可以更清楚地看出蔡英文承诺维持现状的本意。民进党从1988年的"国际主权独立决议文"，到1990年的"事实主权独立决议文"，再到1991年的"台独党纲"，在台湾前途上主张改变现状，实现"法理台独"。但是，到2000年陈水扁竞选"总统"前，民进党关于台湾前途的主张发生重大变化。1999年5月民进党八大二次会议通过"台湾前途决议文"，宣示："台湾是一'主权独立国家'，其'主权'领域仅及于台澎金马与其附属岛屿，以及符合国际法规定之与邻接水域。台湾，固然依目前'宪法'称为'中华民国'，但与中华人民共和国互不隶属，任何有关'独立'现状的更动，都必须经由台湾全体住民以公民投票的方式决定。"以此为标志，民进党不再主张改变现状，而是认定现状是台湾已经"独立"，主张维持"已经独立"的现状。虽然2007年9月，民进党在陈水扁主导下通过了一个"正常国家决议文"，宣示台湾要"正名""制宪""加入联合国成为一个正常的国家"，又主张改变现状、实现"法理台独"，但是，经过2008年和2012年两次"大选"失败之后，民进党在2014年经过党内广泛讨论，形成了一份"对中政策检讨纪要"，认为"我们是台湾人，台湾是一个'主权独立的国家'，'国号'是'中华民国'，与中华人民共和国互不隶属，未来台湾的前途，应由台湾的2300万人自行决定，此乃现阶段台湾人民的最大共识"，因而做出"本党台湾前途决议文的基本立场与核心价值毋须改变"的结论，实际上扬弃了"正常国家决议文"。

民进党关于台湾前途的主张演变至此，表明"法理台独"并非当前该党的政治目标，既然如此，蔡英文以民进党"对中政策检讨纪要"的结论为基础，承诺维持现状，不搞"法理台独"当是应有之意。不搞"法理台独"，就可以维持"台海和平"现状，而所谓"台湾民主"，其实不过是"台湾已经独立"的另类表达，维持"台湾民主"现状，就是维持台湾已经"独立"的现状。这才是维持现状的本意。至于外界以为维持现状也包括维持两岸关系和平发展的现状，进而批评蔡英文不接受"九二共识"不可能维持现状，承诺跳票，其实只是外界想多了而已。

维持"独立的现状"是蔡英文的施政主轴

国民党执政 8 年间两岸关系和平发展以及大陆的快速崛起，对台湾社会的冲击是巨大的。一是大陆的经济总量已经达到台湾的 20 倍，而且有广东、江苏、山东、浙江、河南 5 个省的经济总量都分别超过了台湾，两岸实力对比更为悬殊。二是台湾对大陆的出口依存度达 40%，贸易依存度达 27%，投资更占对外投资的 70% 以上，台湾经济对大陆依赖更深。三是直接通航后，两岸一日生活圈已经形成，大陆游客在 2015 年达到 400 多万人次，人民币开始在台湾公开流通，民间往来更为密切。尤其是，大陆方面经由两岸关系和平发展不断为实现和平统一积累条件最终达成和平统一目标的意图明显，这是阳谋不是阴谋。凡此种种，给台湾社会带来的失落感、焦虑感和恐惧感日益强烈，就连相当部分主张"台独"的民进党支持者都认为台湾最终会被统一。民进党在野时阻挠和破坏两岸关系和平发展，甚至是"逢中必反"，就是焦虑和恐惧使然，因为照这样发展下去，不要说将来"独立"无望，就是维持"独立的现状"都不可能。在这样的背景下，蔡英文当局一年来的施政作为，紧紧围绕维持"独立的现状"来展开。

首先是让两岸关系和平发展的势头停下来。蔡英文在就职演说中虽然承认有九二香港会谈的历史事实，也表示要依"中华民国宪法和两岸关系条例处理两岸事务"，但绕来绕去，不肯明示"两岸不是国与国的关系"，顽固排斥"九二共识"，抽掉了两岸关系和平发展的政治基础，于是，两岸关系立即由热转冷，大交流、大合作、大发展的局面被改变，对立加剧，对抗一触即发。台湾海基会再度赋闲，已经签订的 23 项协议大多形同具文，马英九执政 8 年间两岸关系和平发展的成果几近得而复失，两岸经由和平发展最终实现和平统一的路径暂时受阻。

其次是"亲美贴日、抗中脱中"。蔡英文在民进党党庆公开信中声称："我们要力抗中国的压力，发展与其他国家的关系，我们要摆脱对于中国的过度依赖，形塑一个健康的、正常的经济关系。"为此，蔡英文苦心孤诣要提升台美台日关系，派谢长廷驻日，派邱义仁主掌亚东协会，特朗普当选后运作成功"祝贺电话"，邀叶望辉访台，渲染美国陆战队人员进驻"在台协会台北办事处"，甚至准备开放美猪美牛和日本核灾食品进口，作为美日提升对台关系的回报，以换取美日对其对抗大陆的支持和保护。在经济上则高调要求加入美国主导的TPP，在特朗普宣布废除 TPP 之后又转而要求与美日谈判双方的经济合作协议，此外，成立"新南向政策办公室"，宣布推动针对东南亚和印度的"新南向政策"，以分散投资和出口，削弱两岸经贸关系。

第三，在台湾内部强化"台湾人和台湾国"认同。蔡英文的胜选感言、就职演说、"双十讲话"，以及几次接受外媒专访，都在尽量避免使用"中华民国"四个字，要么使用台湾，要么使用"这个国家"，不仅如此，蔡英文还刻意在委派驻美代表时称其为"驻美大使"，在巴拿马访问时签名"台湾总统"，用以突显"台湾是一主权独立国家"。蔡英文当选后最早宣布的"部长"人选是"文化部"和"教育部"，就职后马上宣布废掉马英九时期修订的"微调课纲"，随后又发动几百人加入"中华文化总会"，掌控文化总会，还有取消遥祭黄帝陵、降低郑成功纪念规格、纪念台籍日本兵、向少数民族道歉、拆除台北故宫南院兽首、取消"国史馆"大陆和港澳学者阅览权、下架中正纪念堂蒋介石纪念品等一系列"文化台独"的手段和"去孙中山""去蒋介石""去中华民国""去中华民族"等"去中国化"行为，继续李扁时期开始推动的台湾社会的分裂进程，继续培养青少年的"台独天然成分"，不断强化以台湾为核心的"国族认同"和"国家认同"。

概括地讲，蔡英文当局的施政作为是依赖东边（美国），贴靠北边（日本），面向南边（东南亚和南亚），对抗西边（大陆），在内部则着力强化"台湾人"和"台湾国"的"国族认同"与"国家认同"。在蔡英文看来，这是维持台湾已经"独立"的现状所必需的，也是台湾的根本生存之道。台湾要挣脱被统一的命运，只能如此这般。

维持现状幌子下的"柔性台独"实验

自 2016 年 5 月 20 日蔡英文就职始，从"中央"到地方、从行政到立法、从政府机关到公营企事业单位已经由民进党全面掌控，而国民党的政治实力大为萎缩且陷入内斗，已经不能与民进党抗衡，甚至做不到有效制约。理论上讲，全面执政的民进党和大权在握的蔡英文完全可以为所欲为，甚至遂行其理想信念——所谓的"台湾独立"。但是，前有陈水扁执政时推动"法理台独"失败的教训，现有大陆方面反"台独"的强力制约，后有蔡英文争取连任的压力，蔡英文不可能执政伊始就在"台独"的路上暴冲，不可能在维持现状的承诺上搞出"发夹弯"。然而，蔡英文一年来维持"独立的现状"的所做所为又表明，蔡英文虽然没有碰触"法理台独"，但却是在实践"台独"，有论者直指蔡英文是"柔性台独"。

收起"法理台独"本来就是民进党无奈的选择。陈水扁曾公开承认"台独做不到就是做不到"，蔡英文2012年败选后其幕僚也坦言"法理台独已经失去主流市场"，蔡英文对此心知肚明。因此，蔡英文选择了以"维持台湾已经独立的现状"为主轴的执政路线，尝试改走"柔性台独"之路。蔡英文的选择，可说是继陈水扁执政后期推动"正名""制宪""公投入联"等"法理台独"的尝试之后，又一场"柔性台独"的实验。

蔡英文在就职演说中宣称，"我们在2016年一起把国家带向新的方向"，等于昭告蔡氏"柔性台独"实验的开始。很显然，这个"新方向"是在维持现状的幌子下，让"台湾人不是中国人""台湾不是中国的一部分""台湾是主权独立国家""两岸是两国不是一国"等等分裂观念潜移默化，加剧台湾社会的分裂倾向的方向，是"依赖美国、贴靠日本"与大陆对抗的方向，是中断两岸关系和平发展进程，让促进两岸经济社会融合和两岸同胞心灵契合的难度大增、两岸和平统一的可能性逐渐缩小的方向。民进党执政的台湾，正在蔡英文的主导下朝这个方向前行。

蔡氏"柔性台独"实验能否可持续以及能否成功，并不由她的主观意志决定，而是取决于客观条件是否具备，所谓"形势比人强"。抛开大陆方面坚定反"台独"的因素不谈，影响蔡氏"柔性台独"实验的关键因素有二，一是台湾内部的经济发展状况能不能提供支撑，二是所依恃的外力能不能提供保障。

就经济而言，民进党一向担心两岸经贸关系越密切对实现"台独"越不利，因而以所谓"鸡蛋不能放在一个篮子里"为借口，反对直航，反对ECFA，反对服贸，反对开放陆资，阻挡台湾经济继续"西进"。这种违反经济规律的逆势操作注定对台湾经济成长不利，蔡英文因而提出"新南向政策"和加入美国主导的TPP作为台湾经济的出路，但"新南向"与大陆的"一带一路"迎头相撞，加入TPP已经落空。本属外向型浅碟子经济的台湾经济，拒搭大陆的经济快车，又在经济区域化整合中被边缘化，发展状况可想而知，如何能对蔡氏"柔性台独"实验提供支撑。

就外力而言，特朗普答应与蔡英文通电话被民进党视为重大突破，安倍让胞弟岸信夫与蔡英文互动并把"日本交流协会"改为"日台交流协会"也让民进党喜出望外。但随着中美首脑庄园会晤的举行和中美在朝鲜无核化问题上的合作启动，美台关系又回到原点，特朗普更干脆回绝了蔡英文希望再次通话的要求。中国崛起中的大国地位，决定了国际上一个中国的格局稳若磐石，中美大国间博弈中或许偶有把台湾当作筹码运用的插曲出现，但根本无可能发展到为蔡氏"柔性台独"实验提供保障的地步。

两岸关系是台湾解决内外所有问题的总开关。蔡氏"柔性台独"实验，首先让两岸关系陷入冷对抗，必然影响到台湾的内外处境，经济发展、对外关系势必举步维艰。蔡氏"柔性台独"实验在自己的悖论里不可能持续更不可能成功。蔡英文上台才一年，已经因为"一例一休""年金改革""前瞻计划"等内部问题搞得声望大幅下滑，不满意度远超过满意度。有论者指出，不排除日后蔡英文施政不顺时，拥抱"极独"势力，回头重走推动"法理台独"、加剧两岸对抗的老路。果真如此的话，那也是蔡氏"柔性台独"实验的收场。

蔡英文当局"文化台独"活动述评

中国社会科学院台湾研究所　杨　磊

自去年"520"以来，蔡英文当局拒不接受"九二共识"，加紧推动"文化台独"等分裂活动，使两岸关系的发展与稳定受到严峻挑战，面临着更多变数。在施政不力，"激进台独""法理台独"寸步难行的大背景下，蔡英文当局未来势将更加积极地推行"文化台独"活动，以争取"独派"支持，巩固执政地位。为遏制蔡英文当局这种更有隐蔽性、欺骗性的"台独"活动，应注意到由于两岸长期分离及李登辉、陈水扁执政时期大力推行的"去中国化"政策，再加上受到全球化、信息化快速发展的冲击，两岸之间已形成了一定的文化差异，构建两岸共同认同面临着更多复杂挑战，未来应以更有针对性的政策来遏制"文化台独"，加速两岸文化整合，构筑两岸命运共同体。

一、蔡英文当局推行"文化台独"的主要活动

蔡英文当局推行的"文化台独"活动主要包括几方面。

其一，大力"绿化"文教机构。其主要表现为着意安排郑丽君、潘文忠等"台独"色彩浓厚人士出任"文化部长""教育部长"等要职，力图"独化"重要文教部门，将文教部门打造成"文化台独"的急先锋。

2016年4月20日，蔡英文当局负责"组阁"的林全于上任之前公布，"教育部长"由台中市副市长潘文忠出任；"文化部长"由民进党"立委"郑丽君出任。此项人事任命刚一公布，即引起各界大哗，而其主要原因就是郑、潘两人鲜明的"台独"色彩。台湾知名学者张亚中即称，郑丽君是林全"内阁"里最年轻的"部长"，也堪称其中意识形态最"独"的"部长"。[1]早在担任"立委"期间，郑丽君就多次批判两岸文化交流。在其被任命为"文化部长"之前不久，

郑丽君还伙同"台湾教育深耕联盟"成员、台湾政治大学台湾史研究所所长薛化元及台北大学助理教授陈耀祥等"独"派学者一起召开记者会,要求林全立即做出政治宣示,"520"就职当天就宣布撤废"微调课纲"。潘文忠也是"独"性十足。马英九执政后期,曾试图对李、陈时期"去中国化"的教育特别是历史教育"拨乱反正",因而推动"课纲微调"。当新"课纲"通过后,新版教科书按程序交由"国家教育研究院"负责审查工作,而时任"国家教育研究院副院长"的潘文忠则聘请多位"独"派学者担任历史科审查委员,致使新版的教科书几乎维持了陈水扁时期的内容。此外,蔡英文还亲自披挂上阵,出任"中华文化总会会长"。2016 年 11 月,在"中华文化总会"进行"会长"改选之前,民进党动员 623 人突击入会,以改变会员结构,为蔡英文接任"会长"做铺垫。与此同时,民进党还发动舆论,抨击时任"会长"的刘兆玄"公产变私产","霸占'文化总会'"。在绿营的巨大压力下,刘兆玄只得自行请辞。2017 年 3 月,蔡英文如愿接任"中华文化总会会长"一职。

其二,废止"课纲微调",进一步推行"独化"教育。马英九执政时期,为对李登辉、陈水扁时期的"台独"教育进行拨乱反正,开始着手进行"课纲微调",其中包括"中国"一律改称"中国大陆","日本统治时期"改称"日本殖民统治时期",慰安妇增加"被迫"两字等。而且,针对以往历史"课纲"过于美化日本殖民统治的倾向,"微调课纲"相应增加了日本殖民统治时期对台湾经济与土地的侵害等内容,并增加台湾居民参与辛亥革命、创建中华民国的贡献,以及新文化运动、五四运动对台湾的影响。如前所述,这样一种微调在审查过程中就受到绿营的阻挠。2016 年 5 月 21 日,蔡英文当局就职第二天,"教育部长"潘文忠就以"研修人员代表性不足""程序不正义"和"没有必要性"等为由,宣布近日将以行政命令废止 2014 年通过的"课纲微调"。5 月 31 日,台"行政院"发布"教育部令",正式废止 2014 年 2 月 10 日号令修正发布的"普通高级中学课程纲要"。就连蔡英文当局所大力推动的"新南向政策",也试图"远中""去中",淡化、削弱两岸文化教育交流。在正式上任之前,蔡英文就向即将接任"教育部次长"的陈良基强调,要让东南亚学生更方便、更快速赴台就读,把对其入学、留台工作的障碍降到最低。蔡此举无非是想淡化台湾的中华文化基因,让台湾成为"台独"分子所期待的所谓"多元文化社会"。

其三,大搞"去中国化""去中华民族化"。上任伊始,蔡英文就打破历任地区领导人就职后遥祭南京中山陵(台湾称"国父陵")的惯例,而是于 2016 年 5 月 23 日率"副总统""五院院长"赴台北圆山"国民革命忠烈祠",向孙中山暨"忠烈殉职人员"致祭。民进党人士还指称,台湾已经历3次政党轮替,是个"民主国家",不再"遥祭国父陵"其实是"去封建化"。2016年恰逢孙中山诞辰150周年,蔡英文当局却把"光复节"和"孙中山诞辰纪念日"等具有两岸历史联结的节日变成"只放假不纪念"的日子。"去蒋"更一直是民进党着力"去中国化"的重点。今年2月25日,台"文化部"刻意在"228事件"70周年前夕,召开记者会宣布将推动"中正纪念堂"转型,将"中正纪念堂"商店内有关蒋介石的商品下架停售,开闭馆也停止播放"蒋公纪念歌"。另外,民进党还依靠在"立法院"的绝对优势,于2月24日下午通过民进党"立委"郑宝清等人的临时提案,要求"行政院""教育部"依法命令各级学校拆除蒋介石铜像。而其他民进党人士也如法炮制,在"去中国化"上积极跟进。2016年11月,台北"故宫博物院院长"林正仪以"各方赞成拆除""收藏价值不够""政治争议性高"等理由,宣布将香港著名影星成龙捐赠的、安放在"故宫南院"的圆明园12生肖兽首复制品拆除、封存。今年3月,林正仪又称,为避免争议,将于7月举办的"万世师表——书画中的孔子"展览不排除拿掉"万世师表"四个字。今年5月,民进党籍的台中市长林佳龙还在台中市政会议上公开声称,"台中孔庙不是古迹,只是取代以前的日本神社",因为是国民党"外来政权粗暴硬盖的"。今年也是"七七事变"80周年,以往台"国防部"遇到"七七事变"逢五逢十周年,必定举办纪念特展等各类活动,而今年"国防部"则不举办任何有关纪念"七七事变"80周年的展览。

其四,不断增加两岸文化交流的难度和障碍。马英九卸任之后,受亚洲出版业协会(SOPA)邀请,计划于2016年6月15日出席在香港举行的"亚洲卓越新闻奖"颁奖典礼,并以英文发表专题演讲。按照程序,马英九办公室于5月31日向"总统府"提出"报准"申请。消息传出,岛内亲绿媒体即攻击称,香港在大陆统治之下,大陆是台湾的"敌国",因此,马英九访港其实是"通匪"。[2]6月12日下午,蔡英文办公室召开记者会,宣布"基于卸任的马英九在台湾安全上的重要性、特殊性与机敏性",以所谓"机密、安全"为由驳回马英九的赴港申请。最终,马英九只得以视频方式在颁奖典礼上发表演讲。2016年7月26日,台湾"国史馆"网站还突然宣布,基于"平等互惠原则",拒绝大陆及港澳人士调阅馆藏。

二、蔡英文当局"文化台独"活动的影响
及其趋势

蔡英文当局虽然执政仅仅一年，但其所大力推行的"文化台独"不仅削弱了马英九当局为拨乱反正所做的努力，还扭曲了台湾青少年的文化认同观念，加深了两岸的文化差异，增加了两岸文化交流以及两岸关系稳定发展的阻力。未来，蔡英文当局在施政不力，推行"法理台独""激进台独"又寸步难行的情况下，势将更加卖力地推进"文化台独"，以压缩国民党东山再起的空间，巩固其执政基础。

其一，教育上的"去中国化"加剧了台湾青少年认同的扭曲与撕裂。在教育领域大力推行"去中国化"一直是"文化台独"活动的重点。自20世纪90年代以来，李登辉当局就开始逐步减少、清除教科书上中国历史、中华文化的内容，大幅增加有关台湾历史、文化的内容。1997年，李登辉当局要求自初中一年级起开设《认识台湾》课程，对台湾做"去中国化""亲日本化"的诠释。陈水扁上台以来，更大力推行"台湾史"课纲，而将中国史列入世界史。对此，马英九执政时期，曾试图进行拨乱反正，但如前文所述，马英九当局的这一系列努力在当时就遭到了比较大的阻力，仅限于对"课纲"进行微调。而蔡英文上台伊始，就马上废止了"微调课纲"。蔡英文当局的这一做法无疑是对李登辉、陈水扁时期"去中国化"教育政策的延续，将直接削弱马英九执政时期拨乱反正政策的成效，使"去中国化"的"台独"教育进一步固化，加剧台湾青少年与大陆间的感情、认同纽带的断裂。自1990年算起，已有数代台湾青少年完全接受了这种"去中国化"的"台独"教育，其文化认同、国家认同都已被扭曲。马英九执政期间的"课纲微调"一度引发了青年学生的"反课纲"运动，虽然这一运动与绿营的煽动不无关系，但岛内青少年的认同差异已可见一斑。

其二，加深了台湾文教机构的"绿化"。蔡英文就任之前，就宣布由郑丽君、潘文忠这些"台独"倾向明显的绿营人士来掌管重要的文教部门，其后蔡英文更不顾舆论压力，在争议声中出任"中华文化总会会长"。对文教机构的"绿化"是"台独"势力的一贯做法，自2000年首次政党轮替以来，民进党执政时期就着力绿化文教机构。民进党这种有意识地对文教机构的"绿化"，不仅加速了其"去中国化"等"文化台独"政策的推行与实施，也大大增加了蓝营拨乱反正的难度。马英九执政8年，对"去中国化"等"文化台独"政策的拨乱反正一直进展不大，这其中固然有马当局迫于选举压力过于谨小慎微的客观

原因，但也与诸多文教机构已被"绿化"有密切关系，前述潘文忠利用自己掌管"课纲"审查的权力来阻挠"微调课纲"即是典型例子。

其三，加剧岛内民意对抗，以攫取选举利益，巩固执政地位。认同中华文化、主张两岸关系和平稳定发展一直是岛内的主流民意。因此，民进党当局每一项"文化台独"政策的实施，无不在岛内引起了巨大争议。而一贯擅长煽动民粹的民进党正是要借此制造族群矛盾，挑起蓝绿对立，以在选举中获利。而蔡英文当局这种动辄就"上纲上线"的操弄手法，还在岛内社会逐渐制造出一种"绿色恐怖"的氛围，只有"台独"言论横行霸道的自由，没有"反独"求统的自由。[3]民进党也正是要利用这种"文化暴力"，使有不同意见的人噤若寒蝉，从而不断削弱、分化反对力量，在施政不佳的情况下转移民众注意力，巩固执政地位。

其四，增加了两岸文化交流的障碍。2008年国民党重新执政以来，两岸关系出现了大交流、大发展的局面，两岸文化交流更是全面深入发展，为逐步消除两岸文化差异、建设两岸命运共同体起到了促进作用。但蔡英文上台以来，拒不承认"九二共识"，对两岸议题一直采回避的态度，对两岸交流则采用"逐步关门"的做法，尽力将两岸议题边缘化。[4]阻止马英九赴香港领奖及台湾"国史馆"拒绝大陆学者这些做法，无疑是妄图给不断升温的两岸文化交流泼冷水。虽然从长期来看，蔡英文当局的这种行径难以阻止两岸文化交流发展的大势，但短期内仍不可避免地会给两岸文化交流造成负面影响，带来更多变数，削弱两岸文化交流的正面效果。

蔡英文当局自上台执政以来，一直拒不承认"九二共识"，两岸关系进入"冷和平"，台湾经济受到一定冲击和影响，而其推行的扩展"台独"国际空间的举动也连连受挫，"新南向政策"乏善可陈。在施政内外交困的情况下，台湾民众的不满不断上升，蔡英文民调支持率也一路下滑。按照亲绿的台湾民意基金会所公布的民调，蔡英文上任之初有近7成的民调支持率，仅仅过了半年，在11月底蔡的民调支持率就出现了"死亡交差"，满意率为41.4%，不满意率为42.6%。该民调还显示，对于蔡英文的两岸政策表现，不满意率为47.8%，超过41.2%的满意率，对于经济上的表现，55.6%的受访者表示不满意，超过36.3%的满意率。[5]此后，蔡英文民调继续一路下滑，被岛内舆论称为"雪崩式坠落"。《联合报》在蔡英文就职周年前所做民调显示，蔡英文执政后的满意度已由刚就职时的52%、执政百日的42%，降到30%，一年来锐减22个百分点；不满意比率则由就职初期的10%、执政百日的36%，攀升到50%，一年来增加了 40 个百分点。[6]

可以想见，未来为了巩固执政地位，蔡英文在施政不力的情况下很可能会效仿陈水扁，加紧推动"台独"活动以向"独派"靠拢取暖，而很难顺应两岸民意回到推动两岸关系发展的大道上来。在"法理台独"无望、拓展"国际空间"也寸步难行的情况下，继续大力推行柔性的、隐蔽性强的"文化台独"政策，很有可能成为蔡英文讨好"台独基本教义派"的首选。

三、遏制"文化台独"的几点思考

未来，蔡英文很可能继续实施两手策略，一方面，仍将企图在不承认"九二共识"的前提下蒙混过关，以接收过去 8 年两岸关系和平发展的成果；另一方面，将继续大肆推行柔性的"文化台独"政策，以将"台独"理念灌输给台湾年轻人，给年轻人"洗脑"，以潜移默化的方式逐渐改变台湾民众的文化及政治认同，扩大"台独"的民意基础。[7]为遏制蔡英文当局不断升级的"文化台独"活动，促进两岸关系继续和平稳定发展，建设两岸命运共同体，应当正视两岸存在的文化差异和冲突，以更细腻手法推动两岸文化交流与融合。

首先应正视两岸之间存在的巨大的文化差异。两岸同属于中华文化，至今中华文化仍是台湾的主体文化，就此而言，两岸文化是"同根"的。但也正因为此，容易使人忽视两岸之间业已存在的巨大的文化差异，简单地从历史经验出发认为两岸文化很容易"对接"，只要两岸开展文化交流，就可以水到渠成地巩固加深台湾对中华文化的认同，进而加速两岸共同政治认同的形成。若持这种态度，就很容易把两岸文化交流简单化，一旦面对两岸文化差异所引发的冲突也更容易陷入被动。台湾学者江素惠即指出，"两岸最大的合作基础在于文化，但两岸交流最艰难的障碍也在于文化"，"若要合作双赢，前提是对彼此差异有认知"。"两岸人民透过交流来尊重理解对方，以包容尊重的态度来接受对方，若光靠民族情感的召唤是不切实际的。"[8]陈孔立教授对此也有清醒地认识："如果对两岸文化的差异估计不足，就可能忽视文化交流的难度，以为可以轻易地达到交流的成效，势必产生急躁冒进的情绪，急于开展广泛多样的文化交流，举办规模盛大的交流活动，追求热热闹闹的场面，而无法针对实际情况开展耐心、细致、艰苦的工作，以致造成对两岸交流的伤害。"[9]

其次应注意全球化、信息化对两岸文化交流的冲击。全球化、信息化的快速发展，客观上有利于两岸文化交流的进一步扩大，特别是网络社会的到来，更有利于关于大陆的正面信息的传播,对消除部分台湾民众对大陆的片面认识乃至偏见有促进作用。但同时也应看到,"台独"势力一直试图借全球化来重新构造所谓"台湾文化"的"主体性"与"独特性"。"台独"势力无限放大日本文化、西方文化、"本土文化"等多元文化成分所占的比例,夸大台湾文化对中华传统文化所谓的创新和改造,将台湾文化视为"海洋文化"以与所谓"中华内陆文化"相区隔,宣称"台湾文化内在已有多元的本质,外在又有吸收融会的能力",是"包含中华文化,在位阶上又高于中华文化的主体性文化"。[10] 而且,两岸文化在信息化时代势将增加更多的接触与交流,而这也不可避免地会引发更多的文化冲突。如 2016 年发生的"帝吧出征"事件就是两岸文化冲突在网络社会的体现。但两岸文化冲突也有其正效应,会促进两岸文化的相互吸取、融化、进步与发展,两岸之间目前出现的"排他性认同"有可能被"包容性认同"所取代,形成一种新的文化认同。[11]

再次,应克服两岸文化交流中的"让利"思想和形式主义。在两岸文化交流以及经贸交流中,大陆很容易单方面主动对台"让利",认为只要对台湾民众有利,大陆做了就会受到欢迎。但实际情况往往是,手法粗糙的让利效果并不明显,特别是一些大型采购团的官员摆出财大气粗的架势,反而引起台湾民众的反感,使得大陆善意受以曲解,好事变成坏事,甚至引发文化冲突。再如为增加台湾青年对中华文化的了解与认同,大陆经常邀请台湾青年来访,但部分接待单位只注重物质层面,不注重文化层面的交流,反而适得其反,让来访者增强了"差异意识"。未来,应以更柔性方式来加强两岸文化融合,不仅要充分利用两岸丰富的传统中华文化资源来实现对接,更应在此基础上,在中华文化复兴的过程中为建设两岸共同的新文化认同提供新"基点"。

注释

[1] 《张亚中:蔡英文迈出"文化台独"又一步》,http://w.huanqiu.com/r/MV8wXzg4NTY0M-jZfMzcxXzE0NjJzODIxMDA=,2016 年 5 月 5 日。

[2] 《绿营叫嚣:大陆是"敌国"马英九访港是"通匪"》,http://military.china.com/impor-tant/11132797/20160609/22839460_all.html,2016 年 6 月 9 日。

[3] 李振广:《高度警惕"文化台独"分裂活动》,《人民日报(海外版)》2016 年 5 月 16 日第 3 版。

[4] 陈星:《"国史馆"拒大陆学者:"文化台独",大陆蒙羞》,《法制日报》2016 年 8 月 13 日,第 4 版。

[5] 《台媒:民调首现死亡交叉 蔡英文面临领导危机》,http://mil.sohu.com/20161129/n474453447.shtml,2016 年 11 月 29 日。

[6] 《蔡英文就职周年民调不及格：不满意度攀升至 50%》，http：//news.ifeng.com/a/20170517/51110214_0.shtml，2017 年 5 月 17 日。

[7] 林信雄：《论"文化台独"的发展与谬误》，《现代台湾研究》，2016 年第 6 期，第 101 页。

[8] 江素惠：《两岸中华文化的差异》，http：//blog.ifeng.com/article/7557680.html，凤凰博报，2010 年 9 月 13 日。

[9] 陈孔立：《两岸文化的本质差异》，《台湾研究集刊》2013 年第 4 期，第 5 页。

[10] 张顺：《台湾文化认同的潜在危机探析》，《台湾研究》2016 年第 3 期，第 79 页。

[11] 陈孔立：《两岸之间的文化冲突》，《台湾研究集刊》2014 年第 1 期，第 6 页。

关于台湾民进党当局推动"文化台独"的措施、影响及政策建议

福建师范大学公共管理学院　郑碧强

自 2016 年 5 月 20 日以来，以蔡英文为首的台湾民进党当局虽不敢明火执仗地搞"法理台独"，但以"去中国化"为表、"法理台独"为里的"文化台独"[1]却愈演愈烈，花招百出。蔡英文"超越"李登辉、陈水扁师承，既"破"且"立"，更为系统地从"战略"高度和"法制"层面固化"文化台独"的政治收益，试图将国家分裂升级为"国族分裂"。这种愈发体系化的"柔性台独"[2]思维与做法可被视为"文化台独 2.0"。

过去一年多，蔡英文当局一方面在法律、司法方面完成组织机构、人事的调整与法律的修订，其中撤消"蒙藏委员会"、修订"两岸人民关系条例"、修订"国籍法"，允许在台湾的藏人以"外国人"身份获得台湾的居留资格，主导"司法改革国是会议"，开启"法理台独"的大门，为"法理台独"做好准备。另一方面，蔡英文当局还动员台湾地区学术界泡制为"台湾独立"准备的"台湾理论"，重点解决台湾历史与文化中无法回避的台湾地区绝大多数居民祖先来自大陆，文化与中华无法切割的重大理论困境；制订"文化基本法""语言发展法"与"原住民基本法"，重点推进台湾多元历史与多元文化这一包含"分离主义"的价值观 。

过去一年多，蔡英文执政当局继续修订"课纲"，将中国史纳入亚洲史的范畴，淡化台湾青少年的中国历史记忆，割裂台湾与大陆的关系，并撤销对"太阳花学运"相关违反人员的刑事告诉。由此可见，对"台独"进行文化性质上的"正名"恐正成为其执政团队的主轴。基于此，本文力图对台湾民进党当局采取的"文化台独"措施、影响进行深度的解读，以期能为我国更好的遏制、瓦解"文化台独"，反对"台独"势力以"任何形式"分裂祖国，进而促进两岸

的发展和统一提供政策建议。

一、"文化台独"的"蔡记"版本

1. 建构以"台湾""台湾人"为身份标识的话语体系，鼓吹"台湾命运共同体"，人为地制造"台湾民族"。即是将"台湾""台湾人"等带有"文化台独"性质的用语行政化、普及化甚至国际化。以照蔡英文的语言风格，"台湾/台湾人"的话语体系将成为她发布行政命令、进行"国际交流"的官方标准用语。也就是说，"'中华民国'/'中华民国'国民"等词汇仅仅被限缩在面对大陆强大压力时才提及使用。这样，蔡英文为首的执政当局意图以"台湾""台湾人"等话语体系来悄无声息地肢解台湾民众对"中国""中国人"等的历史记忆与身份认同。

此外，在历史、语言、信仰等各文化要素都有所动作之后，蔡当局就将开始"台湾民族制造"的把戏。具体而言，蔡当局炒作、拔高台湾的南岛语系、少数族群、新住民和殖民元素，以冲淡汉民族主体性；通过激化省籍、族群矛盾胁迫外省人皈依"本土认同"；夸大、扭曲两岸意识形态、社会制度差异，在"六四"等节点上利用西方价值观攻击大陆并谋求挤进"美日民主价值同盟"，形塑台湾民众与社会"黄皮白心"的优越感和差异性，最终虚构出与中华民族在人种血缘、文化亲缘、信仰观念和生活方式上"殊源异归"的"台湾民族"。

近年来台湾的东南亚外配、外劳数量猛增至50万，早已超过少数族群人口。例如，高雄等南部地区甚至还出现了东南亚语言的竞选广告，显示出台湾族群问题与岛内社会脉动的快速变动，对岛内政治社会和两岸关系的微妙蝴蝶效应。这也解释了为何蔡英文的"新南向政策"格外注重人文联结，其图谋在时空流转中悄然改变台湾人的"民族成分"，如大力吸引东南亚留学生、工人和移民，通过强行教育推广和社会软件建设，塑造台湾如美国、新加坡一样，是"多语社会"的"多元民族国家"，并仿效它们先例，水滴石穿地将台湾改造成全面脱离"原生母国"的"新民族""新国家"，以温水煮青蛙之隐蔽、柔性手法，制造一场"国族变迁"的"静默革命"。不过，近日印度尼西亚穆斯林抵制台湾关公像，菲律宾学者在台北被误认为"脱逃外劳"等文化冲突事件，凸显出蔡"文化新南向"以及强行为台湾中华民族文化"转基因"的一厢情愿和荒谬尴尬。

2. 建构以"无主""本土化"为核心内容的文化史观，改造了台湾的文化认同,谋求重建"台湾文化"。强化台湾的四百年历史、台湾的殖民地历史、台湾的抗争性历史、台湾的民主化历史,恐将成为台湾包括文化教育、经济产业、社会融合、艺术创作等领域在内的主要元素。通过文化史观将"台独文化"渗透到人们日常生活的方方面面。即把"台独文化"由"理论化"推向"平民化",从"理想化"推向"在地化"。其主要路径有:以提升台湾少数民族的主人权利来彰显台湾的"无主"地位;以还原历史真相来赋予"本土化"的正当性;以"台湾至上主义"为口号来获取民众对"主体性"的认同。

与此同时,蔡英文当局还重新定义"国语"。语言是文明的起源与载体,对身份认同和互动模式有基础性的建构作用和象征意义。因此,蔡当局宏观上订定"台湾语言法""原住民语言发展法"等,以"语言平权"名义要求闽南话、客家话、少数民族语言等与"国语"并列为"官方语言",要求在行政机构和"立法机构"平行采用;微观上通过设立"闽南语公共电视台"和闽南语电台,在媒体、学校广推"弱势母语"。[3]此举的阴狠与荒谬不言而喻:首先,逆世界各国尊重多元、突出中心、渐进融合的语言保存经验,激进瓦解"国家语言"使命;其次,宽容"禁止华语"诉求,忽略占12%人口的"外省"方言,还把日语混入"客语认证词汇资料库",透露诡异的"皇民化""去中国化"气息;再者,或多达数十种的"国语"无疑是荒谬的,例如苗栗县设"少数民族事务中心",单牌匾翻译就花了3个月。其二,钳制中华宗教信仰。以儒释道和诸多民间信仰为主的中华传统宗教在台湾根深叶茂、源远流长,蔡英文执政当局忌惮于其政治动员能量,除"拆孔庙、去先师",取消惯例的遥祭轩辕黄帝和郑成功,还要求各地宫庙"灭香、减香",欲"灭妈祖、关公这些中国主神香火",引发"众神上凯道"的激烈反弹。近日,蔡麾下的"中华文化总会"还举办"中国大陆来的妈祖"展,"文总副会长"江春男称,妈祖文化是"各国共享的华人文化","不能被一个国家垄断",更妄称"台湾是该文化圈的核心","中华文化是台湾文化的一部分",不但要与大陆争夺"中华文化主导权",还试图借"宗教外交"联结被中华文化、妈祖文化覆盖的"新南向"国家。[4]

3.建构以"青年""青年人"为主要力量的"台独"势力。不言而喻,青年群体的认同是民进党重返执政的关键因素。青年群体作为社会发展的中坚,决定着社会发展的走向。民进党欲长期执政,必然会重视和依赖这群具有"台独"成分的青年群体,满足他们的利益需求,通过扩大青年政治参与、改革年金制度、提高工资薪水、增加就业机会、扩建社会住房等具体措施来实现所谓"世代正义"。蔡英文当局将青年问题摆在首位,不外乎是欲通过解决世代正义的问题，增强青年群体对"台独"价值的追求，进而解决"台独"传宗接代的问题。

4. 建构以台湾客家文化、少数民族文化为多元化文化特征的"民族文化"，倡导"台湾文化主体性"。首先，蔡英文当局会将"族群"概念替换成"民族"概念，以"原住民"作为台湾民族的逻辑起点，"客家""闽南"作为台湾民族的内核。建构台湾民族观的政治逻辑是：先有民族，再有民族文化，最终才有民族"国家"。而文化则是贯穿民族和民族"国家"建构过程的纽带。因此，文化是社会团结和形成凝聚力的黏合剂。也就是说，蔡英文当局以"台独"文化来建构台湾的"民族"文化，用"民族"文化包装"台独"文化，进而绑架社会文化。比如所谓的"转型正义"，其本质就是欲通过实现"民族正义"，来建构"台独正义"，倡导"台湾文化主体性"。

5. 建构以"科技""软实力"为传播载体的文化输出。文化输出是推行"台独"路线不可或缺的重要一环。在我方的有力打击下，以政治或官方面目出现的文化输出得到了很好的限制。然而，专业性、技术性的领域还是给了"台独"文化输出可钻的漏洞。例如，以科技创新、基本人权、人道救援、环境保护、文教交流为名的台湾文化输出方兴未艾。台湾众多NGO组织如"台湾教授协会"、佛光山基金会、慈济基金会已经形成了良好效益的台湾特色品牌，为台湾持续的文化输出（包括"台独"文化）给予了不少的动能。蔡英文或将透过NGO、NPO等组织，建立具有台湾特色的文化资源，实现"台独"文化的国际化。

6. 建构所谓"创新"的妈祖文化以宣传"文化台独"。蔡英文接掌台湾"中华文化总会"后举办的首场展览，名为"Hello, Miss Lin 跨界女神数位绕境"，以妈祖文化在地化、妈祖文化国际视野，传达蔡英文当局对中华文化传承的曲解。该机构"副会长"江春男强调妈祖文化在台湾发展出独特之处；副秘书长张铁志强调该次活动旨在呈现台湾妈祖文化的美学与在地性以及妈祖信仰和台湾民众的生活联结，希望以新的方式来诠释台湾根深蒂固的文化。台湾地区文化机构这一妈祖文化新解读，与台湾地区文化部门正在咨询的"文化基本法"对台湾文化的定义、定位一脉相承，反映其"文化台独"的思想脉络。由郑丽君一手主导的"文化基本法"，其立法的宗旨乃是"落实'宪法'文化规定，建构多元文化台湾，确立台湾文化基本价值，发展文化的主体性"，显然蔡当局希望透过制度性的立法，能掌握文化话语，深化台湾文化认同，建立弱化中华文化（汉文化）的台湾新文化，因此蔡当局的文化概念是"文化台独"的概念。台湾"中华文化总会"此次将妈祖称为"Miss Lin"，就是要传递与大陆不同的宗教文化史观，即汉文化在移入台湾后已发生质变，变成台湾的文化，这如同韩国人将中国文化占为己有一样，民进党也试图改变台湾民众对中华文化传承的常识，臆造中华文化已完成在地化、已蜕变为台湾独特文化的假象，从而为"台独"完成"文化独立"的最后拼图。如果从这一个意义上去推广妈祖文化，可以认为蔡英文缺乏一份对中华文化传承的敬意与善意。

二、"文化台独"对两岸关系/大陆的影响

1. 将分割两岸历史的同一性，削弱台湾民众对"一个中国"的认同，进一步切断两岸历史联系。"文化台独"的要害在于对台湾的历史、文化、教育等领域的控制和毒害，通过共同的台湾史观，来形塑台湾的身份特征。身份是区别自我与他者的重要标志。民进党一再强化以台湾核心的历史观、价值观和文化观，就是要增强台湾民众建立在台湾历史基础上的自我认同感，通过自我认同感来反击台湾属于中国的历史史实。换句话说，一旦两岸历史被分割，那么这似乎就意味着大陆与台湾同属一个国家就失去了历史根据，没有了历史根据，也就自然而然地消解了两岸之间的天然关联性。事实也证明，蔡当局正试图通过对史实的歪曲和编织，潜移默化地修改台湾人的历史记忆、形塑台湾的身份特征和重塑"国族认同"，进一步切断两岸历史联系。其一，抛出新"课纲"深化"去中国化"。在废"微调课纲"一年后，蔡当局抛出了"独"意更浓的"12年国教历史课纲"，要把"汉人史观改为台湾近代史观"，将中国史置于东亚史脉络下，强行以政治力切割和凌虐原本纵深连贯的中国史架构，再按"台独"意识分解加工，构造"天上掉下来的台湾"，让未来世代丧失与"中国"和中华民族的记忆联结。事实上，自李登辉、陈水扁以来，篡改历史"课纲"是"文化台独"成本最低、风险最小而效用最好的系统工程。岛内学者杨子霆研究发现，1997年李登辉增加"认识台湾"课程，这也正是岛内民众"国族认同"逆转的一年，证实了"天然独"的"人造属性"以及历史教科书有持续带动整个社会氛围变迁的功能。其二，合"法"化"台湾地位未定论"。除在新课纲删除《开罗宣言》《波茨坦公告》《日本降伏文书》等"国际法"历史文件，台"外交部"也撤下了马英九设置的"台湾的国际法地位说帖"，同样否认规范台湾主权归属中国的上述历史文献，试图以"官史"授予"台湾地位未定论"邪说"合法性"。其三，全面铺开"去中"。除大规模"去孙""去蒋"，蔡还撤除"故宫南院"兽首，为郑南榕、史明等"独派"人士歌功颂德、树碑立传，禁止

台"国史馆"对陆学者开放和修"正史",穷尽其极地将"中国"概念持续"妖魔化、他者化、陌生化、虚体化"。其四,以"媚日史观"服务"脱中入日"。蔡不但在蒋介石与八田与一铜像斩首两桩事件中"一面人、一面鬼",多次借题发挥宣扬"日治贡献",还为侵华台籍日本兵拜祭招魂、欲为其讨回"历史公道",甚至在"七七事变"80周年当日取消惯例纪念活动而发推特慰问日本水灾,在南京大屠杀纪念日反为日本天皇祝寿,其为虎作伥、数典忘祖之奴性面目令人惊心。岛内著名学者石之瑜指出,新课纲凌驾于中国史之上的"东亚史",其实指的是日本史,无怪于岛内学者邱毅也批蔡"文化台独"是"脱中入日"的前奏。[5]

2.试图否定两岸统一的正当性,强化台湾民众的"自主决定权"。民进党的"文化台独"是以史明所著的"台湾人四百年历史"为纲目的。他们将葡萄牙人奉为是最早发现台湾的探险者,将台湾岛说成是明郑、清朝的"殖民地",将国民政府看作"外来政权"。在这样的历史逻辑之下,将产生以下政治思维:(1)既然台湾是无主之地,因此从来都不属于任何国家;(2)既然台湾是无主之地,因而台湾有权利自己决定其归属;(3)既然可以自己决定其归属,那么大陆统一台湾就没有正当性。由此可知,推行"文化台独"的实质是强化民众的"自主决定权",进而否定台湾回归中国的正统性。

3.刻意渲染海峡两岸的异质性,博取国际社会的政治同情心。无需质疑,岛内的"文化台独"与海外的"文化台独"是同时、同步进行的。有时,海外的"文化台独"甚至比岛内"文化台独"的一体两面,相互汲养、相互作用。岛内"文化台独"的主要目的是培植"独立建国"的文化土壤,而海外的"文化台独"的主要目标则是争取国际社会对其的所谓的"政治支持"。同时,海外"台独"势力及组织也是"文化台独"的传声筒,他们通过所谓的民间、贸易等非官方交流形式,将"台独文化"无孔不入地传递给国际社会,进而误导国际社会对海峡两岸的认知和看法,以达到"一边一国"的政治目的。

三、遏制"文化台独"的政策建议

1.有必要将"文化一中"作为两岸交流的根本原则。关于"文化台独",我们过去有所重视,但没有将其置于与反对"法理台独""政治台独"的同样位阶,导致"文化台独"在"法理台独""政治台独"的庇护下大行其道。"文化台独"比"法理台独""政治台独"对两岸的影响更为深刻和久远。因此,针对岛内情势的变化，大陆对台工作的思维和行动有必要从"宪法一中"转换到"文化一中"的轨道上来。将"文化一中"作为两岸政党和社会交流的指导性原则，不仅可以维护两岸同属一中的传承性，而且可以根除'台独'活动的生命力。与民进党打交道，必须以"文化一中"作为其维持两岸一中现状的标尺，否则其就会跟大陆玩"台独"小动作，后患无穷。

2. 有必要将"反对任何形式的'台独'活动，例如：'法理台独''文化台独'等"明确增列、修订到《反分裂国家法》的条文当中。法理措施一直是反对分裂国家行径的最具有威慑力的手段。无疑地，《反分裂国家法》也应成为反对任何形式的"台独"活动的法律依据。及时、有效地对《反分裂国家法》进行填充与修缮，一方面有利于更新全国对台工作的基本原则和指导思想，确保反对"文化台独"工作的统一推进；另一方面也有利于警示台湾岛内乃至国际社会，支持"文化台独"的任何言行都违背一个中国原则，必须予以制止。鉴于时间的迫切性，法律增列、修订工作宜按照规定程序尽早完成。

3. 有必要将"两岸文化的同一性"上升到和平解决台湾问题，实行"一国两制"基础性条件的高度。"文化台独"潜藏的政治能量是实现文化分裂，以文化分裂来达成两岸事实上的政治分裂。如果文化不统一，就势必会造成两岸统一的长期性困扰，即便是台湾回归了祖国，也难以消除"文化台独"对国家稳定的威胁。为此，我们有必要适时出台这一政策作为"和平统一、一国两制"的基础条件，要让台湾各政党及人民，准确无误地明白"两岸文化的同一性"对于和平发展两岸关系的关键性；也要让台湾各政党及人民，清清楚楚地知道"两岸文化的同一性"对于台湾自身生存发展的重要性。

4. 有必要将一个中国原则从国际社会的政治层面扩大到文教层面，全民禁止"文化台独"以任何名目拓展国际空间。总体而言，有"台湾人"的地方，就会有"文化台独"。如此看来，要在国际上遏制"文化台独"，就必须不仅要全面禁止任何形式的官方交流，也必须全面禁止任何有违一个中国原则的非官方活动。台湾地区参与国际事务，必须以"中国台湾地区"的名义出现，不然，"台湾""中华民国""中华台北""福尔摩沙"等词汇都有可能会助涨"文化台独"在国际社会的传播与蔓延。唯此，方能破解蔡英文当局处心积虑欲建构的"文化台独"话语体系。

5. 进一步深化台湾地区海外统战工作。当前台湾地区海外统战工作要牢牢把握争取人心这个重点不动摇，深耕民间基层一线，关注年轻一代，不断深化交流。一是要广泛联系和发动海外台湾籍华人华侨积极参与"一带一路"建设，为"引进来"和"走出去"牵线搭桥，为促进我国对外友好交流合作、为推动祖国和平统一大业发挥独特作用。二是要继续加强对台社团组织、重点人物和新生代的统战工作，引导更多的青年一代加入社团组织，将更多爱国、爱乡、群众基础好、有影响力的代表人士推选到政协、海外联谊会。三是要充分发挥福建、上海等地对台工作品牌的影响力，以祖籍地文化为纽带，以青年为重点，深化两岸民间交往，广泛宣传"九二共识"，努力增强台湾民心认同。四、创新"一带一路"文化宣传方式。传统文化表现形式相对固定，时空维度上也难以拓展。建议以新理念、新的技术、新的作品对"一带一路"传统文化进行新展示、再创造，不断推出体现经济效益和社会效益的高水平作品，让更多的海外台湾青年了解、接受和喜欢中华传统文化。五、建议用现代语言讲述传统文化，吸引国内外大师创作具有独特"一带一路"印记的现代精品。创新传统文化表现形式，积极运用 3D 打印、VR 技术、电脑渲染、网络信息等技术，提升传统文化的感染力、亲和力和传播力。

6. 发挥福建"对台工作"的比较优势，以文教交流为纽带，促进两岸心灵契合文教交流是经贸与政治之间的过渡区域，在现实条件下，既可避免台湾方面的过度敏感，也是反"文化台独"的重要举措。

第一，创新完善交流机制。加强福建省与台湾地区文化交流的组织领导，建立由福建省委、省政府统一领导的对台文化交流联系制度，统筹相关部门力量，有效整合广播电视、报刊、互联网等媒体资源，扩大社会团体、民间组织参与闽台文化交流合作。建立健全文化人才培养与交流机制，鼓励闽台有条件的专业院校参与文化人才的培养工作。鼓励闽台文化业者开展联合创作、合作研究、巡回演出等各种交流与合作，通过加强闽台两地人才流动促进两岸文化的传承与发展。

第二，搭建文化交流新媒体。福建省现有的闽南文化、客家文化、朱子文化、妈祖文化等生态保护实验区，历史文化特色鲜明，与台湾民众关系密切，易于引起台湾同胞共鸣和参与，要加大领导和政策支持力度，增加资金投入，尽快形成品牌效应。加快筹建中国客家族缘博物馆、闽台族谱博物馆、王审知文化公园、郑成功文化公园、马祖文化公园、开漳圣王文化公园、保生大帝文化公园等多个弘扬闽台民间文化，集研究、收藏、保存、展示和交流功能为一体的博物馆、纪念馆和文化园区，将其打造成对台文化交流的重要载体。建议由相关政府部门牵头，组织力量编印统一的闽南民间信俗宣传手册，并制作相应的影视资料片。让民众了解和认识闽南民间信俗的形成，基本内容及其在社会生活中的积极作用。同时，推动上述资料入岛进庙，使台湾民众也能分享大陆对闽南信俗的另一种体验和解读，并在分享和交流中，增强闽南民间信俗的归属感与认同意识。

第三，加大文化产业合作力度。加强闽台影视传媒机构的合作，联合拍摄制作一批反映闽台历史文化的电影、电视剧、动漫作品、纪录片或新闻访谈节目，尤其要考虑推出更多台湾喜闻乐见的闽南语纪录片和闽南语影视、动漫作品。推动闽台文史学界、出版社共组写作班底，撰写有关两岸历史文化的专著，推广创客文化的理念，推动闽台文化产业者共同设计、研发、生产和销售具有浓厚文化底蕴的文创产品。

第四，依托社区建构闽台民众"共同体感"。充分发挥社区与个人生活联系紧密，富有人情味以及便于民众情感沟通、化解差异、增进包容、强化认同等优势，积极促成民进党地方势力派人士和基层民众，以适当身份来福建参访交流。加强社区传播，从共同目标、身份认同、归属感等方面强化共同体建构，潜移默化地培育台湾民众的"共同体感"，增进互信与心灵契合；确立一些共同的节日、共同的标记以及纪念日等象征物，开展形式多样、个性鲜明的活动，让文化象征符号最大化地贴近民众，唤起两地人民的共同历史记忆，增强身份认同；搭建多种社区公共事务平台，调动常住台胞居民参与热情，做到共谋、共建、共享，共筑闽台深度融合的广泛社会基础。

第五，"做细"文教领域，促进两岸同胞心灵契合。

在文教领域，"做细"意味着要从细处着手，促进双方心灵契合。闽台文化亲近，福建在两岸文化融合中尤其肩负重要使命。未来闽台文教交流应善用独特条件，扎根青年，做到"润物细无声"，重视个体体验，务实在潜移默化的教育与交流合作中寻回两岸青年共同文化根基，以此破除"台独"势力"去中国化"和"文化台独"的阴谋，促进两岸同胞心灵契合。

在中小学教育方面，由于闽台历史、文化联系紧密，闽南文化对台湾社会有着更为深刻的影响，加强乡土教育不仅有利于地方文化传承，也有利于促进青少年对台湾的认知。当前福建中小学乡土教育多以课外素材形式出现，相关校本课程也并不普及，致使福建青少年对本地方言、习俗掌握程度不高，而台湾各地乡土文化教育各具特色，福建相关部分可尝试与台湾方面研拟合作编写闽台文化教材，并从与台湾联系最为密切的厦门、漳州、泉州先行试点，鼓励教师在语文、历史、地理、政治、音乐、美术等课程中补充讲授闽台相关知识，开设闽南语、闽南史地、闽南文化等相关专题的校本课程，在语文课程中教授一些常见的繁体字及注音符号，增强青少年对闽南与台湾历史文化的认识，便利与台湾同胞开展交流。

在职业教育与高等教育方面，闽台院校应进一步扩大合作办学规模、推广联合培养、学者互访、交换生等制度，支持两岸院校互设分校、校区及科研实践基地，鼓励学生参与跨两岸的企业实习、社会实践等项目，支持两岸青年共同创业，支持相关学者深入台湾了解社情民意，鼓励深耕台湾基层的学术研究，继续为闽台交流合作的发展献计献策。

有必要将"文化建设""文化产业"放在发展两岸关系和国际关系的突出位置。文化的教化功能是潜移默化的，解决文化性质的问题，最适宜的办法是具有文化性质的方式。台湾的文化等软实力组织系统发达，大陆相对落后，给了"文化台独"能够行销世界的契机。毫无疑问，大陆必须补强这一短板：第一，要加快"全球共享"价值（例如人道救援、医疗援助等）的文化普及，并发展相应的专业性的非政府和非营利组织，鼓励、支持非政府组织"走出去"，为全球各地（尤其是"一带一路"沿线国家或地区）提供"看得见、摸得着"的专业服务，增加全球各族人民的获得感，进而展现中国形象；第二，是加快建设具有中国文化（包括台湾文化在内的）特色的文化组织和文化产业，推进中国文化"走出去"，以文化推广优质的中国产品和商贸服务，融文化于全球经贸往来之中；第三，是要加快培育中国人民的道德素养和文化素质，大力加强优秀传统文化的挖掘、保护、开发力度，深化与全球各地的文化交流合作，讲好中国故事，以优秀文化涵养中国政治，以"全球共享"文化走向国际社会。第四，建议切实找准海外受众的关注点，有针对性地加强和改进传播内容、传播方式，增强对外宣传工作的针对性。在服务现有海外华人的基础上，有步骤地扩大对台湾同胞和其他族群，特别是当地主流族群的外宣推介工作。积极加强外宣队伍建设，吸纳海内外专业人才组建对外传播专家智库。探索组建对外传播文化公司，以市场化方式推动外宣工作。主动融入国家外宣工作大局，力争取得国家在政策、投入等方面的支持。

综上所述，台湾民进党当局推行"文化台独"是一项长期的工作，显然，对我们来说，反对"文化台独"也将是一项持久的任务。在反对、遏制、瓦解"文化台独"的过程中，我们应坚持以下四点：第一，宜软不宜硬，软硬兼施，即应以柔性手段为优先考量；第二，宜慢不宜快，快慢适度，即应以循序渐进为工作思路；第三，宜长不宜短，长短相当，即应以与时俱进为行动指南；第四，宜外不宜内，由外而内，即应以先易后难为基本进路。总之，只有彻底瓦解"文化台独",才能真正有效地反对"台独"势力以"任何形式"分裂祖国,有利于两岸的发展和统一。

注释

[1] 关于"文化台独"的概念、性质、危害及其应对措施,两岸学术界已有学者对其进行较为全面的解读,为本文的撰写提供了一定的理论基础。

[2] 关于"柔性台独"的概念、性质、危害及其应对措施,两岸学术界已有学者对其进行较为全面的解读,且大部分学者认为:"柔性台独"的核心是"文化台独"。

[3] 赵勇:《台湾政治转型与分离倾向》,中央编译出版社,2008 年版;张文生:《台湾政治转型与分离主义》,九州出版社,2012 年版。

[4] "文化台独"的"蔡记"版本,是相对于李登辉和陈水扁所推动的"文化台独"版本而言的。

[5] 蔡英文"文化台独"进入新阶段.台海.环球网.http://taiwan.huanqiu.com/article/2017-08/11136478.html

蔡式"台独之路"发展趋向与遏制消解路径

闽南师范大学台商研究中心　　陈丽丽

蔡英文上台执政一年来，拒不承认体现一个中国原则的"九二共识"，披上"民主和民意"外衣，高举"和平与对话"的旗帜，以理性谦卑示外，以不立即触碰底线为掩护，为策略，采用闪速熔炼、碎步快走方式逐步扩大和深化"去中国化"进程。蔡英文渐进式建构边缘"台独"系列工程，以量变求质变，持续全面推动"柔性台独"，走上了一条新的蔡式"台独之路"，企图实现"和平独立"。

一、蔡式"台独之路"运作轨迹

（一）蔡英文全力推进"中华民国台湾化"，加快建构蔡式"台湾共和国"进程

为实现"台独党纲"提出的"建立台湾共和国"终极目标，蔡英文以"中华民国"包裹"台独"，沿着"台独"运作逻辑和运作轨迹发展。蔡英文执政后以"台湾—国家"为主轴论述台湾政治，定位两岸关系，"中华民国"或"中华民国宪法"成为她偶尔提及装饰与掩盖"台独"的词汇。未来，蔡式"台独"推进过程中，将会进一步围绕"台湾入联"等只有主权国家才能加入的国际组织，不断制造"台独"分裂事端，企图以此诱发两岸持续对立与对抗，以激发岛内民众对大陆的不满意情绪。

（二）蔡英文采用"柔性性台独"策略，着力实现"去中国化"的蔡式"文化台独"目标

蔡英文当局执政当即，就启动废除"课纲微调"方案，恢复旨在宣扬"两国论"，"颂扬殖民史观"的旧"课纲"，持续推动切割两岸历史、文化的"去中国化""去中华化""去中山化"等蔡氏"文化台独"系列运动。蔡式"文化台独"作为一种思想体系，包括历史观、文化观、民族观、国家观，已成为海峡两岸和平统一进程中最具威胁、最具危害性的因素。未来，蔡英文将继续并搜索消除一切与中国或中华相关的标记与象征，建构以"台湾文化"为标志的象征与符号，实现"台独"目标。蔡式"文化台独"思想体系的核心，是否定一个中国原则，试图从根本上动摇和破坏两岸和平统一的基础，最终结果是将两岸引向战争的深渊。对此，我们应给予高度的重视。

（三）蔡英文积极推动"经济台独"，企图形塑"台湾国家"经济支柱

蔡英文"520讲话"发出"告别以往过度依赖单一市场现象"的"经济台独宣言"，开始在经济上推行"远中""脱中"的"经济台独"路线。蔡英文执政一年来，两岸经贸政策发生重大翻转。在"重国际轻两岸""重美日轻大陆"与"重南轻西"的经贸战略下，在强化同美日经济合作的同时，大力推动"新南向政策"，积极加强与东南亚、南亚等新兴市场经济体的经济合作，以分散与削弱两岸经济合作，企图为此改变台湾与大陆经济的持续融合，实现"台湾经济的自主性与主体性"。

二、蔡式"台独之路"的发展趋向

从蔡式"台独之路"的发展趋向看，可以预期，蔡英文企图在拒不承认"九二共识"前提下，在所谓"维持现状"幌子下，持续推进其"和平台独"与"柔性台独"策略，形塑"台湾国家"的蔡氏"台独"方向不会改变。

未来蔡英文不会公然搞"激进台独"尤其是"法理台独"。但是，蔡英文可能会间歇性的推出边缘"激进台独"系列举动以及采取切香肠式的"准法理台独"举措，做实并向"法理台独"无限逼近。蔡英文当局可能围绕现行"宪政体制"做文章，推动"修宪"与修改"公投法"，为未来某种法理上的"台独"创造条件。如果未来在"修宪"中将"中华民国宪法"中的"固有疆域"取掉，或改为"现有疆域",就等于架空"中华民国宪法",就在法理上实现了"中华民国台湾化",等于变化相的实质"独立"。

依 2005 年公布的《反分裂国家法》第 8 条:"台独分裂势力以任何名义、任何方式造成台湾从中国分裂出去的事实,或者发生将会导致台湾从中国分裂出去的重大事变,或者和平统一的可能性完全丧失,国家得采取非和平方式及其他必要措施,捍卫国家主权和领土完整。"届时,对"法理台独"或解决台湾问题,将进入中央最高的政治决策,以维护国家主权与领土的完整。未来海峡两岸将围绕"台独"与"反台独"展开一场长期博弈。大陆有能力、有信心维护和主导两岸关系的发展趋向,坚持"反台独"与"促统一"并举,引导两岸关系发展从两岸经济交流合作为主线进入推进两岸经济、社会、文化融合发展的全新发展阶段,完成祖国统一大业,实现中华民族伟大复兴中国梦。

三、蔡氏"台独之路"危害大

(一)"台独"的泛滥与长期存在,对两岸关系的发展伤害巨大

"台独"分子利用台湾支撑民主政治运行的软环境(民众心理导向)的不足,唤起所谓的"台湾民主",抛出了所谓的"民主参与的热情和知识","台独"政治人物利用民众对民主认识的不系统和缺乏理性的参与,利用大众的情绪,操控绑架所谓的"民意",遂行政治夺权之目的。这种"精英"借用"民主"民意以扩张自己权力的运作,即政治学所谓的民粹主义。民主政治蕴含的通过合理的制度安排去保护民众的基本权利的全部精髓和诉求被全数扫荡。在"台独"的持续发展或台湾"国家"建构过程中,以"台湾中心主义"为核心的民粹主义的泛滥与长期存在,对两岸关系的发展伤害巨大。

"台独"不仅对两岸关系的发展伤害巨大,还同时窒息台湾经济社会发展,致使台湾整体走向衰落。台湾曾经有过"经济奇迹"、"政治奇迹"、"MIT"(台湾制造)、食品安全保证等诸多奇迹,然而,当今的台湾,经济衰败、政治内斗、薪资停滞,社会对抗等等负面日趋加剧,一个个奇迹纷纷崩坍,台湾社会之衰败程度在不断加剧。就经济大环境而言,台湾政治与社会因素对产业及经济发展的干扰、影响叠加负面越来越大,台湾营商环境日趋恶化。台湾经济发展的社会政治大环境已发生重大变化,政治与选举成为整个社会的焦点。民粹主义泛滥,左翼社会思潮兴起,不再重视经济增长,当局对企业的政策支持与扶持弱化,"污名化"大企业,反商反财团气氛日益浓厚,经济问题边缘化。极

力排斥与恐惧世界第二大经济体大陆,以"新南向政策",以"告别以往过于依赖单一市场的现象",远离所谓的"红色供应链"。蔡英文政治挂帅害惨台湾经济,撕裂两岸血溶于水的鱼水浓情,断送着台湾产业继续保持竞争力与实现经济稳步发展的不解之缘,企图带领台湾加入美日经济同盟,台湾日趋陷入困境,台湾经济正一步步希腊化。"台独"窒息着台湾经济社会发展,致使台湾整体走向衰落,值得台湾民众觉醒与深思。

(二)蔡英文全面"台独"路线与"政治挂帅"思维害死台湾经济

自去年"520"以来,蔡英文执政的这一年中,从经济表现来看,台湾的经济增长率有所回升,经济增长率为1.4%,2017年第一季度,台湾的经济增长是2.5%左右。台湾对大陆的出口贸易,也不如外界一再唱衰的论调,反而从国民党执政的负成长11.5%至成长9.4%,所有的这些现象,主要原因是台湾经济是外向型经济,2016年是国际金融危机爆发后的第8个年头,与世界经济继续呈现温和复苏态势有关,与蔡英文当局的施政政策没有太大关系。同时,前两年大陆进入"新常态",大陆的外贸出口下降了,台湾对大陆的出口相应地也会下降,而大陆近年来经济好转,出口和进口都有所改善,必然会拉动台湾出口的增长,这并不意味着蔡英文执政之后,两岸经济合作有成效了。

台湾地区的经济困局并没有改变。台湾经济发展面临的结构性问题不但没有改变,还隐藏了更大的风险,台湾地区正在日趋被带向边缘化的危险境地。"一带一路"是一个横贯亚、欧、非大陆的自由贸易平台,它是用中国大陆的动能带动整个沿线国家与地区的经济发展战略,市场无比巨大。蔡英文执政一年来针对大陆的"经济台独宣言"下,台湾岛内很少讨论"一带一路",蔡英文极力回避"一带一路",在"经济台独"路线与"政治优先"的思维下,为了一己不可告人的分裂中国的目的,企图阻隔以外向型为主要特质的台商企业融入"一带一路"发展大格局中,斩断台商企业转型升级走向世界实现全面再发展机遇。

不仅如此,台湾工商界认为台湾的投资环境存在"五缺":缺地、缺人、缺财、缺电、缺水,我认为最大的风险是缺电,台积电对水和电的要求非常高,缺电、缺水是其考虑离开台湾到美国投资的重要原因。

同时,蔡英文当局在岛内推行以创新、就业、分配为核心经济改革也都是失败的。上台执政一年来,2017年岛内民间投资预测仅成长1.85%,创5年来新低;首季青年失业率12.07%,也创近3年同期最高,实质薪资更倒退17年。

一年来台当局在拼经济方面交了白卷，所推动的政策对于带动投资与就业的效果非常小。蔡英文"经济台独"路线与"政治挂帅"思维害死台湾经济。

四、新形势遏制消解"台独"的新要求与新思路

（一）明晰诠释一个中国原则的完整内涵，

祖国大陆从 1979 年元旦全国人大常委会发表《告台湾同胞书》起，相继提出了"叶（剑英）九条""邓（小平）六条""江（泽民）八点""胡（锦涛）四条"以及"517声明"等一系列方针政策。2005 年 3 月 14 日，第十届全国人民代表大会第三次会议高票通过了《中华人民共和国反分裂国家法》（以下简称《反分裂国家法》）。该法 1300 多字，其主轴是将这些方针政策的基本精神转化为法律，诠释了一个中国原则的完整内涵，具有十分重大的现实意义和深远的历史影响，它必将在防范分裂、维护国家统一方面发挥重要作用。

依据 2005 年《中华人民共和国反分裂国家法》、1945 年《联合国宪章》、1970 年《国际法原则宣言》等相关规定，一个中国原则的完整内涵涵括以下：世界上只有一个中国（《反分裂国家法》第 2 条第 2 款）；大陆和台湾地区及其附属岛屿同属一个中国，中国的主权和领土的完整不容分割（《反分裂国家法》第 2 条）；中国是基于中华民族而形成的民族国家、是两岸人民共同的家园；中华人民共和国政府是中国的唯一合法代表，中华人民共和国拥有原生的、完全的和普遍的国际法主体资格。在坚持一个中国原则，实现和平统一前提下，台湾地区可以拥有派生的、部分的和个别的国际法主体资格。

（二）将非"台独"因素从"台独"中分离出来，从根本上消解"台独"的社会基础

将"台湾意识"从"社会台独"中分离出来。"社会台独"是指以确立"台湾独立"为价值取向，以社运团体为组织形式，以"去中国化"为主要特征，以维护"台湾社会主体性"为斗争策略，为"台独"服务的政策主张和社会运动。

台湾民众在特殊历史条件下所形成的"台湾意识"，主要是基于台湾生活的经验，是台湾民众在台湾所形成的地方性的自我认同意识，蕴含对方言、文化、宗教、习俗、共同的历史经验等方面的自我认同，是闽南文化、客家文化等地方文化与台湾特殊历史经验相结合的产物，而不是在宏观的、整体的国族

主义的历史叙事中体验和感知的国族变迁。"台湾意识"的内核是对于台湾特殊历史的认同,台湾民众乡土意识的集中表现,台湾意识不能与"台独"意识画上等号。台湾意识在新的历史时期已经表现为维护两岸关系和平发展的局面和共同发展的良好心愿中。因此,这时的"台湾人"或"台湾本土意识"既不同于"北京人""闽南人"等属于中国身份之下的乡土认同,也没有上升为"独立"于一个中国的国家认同,而是处于"国家认同"与"乡土认同"之间的一种"悬浮"的认同状态。将"台湾意识"从"社会台独"中分离出来,有助于争取台湾民众的大多数。

将"社会权利"从"台独"中分离出来。"台独"紧紧扣住台湾民众内心深处对建构"两岸间社会",获取"两岸间社会幸福"的诉求无法全面得到满足后的巨大失落,将台湾民众的"社会权利"期待与"统独议题"层层捆绑,造成一呼百应的社会响应。为此,下一阶段,以我为主,关爱台湾民众,关爱台湾的中小企业,关爱台湾的老人和小孩,应该是两岸融合发展,消解"台独"张狂的利器。

将年轻人的"自我实现"意识从"台独"中分解出来。年轻人强调个性发展和自我价值实现,这是非常正常的诉求,"台独"捆绑年轻人的"自我实现"并将其导向"本土意识",进而将矛头指向大陆,为此,斩断"台独"对年轻人的操弄,对台湾青少年颠倒是非的毒害,应实施全面干预,为台湾年轻人、台湾青少年提供更多的平台和机会,培养明事理,伸张大义的优秀中华儿女。

(三)"一带一路"建设,推动两岸融合发展,提升两岸同胞的国族认同感、归属感与获得感

"一带一路"是一个横贯亚、欧、非大陆的自由贸易平台,它是用中国大陆的动能带动整个沿线国家与地区的经济发展计划,市场无比巨大。"一带一路"计划,是迄今为止人类文明史上以陆地为中心的农耕文明和以海洋为大舞台的工业文明首次比翼双飞。"一带一路"沿线 64 个国家的人口总量为 30.8亿,约占全球总人口的 44%;GDP 总规模达到 12.8 万亿美元,占全球经济总量的 17%。2016 年中国大陆与"一带一路"沿线国家的进出口总额为 6.3 万亿元人民币,增长 0.6%。其中出口 3.8 万亿元,增长 0.7%;进口 2.4 万亿元,增长 0.5%。中国大陆与沿线国家的经济已经深度融合,中国大陆企业已经在"一带一路"沿线 20 多个国家建设了 56 个经贸合作区,涉及多个领域。但是,台湾地区与"一带一路"沿线国家的联系相对滞后。2015 年我国台湾地区向沿

线国家出口超过 50 亿美元的国家只有 4 个：新加坡（163.98 亿美元）、菲律宾（68.93 亿美元）、马来西亚（69.35 亿美元）和泰国（54.6 亿美元），这些国家在地理位置上都是与我国台湾较为相近，而我国台湾对其他国家的出口额则极少。台湾与"一带一路"沿线国家较弱的经济联系使得我国台湾缺乏合作的切入点和经济支撑。通过建立"一带一路"智库对沿线国家的投资环境、经济环境、文化环境和政治环境做了研究和分析，从贸易往来、直接投资、金融合作、人文、社会交流等诸多方面解析"一带一路"背景下两岸合作的新路径，意义重大。

两岸融合发展"重点在人文，重心在基层，重力在互动，重要在落实"。以"两岸一家亲"为主题，以大陆为主导，在"一带一路"倡议推动下，持续深化两岸社会、文化、经济融合进程，增强两岸政治互信，增进两地福祉和亲情，不断提升台湾民众中华民族认同感。

1. 在两岸社会融合发展方面，坚持以人为本，探索在"反独促统"进程中的以大陆为主基地的两岸社会领域互动与整合新路径。坚持"以和为善，聚同融异"原则，围绕制度融合建设、合理打造"两岸共同生活圈"、两岸基层社会组织交流与合作、大陆台胞全面生活适应与社会融入、构建两岸民间社会联合体、推动两岸社会跨域合作治理等，推动两岸社会融合发展试验与示范，增进台湾社会的认同感与归属感，彰显台湾同胞作为中华民族大家庭一员的广泛社会参与，充分体现国家的主人翁精神，建构一个符合两岸社会关系发展特色、适应两岸社会协同发展需要的共同社会发展体系，建构一个"两岸间社会"景象。

2. 在两岸文化融合发展方面，两岸的情感和文化是"一带一路"中最富有生命力和凝聚力的能量源泉，形成了两岸产业跨界融合的文化牵引。两岸的道路联通、贸易联通中伴随着文化的沟通。"一带"的目标（东南亚）地区有数量庞大的福建籍（主要是闽南）华侨华人，人文联系非常紧密，形成了两岸与"一带一路"沿线国家和地区进行人文交流的一个巨大优势；人口迁移加强了沿线国家和地区的特殊旅游产品、文化产品、民俗风情、旅游线路及非物质文化遗产项目的发展，可以为"一路"的战略打下坚实的基础。

以闽南文化、中华文化为纽带，以两岸青少年中华优秀传统文化教育、修学、友谊、幸福成长和文化交融为核心，以文化论坛、文化参访、文化产业合作为通路，建议在福建省漳州市和平潭综合实验区为试点设立两所高水平对台综合性大学，建构两岸青年人才和大陆台商培养基地；创新多元文化对话管理机制、文化交流的可持续性机制、文化产业发展的政策机制和文化专业人才的培育机制，架构两岸文化共同市场。在"一带一路"倡议下，两岸共同探讨和认知多元文化、消弭文化隔阂、凝聚文化共识、增进文化认同新路径，促进两岸文化实现大融合与大发展；共同传承与弘扬中华文化，凝聚中华民族意识，为"反独促统"创造文化自信与文化条件。

3. 在两岸经济融合发展方面，"一带一路"倡议下，促进两岸产业融合发展

从两岸协同走出去方面看："一带一路"建设初期在港口、铁路、桥梁、隧道等诸多基础设施子项目中蕴含台商中小企业诸多合作机会；初期的重大基础设施建设中的融资贷款需求也为台湾金融业提供了大量机遇与空间。"一带一路"建设中期和后期将大规模参与沿线在地国家和地区的重点城市建设和经贸产业园区建设，尤其是台湾地区与"21世纪海上丝绸之路"核心区福建省紧密相望，无论在智慧城市建设还是产业园区建设以及商贸运营方面，台湾岛内的各个产业均存在着巨大合作与融合发展空间。

以上这些还不是重点，最重点的还在于，随着信息技术的发展，"互联网+"是大势所趋，行动网路、云计算、大数据、物联网等与现代制造业的融合，跨境电子商务、工业网路和网路金融等新形态的出现，为改变两岸传统产业业态和合作模式开辟新空间。

未来"互联网+"两岸产业合作可以沿两条主线展开：一是提升和完善研发、中试、品牌、物流、市场等薄弱环节，通过深耕产业链，逐步改变两岸产业集中于利润微薄的制造环节和台湾典型的国际代工模式，这样一种不利局面，向微笑曲线两端延伸，提升两岸产业价值链；二是改造传统的各行各业，发挥网络集聚创新能力的催化剂作用，激发产业革新的倍乘效应，以信息流带动物质流，全面改造传统合作模式。在产业层面，两岸在推动"一带一路"建设合作上，应构建产业供应链及区域整合，优势互补，并与海外产业园区合作，共同规划、共同建设、共同发展。

在创业层面，两岸青年创业主要合作领域为文创、创新设计、研发服务、教育培训、网路信息技术、跨境电子商务等新兴产业，应鼓励两岸青年跨领域合作创新。

两岸中小企业在"一带一路"建设发展中，也有众多融合发展空间。台湾中小企业，可以采用选择走进大陆，与大陆县域经济发展对接，依据两岸中小企业的特点，在装备制造、电子资讯产业、汽车零配件、服装、食品等传统制造业广泛开展合作；在金融保险、现代物流、批发零售、资讯咨询等与制造业密切的生产性服务业方面展开密切合作；在观光旅游业及其住宿、餐饮、运输、

文艺表演、商贸零售等生活性服务业开展合作。同时尤其关注大陆老龄产业和绿色生态智慧循环产业合作与发展。老龄产业对两岸中小企业合作适应性很强，大陆老龄产业拥有最大限度老龄产业发展有效刚性市场需求、即将加快出台的完善重点领域的老龄产业政策、加速培育老龄产业组织、构建老龄产业融资平台、加快老龄金融创新、开发老龄用品市场、老龄服务网路、建立国家老龄产业核心技术研发基地等相关政策体系，将孕育出巨大有效市场需求和制度供给创新。绿色生态智慧循环产业涉及智慧旅游、绿色生态、现代农业、循环经济的规划设计、投资引资、建设运营、政策服务等领域。两岸中小企业本着优势互补、互惠互利、合作发展的原则，共同发展绿色生态，共建智慧循环经济，商机无限。

台湾中小企业应积极主动走出去，融入"一带一路"建设布局，借助"一带一路"带来的对外开放和发展契机，输出具有比较优势的产能。两岸中小企业不仅要实现产品输出合作，更要研究如何以成套的产能即产业链上下游整体合作形式深入丝路沿线国家，参与丝路沿线国家工农业及文化产业基地建设，并尝试与大陆县域经济实体发展规划以及相关中小企业同步相对接，实现协同合作与发展，架构引进来和走出去发展新格局，活络两岸中小企业合作发展新空间。

（四）推动两岸交流走向两岸民众"大了解""大认知"与"大融合"

两岸交流与交往是大势所趋，是两岸实现和平统一的必修课和必经过程。在目前多种因素制约下，两岸交流与交往要达到"大了解""大繁荣"与"大认知"的目标还有相当长的路，还面临相当大的困难，但不可否认，交流与交往仍然是新变局下增进两岸民众相互了解与促进两岸积累共识，增进互信的重要途径。目前，两岸已经不再陌生，两岸经济、文化、社会等各领域的交流与合作已成为一种不可阻挡的历史发展潮流与趋势，成为两岸民众的共同诉求。

然而，台湾《旺报》最新调查显示，有73%的受访台湾民众自认为不了解大陆，对大陆官方与人民的好感度依然偏低。个中原因众多，非单一因素所造成。

海峡两岸的社会政治制度与生活方式不同或差距、复杂的历史原因、两岸在法理上仍属"敌对状态"，政治对立依旧，对未来两岸政治发展目标认知相差甚远，两岸关系发展进程中的矛盾、摩擦与误解、岛内媒体污名化、负面报道与宣传、岛内所提供的大陆信息不对称、两岸交流人员的同构性问题严重等多重原因并存。《旺报》调查显示，目前仍有 55.3% 的台湾民众还没来过大陆，他们自然无法充分了解大陆。为数众多的台湾民众无法无力来大陆，无法有效增进两岸民众的相互了解。事实上，许多台湾民众已认识到大陆对台湾未来发展的重要性，希望了解大陆，认识与认知大陆。民调显示，63% 的台湾民众认识到大陆对台湾未来发展的重要性，有 46% 的受访民众表示自己需要了解大陆，其中有 68% 的民众希望了解大陆的经济，有 30% 民众希望知道大陆的政治发展状况，也有 38% 的民众表示未来打算去大陆旅游、创业、经商或探亲访友，这已成为一种不可阻挡的历史发展潮流与趋势，"十三五"期间，大陆对台工作的主要方向应着力推动两岸大交流走向两岸民众大了解，诸如，设立系列"温馨工程"，营造共同家园，为两岸实现全面了解、融合与发展提供示范：组建一个"两岸一家亲"智库团队、准备好一套"一家亲"接洽方案、建造好一批"一家亲"宗祠、培育一批两岸（漳台）青少年交流基地、建设一批台湾青年创业基地、办好一个两岸民众论坛项目、完善一个闽南文化研究基地、实施一批特色乡镇村里对接计划、开展一批漳台文化交流和文化入岛活动、打开一批院校交流合作办学通道、拓展一批基层组织交流、深化一批民间宗教信仰交流。在增进乡情亲情的基础上，强化台湾民众对闽南文化、祖地文化的认同，对中华民族的认同，对"两岸一家亲"和谐家园的归属感。这一方向，不因两岸局势变化而影响。

（五）坚持双并重原则协同推进，大胆创新求突破，开创促进两岸和平统一新空间

在坚持"九二共识"和一个中国原则，"两岸一家亲"前提下，多领域深化和推进两岸民间交流与合作，汇聚支持者的力量。可新拓展的空间主要有：四大领域，即两岸社会、文化、经济融合发展和经济管理社会管理体制机制创新；"四个另一半"，即深入政治阵营中的"另一半"——绿营；性别政治中的"另一半"——女性；年龄政治的"另一半"——青少年；地域政治上的"另一半"——南部地区；"四大纽带"联结，即姓氏宗亲、同乡社团、民间信仰、大陆配偶；尝试五大领域研究突破，即文化、教育、医疗、法律、工商；六大基层组织，即农、渔、水利、乡镇村里、社区协会、公益慈善等方面提出更多两岸融合发展及其解决问题的方案，铸成两岸和平统一最广泛统一战线，化解民进党当局"台独"迷思。

台湾民主发展的困境与局限

两岸关系和平发展协同创新中心　王鹤亭

台湾的民主化被视为"第三波"民主化中的"成功案例","是唯一从'党国体制'过渡到'支配性一党体制'再过渡到'竞争性正当体制'的个案,这个特殊的转型过程虽然未必全然平顺,但毕竟没有出现重大的政治动员或社会失序"[1],常被誉为"宁静革命"。当民主化被定义为威权主义向自由民主的过渡时,其过程往往被划分为三个阶段:旧政权解体,这通常伴随着与经济失败和警察、军队忠诚动摇有关的合法性丧失;"民主过渡",自由—民主的结构和程序建立;"民主巩固",上述结构和程序已经为精英和大众真正接受,不可能被推翻,民主由此变为"唯一的游戏规则[2]。在此过程中,民主的问题只能靠更多的民主来解决。经历过三次政党轮替的台湾被认为进入了"民主巩固期"。民主也在很大程度上被等同于基于政治平等权利的选举,而"台湾的民主化,可以说是一种选举带动的民主化"[3]。按照西方社会的标准,相关指数对于台湾民主的排序都是比较靠前的,"一方面,按照主流意识形态的标准,台湾的民主看似不错;另一方面,我们都清楚,台湾民主体制的运作存在严重问题"[4]。而对于大陆而言,"寄希望于台湾当局"与"寄希望于台湾人民"的前提是既有民主机制与路径能够有效传递民意,所面临的问题则是:台湾当局与各政党是否或是多大程度上代表、反映并实现真实的民意?民意是否及如何影响了政治格局与两岸关系的发展,或是行政机构与政党在形塑着台湾民意?民主机制能否整合民意并解决两岸争端?这些都是值得关注与观察的重要理论与实践问题。从批判性视角来看,台湾的民主化既受到民主自身局限的一般性束缚,又受到因其独特的背景、环境及机制影响而形成的特定困境,这对于台湾的政治生态、两岸关系发展前景都存在相应的影响。

一、理论分歧与可能困境

民主的源头常被追溯到古希腊，意为"人民的统治"。而直到 19 世纪，民主仍被思想家和精英们视为"平民统治""暴民统治"，是以牺牲智慧、道德、自由及财产为代价的统治形式。在当今，无论是作为价值的民主，还是作为程序的民主，都成了政治生活必须遵循的准则。然而，在政治实践中，民主能够在多大程度上以何种方式实现"民有、民治、民享"是存在争论的。解析人民、民意、民主与政府之间的关系，民主的内在逻辑仍是存在着多重张力。

1. 谁是人民？谁的民意？——唯实论与唯名论的分歧

从古代中国朴素"民水君舟"的"民本"思想，到"得民心者得天下""民之所欲，长在我心"的实用主义，再到现代西方"人民主权"理念，都将人民及民意视为评判政治得失和决定政治事务的重要依据。"人民主权""民意至上"的宗旨是尽可能让公权力运行符合广大人民的意志和利益，但这一简单原则在操作上却面临着诸多难题，例如谁构成"人民"？谁的利益诉求才算是"民意"，或者说是真正的民意，主流的民意？当政治人物、政党、政府或政策举措宣称代表人民、反映民意时，其内涵指的是抽象的、整体的公共意志，还是具体的个人意志之和？固然可以把人民看成一个群体，但这个群体是一个有机体还是个体的加总、以及民意是有机的还是分层的，对此存在着不同的解释和操作路径。其一是"唯实论"的答案，将人民定位为一个有机体与共同体，民意定位为代表整个共同体普遍利益的"公共意志"（等同于卢梭所言的"公意"）或"集体意志"，而非个人的"私人意志"，当然也不是个体民意的简单加总；其二是"唯名论"的进路，将人民界定为自由个体组成的群体，将民意界定为"众意"，即个人意志的加总。

人民、民意"唯实论"具有理想性和激进性，承认政治的公共性，肯定政治、国家与人民的"善"，民主就是将公共意志与集体利益转换为公权力的过程，却也容易忽视个人间利益与意志的差异，而且在实现其规范性目标上的操作性相对较差，反而容易为诸多政治人物及政党在设定议题、制造舆论和构建意识形态时将局部意志与利益披上道德外衣提供了操作空间。而从民意作用于政治实践的路径来看，"民意唯名论"则更具有解释力和预测力以及操作性，所谓"民意"也就是"政治算术"的结果，尤其在民主作为一种统治方式的时候，多数的意志高于少数人的意志，或者是一种诉求声音高于另一种，或者认为每一个都有权自主决定时，民意得以以个体的形式呈现，而民主就是多数民意的实现，当然这也容易带来"多数的暴政""沉默的螺旋""失语的少数"，或者是群体对立、民意割裂或"碎片化"。

在理论上，不同的人民与民意也会对政府的角色与功能提出不同的要求。如果人民及民意是指多种多样的和分层的，那么政府角色就应类似于一个平台，主要功能就是在相互竞争的利益团体之间进行调停劝解，这将会趋向于通过相互让步解决分歧，而不是去对特定群体或民意实行压制。而如果人民是有机的、单一而不可分的有机体，民意被视为是超越于个体利益之上的共同意志的话，那么就可能出现共同意志或政策举措并不完全符合个体的意志与利益，甚至会压制个体或那些少数派。当然，这是在理论逻辑上的推演，并没有考虑政治、政体的自主性，在实践中却可能出现恰恰相反的情形，即所谓的多元民主出现由下至上的"多数暴政"，而所谓的"极权"、人民民主却会由上至下地平衡或弥合群体间的冲突。

具体就台湾民主发展进程而言，借"公意"形式压制"众意"、以"众意"凌驾于"公意"之上的情形并不少见。倡导多元民主，却又在极力建构、形塑"有机体"式的人民与民意，或是强调追求"2300万台湾人民共同决定""依循普遍民意"，但又将部分民意、政党意志逐步包装、建构为"共同意志"，这都构成了台湾民主的深层张力。

2. 民意如何体现？——民主深化或民主倒退

现代政体与传统政体的区别在于民众政治权利意识的觉醒以及政治参与的扩大，民意的彰显是以"民治"原则作为基础，意味着人民表达意愿、诉求，参与制定安排其生活及决定社会命运的重大决策，民主的价值规范性决定了民意的至高地位，而正常情况下的民意则需要借助民主的程序和路径来体现并实现。民意的体现与发挥作用，存在多种被视为是民主的形式与途径。第一类是参与选举投票活动，选定能够代表或维护其意志与利益的人，并将"坏蛋踢出去"，当然前提是选举具有竞争性或代表性，这种方式大部分情况下可以被归为"代议民主"的范畴，也被视为是一种不同利益、族群之间的博弈机制；第二类是直接民主方式，通过人民参与公民投票、协商民主等手段直接进入到政治决策过程中，这被视为民意的直接表达，尤其是"公投民主"被视为当代民主的重要形式，"公投民主的体制化，除了与代议民主形成一种竞争关系之外，同时可以成为弥补与解决代议民主政治僵局所造成的困境，也创造了可以直接召唤民意的民主管道[5]。第三类是各种社会运动、街头抗争、游行示威等方式，在正式政治结构之外表达诉求。

民意表达的三种民主途径，其制度化程度依次递减，相应的社会成本逐步升高，对既有政治体制形成一定程度的冲击。就第三波民主化政治发展历史而言，威权时代的民意主要是向全能领袖意志或政党组织表达一种仪式化服从，后期伴随着体制外的抗争表达方式；民主化开启后的民意表达与体现渠道逐渐多元化，政治参与扩大与政治制度化发展基本保持动态稳定，民主不断深化。然而持续的直接民主、制度外抗争是对民主的深化还是对既有民主机制的破坏，仍然存在争议，如"公民投票系由人民就公共议题直接做决定，公投之结果因此往往被认为是全体人民声音的表达，并宣称具备了高度（甚至是最高的）正当性"，但"实际上由于公投不过是多数决结果，在视公投结果为全体人民声音之表达的同时，实则意味少数的输者之声音并非人民之声音，不具正当性，其被牺牲是正当的。从而，公投作为一种零和式之决定机制，加上此一决定方式展现为无法寻求调和、妥协或搁置之非可逆转之选择、决断，即隐含区辨'人民'与'非人民'之声音，并决断地排除后者"[6]。

此外，如果将选举与以外的民主途径加以比较，民主有两个逻辑：选票逻辑和街头逻辑。某种意义上，也可以被视为数量逻辑和强度逻辑，但这两个逻辑有可能相互冲突。前者在数量上占优，能够赢得选举并坚信政府权力的合法性，而后者在数量上处于劣势的群体可能具有强烈的政治偏好，选择走上街头表达"民意"，而对应的民意表达则分为规则优先和诉求优先两种[7]。在不同阶段，这两种逻辑是相互促进还是相互冲突，仍需视情况而定。与历史相对悠久而成熟的民主政体比较，台湾民意表达的直接民主与制度外抗争的频度与强度相对较高，同时又容易被现代传媒放大并极化，这也就为政党或较为激进的团体获得了除选举之外的更大活动空间与能量，这也使得既有政治体制并不总是稳固的。

3. 民主的范围与界限——"有限化"或"民粹化"

表达政治观点和立场倾向是言论自由，但是将个人意志与利益转化为政策诉求则需要考虑其范围与界限问题，这涉及民主运作的恰当范围以及民主与自由等价值冲突，还包括民主与宪政的实践冲突问题。保守主义仅视民主为选择甚或是确认精英统治的程序。以自由主义为基础的宪政民主，往往将民主限定在政治生活的范围内，民主也只是政治价值之一，将其视为保护个人权利需要的工具，借助于大众参与过程建立一个共识框架；个人可以在此框架内表达意志与利益诉求并追求私人利益，民意的表达与实现应是有序的，与自由、平等、正义等价值之间存在着较为固定的边界；民意汇集所形成的权力也受到宪政规范的约束，民意既可以制约公权力以避免其偏离，但宪政的核心规范也包括对多数暴政的制约。而激进民主、发展型民主观念则认为民主是适用于所有社会领域的共通原则，可被视为最高的政治价值，在政治生活中"民意最大"，参与制定影响其生活的任何决策是人们的基本权利，民主不过是制定决策的集体过程而已，通过提升社会所有主要机构（家庭、工厂、地方社区与政党、利益团体和立法机关等政治机构一样）的开放性、问责和权力下放程度，使政治权力在尽可能低的层次行使，消灭"政策黑箱"，而每个和所有公民都能够通过参与做出影响其生活的决定而获得自我发展，这种民主模式下，民意的范围与边界则可能是无限延伸的，政治生活的"民粹化"、个人生活及私域的"政治化"也难以避免，而且如果决策只简单征询公民的意见且"民意至上"（因为公民会受到自私的蒙蔽），也使得政党或政治人物等有了自上而下操弄民意的空间，还会导致政治领域的民意分歧会扩展到其他领域。民意或民主是否应该受到限制以及受到何种程度的限制，也是不同思潮、不同利益群体攻防的焦点。

如果按照自由主义的视角，台湾的民主并不符合所谓"宪政民主"的模式，以往对民主的威胁来自由上至下的威权以及对民意的压制，台湾民主化被广为称道的成就是和平抗争而带来威权解体，而当今对民主的威胁则来自权力关系的另一端，即"民意至上"与民主的不受限制。例如，早在2004年"公投法"通过时，台湾许多论者就批判"公投"乃是一种直接诉诸抽象"人民"的民粹主义，对于台湾的宪政民主制度将造成莫大威胁[8]。

二、民意实现与程序困境

民众政治参与的扩大、民意的表达与实现需要多元途径，而其中政党是一个居于核心的中介者。"政党扩大了传统政府所容纳的政治参与的范围，从而使这些制度适应了现代政体的要求。政党帮助传统制度获得了以人民主权为根据的合法性，但它们本身却并非是合法注的源泉，它们自身的合法性来源于它们对政治体系的贡献。"[9]而在台湾的民主体制下，民意既是一种政治输入，也是一种政治资源，而政党既可以是一个民意中介者，也可以是民意引导者，因此民意与政党的关系呈现出较为复杂的状态，政党在代表民意的民主程度上存在问题的。

1. 政党代表人民？

首先，从民意委托的视角来看，政党代表民意的模式大致涉及全权委托模式、授权模式与摹本模式等[10]。全权委托模式下，被民意认可或支持的政党获得了一种道德义务，通过独立思考民众的最佳利益，并运用成熟的政治判断来服务于选民或支持者，认为并非所有民意都是理性的、真实的，具有明显的精英主义色彩和反民主倾向。授权模式是当代民主政治包括台湾地区普遍接受的模式，作为政党成员的个体候选人依赖政党资源获胜，民意代表的中介是政党而非个人，政党赢得选举便等同于获得人民授权，允许它实施选举期间所阐述的政策蓝图，政治人物不是完全通过自主思考或担当传送选民观点的管道来为选民服务，而在很大程度上依然效忠于所在政党及其政策，并以此间接效命选民，这种模式的问题在于选民并非是理性和信息充分的，在台湾民意结构和选举体制下，这种模式并不能完全代表真实的民意。摹本模式追求代表与被代表民意之间的一一对应，各政党作为民意中介者或代表者，其规模与特色反映了它所代表的社会规模与特色（如阶级、宗教、省籍、族群等），形成一种"特征代表制"或"缩影代表制"，其优势在于可能使边缘利益和少数利益得以彰显，但缺点在于固化民意歧异和社会分裂，在台湾选制改革之后，政治生存空间被压缩。这些模式在岛内民意与政党互动实践中都有所体现，而经过中介环节的民主机制难免会进一步放大原本的困境。

另外，从民意选择和支持的角度来看，民众对特定政党的支持也并不意味着政党可以完全代表民意。在归属－认同（政党归附）模式下，民意表达与投票行为就是党派意识的再现，而不是政策、人格、竞选和媒体报道等因素影响之下计算的产物，与预先存在的忠诚和归附感是一致的，这种模式在国民党、民进党的民意基础中有相当的比例。在团体－身份（团体忠诚）模式下，选民倾向于采取一种反映其所属团体的经济和社会地位的政党支持模式，而团体－身份的重要分隔包括阶级阶层、省籍、族群、区域等，如同人们在传统上是从省籍－族群的角度来理解台湾的政党政治，而台湾的政党政治是否由省籍结盟走向省籍解盟，省籍族群矛盾是走向化解还是强化，或是否走向阶级阶层结盟，都是观察台湾民主化的重要指标。在理性－选择（个人自利）模式下，民意的政党选择包括投票是一种理性行动，本质上是工具性的，也就是达到目的的手段，民意个体被认为能够在自我利益的基础上决定他们的政党偏好，这包括支持前的理性算计，对执政党及其绩效的回顾性评断，以及"议题投票"，这种关系是一种比较符合民主本意的模式。台湾选举中的"中间选民""经济投票"等议题值得观察，这使得政党可能通过修订或重定政策来影响民意基础和选举绩效而更具有代表性。在支配型意识形态模式下，即个人选择、民意走向在很大程度上由政党的意识形态操纵和控制过程形塑而成，政党可以通过操弄公权力、媒体等设定辩论议程并确立偏好与支持，比如"去中国化""爱台"等，其后果是政党政策对真实民意状况的抽象与偏离。

2. 政党引领人民？

"选举和议会是代议的工具；政党则是动员的工具"[11]，政党不仅是民意的中介者和代表者，更是民意的引导者和形塑者，兼具被动与主动的特性，所带来的问题则是政党将在多大程度上符合或促进民主。

首先，就代表功能而言，政党不可能或无意完全而充分回应民意。代表常被视为政党的首要功能，指的是政党回应和表达民意的能力，借此功能确保政府关心民意。显然，这项功能在开放和竞争性制度中实现得最好，这种制度能迫使政党对民众的偏好做出回应。理性选择理论家"经济学模型"对于民意与政党关系的解释招致了多方批评，原因在于政党不仅回应民意，而且还力图"塑造"或动员民意，国民党与民进党莫不如此；将选民比作信息充分、理性和议题导向的消费者，也值得商榷，政党更常常自封为"民意代言人"；选民作为消费者的选择范围常常是有限的，政党的意识形态、价值体系与政策主张往往是"打包捆绑销售"的，而且政党塑造民意的能力又与其实力相关。

其次，在培养和录用精英上，政党向政府输送的候选人并非完全是民意的"众望所归"，民意更可能是用于巩固精英统治的资源与工具。更常见的情况，是政治人物借助党职获取官位，其中最重要的是党的领袖，可以理所当然成为最重要领导职务的候选人，同时可能掌握有政党内部候选人提名权，这在客观上形成了政党对政府职位的控制。因此，政党能起到民主团体的作用拓展民众和民意通向权力的管道吗？还是仅仅巩固了政党领导人及其精英的支配地位？是值得反思的问题。就台湾政党内部而言，各政党虽然采用初选提名、民调等方式增加其民意代表性，但民意只是若干考量因素之一。而对政党例如国民党而言保持党中央与"党团"的关系协调成为重要任务，"党意"与"民意"并不都一致。此外，"单一选区两票制"更固化了民意与政党提名之间的不相关性，尤其是其中"不分区立委"候选人名单并非根据民意倾向而确定，这反而强化了政党领袖和精英的权力，国民党2016年"不分区立委"候选人名单备受诟病就反映了这一问题。

第三，在设定目标上，政党发挥着议程设置、塑造民意、提供选择等功能。虽然威权解体改变了以往直接将政党意志修订为法律、政策的局面，但民主化之后的政党仍是政策推动的源头，而且还促使政党提出条理清晰的政策选项，供选民在多种切实可行的目标做出选择。在台湾民意仍存在一些可操作的歧异下，政党可以选择民意中某些元素加以强化、拔高，从而让自己获取道义上的优势地位，例如民进党对于台湾前途的主张使得民意从最初的单一选项走向现今的多元选项，政治光谱发生根本性的改变，并逐步成为台湾民意的重要构成部分，而国民党也不得不跟随起舞，而且如前所述，这些可供选择的方案是整体的，民意不得不受到所选方案中不受欢迎部分的影响。

第四，从利益表达和聚合方面来说，在存在诸多歧异的台湾社会，政党可能会强化民意裂痕。政党以胜选为第一要务，总是要力图表达众多群体的要求，以使自身具备更大的民意基础，这迫使它们在凝聚这些利益的时候将其整合成协调的整体，保持各种竞争性利益的平衡，这应该说从正面逐步消解民意歧异，例如台湾的政党为了弥补省籍族群方面的民意对立而建构"新台湾人"议题。但在竞争性政党制度下也并不是所有的利益都能获得表达，尤其是在固化既有分歧有助于巩固政党的群众基础的情况下，政党为了在民意竞争中由劣势转为优势而有意将有利于自己的民意分歧扩大化，意图以此重新界定各政党的民意基础格局，例如对于"台湾人""中国人"认同的操弄，这种扭曲的利益聚合机制从反面强化或制造了民意裂痕，而民意在传导过程中均可能被改变与重构。

第五，政党的动员功能及潜在的政治社会化功能直接影响到了民意与民主的走向。就威权型政党而言，宣传"官方"意识形态被有意识地认定为党的中心功能之一。而竞争性制度中的主流政党，在鼓励各团体遵循民主游戏规则并动员人们支持自身价值与政策的过程中，所发挥的作用也毫不逊色。而值得注意的是，民意受习惯、社会环境、政党形象及领袖个人品质等诸多非理性因素影响甚巨，在现代民主政治生活中，政党吸引民意的能力与其提供的"商品"并非完全相关，很大程度上与这些"商品"通过广告、政治活动及宣传等"叫卖"方式相关，当前台湾的政党也越来越将选战的重心放在这个方面。无论从理论上还是从政治实践而言，民意是能够且容易受到政党的引导与形塑的。

三、运行困境与发展局限

因为其独特的内外环境及政治地位，台湾的民主运行过程既会放大一般民主政体所面临的内在张力与矛盾，同时也会遭遇一些较为独特的困境。

1. "民主过剩"与"政府超载""民主赤字"

亨廷顿曾批评美国 20 世纪 60 年代与 70 年代的民主发展出现危机，认为主要是由于"民主过剩"造成的，世界范围内流行的激进主义、高涨的美国民主运动挑战了美国制度权威，民主的泛滥导致了公众对权威的怀疑与蔑视，公众对政府的信任与信心下降，政府的政策越来越多地受公共舆论的影响，"政府超载"导致了更多的债务，这些都被视为是民主政治的副产品，以至于亨廷顿认为，"美国民主政府的脆弱主要不是外部威胁所引起的，尽管外部威胁确实存在；也不是由于内部的"左倾"或右倾的颠覆引起的，尽管这两种可能性也都存在；而是由于民主本身在教育水平高、积极性高和参与能力强的社会中的内在动态引起的"[12]。

事实上，台湾的民主发展也面临着亨廷顿所揭示的问题，受相同逻辑的影响。从威权政体下发源的对既有权威与既存秩序的质疑与挑战是台湾民主的成就之一，而且这种民主运动也在形塑政治体制，但"副产品"则是惯性动能所带来的民主的"过剩"，同时也受到世界范围内新一波"民粹主义"的波及，加上威权历史背景使得民主在台湾具有更高的道德正义性与价值优先性，以"民意""民主"为符号的诉求以及不断升高的大众期望带来了"政府超载"。一方面，行政部门不得不不断回应并顺应民意诉求，另一方面，竞争性选举也不断抬高了公众的期望值。"政府超载"首先表现为"民主的经济后果"，民主被简约为选举，选举被简约为竞选，竞选被简约为推销，一系列推销手段便应运而生，公民变成选举文化的消费者[13]。这种民主模式鼓励候选者为了争夺权力而向选民做越来越不现实的许诺以超越对手，候选人以"更多的福利、更低的税收、更多的公平、更多的自由"等来赢取选民的支持。胜选者执政后不得不尽力兑现政纲，需要向公众提供更多的公共产品，代价则是政府对市场、个人干预的增加，最终引发公共债务、财政危机、通货膨胀、经济停滞等问题。其次，不同于较为成熟的民主政体的是，台湾的"政府超载"的后果不仅是经济的、福利的或是财政税收的，因为台湾民意的民主诉求远远不限于经济与福利事务，还存在着很多的政治要求，诸如"转型正义""国际空间"等，这就导致了行政责任与权力的扩张，公权力与私域的界限会被不断地打破，更会放大所谓的"民主的经济后果"，社会与民意的政治分歧被凸显，政治效应也会波及经济发展与个人权利，以至于"台湾民主普遍感受到，他们尚未享受到政权轮替所应该带来的民主改革红利，却已经开始饱尝政局动荡所带来的经济衰退恶果，同时新的金权政治弊案还不断涌现"[14]。与此同时，民意诉求、竞选承诺与政策中所体现的多种政治价值之间在大部分情况下是相互冲突的，选前的承诺在执政后的执行中是无法兼顾的，"发夹弯"也成为必然现象，长期的影响是必然产生"民主的赤字"。

2. 民主异化

理论上，民主的规则与程序在所有资源均衡分布于社会各阶层的条件下不存在问题，但是在民主被高度简约化以及社会内部存在多种分歧的时候，民主的规范性价值就难以落实。不同于其他相对成熟的民主政体内部的分歧比较多地集中在经济与福利等领域，台湾内部的分歧往往是高度政治化的。因此，"相较于其他第三波民主化的国家，台湾的民主化必须防止族群动员的纠葛，尤其是当族群认同与政党认同、国家认同以及国家定位相互强化的情况"[15]。但在实际发展中，台湾的民主发展无法避免因高度简约、族群动员与认同冲突等影响而产生的异化危机。

"省籍"族群矛盾曾是台湾民主化、本土化的动因，但在后续发展中却被刻意强化动员，在民主体制下成为"催票利器"，造成政治割裂社会的局面。"省籍情结"被认为"是一个很复杂的历史文化情结，需要包括'转型正义'在内的很多措施与对话才能彻底解决"，但是时至今日的"转型正义"举措大多难以脱离简单的"政治清算"模式。同时，"台湾民主政治的另一个严重问题是国族认同。在国族认同分裂情况下，双方都把对方看成异类，或是所谓的'敌人'"[16]，当然，省籍族群矛盾与政治认同分歧往往交织在一起，"身份认同与政治社群想象上的分歧变成台湾内部最具破坏性、撕裂性的矛盾，这个尖锐的矛盾阻断社会共识、消耗内部精力、诱发政治恶斗"[17]，其结果之一就是多数族群对少数族群的压制。历史社会学家在梳理民主与种族清洗之间的关系时指出："在多族群状态下，民治理想使得 demos 与占支配地位的 ethnos 交织在一起，产生了民族（nation）和国家（state）这样的有机观念，它们鼓励对少数族群施行清洗的行为"[18]，而且"清洗与民主化曾携手同行"，清洗可以是肉体上的，也可以是文化上、认同上的。一个稳定的按制度化运作的民主制政权，要比正在进行民主化或威权主义政权较少可能实施压制或清洗，因为宪政制度保证了对少数人的保护，而且已经施行了足够多的清洗。从防范或终结"多数暴政"的视角来看，台湾民主体制缺乏对少数的保护，或者说实际政治运行中的行政机构、政党及公民个体在"限制多数""保护少数"具体实践中的选择性强，台湾民主化更大可能是在选择第二条道路，即压制、"清洗"或转化少数，而且这条路径似乎更加"有效"。

而对大陆的"外来者""敌对者"的塑造更强化了民主机制下处理分歧的"合理性"。"当现代争取民主的斗争涉及全体人民对被界定为外来的统治者（内部与外部的外来者）的抗争时，一种包含全体人民的民族感就诞生了"[19]，在此过程中，激发"我群"对"他群"的敌意与排斥意识并构建一元性政治认同，并将这种区分与内部的分歧结合起来，对作为"敌对者"的"他群"的排斥与对内部异己者的压制和排除挂钩，借民主的名义赋予消除认同、族群与利益的多元性，反而容易陷入区分→排他（压制）→反抗的困境。

3. 民主的局限与极限

台湾的民主发展没有走上崩溃之路，台湾社会也没有被裂解，这不同于诸多第三波民主化中的民主"失败"，但这在很大程度上并不归功于其民主机制的优越，除了经济成就因素外，其中很重要的原因或者说环境是存在着一个被视为最大威胁的"他者"——大陆。大陆既被解读为一个"负面的样本"，又被塑造为"外部的敌人""民主的威胁"，在"负面"他者的对比之下，台湾民众可以接受台湾民主化给社会带来的种种问题，而在"他者"威胁与内部撕裂的利益权衡下，台湾民众能够忍受"民主的阴暗面"。然而，这种发展路径不仅会遮蔽台湾民主发展中的问题，而且长远来看，随着大陆实力的增强以及统一趋势的明晰，必然会给台湾民主发展带来"后坐力"损伤。

与此同时，台湾方面期待台湾民主能够发挥示范效应、"大陆民主化"的意图并不是要走向"民主统一"，而是"民主和平"，基于台湾内部的"国家建构"与"国家正常化"的完成，适用"民主国家之间无战争"的"民主和平论"，进而达成对两岸关系是"两国关系"的外部"认证"。然而，即便延续这一构想与逻辑，两岸之间会走向民主和平还是民主冲突仍无定论，寄希望于"他者"的改变来消弭台湾民主内在局限的可行性极低。台湾学者也比较早地探讨了这种可能性，认为长期而言两岸危机可能因此升高，"从'民主和平论'（Democratic Peace）看，大陆推动民主的过程中恐将导致两岸关系更加紧张"，因为"台湾民主在过去十几年的发展中，由于政治人物为追求选票经常操作民族主义和民粹主义，导致两岸关系紧绷"，"预判大陆在实施'社会主义民主政治'的过程中也将遇到类似的情况，因此长期而言，两岸关系的对立可能和大陆民主化的速度成正比。未来大陆如果透过公投等'民主'程序处理台湾问题，恐将成为两岸关系未来最严肃的挑战"[20]。也就是说，如果大陆走台湾所期待或所认为的"民主模式与道路"的话，两岸冲突的可能性大大高于两岸和平的可能性，而这一前景并不利于台湾民主的发展。而且，在事实上，大陆民众对于台湾民主的认知、观感与评价也处于变动之中，并不欣赏台湾为一个"成功"的民主政体，也不视其为可以提供有益借鉴的先例。

此外，将台湾"正常国家民主化"作为目标或极限并以此来指引台湾民主发展，注定是一个无法达到的"彼岸"。对于"台独"论者而言，"台湾在寻求民主巩固之际，必须面对三大挑战，也就是'国家肇建（state-making）'、'民族塑造（nation-building）'以及'国家打造（state-building）'……这三项任务在实践上却与族群政治纠结不清，如果不能齐头并进，民主巩固的目标恐怕会功亏一篑。"[21]但也正是这种目标追求与逻辑才是导致台湾民主无解的根本原因。在这种目标追求与逻辑下，"对于台湾民主的外部条件，乃至于台湾主权条件的发展，则是悲观的，也就是可能倒退二十年的，不会是台湾内部的民主体制，而是外部的主权条件"[22]。事实上，这种民主化的"异化"不仅受到"一个中国"的约束，也更为美国所限制。美国在台湾政治发展与民主化历程的每一个阶段都扮演着关键性角色："整体而言，华盛顿对威权统治时期的台湾民主运动是同情、支持并且鼓励的；对民主化启动后的政治改革基本上也是支持、鼓励的。然而当民主化推动下的政治议题触碰到台湾主权之争议或是牵动到台湾'独立'之可能的时候，华盛顿的态度则转趋保守，以至于采取不支持，甚至是反对的立场。"台湾学者也批评美国在全球推动民主政体的建立有其局限性与双重标准[23]。这些既是台湾民主发展的局限与极限，也是要抛弃不切实际的期待而去面对的客观外部条件。

注释

[1]　朱云汉：《台湾民主发展的困境与挑战》，《台湾民主季刊》，第一卷第 1 期，2004 年 3 月。

[2]　Przeworski, A. (1991) *Democracy and the Market: Political and Economic Reforms in Eastern Europe and Latin America*，Cambridge and New York: Cambridge University Press.

[3]　林佳龙：《台湾民主化与政党体系的变迁：精英与群众的选举联结》，《台湾政治学刊》，第四期，

2000 年 12 月。

[4] 王绍光：《台湾民主政治困境，还是自由民主的困境？》，《台湾社会研究季刊》，第 65 期，
2007 年 3 月。

[5] 徐永明：《公投民主与代议民主的关系——以台湾经验为例》，《台湾民主季刊》，第一卷第 2 期，
2004 年 6 月。

[6] 李俊增：《从 Schmitt 之民主理论论台湾三二〇公投》，《政治科学论丛》，26，2006 年 12 月。

[7] 刘瑜：《公民社会促进民主稳固吗？——以第三波民主化国家为例》，《开放时代》，2017 年第 1
期。

[8] 林淑芬：《"人民"做主？民粹主义、民主与人民》，《政治与社会哲学评论》，第 12 期，2005 年
3 月。

[9] [美] 塞缪尔·亨廷顿著，李盛平、杨玉生等译：《变革社会中的政治秩序》，华夏出版社，1988
年，第 90 页。

[10] [英] 安德鲁·海伍德：《政治学》（第二版），中国人民大学出版社，2005 年。

[11] [美] 塞缪尔·亨廷顿：《变革社会中的政治秩序》，华夏出版社，1988 年，第 390 页。

[12] 塞谬尔·亨廷顿等：《民主的危机》，求实出版社，1989 年，第 101—102 页。

[13] 王绍光：《台湾民主政治困境，还是自由民主的困境？》，《台湾社会研究季刊》，第 65 期，
2007 年 3 月。

[14] 朱云汉：《台湾民主发展的困境与挑战》，《台湾民主季刊》，第一卷第 1 期，2004 年 3 月。

[15] 施正锋：《台湾民主化过程中的族群政治》，《台湾民主季刊》，第四卷第 4 期，2007 年 12 月。

[16] 李丁赞：《台湾民主困境的社会根源》，《台湾社会研究季刊》，第 65 期，2007 年 3 月。

[17] 朱云汉：《台湾民主发展的困境与挑战》，《台湾民主季刊》，第一卷第 1 期，2004 年 3 月。

[18] [英] 迈克尔曼：《民主的阴暗面》，中央编译出版社，2016 年，第 4 页。

[19] [英] 迈克尔曼：《民主的阴暗面》，中央编译出版社，2016 年，第 6 页。

[20] 向骏：《从"民主和平论"看两岸关系》，《台湾民主季刊》，第四卷第 4 期，2007 年 12 月。

[21] 施正锋：《台湾民主化过程中的族群政治》，《台湾民主季刊》，第四卷第 4 期，2007 年 12 月。

[22] 徐永明：《二次政党轮替之后——民进党的改革与发展与台湾民主》，《台湾民主季刊》，第五卷
第 2 期，2008 年 6 月。

[23] 宋学文、陈亮智：《美国对台湾民主发展之影响：一个"霸权稳定论"演化的分析观点》，《东
吴政治学报》，2011 年，第 29 卷第 3 期，第 3-4 页。

试析台湾的政治发展与民主困境

中国社会科学院台湾研究所　王鸿志

西方政治研究者多认为，政治发展的归宿应走向民主化。但"实践是检验真理的唯一标准"，近年来世界各地在"第三波"民主化浪潮之后，又出现了趋势性的民主回潮现象。台湾曾被称为"东亚民主的灯塔"，但其政治发展过程不断暴露出的制度困境、政治极化、社会对立等问题，严重制约了岛内经济社会的发展，反而出现陷入"民主困境"的趋势。

一、台湾的政治发展历程

政治发展是与经济发展相伴生的概念。政治发展既可指某种过程，又可用来分析作为政治变迁的结果。政治发展的目标是多面向的，政治现代化是一个重要方面。外界一般习惯于从积极的方面来评价政治发展的目标。[1]但事实上，政治发展理论经历了不断深化的过程。早期的发展理论以现代化理论为依托，认为发达国家通过向不发达国家扩散资本主义与技术，能够实现不发达国家的发展。现代化过程就是从传统走向现代的进化过程。如亨廷顿给政治发展下的定义是"现代化的政治性后果"。罗伯特达尔将政治发展与民主化挂钩，指"政治发展就是建立在一定技术经济发展水平上的民主政治制度，其动力和途径是政治多元化"。[2]谢庆奎教授认为政治发展是在独立民族国家形成和传统社会向现代社会转型的过程中，政治体系的合法化、民主化和现代化的过程。[3]但二战后积极进行现代化建设的第三世界国家，并未能按照上述理论所描述的方向发展，进而使现代化理论遭到质疑，改变了政治发展就是政治现代化的看法，而是强调更为宽泛的制度、体制的变迁。如中国社科院政治学研究所房宁教授领衔的"东亚五国一区政治发展调研"课题组，根据对东亚地区的调研结果，

187

对政治发展所下定义是，"一个国家或政体的制度、体制的变迁"。[4]

（一）台湾由威权向多元的政治发展历程

在国共内战及冷战对峙的背景下，台湾走上了有别于大陆的政治发展道路。

1. 国民党统治与"东亚模式"。国民党退台后，以"防共反共"为由长期实行"戒严"体制，建立起一套以蒋氏父子为中心、由国民党各级党部控制政局的威权体制。国民党威权统治下的台湾，政治权力集中、限制民权、压制反对党，同时又以经济发展为先导，在工业化过程中保障和提升了民众的经济社会权力。当时亚洲地区循相似发展路径的韩国、新加坡等地，其发展水平远高于同时期照搬西式民主的菲律宾等国，由此也树立了以威权统治为特征的"东亚发展模式"。

2. 台湾的政治发展由威权走向多元民主。台湾从国民党一党统治的威权体制走向以竞争性选举为特征的民主化道路，造成这种变化的因素较为复杂。除国际格局变化，特别是中美关系解冻、中华人民共和国政府恢复在联合国合法席位，国民党原有的"法统"基础被打破之外，社会结构变化是其内因。根据东亚地区政治转型调研结果，工业化、现代化带来的经济社会结构变化，特别是社会利益结构的变化，导致新的社会阶级、阶层、利益集团出现，并由此产生新的政治参与以及社会意识、社会心理上的新变化。这种结构性变化在台湾表现为本土新兴工商集团出现、权力意识增长、精英集团分裂等。[5] 即台湾工业化进程中出现的社会结构分化以及在此基础上形成的国民党军公教利益集团与以中小企业为主的本省新兴精英集团的对立和冲突，是台湾民主化运动兴起并最终形成政党轮替的内在动因。面对内外变局，为维护国民党政权稳定，蒋经国被迫开启以选举民主为特征的政治改革，台湾政治发展向多元民主方向演进。

（二）台湾政治发展的趋势

2000 年台湾实现首次政党轮替，到 2016 年已经历了三次政党轮替。但西方政治学者眼中的"民主巩固"却似乎并未出现，目前政治发展呈两大趋势：

1. 政治格局重组。台湾的两党政治建立在省籍族群对立基础之上，尽管目前所谓的外省与本省人彼此间已趋于融合，但绿营政党为了政治利益刻意形塑与其对手的意识形态对立，将过去"本省外省"之争转换为"独立还是统一""爱台或卖台""反中或亲中"的选择。这种建立在省籍、族群、统"独"之上的对立，决定了台湾的二元政治结构。2016 年选举，面对内外环境变化，民进党在两岸上改推"维持现状"政策，内政上强调阶级民生议题，淡化统"独"对立，争取中间选民，最终以较大优势赢得选举。国民党败选后内部矛盾、派系之争愈演愈烈，凝聚力与核心竞争力下降，分裂风险加大。而台湾政坛新老第三势力借助"太阳花学运"与"柯文哲现象"，又出现组党参选、改变政治生态的气势。因此，随着民进党向中间靠拢，国民党转型及内部裂痕加深、第三势力兴起，台湾政治格局开始从民主转型后的二元对立走向新的格局重组。特别是第三势力的出现，有望改变台湾传统上依靠派系桩脚、金钱利益输送、宗族政治为主导的政治文化，台湾政党政治的运作模式也将因此改变。如柯文哲所言，"我的政治训练来自与基层百姓的互动，并不是来自政党政治的训练"。[6]无论台湾两大党竞争的局面能否被第三势力所打破，但台湾的民意取向、政治文化以及政治动员与政党运作模式，都已发生深刻变化。

2.经济社会进入"滞""涨"期。台湾民主转型政治上的完美光环已被打破，并引发连带的经济、社会效应。首先是支撑台湾经济高速发展的外环境难再出现，加上蓝绿二元结构与民粹情绪影响，导致行政效率下降、社会资源耗损，进而限制了台湾经济的转型升级与健康发展。其次社会领域对立情绪高涨。民进党打"统独牌"逐渐失效后，利用岛内经济停滞、收入差距拉大等客观环境变化，又挑起阶级、收入分配话题，把国民党及其所代表的利益集团置于民众对立面。这股高涨的对立情绪在岛内社会运动中多次发酵，并且在2014年底的地方选举中发挥了改变政治版图的关键影响力。2016年岛内虽然发生政党轮替，但社会中的极化对立情绪却未消减，政治发展陷入"民主困境"。

二、台湾政治发展遭遇民主困境

美国新任总统特朗普多次发言，对美国自身的人权、选举、民主的伪善做了揭露。台湾也不例外，其民主弊端也逐渐显现。

（一）台湾陷入民主困境的主要表现

台湾陷入民主困境主要表现在三个方面：

一是民主回潮的困境。当前国际环境面临全球化与反全球化两大趋势对冲加剧的新形势。受此影响，区域保护主义、民粹主义盛行，自由资本主义理念受到更多质疑。从东亚乃至全球范围看，台湾等"第三波"民主化浪潮中的典范，均不同程度受到民主回潮的困扰。韩国曝出总统亲信干政丑闻，暴露出东亚地区民主化与选举民主无法杜绝政商利益输送等政治性腐败。日本在经历走马灯式政局动荡后，暂时依靠安倍"回归正常国家"的右翼路线稳住局面。泰国也发生了不流血的政变，民选的他信被迫流亡。菲律宾、印尼都因照搬美式民主，面临地方利益集团化，国家精英统治集团与社会底层对立加剧，进而导致政局动荡、经济停滞的局面。2014年以来，台湾地区出现民粹化加剧、新"台独"与激进势力抬头的趋势，以"暴民政治"破坏民主制度成为"政治正确"。如"太阳花学运"及占领"立法院"的举动，本质上属于反民主反法治行为，但在当时社会民意下，却出现了"造反有理"的反民主法治现象。

二是民主品质的困境。台湾的选举民主存在制度性缺陷，且缺乏必要的纠错机制与纠错能力，因而其民主品质也受到质疑。首先，选举制度存在不合理因素。地区领导人当选仅需简单多数，导致民意基础不足。"立法院"选举实行"单一选区两票制"，该选制设计将原来的大选区制缩减至只有73个区域"立委"席次的小选区制，导致政治资源向大党集中，严重限缩了小党的生存空间，不利于民主制衡与政治多元化。其次，现有制度无法根除政治性腐败。台湾以竞争性选举为特征的民主化虽有利于遏制行政性腐败，却又导致政治性腐败增加。[7] 相对于行政性腐败，政治性腐败主要发生于政、商两界之间，其手段大多是通过政策、法律制定，以特许经营以及垄断利润等形式进行"权钱交易"，因与公众距离较远，不易引起社会关注，是更加隐蔽的腐败。但由于政治性腐败涉及的利益巨大，一旦严重发展并经暴露，就会形成巨大的社会危机。[8] 在台湾，这一流弊从李登辉时代的"黑金政治"，一直延续至陈水扁家族的贪腐弊案，其中都涉及大量的政商勾结。2008年靠清廉形象上台的国民党马英九，执政8年也没能跳脱此"政治规律"，先后曝出与其关系密切的"行政院秘书长"林益世、主席办公室主任赖素如等涉嫌利益输送案件。蔡英文上台后，其人事布局特别是公营企业的人事安排，已展现出赤裸裸的政治酬庸色彩，其中的利益输送与政治性腐败已为外界诟病。

三是政治极化与社会对立的困境。首先，政党之间与政党内部极化对立加剧。台湾开放党禁以来，国民党与民进党之间的竞争态势不断加剧，并由此形成根深蒂固的蓝绿二元对立局面。蔡英文上台后，以转型正义为名，通过清算国民党党产等措施，对国民党进行釜底抽薪式的打击，双方矛盾以及背后支持群体之间的对立情绪进一步激化。蔡英文一再标榜的社会和解目标，也在政党对立下难以实现。政党内部，民进党内因执政后的权位分配而爆发的派系矛盾进一步放大，国民党内"马王之争"的后遗症以及"本土派与外省势力"等复杂矛盾，也在国民党主席选举等问题上暴露无遗。台湾开启以竞争性选举为特征的民主化进程以来，政党极化对立不断加剧，已产生多种负面影响，成为推动经济发展、促进社会融合的重大障碍。其次，社会分化与对立态势明显。受经济发展动力不足影响，台湾社会分配不均、贫富差距、阶层对立加剧。马英九执政时期，民进党将此归咎于国民党两岸政策，指责"两岸交流红利被特定阶层享受"，"让台湾深陷对大陆的依赖"，在激化岛内政治对立的同时激化了两岸对立。民进党上台后，经济复苏短期难见起色，蔡英文当局主要通过年金改革、养老政策、公共住宅、食品安全等社会政策安抚民众。而对于造成台湾社会分化与阶级对立的历史根源、现实因素等，多采取回避态度，或以政党意识形态为主导的民粹手段进行应对，导致已存在的族群分化、阶层分化、认同分化、年龄分化持续断裂。

（二）台湾陷入民主困境的原因

台湾的民主化转型并不彻底，在民主巩固过程中反陷入民主困境，主要原因有：

一是缺乏民主的同质性条件。所谓民主的同质性条件，包括共同的国家认同、共同的政治信仰、大致平等的社会结构这三大因素。[9]台湾的转型困境，突出表现为台湾内部在"统独认同""国家认同"上存在明显分歧，而在国家、民族认同严重撕裂的社会中，很难建立起稳定运行的民主制度。民进党靠煽动"国家认同"对立与撕裂族群认同而上位。马英九试图弥合族群冲突，到头来为民进党的"逢中必反"污名化而行不通。在"立法院"的蓝绿对抗中，党派利益被置于首位，但党派利益背后，还有"国家认同"分裂与统"独"争议。因此在面对"服贸协议"审查等事件时，反对党将经济议题引向"国家认同"等政治领域，造成受蛊惑民众对执政党不信任。在分配领域，台湾社会收入分配领域的不平等也未得到有效缓解。上述"国家认同"、社会领域同质性因素的缺乏，与台湾民主化过程出现乱象密切相关。

二是族群主义诱发民主化并发症。近年来，台湾、香港等地区先后出现社会运动频发，与大陆/内地对立情绪加剧的现象。台湾"太阳花学运"的组织者与香港"占中"人士还遥相呼应，发出所谓"不要让今日香港变成明日之台湾"的呼声。但从本质上看，台港两地的所谓民主运动有其共性。无论是台湾的反服贸，还是香港"泛民主派"的政治抗争，其重要的理论来源都是确保台湾（香港）"主体性"、保护"民主果实"。但支撑这些说教的要因之一，是构建起来的族群主义。有学者认为，族群主义是民族主义的一个次级概念，是一个民族内部的政治紧张关系，代表了该族群建立起排他性的文化心理认同，形成了不同于其他族群的政治情感。[10]族群主义具有明显的非理性的一面，导致近年来台港地区的政治参与均出现不同形式的激进化、暴力化、极端化现象。台湾地区的族群主义如何合理疏导，不仅关乎民主品质，也是解决国家认同等难题的必要条件。

三是难以摆脱传统文化的影响。在政治发展中，现代与传统很大程度上也只是历史坐标的差别，因此政治转型无法割裂与传统文化的关系。尽管台湾标榜建立了西方式民主体制，但中国传统文化因素始终深入骨髓，其竞争性选举虽照搬了西方的"形"，却缺乏让民主制度生根发芽的文化土壤。以2013年9月开始满城风雨、影响波及至今的"马（英九）王（金平）政争"看，尽管马的做法也基于对法治的坚持以及改革国民党的理想，但其依法行事却未能获得民意的普遍支持和共鸣，其背后也反映了传统观念对政治与法律的反作用力。蔡英文虽被视为"非典型政治人物"，但在对党内大佬进退取舍的安排上，也反映出对传统观念与潜规则的遵守。即使在台湾政治生活的核心——选举活动中，买票等为正常民主体制所不容的做法，也始终在基层有一定空间，能够以更加隐蔽或变通的方式存在。

注释

[1] 杨光斌：《政治学导论》（第三版），第313页，中国人民大学出版社，2007年6月第三版。

[2] 张宏：《浅析亨廷顿政治发展理论》，《东南大学学报》，2008年12月，第10卷增刊。

[3] 张宏：《浅析亨廷顿政治发展理论》，《东南大学学报》，2008年12月，第10卷增刊。

[4] 东亚五国一区政治发展研究课题组：《东亚民主转型的经验解释——东亚五国一区政治发展调研报告之一》，《文化纵横》，2010年第5期。

[5] 东亚五国一区政治发展研究课题组：《东亚民主转型的经验解释——东亚五国一区政治发展调研报告之一》，《文化纵横》，2010年第5期。

[6] 柯文哲：《改变成真——柯文哲的城市进化论》，台湾三采文化出版事业有限公司，2014年12月出版，第53页。

[7] 所谓行政性腐败，是指公务人员利用公共权力和其他公共资源为个人及小集团谋取私利的行为，主要表现为贪污、受贿等。所谓政治性腐败，是指与政治行为有关的腐败，特别是与选举相关的政治行为所引发的腐败现象。政治性腐败主要表现是：因选举等政治需要，政治家、政党等政治精英与经济界结成的利益联盟，经济界向政治精英提供资金，政治精英利用政治权力，通过有偏好的政策、法律回报政治支持。见东亚五国一区政治发展研究课题组：《东亚民主转型的经验解释——东亚五国一区政治发展调研报告之一》，《文化纵横》，2010年第5期。

[8] 房宁：《多党制下的政治性腐败》，《中国社会科学报》，2011年12月19日。

[9] 杨光斌:《让民主归位》,中国人民大学出版社,2015 年 1 月第 1 版,第 59 页。

[10] 杨光斌:《让民主归位》,中国人民大学出版社,2015 年 1 月第 1 版,第 189 页。

2016 年败选后国民党的困境与出路

南京大学台湾研究所　刘相平

2016 年 1 月 16 日，代表民进党参选的蔡英文及陈建仁以 689 万 4744 票、56.12% 的得票率当选台湾地区领导人。代表国民党参选的朱立伦、王如玄获得 381 万 3365 票、得票率为 31.04%。蔡英文与陈建仁赢得本次选举，台湾政坛出现第三次"政党轮替"。"立委"选举部分。在总共 113 个"立委"席次中，民进党获得 68 席、国民党 35 席、"时代力量" 5 席、亲民党 3 席、无党团结联盟 1 席。民进党不但夺得"执政权"，获得的"立委"席次则从 40 席大幅上升到 68 席，取得"全面执政"的地位。反观国民党，该党不但以 308 万张选票、25% 得票率的大幅差距丢失"执政权"，而且获得的"立委"席次从 64 席急剧缩减到 35 席。

在民进党的大胜衬托下，国民党的失败显得特别突兀和引入注目。有媒体评论认为，国民党已经到了"四大皆空"的境地：丢失"政权"，丢失"立法院"最大党地位，缺乏地方诸侯（只有一市五县执政），找不到接班人才。[1]

有人认为，遭此重挫，国民党将从此一蹶不振，难以重新夺回台湾的"执政权"，民进党则将在台湾长期"执政"。甚至有人认为，即使民进党此后"执政"失败，也将会被其他政党、势力而非国民党取代。"如果国民党自己把握不住机会，无法做出适应台湾政治民主化、本土化的调整，则有可能长期在野，成为一个只拥有三成左右支持度的政党；即使岛内两党制继续存在并对政治运行发挥作用，很有可能是民进党与另一个新生的'本土'政党轮流执政。"[2] 也有人认为，台湾政治今后依然还是以国民党、民进党为主要力量的政党政治，而"政党轮替"已经是台湾政治的常态，因此，国民党将来仍然有机会重新夺回台湾的"执政权"。孰是孰非？本文试图根据个人掌握的资料对此进行探讨，求教于方家。

一、国民党败选原因探析

面对国民党的惨败，国民党及各界人士震惊之余，纷纷思考：国民党失败的原因到底是什么？

2016 年 2 月 3 日，中国国民党中常会通过并公布了选举辅选工作检讨报告。报告中提出五项败选原因，包括"执政未获认同，完全执政必须完全负责"；"两岸论述民进党拿香跟拜，无法凸显两党品牌差异"；"党内矛盾不团结，导致支持者失望"；"网络经营不够深化和多元，议题论述未能有效争取支持"，"缺乏长期培育人才，理念与愿景无法赢得多数青年认同"。[3]

2016 年 2 月 21 日，中国国民党主席参选人洪秀柱表示，自从 20 年前，李登辉在台湾挑起认同争议开始，国民党就丧失了对"爱台湾"的诠释权，"无论是'中华民国在台湾'或是'中华民国是台湾'，这都是对手所提出来的，将会为台湾带来危险的论述"，但国民党"拿香跟拜民进党的两岸政策论述，就是最终遭遇惨败的一个重要原因"。[4]

2016 年 3 月 26 日，国民党进行党主席改选，洪秀柱当选新一任党主席。4 月 3 日，前国民党秘书长李四川在离职前给洪秀柱提交的"党务革新报告"，该"报告"汇整了各方人士罗列的 14 项败选原因，包括"中央执政成效不佳，民众对政策无感，几项重大政策的推动与作为失当，引发广大民怨与支持者不满；高层不团结，中央整合无果，未能展现党内大老团结的气势，影响基层党员信心与认同"，也包括 6 项有关青年的败因，比如"执政 8 年，无法有效解决年轻人切身相关的低薪资、就业问题、子女教育、物价问题；党内'论资排辈'，限缩青年人才发展空间；不重视青年组织等"。[5]

以上种种"检讨""反思"，似乎有一定的道理，但个人认为并未指出问题的症结，并未切中肯綮。个人认为，国民党此次惨败，主要原因如下：

1.严重缺乏"理想""理念"，党的思想"空洞化"，使得"利益"成为维系国民党生存与发展的主要纽带，而利益分歧导致党内路线分歧不断。李登辉上台后，在组织人事上不断在国民党内制造分裂，在思想上不断削弱其主导思想——"三民主义"的正当性。陈水扁上台后，则将"去三民主义化"与"去中国化"结合，推行到台湾整个社会，国民党在思想、舆论上竟然"不予抵抗"，使得国民党的人员基础不断流失，思想基础更是全面坍塌，全党不知"三民主义"为何物，"民族、民权、民生"偃旗息鼓，使得国民党彻底沦为所谓的"右派保守政党"。所谓"右",是"在经济自由化下,国民党和企业界建立亲密关系"。所谓"保守",是"在独立声浪下国民党高举中华民国,维持两岸现状"。[6]

近年来,马英九在继续大力推动经贸自由化的基础上,努力提高社福支出,启动财税、年金改革,提高基本工资,已略微修正右派路线。但是,马英九的"年金改革"方案,直接伤害了国民党的支持基础军公教人员的利益,使得军公教人员及其相关人员对马英九及国民党产生严重不满的情绪。另外,由于国民党长期实行对大陆、中共抹黑、"妖魔化"教育,在"两岸敌对没有根本改变之前,两岸和解使国民党成为台湾民族主义的箭靶,而国民党又没有发展出替代的民族主义。缺乏民族主义,保守政党沦为经济动物,难有感动人心的力量"。[7]

2. 国民党"精英思想"作怪,不敢、不能与广大民众打成一片,"不接地气",支持基础流失成为必然。

近些年来,国民党不缺乏"论述"人才,也不缺乏漂亮的"论述"文章,无法与台湾民众产生"共鸣",其根本原因在于"不接地气",不了解民众具体的实际需要。国民党内"述而不作"的"拢袖公"太多,脚踏实地解决问题、处理问题的实干家太少。漂亮话讲得很多,具体事做得太少。如此,必然无法打动和感动民心。

二、理念分歧:国民党内部问题严重的核心

2008年,国民党以"团结"之姿夺回政权,重新在台湾"执政",但在"团结"的表象之下,国民党内部一直矛盾重重,2013年爆发的马英九、王金平"九月政争"是集中的表现。这些矛盾对其2014"九合一"选举、2016"二合一"选举的重大失败具有直接的影响。

而国民党在2016"二合一"选举的重大失败,使得这些矛盾进一步凸显出来。

1. 国民党中央"败选检讨"与反思,奉行"形式主义"

2016年1月16日晚间,代表国民党参加地区领导人选举的朱立伦发表"败选感言"时表示:"国民党要在谷底扎根、要浴火重生,要在每一张选票的托付中,重新改变体质,这是国民党必须要做的承诺,也是国民党的责任,国民党会在谷底仰望天空、思索未来、努力前进!"[8]

而据台湾《中时电子报》报道,朱立伦办公室发言人徐巧芯在选后也点出未来国民党须有3大重要改革:第一,国民党必须离台湾更近,必须脱掉西装,

换上草鞋，真真实实地感受民众的温度。任何政策、"法案"都不应该只有权威专家意见、冷冰冰的文字，必须考虑人民当前最迫切的需求。第二，为了 4 年后能再次争取成为人民认同的政党，应该把所有为个人的算计和考虑统统放下，绝对不该沦为权力的斗争。第三，国民党的新生代在败选后，更没有分裂的本钱。必须从议题中确立共同的主体性，重新定位台湾新时代需要的思想、信仰、路线、价值，让国民党变好，"我们不是一个娇贵的政党，不能当温室里的玫瑰，我们要成为春风吹又生的野草"。[9]

2016 年 2 月 3 日，中国国民党中常会通过并公布了选举辅选工作检讨报告。报告中提出五项败选原因，以及四项未来努力方向。[10]

对这份"检讨报告"，香港媒体披露，当天参与检讨的只有中常委，代理党主席黄敏惠及朱立伦、马英九等以各种理由逃避参加。国民党败选，党政高层都难逃责任，在检讨这样的重要时刻，竟因职务、辈分等原因而墨守成规、袖手旁观，看来国民党的改革之路举步维艰。该媒体指出，"细究之下，不难发现国民党这份检讨报告其实与其'九合一'地方选举败选报告，甚至与'反服贸学运'检讨报告也颇为相似"，[11] 了无新意。

而国民党前"立委"邱毅更是明确表示，"平心而论，马英九、金溥聪要为败选负很大责任，但绝非完全的责任"，他认为朱立伦怯战避战、粗鲁"换柱"、王金平主导提出"史上最烂的不分区立委名单"、王如玄"军宅买卖风波"、蓝营内部相互掣肘、"周子瑜事件"等都是国民党"败选"的原因，而"国民党中央避谈朱王，甚至连杨伟中等人都隐晦遮蔽，只把责任一股脑全推给马英九，公平吗？"[12]

尤有甚者，国民党的"检讨"并不会付诸行动，仅仅是一纸具文，"形式主义"极为严重。在 2014 年 3—4 月台湾"反服贸学运"期间，国民党也已意识到对网络文化、年轻世代的认识不足，并提出进行党务改革。2014 年 11 月国民党在"九合一"地方选举大败，其"检讨报告"除了归咎于马当局"执政"不佳外，认为国民党的败因还有"站在'公民'团体的对立面、未获得青年认同与轻忽青年动员能力、未能有效整合网络与实体力量"。但直到 2016 年"大选"，国民党还是败在这些原因上，看来国民党这两年的检讨和反省只是流于形式、做表面文章。

可见，国民党并非不知道"病因"，而是不知道"药方"，以致"病入膏肓"，在地区领导人选举和"立委"选举重蹈"九合一"地方选举的覆辙。[13]

2."歪嘴念经"：中国国民党"去中国化"与"国共论坛"取消论出台

（1）中国国民党"去中国化"出台

2016 年 1 月 20 日，国民党前发言人杨伟中与国民党议题中心主任徐巧芯等人在台湾参加某广播节目时，杨伟中表示，"国民党改革应包含'将中国国民党改名国民党'、彻底处理党产、党全面民主化；过去民进党大败后也大幅修改党章，让卅五岁青年、实时入党民众都能参加党主席选举"。徐巧芯也说，"很多人支持中国国民党改名，但必须开放所有党员讨论，'叫国民党不是坏事'"。[14]

作为国民党前高层，杨伟中这一提议绝非个体。败选后很多"本土派"国民党提出"中国"两个字"拖累"了国民党大选。因此希望尽快将国民党"去中国化"。台北市议员、国民党青年中常委钟小平甚至提出，他将参加党主席竞选，如果成功，将开除前主席连战党籍，原因是连战参加了大陆"93 阅兵"。

杨伟中、徐巧芯等人的"改名说"，立即受到包括知名学者王晓波、国民党中常委姚江临和李德维等党内外人士的猛烈的批评。刚刚宣布参选党主席的洪秀柱接受采访时连用"不以为然"和"非常反对"亮明态度。她说，中国国民党在中国大陆有无法更改的历史背景，"中国"这两个字要怎么去掉？这些年来的"去中国化"，原因出在教育。[15]

国民党"改名"的议题，20 年来一直暗潮涌动。2000 年国民党"败选"后，李登辉就不怀好意地提出将国民党改名。此后，每到国民党面临关键时候尤其是"败选"后，总有人提出"改名"议题，似乎所有的问题都可以随着改名一改了之。一些"本土派"人士就会提议要"下猛药"，在"国家认同"及"台湾定位"等政策主张上与民进党飙车，甚至提议删除党纲中的"统一"字眼，以吸引本土票源。

但国民党内反对"改名"的意见一直占上风。"立法院长"王金平是国民党本土派力量的代表，他曾明确表示，"不支持任何国民党改名"。2007 年，马英九明确表示，"国民党目前当务之急是提出令人感动的政策与做法，展现反省能力，这些改革理念比改名还重要。如果提不出好的政策、做法，再改名也没用"，因此，国民党"只有改革问题，没有改名问题"。[16] 不过，此次杨伟中、徐巧芯等人提出国民党"改名说"后，刚刚辞去党主席一职的朱立伦表态说，"我不便表示意见"，[17] 颇为耐人寻味。

（2）"国共论坛"取消论出台

2016 年 4 月初，国民党原秘书长李四川在离职前汇整了一份"党务革新报告"给新任党主席洪秀柱参考。据说这份报告是李四川自 2 月 19 日起至 3 月 23 日止，与除了连江县之外的 21 县市党部与重要辅选干部及地方意见领袖举行"党务革新座谈会"后形成的，并不是个人意见。该"报告"汇整与会人士罗列的 14 项败选原因，包括"执政成效不佳，民众对政策无感，几项重大政策的推动与作为失当，引发广大民怨与支持者不满；高层不团结，整合无果，未能展现党内大老团结的气势，影响基层党员信心与认同"。"报告"建议"取消国共论坛大拜拜机制，改以具体协商两岸议题的交流沟通为主，并且在大陆设置'台商协助服务中心'，协助受到不当对待的台商及台干交涉、诉愿等处理，以争取台商的认同"。[18] 李四川"取消国共论坛"言论一出，两岸舆论一片哗然。

"国共论坛"缘于 2005 年时任国民党主席连战首次赴大陆参访时与中共中央总书记胡锦涛共同发表的《两岸和平发展共同愿景》，其第 5 项愿景为"建立党对党定期沟通平台"。自 2006 年始，迄今已在大陆各省市举办 10 届，第 3 届更名为"两岸经贸文化论坛"。在 2008 年国民党夺回"执政权"之前，两岸正式沟通协商谈判机制中断，"国共论坛"成为两岸沟通、交流、往来最重要也是唯一的平台，借此表达人民对两岸交流合作的期待，展现出亟欲通商直航的心情。国民党夺回"执政权"之后，两岸"两会"、国台办与台湾陆委会等官方交流、协商纷纷恢复或建立，"两岸经贸文化论坛"的地位有所弱化，但"各部会官员以研究员、顾问身份出席，透过参与互动讨论，提出指标性的政策，对两岸两会协商前置作业有正面帮助，交流会后并将意见忠实传达给政府部门参考"，[19] 依然发挥着重要的作用。

目前，蔡英文及民进党新当局上台后，仍然未接受"九二共识"及其"两岸同属一个中国"的核心内涵，两岸关系进入"高风险期"，国民党正应该充分利用自身的优势，借助"两岸经贸文化论坛"等平台，稳定和推动两岸关系发展，重新在台湾民众中树立自己的形象。

台"中央日报网路报"评论文章明确指出："国共论坛不能取消。国民党的失败，败于没有论述，败于没有话语权，根本与国共论坛毫无关系。""国民党成为在野党之后，国共论坛的角色应该更形重要才对，因为它是两岸之间唯一最具意义的沟通平台"。"国民党既然是在野党，不必再忌讳政治议题，应该把国共论坛化为一个两岸政治对话的平台，邀请各方人士参与，把两岸政治议题除魔化，让民众了解两岸之间政治安排的各种可能性，这或许才是国民党能够再起的一个关键。"[20]

台《中国时报》则发表社论说，"（民进党）新政府上台后，两岸可能进入政冷经热的状态，官方沟通管道不畅，但民间经贸文化交流却还在继续，而过程中将衍生出种种问题，可能因为官方沟通不足而得不到及时解决，这个时候就需要国民党扮演两岸交流'安全阀'的角色，利用自己与大陆的沟通管道及时帮助协调处理，在这种情况下，国民党对于广大台商和台湾民众的重要性无疑会被凸显出来。""国共论坛现在不仅不应该取消，反而应该力求改进，务求有效发挥积极作用。"[21]

随后，国民党中常委、冠军瓷砖董事长林荣德在表态参选党主席时，明确表示"要捍卫中国国民党，不容改名。因'中国'两字是资产，不是负债，唯有立足台湾，放眼中国，台湾才有好的未来。"[22]中国国民党智库副董事长、国民党副主席郝龙斌表示："在民主进步党尚未清楚说明'九二共识、一中各表'两岸架构前，更需国民党在国共论坛加强沟通，避免争议与两岸关系紧张。""国民党不应取消国共论坛，而应更积极进行，努力追求两岸红利全民共享与两岸和平稳定。"[23]而刚刚卸任的国民党主席、新北市市长朱立伦则表示"国共论坛已经连续办了10届，去年就已经谈到国共论坛必须要转型"，"其实做转型也是蛮好的一个方式"。[24]而国民党新任主席洪秀柱则强调，"将持续国共平台办理'国共论坛'"，因为"对对岸多一分了解，对政府多一分反应，对未来会有多一分成功的把握"。[25]

三、口惠实不至：国民党支持者在失望中不断流失

1. 依据台湾地区正副领导人选举数据的分析

自1996年台湾实行地区领导人直接选举以来，民进党、国民党间有输赢，但民进党的得票数从1996年的227万、2000年497万、2004年的647万、2008年的544万、2012年的609万发展到2016年的689万，虽然有起伏，但相对平稳，而且稳中有升，其支持者逐步增加趋势明显；反观国民党，其得票数从1996年的581万、2000年292万、2004年的644万、2008年的765万、2012年的689万再到2016年的381万，不但起伏、摆荡巨大，而且自2008年后就一直处于往下走的态势，2012年比2008年少了近80万票，2016年则比2012年少了308万票，下行势头明显，显示在选举过程中，国民党的支持者在流失。

2. 依据台"立委"选举数据的分析

在 2008 年 1 月 12 日举行的台第七届"立委"选举中,"区域立委"方面国民党获得 520.92 万票、得票率为 53.47%,民进党获得 376.52 万票、得票率为 38.65%;"不分区及侨选立委"方面,国民党获得 501.08 万票、得票率为 51.23%,民进党获得 361.01 万票、得票率为 36.91%。结果是国民党夺取了"立法院"113 个席次中的 81 席,民进党只拿到 27 席次。

在 2012 年台第八届"立委"选举中,在"区域、原住民立委"选举部分,选举人数为 1789 万 578 人,实际投票的人数为 1339 万 324 人,投票率 74.47%;"不分区及侨选立委"的选举人数为 1809 万 295 人,实际投票人数为 1344 万 5992 人,投票率为 74.33%。在"区域立委"的得票数与得票率部分,国民党候选人拿下 633 万 9359 票,约占 48.17%;民进党候选人共得到 576 万 3210 票,约占 43.79%;亲民党则有 17 万 5032 票支持,约占 1.33%;无党团结联盟候选人也有 16 万 8861 票,约占 1.28%。"不分区及侨选立委"政党得票部分,国民党得到 586 万 3379 票,约占 44.5%;民进党得到 455 万 6526 票,约占 34.6%;"台联党"得到 117 万 8896 票,约占 8.95%;亲民党拿到 72 万 2089 票,约占 5.48%。[26] 这次选举,国民党在 113 个"立委"席次中夺得 64 席,民进党获得 40 席。

在 2016 年台第九届"立委"选举中,"区域立委"选举人数 1830 万 5112 人,投票人数 1218 万 7924 人,投票率 66.58%。73 席"区域立委",国民党拿下 20 席,民进党 49 席,"时代力量"3 席,无党籍 1 席;6 席"原住民立委"部分,国民党拿下 4 席,民进党 1 席,无党团结联盟 1 席。"不分区及侨选立委"选举人数 1878 万 6940 人,投票人数 1244 万 7036 人,投票率 66.25%;国民党得票率 26.9148%,民进党 44.0598%,亲民党 6.5203%,"时代力量"6.1059%。结果,在 113 席立委中,国民党从第 8 届 64 席大幅滑落到 35 席;民进党从 40 席成长到 68 席;"时代力量"5 席;亲民党 3 席;无党团结联盟 1 席;无党籍 1 席。民主进步党籍"立委"取得了"国会"过半的优势。

由此可见,自 2008 以来,国民党在"立委"选举中,每况愈下,其"立委"席次从 87 席下降到 2012 年的 64 席,再降到 2016 年的 35 席。

3. 依据台县市长选举数据的分析

国、民两党在全岛 25 个县市展开全面选举攻防的历史,应从 1993 年的 23 县市长选举及 1994 年北高市长选举开始,至 2014 年"九合一"选举,国、民两党在县市长选举的政党总得票率与总得票数对决共有 6 次。

在这 6 次对决中，国民党、民进党各自取得三次胜利。在 1997 年县市长与 1998 年北高市长选举，民进党以 44.14％的得票率超越国民党的 43.95％，这是民进党首次在 25 县市长选举的政党得票率与得票数超过国民党。在 2005 年及 2006 年所举行的县市长与北高直辖市长选举中，在时任党主席的马英九领军辅选下，国民党取得 51.17％的超高得票率，民进党的得票率仅有 42. 35％，与国民党的政党得票率落差达 8. 82％，也是廿五县市长选举史上两党差距最大的一次。而在随后的 2009 年县市长及 2010 年的"五都"市长选举中，民进党获得 48.2％的得票率，比上届成长幅度近一成四，超越国民党的 45.76％得票率，再度于得票率与得票数上击败国民党。[27]

2014 年，国、民两党在"九合一"选举中再度对决，在 22 个县市长席次中，民进党获得 13 席，与民进党结盟的柯文哲获得 1 席，国民党获得 6 席，另外两位无党籍候选人获得 2 席。国民党执政的 6 个县市中，除了新北市拥有近 396 万人口外，新竹县、苗栗县、南投县、台东县和马祖的人口数仅 185 万，两者合计 580 万，就是加上属于泛蓝掌控的花莲县和金门县，人口数也不过 626 万，占全台人口的 26.78％。与此相反，民进党所掌控的 13 个县市的人口数高达 1443 万，占全台人口的 61.71％。如果再加上与民进党结盟的柯文哲所掌控的台北市，则人口比例更高达 73.22％。

在 2009—2010 年的县市选举中，国民党总体上比民进党少 11 万票；可到了 2014 年，国民党少了 820 万票。支持群众流失非常严重。

4. 依据台湾民调数据的分析

下图是台湾指标民调公司公布的"截至 2016 年 5 月底，民众政党立场倾向追踪分析"，从左图可以看出，2004 年，代表国民党的"蓝线"与代表民进党的"绿线"发生交叉后，"蓝线"一直高于"绿线"，这意味着台湾民众对国民党的支持率一直高于民进党；2013—2014 年间，"蓝线"与"绿线"一度犬牙交错，2014 年 3 月后，"绿线"一路攀升，"蓝线"则一路下行，二者差距呈现逐渐增加的趋势，这意味着台湾民众支持民进党者已经超过国民党。

截至 2016 年 5 月底，民众政党立场倾向追踪分析

（Party Identification Tracking Analysis in Taiwan）

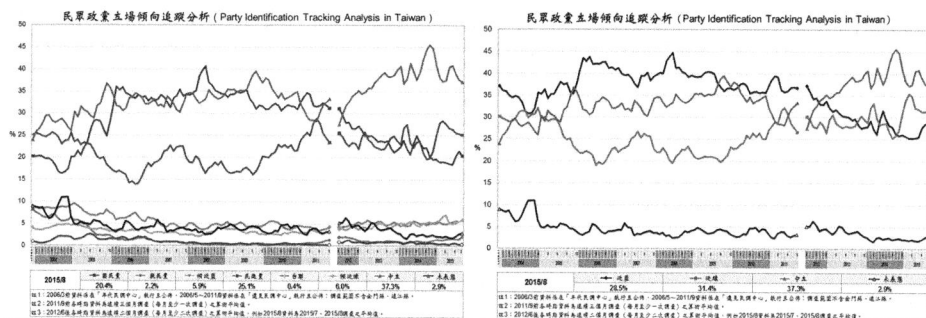

综上所述，支持国民党的民众确实在不断流失之中，2016 年国民党在"二合一"选举中的失败，只是量变到了一定阶段而发生的质变。

四、出师未捷：洪秀柱推动国民党转型的努力未能成功

2016 年 1 月 16 日，朱立伦因为"败选"辞去国民党主席的职务。国民党启动党主席改选议程。3 月 26 日，这个多人表态、多人参加的选举尘埃落定。在有选举权的 337351 名国民党员中，140358 名党员参加了投票，投票率为 41.61%。洪秀柱共获得 78829 票，以 56.16% 的得票率当选国民党主席，成为中国国民党历史上首位女性党主席。其他依次为黄敏惠 46341 票，得票率为 33.02%；李新 7604 票，得票率 5.42%；陈学圣 6784 票，得票率 4.83%。

洪秀柱面临着巨大的困难，而外界对她是否具备带领国民党走出低谷、走出泥潭则充满了疑虑。当然，也有不少人在为洪秀柱出主意、提建议。

而早在 2016 年 2 月 3 日，在中国国民党中常会公布的选举辅选工作检讨报告中，提出四大努力方向，包括"倾听民意，大破大立，推动党务革新"；"忠实扮演理性监督角色，捍卫民众利益"；"翻转结构，加速新陈代谢；广纳人才，深耕青年议题"；"强化网络社群及媒体双向沟通互动，快速传达本党论述主张"。[28]

台湾大学政治系副教授左正东认为，国民党应该向"左"走。"从历史来看，中国国民党成立后联俄容共，左派成为国民党最活跃的组织力量，为北伐成功提供至为关键的政治宣传。撤退来台后，国民党大力推动土地改革，开启台湾经济转型，走的也是左派路线"，"国民党两次重大挫败后，都曾转向左派以重建社会基础。在大破大立的关头，国民党再次左转，或许正是时候"，而

"高举普世价值，致力实现世界工人团结的左派路线，正是跨民族和解可资号召的旗帜"。

2016年4月3日，国民党前秘书长李四川提交的"党务革新千言书"，除了建议取消国共论坛"大拜拜"机制引发争议外，在12项党务改革部分，报告建议，"未来新任党主席的当务之急，必须尽快定位清楚党的中心思想，并有明确路线与论述，提出对国家未来发展愿景的论述，用民众能够理解的语言说明清楚，才能集结党员及民众向心，进而吸引年轻人加入"。"若民进党团未来在'立法院'以多数暴力推动国民党反对政策时，党团应'鸡蛋里挑骨头'，扩大其缺失并渲染争议，以塑造民进党'完全执政'的恶形恶状，导引民众厌恶民进党"；"应思考反向操作，以民进党过去提出之议题、论调与作为进行反制"；"中央党部应进行减肥，组织应扁平化，增加效率，中常委、党代表等的员额也应该检讨并精简，另外在中常委任期部分，也建议应该改为4年选一次"；"党部主委改民选或民代，拔擢人才"。[29]

被外界视为洪秀柱核心幕僚的台湾大学政治系教授张亚中分析认为，洪秀柱胜选后，国民党面临几个重大的问题。"首先，国民党的大佬们是否能与洪秀柱共同努力、风雨同舟，共同重振国民党是个关键问题。在任何时候，避免党内的分裂是最为重要的，各种力量只有凝聚到一起，形成合力才能赢回局面。其次，国民党必须重新构建一个全新的具有前瞻性的政治主张论述。民进党的'爱台湾'的论述几乎成为台湾的'政治正确'，这20多年来主导了台湾的政治论述，并赢得了今年年初的选举。反观国民党，这20多年来，自己丢弃了原来的理想与论述，又无法彻底地解决两岸的政治问题。如果要继续往前走，要吸引更多的支持者，国民党需要自己的主张。第三，党的组织必须改造。国民党要恢复生机，就必须强化人才的吸纳，让更多的优秀青年愿意加入。第四，洪秀柱在国民党内不是有兵有将的人，其他人都有自己的班底，而洪并不是一个既得权利的拥有者。所以，洪还需要找到合适的帮助。"

而"洪秀柱上任后急需做的是实现国民党内部的团结"，另外，"作为一个政党，国民党需要'灵魂'，不能让支持者失去信心"。

国民党中评会主席团主席的赵守博认为：国民党要"突破困局、重新出发，中兴再起"，必须"切切实实做好下列几项工作，而且要剑及履及地立即去做"，包括："稳住阵脚、安定党心""发掘人才、培养战将""调整论述打动人心""贴近人民、拥抱青年""丢掉包袱、面向未来"。国民党要当一个称职的"在野党"，要"善用立法院的舞台证明国民党存在的价值"，"能针对国计民生创造议题，要对每一重要议题的讨论都不缺席"，"应严格监督执政党，时时检讨其施政，防杜弊端，也要努力揭发检举不法贪渎"，"要为各种选举储备可以取代对手的人才，以挑战对方的在位者"。赵守博曾任国民党中央社工会主任、组工会主任、组发会主委、中常委，对国民党党务工作多有思考和心得，其看法颇为切中要害。

以上建言，虽然大多注重策略层面和操作层面，但仍有不少真知灼见，值得洪秀柱及国民党借鉴参考。但个人认为，国民党要浴火重生，就必须在"厘清理念""张扬信念"和"密切联系群众""接地气"两个层面下功夫。

洪秀柱的理念是明确的。洪秀柱在 2015 年 5 月参加国民党中常会陈述自己参加台湾地区领导人选举的理由和政见时就重点强调：要为国民党"找回党魂"。洪秀柱说："这几年国民党总在不该模糊的地方模糊了，在不该妥协的地方妥协了，也在不该姑息的地方姑息了，更在不该放弃的地方放弃了。""就是我们的中心思想没有了，我们的党德、党魂也都涣散了！"台湾民主化的过程，逐渐把我们的民主价值变成了与大陆 13 亿人民对抗的工具；当民主变成民粹斗争的工具，可以瘫痪应有的民主程序时，国民党却不敢坚定地对抗这股逆流。而当"台独"的声音借民主之名泛滥时，国民党对抗的论述与政策总显得虚弱无力。[30]

2016 年 2 月 21 日，洪秀柱在宣布参选国民党主席时表示："对于国家定位，国民党作为创建中华民国的政党，当然必须成为'中华民国宪法'坚定的捍卫者，因此无论有多少风雨，都必须遵循'宪法'的相关规定，'中华民国的主权及于全中国'，我们目前只是'中华民国政府在台湾'，这就是国民党永远不能改变的立场，也是国民党真正爱台湾的表现。"3 月 30 日，洪秀柱发表讲话承认，"由于近年来本党无论在中心思想，乃至整体发展策略上都深陷泥淖，以致对内无法凝聚民心，对外无以应对对手政党的步步进逼，终使本党陷入进退失据的处境。现在，我们不只将失去中央执政权，我们在人才的开发上，也远不及我们的对手，而且我也必须坦白承认，我们不只组织涣散，也没有一套完整的足以因应目前国家社会发展的论述"，并表示要"重新恢复人才培训的管道，重建我们的战斗团队"，要建构"包括我们对国家宪法与立国精神、史观、国家认同与国家发展大方向的完整阐述，也必须包括诸如国家在全球与区域定位、两岸关系以及有关民生议题等各项核心政策的原则性论"，要有"一个强而有力的组织作为后盾"。要"坚持两岸和平的路线，坚持为民主、法治、清廉与分配正义的价值，同时善尽在野党的责任，强力监督与制衡"！

此后，洪秀柱展开了周密的人事布局，不少人出人意料。但其背后的用人思维和理路十分清晰，就是要加强论述，链接南台湾，链接军公教等基本支持群众，链接地方力量。

2017年3月30日，是国民党主席洪秀柱上任1周年，国民党中央向外界报告其一年来党务工作的5大成果，包括"奔走海内外募款、在地方补选取得6比2的胜选成绩、与党产会的7次诉讼获得4次胜诉、迫使政府多项政策转弯以及安排'洪习会'为台湾争取最大利益"。[31]

然而，洪秀柱终究在国民党内人望不足，在2017年5月国民党主席选举中败北，其对国民党改造、推动转型的努力未能成功。

五、挑战重重：吴敦义的战略选择

2017年5月20日，国民党举行新一任党主席选举，这是一场参选人众多、各种不良传闻四溢、参选人相互攻击"刀刀见骨"的选举。在具有投票资格的47万6147名党员中，共有27万6423名党员投票，投票率为58.05%。其中，吴敦义以14万4408票、得票率52.24%大胜，顺利成为国民党的新主席；其余5名候选人的得票数依序分别是洪秀柱5万3063票、得票率19.20%；郝龙斌4万4301票、得票率16.03%；韩国瑜1万6141票、得票率5.84%；詹启贤1万2332票、得票率4.46%；潘维刚2437票、得票率0.88%。

吴敦义顺利当选新一任国民党主席，但他将面临重重挑战，包括：

1. 路线之争将持续。

在这场选举中，洪秀柱一直努力将其形塑为"路线之争"。她再三强调"未来的党主席一定要将党的未来与将来要走的路做清楚交代，不能有任何模糊空间"，"国民党自创建以来，就是以救国救民的目标，以实践三民主义的理想，以及关心人民生活的发展，来唤醒民众，聚拢人心。然而，到了李登辉时代，却改变成以黑金来笼络，以权力来领导。渐渐地，中国国民党的这块招牌，被玷污了，开始和权贵、黑金结合在一起，而不再是救国的理想，和人民的幸福。如果说，这是大家所希望的'领导力'，那么请除恶务尽、不要也罢"。

洪秀柱的核心幕僚、国民党孙文学校总校长张亚中甚至认为，国民党分四派，存在四种路线之争，第一种是"日本国民党"，推动"台独"，意识形态与情感上向日本靠拢；第二种是"本土国民党"，希望和民进党抢"爱台湾"的论述；第三种是"美国国民党"，整个战略和意识形态追随美国；第四种是"两岸国民党"，主张结束两岸敌对状态，签署和平协议，让两岸真正地走向和平发展。

对此，吴敦义及其团队并未做出正面回应，但路线之争实际存在，并且将持续下去，直接关系到国民党发展的前途与命运，吴敦义将无法回避。

2. 国民党团结问题。

国民党的团结问题，其缘由自然有路线之争的成分，但权力之争的成分更大。在党主席选举后，各参选人都表示要"团结"，但这是典型的"国民党风度"表现：表面上一团和气，实质上"同床异梦""离心离德"。

3. 国民党"人头党员"问题。

2017 年初，国民党公布其具有党主席选举投票权的党员为 22.6 万人，而到 5 月份选举时具有投票资格者达到 47 万 6147 人，短短 4 个月增加 25 万人，出现"翻番"的现象，对国民党而言，这绝不是"利好"。

对此，洪秀柱一针见血地指明："在国民党一无所有的时候，有人不是因为认同主义、思想加入国民党，必然离心离德。不是因为认同价值、信仰加入，必然自私自利。不是因为认同政党而加入，在党需要战斗、需要奋发前进的时候，'不会跟我们站在一起'。"[32]

4. 大陆政策主张令人瞩目。

在党主席选举中，吴敦义多次强调他主张坚持"一中各表"的"九二共识"，确保两岸和平发展。"'大陆看到一中才开心，我们看到各表才安心'，这是一中各表最珍贵的原因"，"各自表述一个中国是错误，正确应该是'一个中国各自表述'。他在当选感言中则提及"尊重 1992 年两岸达成的'一中各表'九二共识，把确保稳定发展，作为最重要两岸政策，推动更多艺文交流，加强两岸年轻人交流，减少彼此隔阂，巩固永续发展和平的关系"。[31] 在给习近平总书记的复电中，则强调"在 1992 年双方达成'两岸都坚持一个中国的原则，但是对于它的含义，双方同意用口头声明方式作各自表述'的共同基础上"。这些表述，显示吴敦义固然还坚持"一个中国"，但特别强调"各自表述"，其大陆政策是否存在转向的可能，外界十分关注。

台湾政治大学汤绍成认为，洪秀柱所主张的"一中同表"，与吴敦义、郝龙斌等所主张"一中各表"的差异比较明显。其实，各表与同表的前提都是一中，只是"同表"意味着尽速与大陆谈判，早日签订和平协议，以期避免时不我予的窘境。"各表"则有意等待最佳时机而没有急迫性，待日后所有条件成熟，当然可以与大陆谈判，然后再签订和平协议。易言之，立即谈与且慢谈，就是两者最大的差别。

国民党内部应该求"一中"之同，存"同表""各表"之异。

5. 国民党对青年人的吸引力。

国民党长期缺乏与青年世代对话的能力。台湾媒体甚至认为这个能力的缺乏，以致今日国民党"陷于'断根'的迫切危机"。"人才断层是国民党执政八年中最严重的错误之一"[34]。

他们劝诫国民党："现代青年的价值追求非常多元，未必会'独尊'如'天然独'的单一意识形态。现代青年比上一代更热情，但特别的是，其实常常也更务实，在其追求的多元信念里，不是只有'天然独'单一坐标，也包括'天然和平''天然务实''天然经济发展'等各项层面，这些都是蓝营的强项，可以诉求争取的。国民党岂可因'天然独'一时的喧嚣，就乱了方寸、失了希望"。他们呼吁："人才是战力的根本，但人才不是一夜之间就可以养成，需要发掘、吸引、培养、历练以及发展的机会，我们期待新任的吴主席能从战略的高度为党的人才建立一套机制，使更多人愿意投入国民党的阵营之中。"对此，吴敦义曾明确表示："当选党主席后会恢复知青党部，让大学师生成为党员，努力培育年轻人，让国民党更有前途"，"国家没有年轻人会衰老，国民党没有年轻人就没有改革味道，因此他会努力让国发院培养青年"。

结　语

无疑，国民党目前面临重重困难，它所面临的只有两种选择。一是一蹶不振，苟延残喘，准备慢慢崩解散掉，从政治版图上消失。另一则是重整队伍、重振党魂，寻求浴火重生，东山再起。[35] 应该说，近些年来台湾的选举投票率并不高，说明相当多的台湾民众还在观望，他们对民进党并不信任，而且，在乡镇长、村里长席位上，国民党仍然保持着数量上的优势，基础还在。

吴敦义在这次参选国民党主席中，提出"国民党重返执政"的总目标，并为此主张"拔擢优秀人才，提升年轻世代从政机会；落实党内民主，县市党部主委由党员直选产生；活化党务组织，充分纳入基层民意；团结在野力量，强化一中制衡"[36]等。这些，都是战术层面上的事务。

国民党必须变革，必须找回核心理念，将大家团结在"理念"上而非"利益"上。国民党表面上没有派系，实际上山头林立，党内有派，各有各的利益，各有各的盘算，心不往一处想，劲不往一处使，不利于国民党的发展，国民党内部必须认清形势，统一思想。国民党人也必须将理念转化为脚踏实地做好选民服务工作的动力，"搏感情"以扩大群众基础，不能继续高高在上，"教育、训导"人民，必须和民众打成一片，接地气。国民党必须学会脚踏实地解决问题、处理问题，为民众谋福祉、干实事。否则，国民党人理念阐述再完整、语言辞藻再华丽、文宣材料印刷再精美，都无法得到民众的认同。

国民党要认真处理好它与工商阶层的关系，处理好"左""右"路线的问题、发展与公平的问题；也要处理好青年的问题，瓦解和削弱"左"派"台独"的土壤。当代台湾青年是在台湾经济发展遇到瓶颈时成长的，在学习、就业、薪资、升迁等等方面遇到太多的困难，陷入苦闷、迷茫、失落当中；同时，他们又是在李登辉、陈水扁以"本土"名义推行的"台独"教育环境下长大的，在精神、认同方面陷入困境和烦恼中，在反对"权贵"、反对国民党的过程中，被人诱导到"台独"方向。如果民进党"执政"下，青年人依然看不到希望，相信他们不会继续支持民进党，此时，一个值得信赖的国民党站出来，必定能重新赢回人民的支持。

国民党必须认真面对民进党、"时代力量"假借"转型正义"的清算，同时，国民党应整合新党、亲民党、民国党等友党，对民进党实施理性和有效的制衡；而在所有问题的中心，国民党必须坚守"九二共识"这个两岸关系发展的政治基础，必须保持其固有的"中国"特征，否则，随时会"泡沫化"。

注释

[1] 王平、王尧：《"四大皆空"，挑战重重，"重拾党魂"，改革为上，洪秀柱能否带国民党东山再起？》，《人民日报·海外版》2016 年 3 月 28 日第 03 版。

[2] 臧涵：《北京专家陈桂清：未来的路国民党怎么走？》，中评社北京 2016 年 6 月 22 日电，http://www.CRNTT.com.

[3] 中国国民党文化传播委员会新闻稿：《国民党中常会通过 2016 选举检讨报告》，中国国民党全球资讯网 2016 年 2 月 3 日。

[4] 戴雅真：《洪秀柱：拿香跟拜是国民党惨败原因》，台"中央社"2016 年 2 月 21 日报道。

[5] 罗暐智：《党务革新千言书 >14 败选原因、12 改革提案 建议取消国共论坛》，台湾"风传

媒"2016 年 4 月 3 日报道，http://www.storm.mg/article/97845.另外参见刘丽荣：《国民党革新报告 吁取消国共论坛大拜拜》，台"中央社"2016 年 4 月 3 日报道。

[6] 左正东：《国民党 向左转》，台《中国时报》2016 年 1 月 18 日。参见台"国家政策研究基金会"2016 年 1 月 20 日，http://www.npf.org.tw/1/15658.

[7] 左正东：《国民党 向左转》，台《中国时报》2016 年 1 月 18 日。参见台"国家政策研究基金会"2016 年 1 月 20 日，http://www.npf.org.tw/1/15658.

[8] 中国国民党文化传播委员会：《朱立伦：国民党要彻底检讨，努力进前》，中国国民党全球资讯网 2016 年 1 月 16 日。

[9] 中业君：《国民党"四大皆空"，会不会分裂就看他了》，《环球时报》2016 年 1 月 18 日。

[10] 中国国民党文化传播委员会新闻稿：《国民党中常会通过 2016 选举检讨报告》，中国国民党全球资讯网 2016 年 2 月 3 日。

[11] 朱穗怡：《国民党败选报告似曾相识》，大公网 2016 年 2 月 6 日。

[12] 《国民党败选检讨马英九 邱毅：你们这样做公平吗？》，台"三立新闻网"2016 年 2 月 4 日报道。

[13] 朱穗怡：《国民党败选报告似曾相识》，大公网 2016 年 2 月 6 日。

[14] 周志豪、张明慧：《党名去"中国" 蓝中常委：能抹掉历史？》，台《联合报》2016 年 1 月 21 日报道。

[15] 戴雅真：《洪秀柱：拿香跟拜是国民党惨败原因》，台"中央社"2016 年 2 月 21 日报道。

[16] 任成琦：《败选后谋求改革，第一题竟是改名，国民党要拿"中国"二字开刀？》，《人民日报·海外版》2016 年 1 月 25 日第 3 版。

[17] 任成琦：《败选后谋求改革，第一题竟是改名，国民党要拿"中国"二字开刀？》，《人民日报·海外版》2016 年 1 月 25 日第 3 版。

[18] 刘丽荣：《国民党革新报告 吁取消国共论坛大拜拜》，台"中央社"2016 年 4 月 3 日报道。

[19] 何溢诚：《国共论坛要回归初心》，台《中国时报》2016 年 4 月 5 日报道。

[20] 《本报透视集：国共论坛不能停》，"中央日报网路报"2016 年 4 月 5 日报道。

[21] 《社论：不应取消国共论坛自废武功》，台《中国时报》2016 年 4 月 6 日。

[22] 杨毅：《中国国民党不容改名 林荣德："中国"是资产》，台《中国时报》2016 年 2 月 2 日报道。

[23] 刘丽荣：《国共论坛 郝龙斌反对取消》，台"中央社"2016 年 4 月 3 日报道。

[24] 王鼎钧：《取消国共论坛大拜拜 朱立伦赞同转型》，台"今日新闻网"（Nownews）2016 年 4 月 4 日报道。

[25] 何溢诚：《国共论坛要回归初心》，台《中国时报》2016 年 4 月 5 日报道。

[26] 中国国民党文化传播委员会：《朱立伦：国民党要彻底检讨 努力进前》，中国国民党全球资讯网 2016 年 1 月 16 日。

[27] 中业君：《国民党"四大皆空"会不会分裂就看他了》，《环球时报》2016 年 1 月 18 日。

[28] 中国国民党文化传播委员会：《新闻稿：国民党中常会通过 2016 选举检讨报告》，中国国民党全球资讯网 2016 年 2 月 3 日。

[29] 朱穗怡：《国民党败选报告似曾相识》，大公网 2016 年 2 月 6 日。

[30] 《国民党败选检讨马英九 邱毅：你们这样做公平吗？》，台"三立新闻网"2016 年 2 月 4 日报道。

[31] 朱穗怡：《国民党败选报告似曾相识》，大公网 2016 年 2 月 6 日。

[32] 周志豪、张明慧：《党名去"中国" 蓝中常委：能抹掉历史？》，台《联合报》2016 年 1 月 21 日报道。

[33] 任成琦：《败选后谋求改革 第一题竟是改名 国民党要拿"中国"二字开刀？》，《人民日报·海外版》2016 年 1 月 25 日第 3 版。

[34] 任成琦：《败选后谋求改革 第一题竟是改名 国民党要拿"中国"二字开刀？》，《人民日报·海外版》2016 年 1 月 25 日第 3 版。

[35] 任成琦：《败选后谋求改革 第一题竟是改名 国民党要拿"中国"二字开刀？》，《人民日报·海外版》2016 年 1 月 25 日第 3 版。

[36] 刘丽荣：《国民党革新报告 吁取消国共论坛大拜拜》，台"中央社"2016 年 4 月 3 日报道。

国民党的发展与困境分析

厦门大学台湾研究院　张文生

2016 年国民党在台湾地区领导人选举中惨败，国民党再次沦为在野党，国民党的发展面临空前的困境。作为承认"九二共识"，认同两岸关系和平发展的政党，国民党在制衡民进党、牵制"台独"上起着积极的正面作用，是影响台湾政治走向的重要力量。国民党的发展、走向值得我们关注，有必要加强这方面的研究和分析。

一、国民党的发展受挫

国民党在 2014 年底的"九合一选举"和 2016 年初的选举中连续受挫，暴露出国民党在现阶段的发展中面临空前的困境。

1. 国民党未能维系支持者的投票热情。

国民党执政八年，却未能凝聚支持者的热情，导致在 2014 年底和 2016 年初的选举中国民党的支持票源流失严重。从"总统"选举的得票看，2008 年得票近 766 万，2012 年减少约为 689 万，2016 年再次减少为约 381 万。国民党票源流失是严重的，虽然国民党流失的票源并未全部都去支持民进党，但是选民的态度反映了支持者对国民党的失望。

表一：国民党近年地区领导人选举得票情况

时间	候选人	得票数	得票率
2008 年 3 月 22 日	马英九、萧万长	7659014	58.44%
2012 年 1 月 14 日	马英九、吴敦义	6891139	51.60%
2016 年 1 月 16 日	朱立伦、王如玄	3813365	31.04%

国民党票源流失的原因是多方面的。国民党的失败主要源于经济上的失败，

212

经济原因是近年来台湾民意变化的重要因素。多数台湾民众对两岸关系和平发展的政策是支持的，对马英九当局的大陆政策是肯定的，马英九上台后虽然很努力想改变台湾的经济状况，但是马英九运气比较差，台湾政治环境和国际经济背景没有给他提供这样的条件。马英九上台之前提出的"633"承诺跳票，台湾经济在保1保2之间徘徊，贫富差距也不断拉大。民进党和"极独"政治势力趁机鼓噪，把台湾贫富差距扩大与两岸关系挂钩。马英九当政8年未能有效提升台湾经济，没有给民众带来"有感"的民生福利，是台湾民众对国民党失望的主要原因。

当然，泛蓝支持者对国民党失望，也不完全是经济原因，有国民党本身的原因。国民党从"九合一"选举以来就弥漫着失败主义的情绪，国民党高层畏战怯战，毫无斗志，许多支持者失去了投票的热情，这是导致2016年选举投票率低落的重要原因。泛蓝不团结、不能吸引青年是国民党的致命伤。(1)宋楚瑜参选，国亲分裂，瓜分了泛蓝选票。(2)王马政争，余波荡漾。王金平与马英九双方权力斗争的心结未解。(3)国民党精英和人才选拔途径局限在官二代和地方派系出身，青年一代在国民党内难以出头，国民党对青年一代的吸引力丧失。

2. 国民党未能掌控台湾民意的变化。

马英九当政期间，为推进两岸关系的和平发展做出了贡献，但是马英九当局未能适时地引导台湾民意的走向，相反，国民党失去了舆论的主导权，台湾民意成了民进党夺取政权的勒索资本。近年来，一方面，随着大陆经济的飞速发展，大陆的军事力量也不断增强，台湾的危机感更加强烈了；另一方面，两岸关系和平发展的进程不断推动，两岸协商对话的议题向深水区迈进。2008年以来，两岸关系在国共两党的合作与推动下走上了和平发展的正确轨道，并且取得了前所未有的积极成就，两岸两会签署了23项协议。这样的发展对于主张"台独"的民进党带来了巨大的压力，也引起了台湾社会的强烈的危机感、不安全感和焦虑感，担心随着两岸经贸文化关系的日益深化，台湾再也无法摆脱统一的命运。民进党无法阻止两岸关系和平发展的大趋势，于是在岛内不断渲染、宣扬和攻击国民党当局"倾中卖台"的形象，把台湾经济发展的衰败、台湾社会贫富差距的扩大与两岸关系挂勾，挑起台湾社会对于两岸关系迅速发展的不满。

从"太阳花学运"到"九合一选举"再到"总统、立委"选举，台湾民众尤其是台湾青年似乎掀起了一股巨大的浪潮，而民进党和蔡英文则适时地利用了这股浪潮。2015 年 10 月，台湾"中研院"社会所公布的民调显示，台湾民众在主观的统"独"意愿与客观的统"独"预期上有明显的落差。多数台湾民众没有笨到认为台湾有机会"独立"，但是多数台湾民众确实不愿意统一，至少是不愿意很快被统一，台湾社会尤其是绿营支持者的"被统一"的焦虑感上升。民进党利用了台湾民众内心的这种深层担忧。而国民党则未能有效引导和回应台湾民意的变化，许多台湾民众对国民党不放心，担心国民党跟大陆越走越近，从经济交流发展到政治统一。

3. 国民党未能吸引青年选民的支持。

表面上看国民党党员人数增长到 95 万左右，然而其中多数是为了争得党主席临时拉入党内的人头党员，国民党对于青年选民的吸引力下降。台湾经济的相对衰颓导致青年一代在经济领域的发展空间受限，许多台湾青年希望在政治领域谋取新的发展空间。新媒体的发展为青年一代参政提供了新的手段和技术，但是国民党未能把握青年一代的诉求和特点，未能吸引新的一代青年的选票。2016 年地区领导人选举中的新选民数达到 129 万，其中投票的新选民绝大多数将选票投给了蔡英文。

随着信息技术的提升和网民聚集规模的不断扩大，台湾青年中网络社运组织开始涌现，发展迅速。这些新型社运组织主要通过网络或手机联系和组织活动，深刻影响和改变了台湾青年的交往模式和群体参与模式。这些网络动员的社运组织将网上行为与线下行为相结合，不断向线下发展，常常"以虚带实""由虚变实"，具有很强的社会动员力和行动力，成为台湾青年参政的新模式。2013 年发生的"洪仲丘案"引发的民众抗议，2014 年 3 月发生的所谓"太阳花学运"，最初就是从网络社群发展成为社运团体，从线上走到线下，结合成为所谓的"1985 行动联盟""黑色岛国青年阵线""基进侧翼联盟"等青年社运组织。为了吸引青年选票，迎合青年的特点，"时代力量"甚至对党的决策委员采取网络选举的模式。

2014 年 3 月，台湾发生了以青年学生为主体的所谓"太阳花学运"，台湾青年的政治参与与政治表达的热情高涨，甚至主导了台湾社会的政治走向。台湾社会的各种政治势力，为了迎合台湾青年的政治心理与政治诉求，纷纷抛出所谓的"新政治论述"，以期争取台湾青年选民的支持。2015 年 2 月，蔡英文参与党内"总统候选人"初选时宣称："这是我们开始建立新政治的时候"。3 月份蔡英文再次表示："若民进党有机会再次执政，将会用'透明、清廉和人民参

214

与'的价值和目标，建立一个以人民为主的新政治、新时代"。

台湾各种政治势力的"新政治论述"强调支持民众政治参与的扩大，尤其是吸引青年的政治参与。分配正义、世代正义、公平公正成为吸引台湾青年的政治和经济诉求。台大社会学系副教授、"社会民主党"的创立者范云在2014年就指出："我们想要的新政治，是关心价值与政策的政治；我们想要的新政治，是认真讨论公共事务，而不是仰赖人情网络的政治；我们想要的新政治，是永远站在受薪阶级与弱势这一边，而不是倒向财团与优势者的政治；我们想要的新政治，是所有人都可以参选的政治，而不是富二代或政二代才能参选的政治。"显然，在相关的政治论述和政治活动中，国民党未能把握时代的脉搏，漠视了青年一代的政治诉求和政治特点。

表二：国民党党员数

2017年国民党党主席暨党代表选举党员投票资格一览表　　更新：2017/4/8				
日期	取得投票权人数	增加人数	黄复兴	增加人数	比例
1月10日	226783		65967		29.1%
1月20日	255877	29094	71076	5109	27.8%
2月3日	302011	46134	75620	4544	25.0%
2月7日	312736	10725	77395	1775	24.7%
2月10日	324621	11885	80560	3165	24.8%
2月14日	336498	11877	82746	2186	24.6%
2月17日	351895	15397	85883	3137	24.4%
2月21日	366241	14346	88425	2542	24.1%
2月24日	368389	2148	90944	2519	24.7%
3月03日	372958	4569	89270	−1674	23.9%
3月07日	384450	11492	91583	2313	23.8%
3月14日	398886	14436	94565	2982	23.7%
3月17日	4.7317	8431	96252	1687	23.6%
3月27日	421835	14518	99158	2906	23.5%
4月7日	465084	43249	104706	5548	22.5%
合计	取得投票权人数：465084		黄复兴104706		
	增加人数：238301		黄复兴增38739		
2017年新征及回复	新征：53119		回复：13441		

党员总数（1/20）	899668		黄复兴	190278	21.1%
党员总数（4/7）	949027	增加 49359			
资料来源：中国国民党 2017 年党职选举专区			无情真实的未来事件制表		

二、国民党的困境

国民党败选以后气势低迷，不见起色，陷入民进党的政治清算、党内高层的政治斗争、党务改革的种种障碍的困境中难以自拔。

1. 民进党对国民党的政治清算不遗余力。

国民党受到民进党"不当党产处分条例""转型正义"等手段的清算打压，党内气氛低迷。民进党上台以后，在经济建设、两岸关系、对外关系上都难以取得突出的政绩，为了能够顺利连任，蔡英文把施政的重点放在了所谓"转型正义"的内政政策上。所谓"转型正义"，目的在于就往昔因威权压迫而权益受损者进行赔偿或恢复名誉等，包括四大任务："开放政治档案""清除威权象征及保存不义遗址""平复司法不法、还原历史真相并促进社会和解"与"处理不当党产"。所谓"转型正义"，矛头指向国民党，斗争对象明确。尤其是 2016 年 7 月 25 日，台湾当局"立法院"三读通过"政党及其附随组织不当取得财产处理条例"，规定除党费、公费政党补贴、政治献金三项合法收入，其余均为不当所得，国民党还必须自证党产的合法性，否则均推定为不当所得。民进党当局在成立了由顾立雄担任"主委"的"不当党产处理委员会"，对国民党的账号进行了查封，股票收归公有，从物质资产上掏空国民党。民进党当局还展开了"去孙中山化""去蒋介石化"的实际运动，挖掘国民党的不法历史，从精神资产上打击国民党。

2. 党内存在着路线斗争和权力斗争，国民党高层并不团结。

虽然国民党面临民进党的政治清算，国民党高层却内斗内行，外斗外行。国民党高层各怀算计，都力图掌控党机器，进而操纵 2018 年和 2020 年选举。王马之争的心结尚未化解。2017 年 5 月 20 日结束的国民党主席选举又空前激烈，吴敦义、洪秀柱、郝龙斌、韩国瑜、詹启贤、潘维刚等六人出来竞争国民党主席之位。在选战的后期，洪秀柱阵营为了胜选，将党主席选举拉高到统"独"大战，对吴敦义展开了扭曲性的宣传，这必然加剧了国民党高层之间的心结。表面上看，洪秀柱和吴敦义之间有不同的政治路线之间的斗争，在本质上是权力之争。

3. 国民党内没有强有力的中生代接班与领导人选。

国民党主席选战中的六位候选人都已经或即将 60 岁以上，在国民党中生代中尚未看到强有力的接班人选。国民党传统的精英传承机制已经脱离台湾社会的民意，而新的培养渠道尚未形成。在传统上，国民党依靠"官二代"或"地方派系二代"传承政治精英，但是台湾民众尤其是台湾青年已经看不惯"官二代""富二代"垄断政坛的做法。国民党如果不能形成新了精英传承机制，台湾青年将转向支持其他政党和政治势力。

4. 党内政治人物脱离群众，目前还看不到国民党能够打败民进党重新上台执政的可能性。

国民党从成立之初就是代表上层资产阶级与地主阶段的政党，这样的政治属性和政治性格也影响到今天的国民党。国民党与下层阶级之间格格不入，脱离群众，不懂得走群众路线，不会发动群众，不会领导社会运动，这是国民党固有的政治弊病。马英九执政八年，国民党在民进党发起的社会运动的围攻之下日益被动，最终失去了政权。失败后的国民党并没有总结经验教训，没有主动领导群众运动，也没有积极参与或介入群众运动。这也说明国民党的固有弊病积重难返，党内改革举步维艰。

当然，国民党仍是台湾社会牵制民进党的主要制衡力量，国民党会有一些内部的纷争，但国民党还不至于全面崩溃，也不会被其他第三势力所取代。第一，国民党是百年老党，在台湾社会根深叶茂，不是一朝一夕所能消灭的。第二，国民党在历史上对于台湾经济发展做出过贡献，被认为在经济建设能力上高于民进党，台湾民众对国民党仍旧有一线期待。第三，国民党坚持"九二共识"，能够维系两岸关系的和平发展，两岸关系是国民党存在与发展的重要资产。第四，台湾社会需要制衡的力量，台湾多数民众并不支持民进党肆意妄为的张狂作风，国民党仍是台湾社会制衡民进党的重要力量。第五，从 2016 年大选的结果看，蔡英文 2012 年多出 80 万票，其中绝大多数（60 万票左右）来源于首投族的选票，由蓝转绿的选票不会超过 3%。国民党的选票流失，其中 157

万流向了宋楚瑜，另外投票率只有66.27%，泛蓝还有100万以上的支持者放弃了投票。这说明未投票的选民中大多数是泛蓝支持者，他们既对国民党失望，但也没有转向投票给民进党。由于泛蓝的基本盘并没有大规模流向绿营，如果国民党能够改革以凝聚支持者，如果民进党执政引发民怨，国民党在4年或8年后仍有可能卷土重来，重新上台执政。

三、客观地、实事求是地看待吴敦义和国民党

2017年5月20日，国民党主席选举揭晓，吴敦义以过半得票率当选国民党主席，成为国民党下一阶段的领导者。从整体上看，吴敦义的当选对于国民党的气势重整，对于泛蓝阵营的力量凝聚是有利的，也有利于泛蓝阵营在岛内制约绿营的内外政策。新一任的国民党主席面临艰巨的内外压力的挑战，包括：(1)应对民进党的政治清算；(2)制衡民进党的"台独"路线；(3)团结国民党的各方力量；(4)推动国民党内的各项改革；(5)打赢2018台湾地方选举；(6)争取2020台湾地区领导人及"立委"选举的胜利。由于吴敦义具有较强的协调能力，有利于泛蓝阵营的团结和战斗力的凝聚，这对于重振国民党气势，应对2018年地方选举和2020年大选是有利的。

1. 吴敦义的出线，有利于国民党内的团结。

虽然洪秀柱的从政风格与国民党原有的政治文化有所差异，敢说敢当，但是从洪秀柱担任国民党主席一年来的表现看，洪秀柱无力应对民进党当局的政治清算，也无法统合国民党内和泛蓝阵营的各方力量。洪秀柱如果继续领导国民党，只会使得国民党继续走下坡路。相对而言，吴敦义政治经历完整，政治经验丰富，具有较强的协调与统合能力，也得到泛蓝高层大佬的支持。吴敦义的出线，有利于国民党内的团结，也有利于提振国民党支持者的政治信心。

2. 对吴敦义的政治主张应当客观公正看待。

在国民党主席选战的后期，洪秀柱深感政治危机，将选战拉高到统"独"大战，洪秀柱阵营对吴敦义的政治主张多所歪曲，这对吴敦义是不公正的，这种做法也是不道德的。洪秀柱虽然提出"一中同表""和平统一""终极统一"的主张，但是以洪秀柱的能力，只能是口惠实不至的口号。吴敦义延续马英九的政治路线，坚持"九二共识、一中各表"，这也是目前国民党的务实做法。因

此，对吴敦义的政治主张应当客观公正看待，不应当被洪秀柱阵营选举手法所误导。

3. 吴敦义当选有利于国民党从各个方面牵制民进党施政。

吴敦义坚持"九二共识"，整合泛蓝各方力量，对于在岛内发挥国民党对民进党的制衡作用是有利的。吴敦义政治斗争经验丰富，1998 年在高雄市长选举中被民进党的谢长廷使用种种手段打击下败选，是吴敦义从政道路上的重大挫折，也使得吴敦义与民进党之间的缠斗更加清醒。国民党在吴敦义的领导下，不可能与民进党妥协，也不可能在政治路线上与民进党合流，有利于国民党从各个方面牵制民进党施政，使得民进党在两岸政策与"台独"路线的推行上有所顾忌。

4. 大陆应当顺势而为，继续推动国共两党各个层面的政党交流。

吴敦义在两岸政策上会延续马英九的和平发展的政治路线，也会保持和发挥国民党在两岸关系上的优势，继续推进国共两党的政党交流。大陆应当顺势而为，继续推动国共两党各个层面的政党交流，在客观形势的需要下也欢迎吴敦义访问大陆，实现国共两党领导人的会面。国共交流可以更多地聚焦青年议题。国共可以共同合作推动青年交流项目，比如国共合作共同支持蓝营青年或国民党青年党工来大陆学习、参观、培训，让国民党的青年认识中共斗争的历史与经验。国共交流也可以更多地聚焦文化议题，以反制民进党当局的"文化台独"的"去中国化"行径。国共可以共同书写抗战的历史，包括曾经在大陆被忽视的国民党空军抗战的历史，可以共同纪念抗战的民族英雄。

结构主义视角下的国民党演变趋势

中国社科院台湾研究所　陈咏江

长期以来，中国国民党是岛内推动两岸关系和平发展，反对"台独"的重要力量。历经两次在野后，当前的国民党已处于一个转捩点，在支持基础、党员结构、权力结构、运作方式、意识形态上，均有量变累积到质变的可能。本文从结构主义视角，通过全面梳理其内部结构及外部空间，探求国民党未来的发展走向。

一、结构主义的理论梳理及其分析国民党
走向的合理性

在社会科学中，社会结构是一个使用极为广泛的概念。托克维尔在分析美国民主运行 [1] 和法国大革命爆发原因 [2] 时分别强调了社会结构对于社会制度运行支撑、发展变迁的重要性。按照涂尔干的观点，社会结构是社会关系的组合形式，对社会结构的分析是理解一切社会现象的出发点。涂尔干把社会结构分为两种类型，一种是"机械团结"，以低度分工为基础，以强烈集体意识为纽带结成的社会关系整合形式；[3] 另一种是"有机团结"，以高度分工和广泛的相互依赖为基础构成的社会关系整合形式。[4] 按照马克思的观点，社会结构是由经济基础和上层建筑构成的矛盾综合体。社会结构变化的动力来自社会内部的矛盾运动，而经济基础起决定作用。[5] 按照帕森斯的观点，社会结构是具有不同基本功能的、多层面的次系统所形成的一种"总体社会系统"，包含执行"目的达成""适应""整合"和"模式维护"四项基本功能的完整体系。这个完整体系可具体分为执行目标达成功能的"政治系统"、执行适应环境功能的"经济系统"、执行整合功能的"社会系统"、执行模式维护功能的"文化系统"。[6] 按照

阿尔都塞的观点，社会结构由许多层次组成，经济基础仅仅是其中一个层次，只在最终起决定作用。其他层次仍有相对的独立、自主性，甚至有可能在特定的阶段处于优势统治地位，而将经济基础沦为被支配地位。[7]

以上都是结构决定论的观点，其核心是"行动者在结构中处于被动"的观念，在先验的社会结构面前，个人的意志和空间是相对有限的。

政党是社会政治体系的一部分，受到社会结构的制约和影响，其本身的结构也与社会结构有一定的对应性。虽然政治领袖可以推动政党改造、引导政党发展方向，但政党的结构及政党所处的社会结构仍在客观上极大地限制了政治领袖的作为空间，这从陈水扁、马英九、蔡英文的个人意志与最终政党走向的巨大落差来看，都可以得到验证。台湾社会的蓝绿二元政治结构、两党制等制度架构形塑了国民党赖以存在的外在空间。而国民党作为百年老党，拥有稳定的支持基础、复杂的政经体系、庞大的组织架构，具备清晰可见的结构特征。时值国民党新任党主席吴敦义上台前夕，吴将如何贯彻个人意志以带领国民党前行不得而知，但从结构主义的视角进行观察，对国民党的支持基础、党员结构、权力结构乃至运作方式、意识形态进行全方位的考察，可以对吴治下的国民党发展的路径与空间做出更准确的判断。

二、国民党支持基础的变化

国民党会不会衰亡，未来如何发展直接取决于国民党支持基础的发展变化。通常情况下，国民党的支持者被分为深蓝、浅蓝，主要根据是否具备强烈的传统"党国"意识形态为区分标准，这种简单分类可以留下直观的印象，但若要探究国民党支持基础的具体组成，则需在此基础上做进一步的区分。

本文将国民党的支持基础分为五大类型[8]，包括"理念认同型""利益结合型""政策认同型""候选人魅力认同型""氛围影响型"。其中，前两类是相对稳固的，也是最主要的支持者。

具体而言，理念认同型可细分为三类，一是拥有大中意识、明确主张统一，以外省籍一代、资深军公教群体为主，还包括20世纪90年代初入驻大陆的台商及大陆配偶群体。外省籍人口占台湾全部人口的13%，约305万[9]，以1949年为节点，其中外省籍一代约75万人，外省籍二代为230万人。[10]目前军公教群体约125万人，在职约80万，退休约45万。台商群体部分，根据海基会估算，常驻大陆台商及家眷逾100万。根据选情不同，近几年台商返台投票人数在 10 万到 25 万之间波动。[11] 大陆配偶部分，根据"内政部"统计，大陆配偶 33 万多人，其中 19 万多人在台居住，近 12 万陆配具有投票权。二是拥有"党国"意识，持"中华民国在台湾"理念，以国民党培养的本省籍精英为主，包括大部分外省籍二代。在国民党党员中，除去深蓝的黄复兴党部外，大部分能够坚持缴交党费的党员可视为此类党员。这部分本省籍精英人数应在 30 万以上。三是反对大福佬沙文主义，以北部客家人、少数民族为主，也包括金门、马祖等与大陆咫尺之遥、利害相关的外岛居民。客家人约占台湾总人口 15%，约 350 万。[12] 政治认同上存在明显的南北差异，北部客家人约 300 万人以上，集中生活在桃园、新竹、苗栗等山区，聚居程度较高，较好地保留了客家语言和文化，对历史上闽客械斗记忆深，对民进党以闽南人为主体的论述心存芥蒂，加上受台北、新北都会区影响较大，生活水准较高，对国民党更为亲近。南部客家人约 50 万，大部分已被闽南化，对民进党并不排斥。少数民族人口约 51 万 [13]，金门、马祖人口共约 14 万。

利益结合型部分，主要可以分为地方派系与大资产阶级两类。其中，地方派系主要是依托农会、渔会、农田水利会、宫庙、地方垄断型公司（交通运输、砂石开采等）、宗亲会等，具备相对独立的经济来源，有较强的亲缘、地缘组织和动员能力，以 300 多万农业人口为主要诉求对象。以云林张荣味家族掌控的农会为例，农会会员约 100 万，仅农会代表和小组长的人数就超过 15000 人，预算和雇员均远超台当局的"农业委员会"，存款余额达 17 兆新台币，并掌握农业推广、供销、信用及保险，下辖的信用部更是垄断乡镇一级的贷款。除了农业金库，农会还拥有农训协会等法人组织，影响到远在台北市的农产品公司人事及运作，甚至对台湾的物价都有一定的影响力。类似的，农田水利会拥有 127 万会员，其拥有的资源甚至超过地方财政，组织严密程度也与农会不相上下。渔会则拥有 35 万多会员。农会、农田水利会、渔会已涵盖大部分农村人口。国民党与大资产阶级的历史渊源深厚，庞大的党产及绵密的转投资关系让国民党与金融界、与资本家的利益交错结合。大资产阶级的实力并不体现在人数上，而是体现在对选举的影响力方面，包括资金赞助、主流媒体效应、广告投放等。[14]

政策认同型则以中间选民为主，蓝绿的意识形态相对较弱，横跨浅蓝、中间、浅绿选民，主要是经济选民居多。中产阶级的认定和构成相当复杂，根据"行政院主计总处"的统计，台湾中产阶级人数按照年收入 60 万（新台币，下同）到 250 万的标准，大概是 375 万。其中，年收入 60 万到 100 万的人数为

270 万，年收入 100 万到 250 万的人数为 105 万。

候选人魅力认同型则以青年、妇女群体为主。台湾 20—39 岁青年人口 718 万，占全部人口的 30% 以上，其中 20—29 岁人口 324 万，30—39 岁人口 394 万。青年诉求变革，且意识形态绿化较重，支持国民党的比例相当低，国民党候选人往往以个人特质吸引青年支持者。拥有投票权的妇女人口超过 860 万，妇女群体相对保守，意识形态相对男性较弱，多次大型选举的投蓝比例高于男性，对候选人个人特质更加看重。

氛围影响型则以下层民众为主，主要包括城市劳工、国民党地方动员结构影响之外的农村人口。根据"卫生福利部"统计，家庭总收入除以全家人口后每人每月低于 10869 元贫穷线的低收入人口和家庭平均收入低于 16304 元的中低收入人口约 610 万，是最容易对执政者产生不满、最容易受到大的政治环境影响的群体。

以上分类虽然免不了交叉重复的部分，但可以从多个面向凸显出国民党支持基础的根基所在与薄弱之处。分析国民党的支持基础，从族群的角度看，国民党是一个统合外省籍、客家人、少数民族等少数族群，吸纳分化本省籍精英，以对抗大福佬沙文主义的政党，由此观察到的国民党支持基础是 650 万少数族群，再加上吸纳到的闽南族群；从阶级的角度看，国民党是以 125 万军公教特殊群体为内核，以拥有庞大政经资源的大资产阶级、地方士绅为骨干，在城市以 375 万中产阶级为主要支持者，在农村以血缘、地缘等传统纽带相维系，因此在价值取向上，国民党是相对右倾的保守主义政党；从意识形态上看，最坚定支持国民党的是以拥有近 19 万成员的黄复兴党部为首要核心力量，其次是台商、陆配、海外侨胞、金门马祖居民等约 140 万具备大中国意识的群体，再次是接受两蒋教育，持"中华民国在台湾"理念的人士，最后是不满民进党"台独"路线的人士。

从国民党支持基础的发展态势看，由于对青年吸引力不足，理念认同型中的大部分是老一辈，随着时间消逝而逐渐凋零，自然是呈现萎缩的状态。虽然有陆配、台商二代等新渠道的补充，但无法改变核心支持基础萎缩的趋势。相对而言，拥有庞大人口基数的北部客家人群体以及拥有 6 个"立委"保障席次的少数民族群体的分量就愈加凸显。目前看，民进党削弱国民党火力最集中的也是这两个群体。对少数民族群体，民进党提出少数民族史观，把少数民族高高捧起，不过由于经营时间不长，且经营方式相对"假大空"，少数民族群体并不买账。对北部客家群体，民进党不惜违背"党政军退出媒体"的法规，让

"客委会"利用政府资源成立经营"客家电台",实质成为护航政策的洗脑工具,潜移默化客家人政治倾向。同时,民进党掌握了桃园市、新竹市等客家聚居区地方执政权,桃园市市长郑文灿低调务实的做法非常符合当地人胃口,新竹市市长林智坚也颇受地方好评,客观上在松动国民党的社会土壤。而新北市、苗栗县、新竹县等仍然掌握在国民党手中的地方则相对稳固。

利益结合型中,无论是大资产阶级还是地方派系,国、民两党的争夺都十分激烈。民进党对大资产阶级是采用胡萝卜加大棒的形式,一方面扶植亲绿的行业团体,如生技产业,另一方面打压与国民党交好的泛蓝金主,如以清查永丰金弊案为契机,对传统上与国民党共生的金融体系进行大换血。由于民进党防范大陆市场、故步自封的做法不符合大资产阶级利益,整体上大资产阶级虽然在政治上更加谨慎,但仍然是国民党的支持基础,尤其是国民党对大资产阶级财力的需求更胜以往。对地方派系,民进党对小型派系采用分化吸纳的手法,主要体现在浊水溪以北民进党新近掌握地方执政的县市,已经发生数起国民党桩脚改旗易帜的事件;对大的地方派系则采用弱化替代的方式,对那些掌握农会、农田水利会、宫庙的地方派系而言,由于拥有固定的财源和封闭的动员系统,基本不受民进党影响;而对那些依赖工程发包、依赖垄断性经营的地方派系而言,则面临极大的生存挑战。

政策认同型的部分,国民党的经济牌、两岸牌开始重新具有吸引力,特别是民进党针对军公教清算式的年金改革,放任两岸关系僵化,使得社会中间层极度不满,将成为国民党最能够扩大支持基础的潜在群体。

候选人魅力认同型的部分,洪秀柱任内重用平民子弟的做法确实吸引到一部分年轻人,但由于缺乏对年轻人的长期经营,国民党与年轻人的鸿沟仍旧很深。妇女群体总体上追求稳定生活,投蓝比例始终高于男性,国民党的空间依旧很大。

氛围影响型部分,蔡当局"一例一休"政策彻底激怒了工薪阶层,但这部分人对向来亲资方的国民党仍有观望情绪。

三、国民党党员结构与权力结构演变

威权时期,国民党号称 200 万党员,拥有遍及全台各地的一般党部、小组和遍布各行业的特种党部,如设在"行政院"的"汉兴党部"、设在台湾省政府的"田单党部",设在金融、生产事业、警政、新闻、生产事业、交通等领域的专业党部。2000 年国民党首度失去政权后，为精简机构以强化向心力，大量裁撤特种党部，原本 400 个区党部精简为 200 个，15000 多个小组缩编为 8000 多个，特种党部仅保留以退役军人为主的黄复兴党部，并进行党员重新登记。截至 2001 年底，重新登记党员数仍高达 101 万人，其中黄复兴党部达 16 万多人。2005 年，国民党党员约 112 万，拥有党内选举权的党员人数高达 104 万，有投票权的黄复兴党部成员达 18.5 万。2009 年以后，国民党虽然仍号称百万党员，但有投票权的党员开始锐减，2009 年为 53 万，2013 年为 38 万，2015 年为 35 万。而在此期间，黄复兴党部所属党员一直相对稳定。2013 年，黄复兴党部所属党员已经高达 20 万人，具有 21 个支党部、181 个区党部、7516 个小组，有投票权的大概在 9 万多人。截至 2017 年 4 月 7 日，国民党党员总数近 95 万，黄复兴党部成员近 19 万。其中，缴交党费具有党内选举投票权的党员人数再度上升为 46.5 万，其中具有党内选举投票权的黄复兴党员为 10.5 万，一般党员是黄复兴党部成员的 3 倍。

由此可见，连战党主席任内（2000.06—2005.08），单独保留意识形态较强的黄复兴特种党部有利于清除李登辉余毒，强化国民党的向心力。黄复兴在党内虽然人数较多、分量很重，但在党内的发言权而言，仍是受到极大限制的，主要体现在党代表的比例与一般党部党代表的比例是 1：9，而国民党当时的权力中枢是建立在党代表选举出的中常委之上。马英九党主席任内（2005.08—2007.02，2009.10—2014.12），前一阶段携全党上下对国民党重返执政的厚望，凭借个人魅力一度成功统合了党内本土派与教义派；后一阶段则由于实现完全执政，为摆脱党内掣肘，定位"以党辅政、党政分离"，权力中枢由传统的中常会转移到"五人小组会议"，这种脱离党员结构的做法，最终导致"马王政争"、年金改革反弹等重大事件难以收场，不仅重创马英九民调，也让党员离心离德。朱立伦党主席任内（2015.01—2016.1）基本延续马英九后期的状况，无力扭转党员结构松散的状况，反而因"换柱"事件加剧党内教义派与本土派之间的矛盾。洪秀柱党主席任内（2016.03—2017.06），由于整体党员的萎缩，黄复兴党部的分量得到凸显，但教义派与本土派的这种矛盾未能解决，反而进一步恶化。

吴敦义当选国民党新任党主席，得益于整体党员数量扩张，黄复兴党部权重降低，国民党再度回归了 2005 年前的党员结构。不过，党代表的比例已经发生变化，其中一般县市党部党代表由现行 900 席增为 1097 席，黄复兴党代表由 101 席增为 278 席，海外代表维持 100 席，大陆地区代表由 40 席增至 60 席，总席次由 1141 席增至 1535 席。黄复兴的党代表由总数的 8.8% 上升到 18.1%，包括海外党代表、大陆党代表在内的深蓝整体比例由 21.1% 上升至 28.5%。

就党务系统而言，国民党在野时的权力中枢除了党主席，重大事件的决策仍在中常会，虽然中常委选举尚未举行，但通过党代表选出的中常委，脱离不了党员结构限制。从党员结构来看，深蓝在党内的分量是实质提升了，无论是党主席还是党内中常委，都必须重视深蓝的声音。因此，"中国国民党"不会改名为"台湾国民党"不只是吴敦义作为党主席个人所决定的，更是因为深蓝党员在党内仍具有举足轻重的分量所决定的。也就是说，从党员结构来看，整体党员的增加，党员结构与台湾社会结构之间的差异缩小，本土派重新掌握权力以及深蓝党内权力比重上升等因素，党员结构重新具有一定的包容性，使得洪秀柱时期教义派与本土派的矛盾激化态势得到缓解，短期内有利于国民党的团结。不过，国民党的党员结构也反映出更深层次的问题，就是国民党现阶段的主要矛盾已经不是教义派与本土派争夺意识形态主导权的问题，而是一般党员整体数量的实质萎缩和黄复兴党部党员的逐年凋零。

另外，国民党的权力结构除了党务系统本身的结构外，还涉及党中央与"立院党团"的关系，党中央与地方党部的关系。长期以来，国民党中央是高度集权的，在人事提名任命、选举动员、财力分配与支持、政治议题方向等方面都有绝对的主导权。在威权统治时期，党的功能主要是执政，是确保统治机器高效运作，要求上令下达、贯彻党中央意志，相应的，党内结构也是垂直的、金字塔式的。2000 年在野后，国民党仍然得以维持党中央权威，除了体制的惯性外，主要在于国民党仍拥有庞大的财源、雄厚的基层实力、"立法院"多数席位。2008 年重新执政后，原有条件仍在，且有行政权加持，国民党中央仍然处于优势主导地位。但 2016 年"大选"惨败以后，国民党实力全面萎缩，"立法院"连三分之一席次都不到，地方执政县市也所剩无几，尤其是，遭遇党产清算后，国民党面临严峻的资金慌，造成党中央权威严重削弱。洪秀柱党主席任内，原有的垂直结构已经难以维系，主要表现在"立法院党团"实现自主，与党中央经常不同调；地方党部也要求自主，党部主委直选而非由党主席任命。由于原有条件不再，吴敦义当选后，垂直结构的瓦解趋势也难以改变。

四、国民党政党运作方式及其挑战

机械团结以低度分工为基础，以强烈集体意识为纽带。国民党传统的政党运作方式脱胎于威权体制，是凭借高度的中央集权，辅以强大的政经资源，建立起绵密的恩庇侍从体系，以胡萝卜加大棒的方式实现自上而下的选举动员，是典型的机械团结。

随着整个台湾社会的变迁，实现机械团结的两项关键条件在逐步丧失。一方面，在国民党支持基础、党员结构、党内权力结构均发生从量变到质变的情况下，国民党原有的简单垂直分工体系已无法适应越来越复杂的竞争环境。政党利益与地方民意代表的利益、地方派系的利益交集越来越小，分歧越来越多，简单的指令性动员常常会因缺乏权威而得不到执行，因无法适应地方生态而走形变样、收不到效果。这体现在马英九时期对地方派系的动员严重乏力，在马英九后期对重大法案的推动上得不到多数"立委"的有效支持以及在洪秀柱时期"令不出党中央"的尴尬。同时，以低度分工形态运作的国民党传统庞大外围组织也在迅速瓦解中，包括"妇联会"、"青年团"、军友社、各地民众服务分社等在面临党产会追杀之前，本身的有效运作就处在持续萎缩之中。另一方面，国民党的集体意识也变得越来越模糊。随着最具备强烈共同意识的老一辈国民党员及其支持者的逐渐凋零，国民党的传统意识形态对在台湾本土成长起来的中生代而言缺乏吸引力，实际利益取向的务实态度是主流，而新生代的想法更是多元开放。因此，洪秀柱提出"一中同表"这个本是国民党传统意识形态应有之义的论述，却遭到党内各派系的围剿，就是国民党传统集体意识不断淡化累积到一定程度的结果。

机械团结难以维系给国民党带来一系列极具挑战性的后果：一是"乔"文化的逐渐没落。由于缺乏资源和长期信赖基础，权力斗争越来越公开化，国民党传统宫廷文化会逐渐式微，黄袍加身变得越来越不具有可行性。二是党的凝聚力下降。党中央权威削弱，派系山头凭借实力获取自身利益最大化，派系的此消彼长会更加明显，党籍地方县市长的话语权会逐渐增大并容易成为新的派系，"立院党团"与地方实力派更容易在具体议题上任性而为[15]，不服从党的整体利益诉求。三是募款艰难。国民党需要很长的时间去适应以募款为主的组织体系，党中央会经常面临财政困境。四是组织重整。国民党内部的基层组织以及外围组织都有重新调整的压力，会有大量的基层组织被裁撤合并，大量的外围组织实质瘫痪。

五、国民党向"有机团结"转变的外在条件

2016年"大选"的惨败将多年来国民党面临的结构性问题暴露无遗，直接

破坏国民党原有结构。民进党全面执政后，更是穷追猛打，继续从正当性、财产、人事、组织甚至支持基础等全方位清算国民党。国民党的转型除了内部的各种调整压力外，还面临极其严峻的外部形势。幸运的是，外在的制度保障降低了对国民党的冲击，延缓了国民党的衰落。民进党上台后系列的执政失误迅速转移了矛盾焦点，客观上也为国民党转型提供了有利条件。

一是单一选区两票制确保了国民党生存的制度空间。这种两党制导向的制度设计极大地限制了"时代力量"所代表的新兴"台独"势力的发展，也限制了其他泛蓝势力如亲民党、新党、"民国党"对泛蓝基本盘的抢食。在这种强化蓝绿二元结构[16]的制度下，大党即便遭遇重大挫败，仍是"瘦死的骆驼比马大"。

二是现有的选区划分避免了国民党"一泻千里"。现有的"立委"选区划分始自2007年，也是两党制导向的制度设计，并且强化了北蓝南绿的政治结构，直接导致亲民党的弱化与泡沫化。使得国民党在传统蓝远大于绿的选区依然能够经受得住政治海啸的冲击，避免全面崩盘。此外，在乡镇市长、村里长层级，国民党具备的基层优势，不仅仅是显性的地方党部机构设置，更体现在多年来基层经营形成的人脉关系，包括实际负责地方事务的乡镇市长、村里长，乃至普通义工，均不是短期内可以被破解的。

三是外岛选区、少数民族保障名额放大了国民党的优势部分。金门、马祖人口虽少，但也各有1席"立委"。少数民族"立委"保障名额分山地少数民族和平地少数民族各3席，共6席，其中4席为国民党掌握，另外1席为与国民党交好的高金素梅，仅1席为民进党掌握。在国民党总共35席"立委"中，除去12席不分区"立委"，外岛和少数民族的6席"立委"所代表的人口不多，分量却十足。

四是保护少数的"宪政"设计延缓了国民党的衰落。"立法院"的"朝野"协商制度曾经是马英九执政时期国民党因难以推动政策并为之大为头疼的一项制度，如今主客易位后，这一制度成为国民党延缓民进党清算政策推行的重要法宝。另外，"司法院"与"监察院"的制度设计也是有利于保护国民党免受政治清算的。"司法院大法官"的任期保障制度及任期与地区领导人任期错开的制度设计，避免了民进党同时掌握行政、"立法"权后再迅速将手伸向司法。"释宪"的制度设计更是为处于劣势的少数政党免受"立法"损害提供了最后的救济空间。同样的，"监察院"也有任期保障和任期分离的制度设计，成为国民党在民进党全面执政后的最后堡垒。

五是蔡当局的执政失利改变了社会氛围。由于蔡当局执政太糟糕，当前的社会氛围已经不是"国民党不倒、台湾不会好",而是发现当初改变的期待非但没有朝良性方向发展,反而因蔡当局的肆意作为而有越变越差的趋势,社会有对蔡当局进行牵制的需要,"时代力量"囿于其深绿属性的限制并未达到这一期望,就给国民党留下了空间。只是多年来积累下来的对国民党的不信任氛围仍在,对两个烂苹果的看法仍在,民间社会虽对"时代力量"失望,但对柯文哲的期待反而上升,这也是反蔡民意上升,国民党支持度未见明显起色,柯文哲满意度却回稳的原因所在。

六、国民党向有机团结转变的方向

虽然国民党传统运作方式已经行不通,但因为国民党的支持基础仍在,党员结构仍兼具战斗性和包容性,外部环境与制度空间也有保障,权力结构及其运作方式的调整有相当的内生动力向有机团结转变。结合涂尔干有机团结的理论,[17] 可以推测出国民党可能转变的具体面向:

一是财务危机迫使国民党主动强化与支持者的联系。党中央、"立委"与大资产阶级、台商的接触会更多,传统大老对国民党的影响力很大程度体现在募款能力上。地方党部与支持者的联系要求更高,内在动力也更大。支持者对国民党的发展方向、议题选择影响会更大,客观上有利于国民党深入了解、快速反映支持者的立场,更接地气。

二是权力多元化让高度分工成为可能。党中央与"立法院党团"、地方党部的高度分工,党中央的角色更多地体现在维持日常党务系统的运作和确保选举时的动员,日常透过发言人系统表达立场,透过智库强化对"党团"的支援和议题引导。"党团"的分量更具凸显,虽然会有统一的提案,但"立委"的提案将更加多元化、个性化,"党团总召"甚至"书记长""副书记长"等其他党团领袖在党内决策中的位置会更加凸出。党内以不同利益为纽带形成的次级团体会更多元、更有活力,包括限于某一地方的地方派系,围绕某一位地方县市长或者政治大老的党内派系,限于维护某一阶层利益或体现某一年龄层利益的连线组织,关怀某一特定议题的临时组织等。

三是权力多元化促成政治文化更具开放性。权力冲突没有裁判之后,就只能依靠相互之间实力的折冲妥协,解决矛盾更依赖制度手段,难以妥协时更依赖法律手段,已非传统的"乔"事能够了事,各种党内初选的激烈程度要更甚以往。这在洪秀柱党主席后期,已出现各类重大争议必诉诸法律解决,党代表选举更加激烈的情形。可以预期，这种发展趋势既会强化现有实力派的优势地位，也有利于有才干的平民子弟在国民党内获取相对公平的发展机会，从而在一定程度上增强国民党的战斗性。

四是外在压力有利于产生广泛的相互依赖。地方派系尤其是那些拥有封闭利益体系的大型地方派系，与国民党在反对民进党蚕食的共同利益基础上的相互依赖增强。国民党的传统外围组织虽然在短期内僵化、瘫痪甚至解体的居多，但新的外围组织也会产生，包括国民党不在台面上的政治人物成立的各类基金会，以台商、陆配、少数民族等特定族群为动员对象的新兴组织，为反抗民进党政治清算而成立的各类权益保障组织，因民进党执政而利益受损的各类行业组织等。

七、国民党意识形态及可能发展方向

国民党的意识形态应该包括两个面向，一个是认同的面向，包括身份认同、国家认同等；另一个价值的面向，包括政治路线是"左倾"还是右倾，核心价值是自由主义的还是保守主义的。从本文分析的几种结构出发，分析国民党的意识形态走向，可以得出相对平实的结论。

就政治路线而言。从国民党的支持基础看，包括大资产阶级、台商、军公教、高收入中产阶级在内的核心支持者约300万以上，更注重经济的发展而非分配，更注重秩序的保障和延续，整体上是保守右倾的；从国民党的党员结构和权力结构看，军公教是核心成员，地方派系、资产阶级掌握主要权力，也决定了国民党整体上是保守右倾的；从外部环境看，多年来国民党与既得利益者的合作关系已经根深蒂固，而对于社运、环保等进步价值的投入经营有限，与强调改革与分配的社运、劳工等团体的关系还缺乏信任；从运作方式看，国民党仍然依赖地方派系等基层动员体系，但开放性会愈来愈强，多元化越来越明显，必然带来价值观念也越来越分歧，包容性会增强，很可能出现国民党中央有意展现包容形象，但党内骨架仍是保守右倾的情形。

就认同而言。从国民党的支持基础看，具备鲜明大中国意识的群体约200万，且成长环境或者教育环境与大陆连接较深的老一辈外省籍处于持续的缓慢衰减中，陆配等新加入的群体人数有限，不足以弥补大中国认同身份者的流失；从国民党的党员结构和权力结构看，黄复兴党部仍然在党内维持相当高的比例，且通过党代表制度改革，增强了自身的分量，国民党的内核仍然是拥有大中国意识的深蓝群体，但深蓝在党员结构上被浅蓝包容，在权力结构上由浅蓝主导，关于两岸关系的论述已经不可能再重回洪秀柱时期积极主动的路线，但仍会维持消极的"是台湾人也是中国人"的双重认同；从外部环境看，两党制要求国民党与民进党在认同上做出区隔，虽然执政时被扣上"亲中卖台"的红帽子，但在野后两岸牌是国民党在选举动员中可以利用的相对优势，国民党不但不会放弃，还会充分利用其工具性价值；从运作方式上看，机械团结条件的丧失必然包括集体意识的淡化，而新的有机团结的形成是国民党各个部分的重新联系整合，认同对于国民党的意义势必变成选举之外的次要因素，而新的集体意识中的两岸认同取决于大陆对国民党各个部分的影响程度。

注释

[1] 托克维尔：《论美国的民主》（上卷），北京，商务印书馆，2013 年，第 351—402 页。

[2] 托克维尔：《旧制度与大革命》，北京，商务印书馆，2016 年，第 240—247 页。

[3] 埃米尔·涂尔干：《社会分工论》，北京：三联书店，2013 年，第 338 页。

[4] 埃米尔·涂尔干：《社会分工论》，北京：三联书店，2013 年，第 326 页。

[5] 马克思：《资本论》（第三卷），北京：人民出版社，1975 年，891—892 页。

[6] 百度百科，http://baike.baidu.com/item/ 塔尔柯特帕森斯。

[7] 搜狗百科，http://baike.sogou.com/v415388.htm?fromTitle= 阿尔都塞。

[8] 陈咏江：《国民党的支持基础及其变化研究》，第五届两岸关系和平发展学术研讨会，上海：上海台湾研究所，2015 年 12 月，第 243 页。

[9] 维基百科，http://zh.wikepedia.org/wiki/ 台湾人口。

[10] 根据台湾年龄层人口分布情况，65 岁以上人口与 45 岁到 64 岁人口的比例大致在 3∶1，由此推估外省籍一代人口 75 万，二代人口接近 230 万。

[11] 据全国台企联估算，2008 年"大选"返台投票台商人数超 25 万，2012 年"大选"返台投票的台商人数超 20 万，2014 年"九合一"选举返台投票台商人数约 15 万，2016 年"大选"返台投票人数约 10 万。

[12] 维基百科，http://zh.wikepedia.org/wiki/ 台湾人口。

[13] 维基百科，http://zh.wikepedia.org/wiki/ 台湾人口。

[14] 陈咏江：《国民党的支持基础及其变化研究》，第五届两岸关系和平发展学术研讨会，上海：上海台湾研究所，2015 年 12 月，第 246 页。

[15] 2017 年 7 月初审查明显为民意反对、对国民党整体不利的"前瞻条例"，国民党"立委"居然在象征性地占据主席台两天后，在首次临时会的最后一夜放弃抵抗，让"前瞻条例"轻松过关，就是在缺乏党中央有力约束后的自私、短视、任性作为。

[16] 这种蓝绿二元结构正在因为蓝营的松散化，在台北市这样的多元社会中遭遇挑战。但目前看，仍然只有台北市这样的大都会具备接纳无党籍地方领导人的社会基础。

[17] 埃米尔·涂尔干：《社会分工论》，北京：三联书店，2013 年，第 338—340 页。

浅析国民党发展面临的困境及挑战

浙江台湾研究会   孟娅建

2016 年年初台湾地区举行的领导人和"立法院"选举，国民党遭遇史无前例的挫败，不仅再一次丢失政权，也失去"立法院"的多数席位；民进党达到了重返执政的目标，"立法院"的席位也单独过半，首次实现"全面执政"。岛内"绿大蓝小"的政治生态趋势继续蔓延，国民党陷于艰困的境地，未来发展面临着新的挑战。

一、国民党的内外困境

国民党再次在野后，陷入了"退台"以来最严重的危机之中。

（一）外部政治环境极为不利国民党发展

一是遭遇绿营的政治清算。 2016 年初的领导人选举，蔡英文以 56.12% 支持率、689 多万张选票的优势当选新一任台湾地区领导人，大胜国民党参选人朱立伦 308 万票，国民党再次沦为在野党。民进党通过这次选举实现了"全面执政"，岛内"台独"势力再度集结，活动更加猖獗，各种分裂主张甚嚣尘上。民进党高举"转型正义"大旗，利用执政后手中拥有的行政资源以及"立法院"的席次优势，推出针对国民党的"政党及其附随组织不当取得财产处理条例"和"转型正义条例"，前者以立法的方式处理国民党的财产，对国民党实施"釜底抽薪"式的打击，后者则是站在所谓的"转型正义"的道德制高点上，将国民党以往在台执政贴上"威权统治"的标签，对国民党实施政治清算，目的是要"永续执政"。面对民进党的政治追杀，国民党尚无积极的化解策略，国民党在岛内的政治环境严重恶化。

二是"立法院"优势不再无力阻挡绿营主导的法案。以往国民党在"立法院"拥有半数以上席位的优势不再，在本届"立委"113个总席次中，国民党仅剩35席，连最低38席的提案门槛都没能跨过。民进党占据了68席"立委"，成为"立法院"第一大党，加上"时代力量"的5席，"绿营"的总席次达到73席，逼近三分之二。"立法院长"也由蔡英文的亲信苏嘉全当选。以民进党为首的"绿营"牢牢掌握了"立法院"的主导权后，接连推出"政党及其附随组织不当取得财产处理条例""促进转型正义条例""公务人员退休抚恤法草案"及"公立学校教职员退休抚恤条例草案"，刀刀砍向国民党及其支持者，却让失去"立法院"优势的国民党党团无还手之力。

三是在地方政治实力严重萎缩。岛内政治版图长期形成的"北蓝南绿"政治格局已被打破，绿营成功跨过浊水溪向台湾中北部地区挺进，掌控了全台22个县市中的13个县市，其执政县市人口也占据全台湾有选举权人口的6成以上。国民党只剩下6个县市的地方执政权，除了传统地盘被绿营蚕食，少数地方派系向绿营倒戈，令国民党地方执政雪上加霜。2017年2月初，高雄农会理事长改选，国民党籍高雄市农会总干事萧汉俊在参选理事长一职过程中公开倒戈，在为选举举办的酒席上，正为接任高雄市长打拼的民进党"立委"刘世芳到场致意，萧汉俊当众呼吁支持刘世芳，公开表态力挺。马英九执政以来，国民党疏于地方经营，全由地方自食其力，现在国民党的实力今非昔比，地方势力倒戈绿营的动作将不断上演。

四是生存空间受到"急独"新兴政治势力挤压。以"时代力量"为代表的新兴政治势力在岛内社会运动中快速崛起，这是一股受李登辉、陈水扁"台独教育"成长起来的势力，政治立场极为激进，意识形态否认"两岸一中"认同，具有强烈"反中仇中"情结，获得了不少岛内年轻人的支持。"急独"势力"时代力量"在"立委"选举中获得5个席次，跃升为第三大党。"急独"新兴政治势力快速崛起，严重冲击国民党的政治环境，也进一步挤压了国民党的生存空间。

五是台湾社会趋"独"氛围不利国民党争取选民认同。持续的"去中国化"教育，培植了岛内民众尤其是青年世代的"台湾主体意识"，马英九时期在政治上采取绥靖政策，没能抓住执政机会在文化教育上导正青年世代的两岸观，任由绿营继继续操弄放大台湾是"主权独立国家""台湾前途要由2300万台湾人民决定"议题，岛内"拒统"意识不断跨越省籍界线，"反中仇中"思潮蔓延，深刻地影响到2016年大选的投票倾向，129万"首投族"的选票绝大部分投向蔡英文。大选结束不久，《联合报》做了一次民调，当时自认是"台湾人"的比率上升到73%，创调查以来的新高；自觉是"中国人"的比率仅剩11%[1]，创20年来新低。蔡英文执政后，采取一连串的"去中国化、去蒋化、去孙中山化"政策与手段，以图最终改变台湾是中国一部分的现状。台湾社会经过长期的"去中国化"教育，带来的另一个反面作用就是年轻一代对国民党的反感。蔡英文上台执政已经一年，提升台湾经济并无特别的能力，民众对其执政的好感度趋于下滑，如5月初立场偏绿的《美丽岛电子报》发布"蔡英文执政一周年"民调，有80.6%民众认为4月份岛内整体经济情况不好，43.8%表示不信任蔡英文。其中"朝野"两大党好感度评价一项，民进党是32.9%，国民党为23.5%，低于民进党；而反感度评价一项，民进党是47.3%，国民党有52.1%，国民党又高于民进党[2]。对照2016年5月蔡英文执政首次民调结果，民众对民进党51.8%好感、24.7%反感，对国民党24.5%好感、53.5%反感，那么一年后的民调虽然反映了民进党执政一年来，其政党评价由正面趋向负面，但是，国民党并无明显变化或提升好感度。蔡英文执政无能的弊端已经显现，但国民党民意支持度并没有因为民众对蔡当局不满而得以提升。岛内社会氛围依然不利于国民党争取到选民的认同。

（二）国民党的内部困境

百年老店国民党正面临失败后的内部困境之中。

一是深陷党内权力斗争的泥淖。2016年初"两选"失败，国民党本该痛定思痛，认真总结经验教训，团结一致，思考东山再起之路。然而，国民党长期形成的内斗习性让国民党至今陷于内部权力与路线争斗的泥淖，不能自拔。去年的党主席补选"四强争霸"战中，党内深蓝力量与本土派展开激烈的较量，洪秀柱得到黄复兴党部力挺，以78829票、56.16%得票率当选，本土派支持的黄慧敏落选。围绕2017年的党主席改选，因事关2018年"九合一"地方选举的提名权以及2020年领导人大选的布阵，洪秀柱、吴敦义、郝龙斌、胡志强、詹启贤、韩国瑜和潘维刚投入参选，"六强争霸"成为国民党历史上最热闹的一次党主席改选，但热闹的幕后却是充满攻讦的党内派系内斗。按照国民党主席的选举办法，在第一轮投票中获得过半支持的候选人将当选新任国民党主席，若第一轮投票中没有候选人获得过半支持，前两名将进入二轮投票。在此规则之下，由于参选人数多达6人，都担心过不了半，由此上演了各阵营捉对厮杀大戏，到了白热化程度，除了缝周三的中常会上不断的缠斗，互相呛呛、攻讦，各阵营还在"地方党部主委直选"、党主席参选人的连署"门槛"、人头党员充斥等议题上运用新媒体散播流言、释放黑函，给社会留下"内斗内行"和"内部不团结"的不良观感，完全忘记国民党已是在野党的身份和东山再起的责任，让支持者十分迷茫。

二是中心思想论述混乱。国民党是中国民主革命的伟大先驱孙中山先生创建的政党，其宗旨是"以三民主义为基础，胸襟开放，建设整个中国"，三民主义是国民党的基本理论和中心思想，在此思想指导下建设一个强大的中国是孙中山先生的遗愿，国民党退台之后的"两蒋"时代尚能遵循这一宗旨，但自李登辉任国民党主席开始，出于政治上用意，国民党的中心思想被一步步地摧毁，此后的历任国民党主席都没能重新提出具有前瞻性的中心思想论述，特别是马英九执政的8年里，本该抓住重新执政机会重建党的中心思想论述，却以"不统不独不武"为基本原则，不敢明确坚守国家统一立场，却和民进党争抢"爱台湾""台湾优先"论述，放弃了论述中心思想的努力，国民党失去了自我定位和未来发展方向。国民党对两岸关系及国家发展的论述一路滑坡，最终丧失了发展议题话语权，再一次失去政权。2016年3月26日，洪秀柱通过补选当选国民党主席，她在9月4日举行的国民党19届"全代会"第4次会议致开幕词时提出要"坚持创党立国的中心思想与核心价值"，但是，由于洪秀柱的党主席任期时间仅1年2个月，围绕新一届党主席选举的权力斗争紧接着上演，无法整合全党重建中心思想论述。中心思想迷失让国民党进一步陷于混乱的困境之中。

二、国民党面临的挑战

国民党从谷底翻身，重返执政，最大的挑战来自国民党内部。

一是党内"本土与非本土"的两岸路线分歧。两岸路线分歧是2016年国民党败选的原因之一。从2016年候选人的提名、败选后的党主席补选、再到今年的党主席改选，国民党内部一路上演的权力之争，本质上是"本土与非本土"的两岸路线之争。马英九执政八年，两岸关系和平发展成果丰硕，但攸关两岸政治定位的表述方式却发生了改变，以"不统、不独"为其两岸立场的出发点，"九二共识、一中各表""'中华民国'是个'主权独立'的'国家'"贯穿始终，渐渐地不再提"国家统一"，让传统派深深地忧虑。洪秀柱参选高呼"一中同表"，将党内两岸路线分歧公开化，也被本土派采取的"防洪"措施阻拦。2016

年党主席补选，代理主席的黄敏惠明确将其定位为"本土与非本土"的路线之争。今年的党主席改选，国民党围绕两岸路线再次展开激烈攻防，6 位候选人在两岸论述方面，都表示认同马英九的"九二共识、一中各表"两岸主张，但是都强调"各表"、淡化"一中"内容。国民党主席改选已尘埃落定，两岸路线何去何从，是国民党未来发展的重大挑战。

二是组织体系老化人才后继乏力。国民党退台后长期依靠垄断行政资源打赢选战，造就了国民党组织体系老化、组织文化陈腐、组织动员能力削弱的政党体质，无法适应岛内时局变化，在近年岛内重大选举中屡战屡败。陈腐的组织文化和僵硬的组织体系造成党内新生力量缺乏上升空间，国民党又长期忽视年轻接班梯队培养，组织与人才青黄不接问题十分突出，从 2017 年 1 月 10 日国民党中央公布党员人数及党员年龄结构可以看出，88 万 7861 名党员中，具有今年党主席选举投票资格的党员 22 万 6783 人，其中的 19 万 7442 人是 65 岁以上或低收入户免缴党费党员，中青年党员显得少之又少，表明国民党接班梯队严重断层，这是国民党未来重新出发的致命伤。

三是党的凝聚力进一步下滑。山头林立、内部不团结问题在国民党败选之后更加突出，党主席改选"六强争霸"是党内各方势力和利益集团较量的结果，无论谁当选新一任党主席，国民党中央都难以形成强有力的领导核心，内部人心涣散现状不会随着主席改选而结束，政党凝聚力进一步下滑是国民党未来发展的巨大挑战。

四是"本土化"趋势加快。受岛内政治环境恶化以及社会民意氛围变化影响，国民党在野后"行政""立法"资源全面匮乏，加上失去党产造成的经费运转困难，党中央的权威性下降，往后无论是地方执政选举还是"民意代表"选举，地方动员将更加依赖于候选人在地方的人脉经营及其个人理念，党内"本土意识"会进一步强化，国民党走向"本土化"趋势已无法避免。5 月 20 日，出身台湾本省的吴敦义以 144408 票、52.24% 的得票率当选新一任党主席，其得票远远超过洪秀柱与郝龙斌两人之和。选前选后吴敦义在两岸政策上只强调坚持"一中各表的九二共识"，能获得大多数党员的支持，表明国民党内部大部分人认同其"一中各表"两岸主张。以吴敦义的政治理念以及为了应对接连而至的选举需要，他带领国民党加快走向"本土化"的趋势是肯定的，这也是考验国民党能否坚守"谋求国家统一"中心思想的挑战。

三、新形势下推动国共交流的意义

国民党是岛内反对"台独"分裂势力的重要政治力量，也是联结两岸关系的主要政党，承续着两岸之间的种种历史记忆，目前拥有 30% 多的基本盘，是台湾第二大政党。在民进党重新执政破坏两岸政治互信的现实之下，国共两党继续巩固与推动新形势下的交流，积极维护与创新两党共同政治基础，赋予新的生命力，具有重要的现实意义。

一是延续国共两党领导人高层会晤机制有现实必要性。"九二共识"是国共交流的政治基础，2005 年 5 月以来，国共两党在此基础上建立领导人会晤机制，两党高层多次会晤，积极合作，共同推动两岸关系朝着和平发展的正确道路前行，取得一系列惠及两岸同胞的重要成果，在两岸关系史上谱写一曲光辉篇章。当两岸关系遭遇民进党重新执政的新形势下，国共两党再次承担起历史使命，2016 年 11 月 1 日在京继续举行国共两党领导人高层会晤，习近平总书记会见了洪秀柱率领的国民党代表团，两党再次明确要坚持"九二共识"、反对"台独"这一共同政治基础，一致认为两党应继续巩固这一政治基础，增进政治互信，维护两岸关系和平发展与台海和平稳定。这是两岸关系趋于严峻复杂的新形势下，国共两党领导人的一次重要会面，对于落实两党领导人达成的共识、延续两党交流平台具有重要意义。5 月 20 日，吴敦义在国民党新一任党主席选举中获胜，习近平总书记致贺电强调两党要"坚定反对'台独'，把握两岸关系和平发展正确方向，同为中华民族伟大复兴而奋斗之"。吴敦义在回函中先强调"一中各表"，后再表示"两党持续深化'九二共识'，推动两岸和平制度化"。对吴敦义这样的新对手，通过两党高层领导人会晤机制，督促吴敦义坚持"九二共识"，旗帜鲜明地反对"台独"，带领国民党共同为中华民族伟大复兴而努力，具有现实必要性。

二是开启新形势下两党对话交流活动引领两岸关系发展。为落实国共两党领导人达成的共识，2016 年 12 月 23 日，正式启动两党交流对话活动，两党围绕基层党际交流及两岸民众权益保障等议题进行了充分交流，再次确认坚持"九二共识"、反对"台独"，也明确未来将借助两党交流合作平台，继续积极推动两岸各领域，尤其是民间的交流合作，要为两岸民众权益代言发声，解决更多事关两岸同胞切身利益的实际问题，切实增进两岸同胞的福祉。在当前两岸制度化协商机制中断的现实下，加强并扩大两党对话交流平台，成为引导两岸民间各方往来的推动力量。

　　三是顺应新形势创新发展国共政党平台。"两岸经贸文化论坛"（即国共论坛）是国共两党重要的政党交流平台，已连续举办 10 届，取得了丰硕的成果，为推动两岸关系和平发展发挥了不可替代的重要作用。2016 年 11 月初，国共两党顺应两岸关系新变化，适时将"两岸经贸文化论坛"转型为更具广泛性和代表性的"两岸和平发展论坛"，来自两岸的多家民间团体围绕两岸关系发展中的重要问题积极开展交流与对话，建言献策，提出了很多建设性意见和建议。这是国民党再次下野后国共两党首次联合举办的重要交流活动，是国共两党共同支持下推出的为两岸各界人士提供交流互动、坚持两岸关系和平发展正确方向的高标准平台，给了国民党扮演角色的机会，更是大陆争取和平统一的一次创新举措，有助于维护两岸关系和平发展的民意基础。

结　语

　　8 月 20 日，吴敦义正式出任新一任国民党主席。吴"本土意识"强烈，中华民族情感较淡，坚持"一中各表"的立场不易改变。未来国民党在吴敦义的领导之下，能否继续坚持"九二共识"，坚定地反对"台独"，是对国民党的巨大考验，也是国共交流面临的新挑战。但不管如何，两岸关系的主动权始终在大陆这边。我们必须坚持对台政策的底线，创新发展国共交流平台，继续把国民党纳入反"台独"阵线，引领两岸关系始终朝着正确的方向前进。

注释

[1] 《仅 11% 的民众自认是中国人创 20 年来新低》，《联合报》2016 年 3 月 15 日 A1 版。
[2] 《美丽岛电子报：蔡信任度 4 成、不信任 4 成 3》，"中评网" 2017 年 5 月 2 日。

特朗普对台政策与中美关系

华中师范大学　汪　滨

　　台湾问题自 20 世纪 90 年代中期以来，就成为中美关系中最重要最敏感的核心问题，被视为牵动中美关系大局的主要影响因素。唐纳德·特朗普（Donald J. Trump）执政前后在台湾问题和"一个中国"政策上的言论与行为以及在与习近平同志通话和会谈后，台湾问题在中美关系中的影响"暂时"弱化，无不反映出美国对台政策深刻影响着中美关系与两岸关系。随着中美关系涉及范围持续拓展，两国共同利益不断深化，美国特朗普政府在台湾问题上的策略选择与"一个中国"政策的关系值得探讨。

一

　　自 2016 年 11 月美国大选结束以来，特朗普就希望借台湾问题和"一个中国"政策向中国施压。12 月 2 日晚，台湾当局和民进党积极采取公关作业，实现了特朗普与蔡英文的通话，打破了中美自 1979 年建交以来在台湾问题上的政治禁忌，引发外界的普遍关注。此后，特朗普又多次公开发表涉及"一个中国"政策的言论，宣称美国不必受"一个中国"政策束缚，进一步触发中美关系的紧张，以至于当时许多学者并不看好中美关系和两岸关系在特朗普时代的前景。[1] 特别是许多学者基于特朗普团队成员多为军人和保守派人士的特征，以及奥巴马签署国会通过的《2017 年度国防授权法》中第 1284 节明确允许美国国防部助理部长及以上级别文官和现役将领赴台交流，项目包括对安全威胁的分析、军事理论、部队计划、情报收集与分析、任务计划以及军事演习。[2] 为特朗普政府在台湾问题上"创造条件"。另外，从共和党传统的政治主张以及特朗普竞选团队和白宫主要幕僚机构成员的构成来看，很难让人彻底相信特朗普在台湾问题上会一直保持"静默"。早在奥巴马政府时期，美国右翼保守智库，如传统基金会、美国企业研究所、2049项目研究所等的部分学者支持在"亚太再平衡"战略中强化台湾的作用和地位。而去年共和党也首次将对台"六项保证"（Six Assurances）写入党纲，并获得特朗普竞选班底的认同。当然，这并不意味着特朗普对华政策就必然会公开表现出亲台色彩，反而是在大陆和台湾之间谋求某种平衡。"通话门"事件之后，候任副总统彭斯和候任白宫办公厅主任普利巴斯都出面表示，特朗普政府无意改变"一个中国"政策。而特朗普也提名熟悉习近平主席的特里布兰斯塔德出任驻华大使，都表明美国新政府还是希望维持中美关系的稳定。

随着2017年2月10日，特朗普在中美元首通话时强调："美国政府坚持奉行一个中国政策"[3]。4月份习近平主席与特朗普总统在海湖庄园的会晤，中美关系已然超越台湾问题的"束缚"，走上了深入稳定发展的道路。"海湖庄园"会谈后，特别是特朗普拒绝与蔡英文再次通话，可以认为美国对台政策的确回到"一个中国"政策总体框架上来，即三个联合公报体现的一个中国原则和《与台湾关系法》及对台六项保证的对台政策并存的"既有"局面。不过这并不意味着在台湾问题上，美国倾向于中国大陆，而是表明未来在此问题上出现波动的可能性大为下降。当然，对于蔡英文而言，其"亲美制陆"的策略显然受挫。

特朗普对华政策的调整和对台态度的转变，反映出他在台湾问题上的实用主义思维特质，视台湾为对华政策中的策略棋子，随时可以为了更重要的利益予以弃置。这其中也反映出台湾问题在中美关系中地位及作用的本质，规律使然使之难以成为左右大国关系的力量。

二

特朗普对华政策的转变并不全然是其个人或团队所为，而是台湾在中美关系互动规律作用必然结果的反映。

台湾的地理位置恰在亚洲大陆东端与西太平洋相连接的边缘地带，又是连接东北亚和东南亚海上通道的中段，因此只要东亚—西太平洋地区的主要力量在地缘政治上对立，台湾必然是争夺的对象，毕竟哪一方力量能占据地缘关系中的有利地位，就能在对抗关系中保有优势。相反，如果当东亚—西太平洋地区的主要力量处于相对友好或战略合作状态，即没有明显的地缘政治矛盾和冲突时，台湾的战略地位便会下降，既不会成为两大力量争夺和博弈的对象，也难以成为影响战略合作的变量因素。台湾特殊的地缘政治地位导致其命运深受大国关系的影响。

只不过对于东亚大陆和西太平洋地区主要国家力量来说，台湾对各自影响的程度是不同的。从 16 世纪以来的中国历史中不难发现，正是由于台湾紧邻中国大陆腹地，与东南部地区只有一百多公里的距离，扼守住中国通往太平洋和南北方交通的战略通道，对于作为东亚大陆国家的中国而言，其国家安全意义和重要性在四百年的时间里不断上升，时至今日已达到战略层面。与之相对应，西太平地区的力量则并不以台湾为核心利益，在这类国家战略中，台湾是进入东亚大陆的跳板和防范大陆国家进入西太地区的屏障，只关系到与大陆国家在地缘优势竞逐中能否取得优势，而不涉及本国的核心利益。因此在很大程度上，中美之间围绕着台湾问题博弈的本质，就是两国在"东亚—西太"边缘地带的地缘政治较量和争夺。特别是对于美国来说，其对台湾地位的看法及相关政策完全出于对东亚整体形势及敌我关系的判断。可以说，台湾在美国东亚战略中的重要性并非很早就有，而是基于对冷战对手的防范才开始加以重视。1948 年 11 月 24 日，美国参谋长联席会议应代理国务卿罗伯特罗维特的要求，评估台湾及其毗邻岛屿在美国安全中的战略意义，并形成了《福摩萨的战略重要性》报告。国家安全委员会据此作为致国防部长詹姆斯福·雷斯特尔（James V. Forrestal）的 NSC37 号备忘录。该备忘录认为：

……如果我们不能阻止中国自身大部分为共产党所控制——这个基本假设极有可能变为现实，那么，该国在战略上具有重要意义的区域，包括飞机场、港口和沿海铁路终点站，在战争爆发时美国是不能使用的。从战略的角度出发，这将会增加福摩萨作为战时基地对美国的潜在价值，它能够用来集结部队，便于空军进行战略作战，以及控制附近的海上运输。

福摩萨及其毗邻岛屿一旦由对我们不友好的一方所控制，其战略意义将会更加重要。

如果不能阻止福摩萨被受克里姆林宫影响的政权所占据，我们必须估计到，敌方在战时将会控制日本与马来亚地区的海上通道，这对敌方有利而对我们不利；同时随着敌方的逐步强大，它会将其控制范围扩大到琉球群岛和菲律宾。上述两种情况都会在战略上产生非常严重的有害于我们国家利益的后果……

另外，福摩萨的重要战略意义还在于，它可以成为日本的食品和其他物资的主要来源。当然，在上述假设的情况下，这种来源就不会存在。这反过来很可能决定着日本在战时是成为累赘，还是潜在的有利条件。[4]

这时美国对于台湾价值和地位的认定完全取决于其对于新中国政权的认定，故此形成了两手策略，一方面由国务院基于备忘录的基本精神，于 1949 年 1 月 19 日正式起草了题为《美国对福摩萨的立场》的 NSC37/1 号文件，明确规定美国对外政策目标是不让台湾和澎湖列岛落入社会主义阵营。这就必须将台湾及其毗连岛屿与中国大陆隔离开，为此美国国务院提出三项外交举措：第一，尽可能施加影响，组织大陆上的中国人流入台湾；第二，出力帮助建立一个非共产党的台湾当地政府；第三，与台湾当地政府及其领导人保持接触，以便在合乎美国利益时策动台湾自治。[5]美国关于策动台湾"分治"或"独立"的构想直接影响着"两个中国"和"一中一台"情况的出现。当然，这并不意味着台湾对于美国的重要性就无以复加，同样在这个时候，美国还出台了另一项对台政策，即只要新中国政权不倾向苏联，美国可以允许新中国政府统一台湾。不过当新中国外交秉持"一边倒"政策，特别是 1950 年 2 月 14 日正式《中苏友好同盟互助条约》签订之后，美国进一步凸显台湾在其东亚战略上的重要性，因此在朝鲜战争爆发两天后的 6 月 27 日，杜鲁门发表了"627 声明"，正式终止尘埃落定政策，并派第七舰队军舰进驻台湾海峡，公开介入中国内战。随后美国更进一步强化台湾在美国东亚战略中的重要性，开始对国民党当局由冷淡转为支持，不仅提供大量的武器装备，派驻军事顾问团和作战部队，更于 1954 年与国民党当局订立"共同防御条约"，将台湾拉入冷战之中。台湾由于其地缘关系使然成为中美对抗和美苏冷战对峙的前沿地区，也成为整个东亚格局战略线的关键环节。因此可见，台湾的战略价值及重要性在中美对抗的背景下无疑得到了提升。

随着 20 世纪 70 年代中美关系的缓和以及两国关系的正常化，整个东亚地区的战略线在台湾海峡的部分转移到中苏中蒙边境，台湾在美国东亚战略中的地缘重要性大为下降，中美之间围绕着台湾问题的博弈主要集中于撤军、台湾政治地位和台湾问题的解决方式等方面，其中不再有地缘因素的桎梏。然而中美结束冷战敌对关系和实现正常化是出于应对美苏关系变化世界格局变迁的需要，而非因为两国要解决台湾问题，因此双方与其说在台湾问题上达成一致，倒不如说仅仅只是就此妥协而搁置分歧。当外部战略环境发生重大变化之后，台湾问题又重新成为美国对华遏制的抓手和筹码。

在冷战结束后，美国的全球战略重点在于既防止任何可能的威胁，又要防止地区竞争对手的崛起对美国霸权地位的挑战。在东亚地区，随着经济持续发展和国力崛起，中国毫无疑问被视为最有可能挑战美国的"战略竞争对手"和"潜在挑战者"，台湾在美国对华政策中的牵制作用自然重新得到重视，特别是其地缘战略价值在中美竞争时必然又会成为主要考虑因素。同时还需注意到的是，台湾在20世纪80那年代后期走上美式民主化道路，以至于被美国视为其价值观念和意识形态在东亚传承的优等生。倘若两岸实现统一，无疑是美国民主典范在东亚的失败，这必然会打击美国的全球威望。基于此可以认为，"民主化"成为地缘战略价值之后台湾与美国建立隐形联盟关系，甚至能牢牢拴住美国的法宝。

基于历史发展的脉络不难发现，台湾的地理位置决定了其在东亚国际政治中的地缘战略价值，但这种价值的体现取决于区域内大国之间关系的变化，特别是中美关系的基本面决定了台湾在其中能发挥作用的程度。当中美间竞争性增强时，台湾就会被美国用作牵制中国的工具；当中美合作性增强时，防范台湾的负面影响甚至成为两国合作的主要内容。不过这并不意味着美国为了和中国大陆保持接触和合作就会忽视台湾，其利用《与台湾关系法》和对台"六项保证"维系与台湾之间的联系，确保后者对美依赖关系得以延续。

中美关系四十多年的发展已然形成了相互依赖的经济贸易关系和密切联系的合作关系，这显然并非台湾一力所能撬动的，可以认为，台湾当局越想利用中美之间的矛盾渔利，受到中美关系张力反弹的伤害可能会越大。

三

特朗普在台湾问题上的政策转变对中美关系和两岸关系均产生影响。在中美关系方面，重返"一个中国"政策是深化中美战略与合作关系的基础，这是无法绕开和回避的问题，更难以讨价还价的。对于美国而言，台湾问题重来都不是涉及其核心利益的问题，而中美关系的发展却与其核心利益越来越密切相关。在特朗普式的思维中，只会借助台湾问题迫使中国大陆对美妥协，绝难允许台湾问题成为真正影响中美战略关系的变量因素，毕竟中美之间的共同利益，无论是广度还是深度都要超过台湾，在当今时代，因为台湾而与中国大陆交恶，并非理性的政策选择。同时，与美国利益密切相关的全球和区域问题有很多是优先于台湾的，例如中东问题和朝核问题。在集中力量应对这些问题的同时还需防范台湾问题的恶化，很显然也不是美国所能接受的，更何况在处理和解决这些问题时美国还需要中国的帮助。因此可见，特朗普重申"一个中国"政策对于中美关系的发展有正面意义。

同时在两岸关系方面，特朗普政策的转变也有着积极作用，最为显著的是在当前两岸关系中减少了美国因素干预的可能。蔡英文在特朗普候任时急于与之通话，除了弥补之前对于美国总统候选人错误性估计和"押宝"的过失，很重要的一个原因在于希望获得美国的支持，缓解其在两岸关系中因不承认"九二共识"及其核心意涵而面临的极大压力。特朗普态度的转变使蔡英文政府短期内再难以在两岸关系中图谋"借美抗陆"，也迫使其不得不思考通过升高两岸敌意与对抗的方式转嫁岛内压力做法的风险。目前蔡英文政府面临的压力来自四方面：第一，大陆要其承认"九二共识"或精神意涵而达到维持两岸和平和关系稳定的路径压力；第二，在当前无法借助美国力量对冲大陆的压力；第三，台湾民意及反对力量的压力；第四，民进党内"急独"派的压力。可以说上述四方面的压力的都是蔡英文难以化解的结构性难题。而美国不介入台湾问题，恰恰就使得蔡英文难以找到化解问题的借助力量。于是民进党当局意图通过强化与日本的联系来寻求可替换美国的外部依靠力量，而这毕竟远水难解近渴。日本既没有美国的实力，又与中国大陆有着复杂的关系，是否真能如台湾所愿，值得怀疑。

四

尽管特朗普政府公开强调重回"一个中国"政策，但这是否意味着美国政府未来在台湾问题上就不会再有小动作，笔者对此持谨慎态度。"一个中国"政策的出台是美国为了因应当时的国际战略环境，改善与中国大陆的关系而提出的，并不是为了解决台湾问题而提出的，带有很大的局限性。特别是在与中华人民共和国建交之际还推出《与台湾关系法》和对台六项保证，本身就说明该政策只是美国用以维持大陆和台湾现状不会随着两岸实力消长而发生变化的政策，是确保美国对于两岸事务有干预借口的政策，并不完全符合大陆的切身利益。特朗普政府重申"一个中国"政策虽然有助于确保和维持当前中美关系的稳定，但囿于该政策本身的局限性以及美国在台湾问题上平衡两岸和借台制陆意图，并不能完全排除美国政府重拾台湾棋子作用的可能，只要台湾问题不解决，台湾仍是美国和中国讨价还价甚至迫使中国就范的筹码。

注释

[1] 清华大学国际关系研究院中外关系定量预测组认为，2017 年中美关系将呈现空前的不稳定性，震荡幅度与频率大增。参见刘子夜：《2017 年中美关系将动荡不定》，载于《国际政治科学》2017 年第 2 卷第 1 期，第 156—159 页。

[2] 钱文荣：《美国大选及特朗普的政策走向与中美关系》，载于《和平与发展》2017 年第 1 期，第 13 页。

[3] 中华人民共和国外交部：《习近平同美国总统特朗普通电话》，http：//www.fmprc.gov.cn/web/wjdt_674879/gjldrhd_674881/t1437404.shtml。

[4] 陶文钊主编：《美国对华政策文件集》（第二卷上），世界知识出版社 2004 年版，第 6—7 页。

[5] FRUS, 1949, Vol.9, pp.270-275. 转引自林利民：《遏止中国：朝鲜战争与中美关系》，时事出版社 2000 年版，第 59 页。

特朗普台海政策及其影响分析

中国社科院台湾研究所台美关系室　汪曙申

一、特朗普对美国台海政策的认知

中美建交以来，美国的台海政策在美及两岸三组关系的变化中调整和发展，对美国维护亚太地区战略利益发挥了重要功能。38年来，"一个中国政策"构成美国台海政策的基础，也是美国民主、共和两党以及历届政府的共识。从中美关系看，美国坚持"一中政策"是中美关系稳定发展的政治前提与核心要件。历史经验表明，当美国在台湾问题上谨守"一中政策"立场时，中美关系的阻力就小，更能平顺发展；反之，则会遭遇波折甚至倒退。从卡特到奥巴马，历任美国总统及其政策团队均认可"一中政策"至少发挥三方面功能：一是维护台海地区和平稳定，预防了冲突和战争；二是维持了美国与台湾在没有"外交"关系下的实质关系，保持以台湾牵制中国的功能；三是能够获得美与两岸关系"双重提升"，在特定历史条件下甚至能利用两岸关系促进美台实质关系。是故，美政学界普遍认为，"一中政策"本质上符合美国家利益。

特朗普作为非传统的共和党人，轻意识形态，重实际利益，其对台海政策的认知经历了一个调整过程。

第一阶段：企图操纵"挂钩"政策，策略性质疑美"一中政策"。特朗普在第58届美国总统竞选期间，未对"一中政策"和台湾问题提出任何政见。这使得外界认为，特朗普执政后在台海政策上会有更大的灵活性和可塑性。特朗普当选后，于2016年12月2日利用候任总统的特殊身份与台湾地区领导人蔡英文直接通电话，打破了1979年以来美总统当选人与台湾地区领导人接触互动的"天花板"，在台湾问题上制造了重大意外。不仅如此，特朗普在推特上毫不避讳地以"台湾总统（The President of Taiwan）"头衔称呼蔡英文，形同在国际上显示"一中一台"。学者卜睿哲分析,"这通电话是特朗普算计好的策略一部分"。特朗普打破长期以来美外交建制派处置台湾问题的策略,使其台海政策会否转向备受瞩目。外界对特朗普可能偏离"一中政策"的猜疑达到最高点,是特朗普接受福克斯新闻(Fox News)采访时公开对"一中政策"提出尖锐质疑。他声称:"我完全理解一个中国政策,但我不知道为什么我们非得受一中政策的约束,除非我们与中国达成涉及贸易等事项的协议。"这显示,特朗普及其团队知晓"一中政策"对中美关系的重要性和敏感性,其如此操作是对华策略运用和蔡英文当局公关游说的产物。

特朗普将"一中政策"交易化的处理方式,激起美国内对"一中政策"的深入讨论和评估。在官方层面,时任奥巴马政府国安会发布声明,表示美国在两岸问题上的长期政策没有改变,美国仍然坚定坚持基于三个联合公报和《与台湾关系法》的一个中国政策,美国的根本利益在于和平稳定的两岸关系。2016年12月16日,奥巴马在年终记者会上罕见地主动阐述"一中政策",称:"一个中国的理念是中国国家概念的核心,如果想推翻这样的理解,必须彻底想清楚后果,因为中国人对待这件事的方式,不会和对待其他议题的方式一样,他们的反应可能极其重大。"奥巴马在警示特朗普想要挑战"一个中国"面临的巨大风险,明示美中关系是美国最为重要的双边关系,否定、挑衅中国的核心利益不会换来其他利益的回报,反而会动摇美中关系的基础。美主流媒体对特朗普破坏外交惯例与蔡英文通话和质疑"一中"也齐声批判,攻击特朗普缺乏外交历练和用人不当,轻视台海议题敏感性和破坏政策延续性。

综合各方观点,美建制派和智库学者纷纷反对特朗普颠覆"一中政策"或将其作为与中国谈判交换的筹码,有三方面理由:第一,认为变更政策将严重破坏中美关系基础,战略成本高于收益。麦艾文(Evan Medeiros)认为,1972年以来美国历任总统选择延续"一中政策"是有充分理由的,特朗普团队不应该在不确实能得到什么的情况下贸然反对。贝德(Jeffrey Bader)称,"一中政策已被视为美中关系的基础","把贸易和被北京视为牵涉主权的问题混为一谈,有可能引发中国人愤怒反弹,使问题都恶化"。第二,认为变更政策将把台湾"棋子化",直接损害台湾利益和美国对盟友的战略信誉。芮效俭(Stapleton Roy)认为,美不要玩弄一个中国政策的模糊性,因为处理不当反而会让台湾付出代价。卜睿哲(Richard Bush)在致特朗普公开信中深入阐述台湾问题的敏感复杂性,称"台湾并非可交易的商品","拿美国的一中政策与中国谈判,将制造不确定性,置台湾于险境"。在如何平衡美中和美台关系上,美学界主流看法是，美台海政策需能提升美台关系，又不损害美中关系。第三，认为将台湾与朝核等其他问题挂钩处理的交易策略是危险的游戏。奥巴马执政时排除了将台湾问题与中美其他分歧和矛盾（如南海、中东、经贸问题）进行关联式处理的做法，特朗普则呈现出将"一中政策"与中美贸易和朝核问题挂钩的倾向，企图通过以台湾问题为杠杆换取中国让步。美学者多反对"挂钩"政策，认为其将使中美在不同领域的问题复杂化，并很可能牺牲台湾的利益。

第二阶段：回归"一中政策"立场，继续采取两手策略。特朗普对台海政策有一个学习过程。"特蔡通话"事件发生后，中方明确指出"一个中国原则是中美关系的政治基础，是不可谈判的"，并"敦促美方恪守在中美三个联合公报中所作出的承诺，慎重、妥善处理涉台问题"，特朗普重新调整策略，就职后回归美传统的"一中政策"立场。在2017年2月10日与习近平主席通电话中，特朗普表示充分理解美国政府奉行"一中政策"的高度重要性，美坚持"奉行一个中国政策"（"honor our 'one China' policy"）。习特通话稳定了外界对美会延续"一中政策"的预期，降低了台湾问题在中美关系重塑阶段的不确定性。在美国承认"一中政策"的前提之下，4月中美元首快速实现海湖庄园会晤，台湾问题未成为主轴。在这次会晤中，美国虽未接受中国力推的中美新型大国关系概念，但释放出愿与中国发展"建设性"和"以结果为导向"关系的信号，中美关系在调整中趋稳的态势明显。特朗普执政后对内陷入"通俄门"调查，执政合法性受到质疑，对外面临朝核问题激化导致国家安全威胁上升，急欲寻求中国合作稳定东北亚局势。在对华需求上升的情况下，特朗普面对蔡当局摆足亲美姿态并抛出提升台美关系新议程，采取了克制的态度。中美此番博弈使特朗普学习到，对中国而言，美国继续坚持"一中政策"是中美关系的政治基础，并非可交换的筹码，美必须遵守和维持"一中"的现状。特朗普虽有不确定性，但既回归"一中政策"立场，基本可断定其任内不会再颠覆中美关系在台湾问题上的政治基础，美将以斗而不破的两手策略推动台海政策。

长期以来美国一方面以中美二个联合公报维持中美关系，另一方面以《与台湾关系法》不断提升美台实质关系，特朗普亦不例外。特朗普政府在延续"一中政策"后，逐步强化台海政策的两手策略运用。特别是在2017年5月台湾当局被排除参与世界卫生大会、6月巴拿马无预警与台湾"断交"并与中华人民共和国建交事件爆发后，美方认为中国大陆单方面改变台海现状，明显加大对台湾的支持。如5月美卫生部长汤姆·普莱斯（Tom Price）与台湾"卫生福利部部长"陈时中在日内瓦举行会谈，表达美对台参与世卫大会的支持。6

月 30 日，特朗普政府首次通知美国会向台湾出售价值 14.2 亿美元的军售案，包含台湾当局一直向美争取且带有一定进攻性的高速反辐射导弹和重型鱼雷。此轮军售案在中美首次外交安全对话和 G20 德国汉堡会议之间公布，显示特朗普政府企图利用涉台问题抬高与中国在朝核问题上的筹码，从一定意义上存在将台湾问题与朝核问题"挂钩"的现象。对此，7 月 3 日习近平与特朗普通电话，指出："我们很重视特朗普总统重申美国政府坚持奉行一个中国政策，希望美方切实按照一个中国原则和中美三个联合公报妥善处理涉台问题"[1]。特朗普表示："我愿重申，美国政府继续坚持一个中国政策，这一立场没有变化。"7 月 9 日，习近平在 G20 峰会期间会见特朗普，再次强调"双方要尊重彼此核心利益和重大关切，妥善处理分歧和敏感问题"[2]。7 月 10 日，中国驻美大使崔天凯表示："美方近期在台湾等问题上采取严重损害中方利益做法，中方对此坚决反对。这些做法与中美关系来之不易的积极发展势头背道而驰。如果任其进一步发展，将严重损害双方互信。如果形成挑衅和反制的循环，不符合任何一方利益。这样的结果应当坚决避免。如果试图借在台湾、南海等问题上挑战中国以迫使中方在朝核问题上让步，这种做法同样是破坏性的。"从特朗普上台至今的台美关系态势看，美国"一个中国政策"与中国"一个中国原则"的分歧有可能扩大，从而成为特朗普政策操纵台海政策的手段，美国在台湾问题上的两手策略会更为凸显。

二、特朗普台海政策的变化与走向

美国处理台湾问题的框架是 1979 年中美建交以来美不分党派的历届政府所坚持的，具有延续性和一致性特征，不管谁执政都很难从根本上颠覆。特朗普对美国国家利益的排序不同于民主党及传统共和党人，在外交上崇奉"以实力求和平"原则，对外政策的意识形态色彩不强，优先解决经济和安全问题，更直接地为国内政治利益服务，更直接偏向核心支持者诉求，也更善于并敢于以谈判交易的方式求取利益。与奥巴马时期相比，特朗普对台湾问题的策略会有新的变化。

（一）更显著地将台湾议题作为对华政策议价的工具。奥巴马执政时以不动大框架、"静悄悄"而非大张旗鼓的方式提升了美台实质关系。诸多台湾和美国政学界人士希望特朗普延续这一"有用"的策略，避免在台湾问题上公开挑衅中国的核心利益，通过保持"战略模糊"，在中美关系架构下拓展美台关系的空间。这充分表现在 2016 年 12 月民主党全国委员会发表声明批评特朗普与蔡英文通话损害美国国家安全。美国共和党则认为不能因顾及中美关系而朝中国的"一中原则"靠拢，更加强调坚持美"一中政策"的独立性和自行定义的能力，甚至主张扩大"一中政策"的模糊空间对中国打"台湾牌"，以换取经济和外交上的利益。2016 年 7 月 19 日，共和党通过新党纲，第一次将对台"六项保证"纳入，还专门提出支持向台湾出售防御性武器和支持台湾"国际参与"。2017 年 8 月，共和党全国委员会又通过涉台决议案，强调《与台湾关系法》和"六项保证"是美台关系的基石，表示将继续与蔡英文当局一起支持将对台"六项保证"作为美台发展关系的必要指导。该决议文还将"六项保证"逐条列出以示对台承诺的强调，并鼓励美台之间含现役将级军官的高层军事交流，要求对台持续出售精密的防御武器包括常规潜艇。美国务卿蒂勒森在美国参议院任命听证会上也将"六项保证"和《与台湾关系法》并列重申。在共和党内的牵制下，特朗普还不至于为了寻求中国协助解决朝核问题而冒险将台湾作为牺牲的赌注或筹码。因为这既会遭到美国内强烈反制，也充满了战略上的风险。如葛林认为如果美国为解决朝鲜挑衅而与中国谈判中把台湾当作筹码交易出去，将是"巨大的战略错误"，因为不仅会"释放放弃同盟的讯号"，而且"一旦抛弃盟友后朝鲜再度挑衅，美国将自陷困境"[3]。特朗普在中美关系中运用"台湾牌"，基本的方向应是以强化美台实质关系的方向和力度作为筹码，寻求换取中国在经贸、朝核及其他问题领域的妥协。特朗普上台后首轮对台军售已显示出这一趋向，未来如何演进值得观察。

（二）推动美台军事安全合作的动能更大。特朗普虽废弃了奥巴马的"亚太再平衡"政策，但对军事国防的重视更胜于奥巴马，不仅大量起用军系人马担任要职，继续将军事力量向亚太地区移防，而且增加国防经费并强化与亚太盟国的军事关系。美台军事关系在奥巴马执政时以"切香肠"的方式逐步推进，如由美国第 114 届国会通过、奥巴马签署的"2017 年国防授权法"，其中第 1284 条明列提升美台军事人员交往层级，首次提出美国国防部应执行美台资深军事将领和防务官员对话交流。法案还特别提到，互动交流计划地点包括美国与台湾两地，"资深军事将领"是指现役将级军官，"资深官员"指任职于国防部的助理部长及更高级官员。高层军事交流条款写入"国防授权法"是美台军事关系的一项重要变化，它为美行政部门推动美台高层级军事官员往来提供了国内法的依据，不排除特朗普政府视需要择机执行该条款。今年美国参众两院在"2018 年国防授权法"草案中提出的涉台条款比"2017 年国防授权法"更加激进，包括了要求对台军售正常化、机制化以及恢复美台军舰互访停靠对方港口或评估其可行性的内容。一旦其经国会通过并被特朗普签署成为法律，将为美台军事安全合作提供更大的推动力。2017年6月，美国防部长马蒂斯（James Mattis）在新加坡香格里拉对话会议上比较罕见地提及对台军售，称美国基于《与台湾关系法》仍致力于提供台湾必要的防御军备，显示美军方强化与台湾互动的趋向。奥巴马执政时期的副助理国防部长邓志强（Abraham Denmark）解读称，马蒂斯主动提及台湾和军售所传递的信号是，"台湾是美国亚洲战略的一部分"。2017年8月，美台在夏威夷举行高层军事安全对话——"蒙特瑞会谈"，台湾代表向美方提出采购F–35B战机、购买潜艇关键技术以及加强台美军事策略协调，恢复年度定期对台军售等议题。今年汉光演习后，台湾海军陆战队一个建制排首次被允许进入夏威夷与美军进行联合演练。这都显示，特朗普上台后美台军事安全合作已呈现新的趋向，台美关系中的军事因素会进一步突显。对台售武是美国历届政府的政策，特朗普执政也不会例外。问题的关键是对台军售的时程、规模和质量，若规模和质量上出现实质性的突破（比如出售F–35战斗机、潜艇或其他进攻性先进武器），则属于打破现状的做法，将是美对中释放的强硬信号。

（三）坚持从美国利益出发拓展美台经济关系。特朗普执政重心显然放在经济和安全问题。经济方面的施政除了仿照里根经济学对内减税，还着力以扩大对外出口、减少贸易赤字的新贸易政策配合经济新政，强化美国经济竞争力。美国对外贸易谈判向来以维护美国经济和产业利益为目标，特朗普的对外经贸政策更加强调"公平贸易"，核心是"雇美国人、买美国货"，以减少美国贸易逆差，扩大国内就业，减缓全球化进程对美国社会的负面冲击。特朗普曾经点名台湾地区、中国大陆、韩国、墨西哥抢走美国人的就业机会，也将台湾纳入操纵汇率的观察名单。总体上，亚洲地区对全球贸易的依赖度高，多享受全球化创造的红利，普遍支持经济全球化并扩大自由贸易的范围。特朗普偏于内顾型的保护主义政策与台湾支持全球化政策存在冲突。特朗普上台以来，美国采取管制性、保护性贸易机制对台湾的影响在岛内社会广受关注和讨论。台湾长期对美国享受贸易顺差，特朗普政府已就美台贸易失衡问题表达关切，包括指出台湾在美国牛肉和猪肉产品上设立贸易障碍，要求台湾开放美猪并扩大美牛进口。美国对中国大陆发起贸易保护主义政策，引人瞩目的对华"301调查"若最终付诸实施，也会对深度嵌入大陆市场的台湾产生冲击。在特朗普抛弃跨太平洋伙伴关系协定（TPP）后，台湾借参加美国主导的区域多边贸易体系以拓展国际经济空间的策略被打乱，蔡英文当局转而对外洽签FTA，其中美、日及东南亚、南亚等"新南向政策"目标国与地区成为重点。针对特朗普经济政策对台湾的影响，蔡当局利用"台美贸易暨投资架构协议"（TIFA）的机制推动台美双边性质的经济合作，包括洽商投资协议（BIA）或FTA；也试图利用特朗普政府推动制造业回流美国，加强台美产业联结，以融入美国供应链带动台湾产业转型升级。

特朗普台海政策变化还受到两个因素影响：蔡当局对美政策和美国亲台保守势力。

蔡英文执政以来在对美关系上奉行"互信、低调、零意外"的原则，多次提出要建立"升级版的台美策略伙伴关系"。其一，在增进台美互信上，蔡当局大力经营和运用台湾在美国能够与特朗普搭上线的沟通管道。如美国传统基金会创办人佛讷（Edwin Feulner）是蔡当局与特朗普阵营沟通交接的重要中间人。在去年"特蔡通话"的幕后，美国Alston & Bird律师事务所则是台对美游说和公关的重要渠道。该事务所特别顾问、美共和党前参议员杜尔曾促成"台驻美代表处"人员与特朗普竞选团队顾问会面，并曾将对台湾有利的字眼纳入共和党政纲。立场亲台的前白宫办公厅主任普里伯斯（Reince Priebus）、主张遏制中国的前白宫首席战略分析师班农（Steve Bannon）、国家贸易委员会纳瓦罗（Peter Navarro）等保守派也成为台湾公关拉拢的对象。在2017年4月"习特会"举行前后，特朗普政府向台湾当局做详细的情况简报，显示美台之间的政策沟通管道直接且有效。尽管台美关系具备互信基础，蔡当局并未完全消除对特朗普可能将台湾作为对华谈判筹码的忧虑。为此，蔡当局采取平衡和避险的策略，一方面加大对美公关游说，促美重申《与台湾关系法》和"对台六项保证"，减少"特朗普变量"对台湾的冲击。2017年5月30日，蔡英文会见美国参议院外交委员会访问团时声称，期盼美国政府持续信守依据《与台湾关系法》和"六项保证"的对台安全承诺，这些安全承诺也在美国共和党全国党代表大会获得确认并纳入党纲。蔡当局依靠国民党培养的职业外交官执掌对美工作，十分强调台湾是美国的"重要资产"，是"亚太战略不可或缺的要角"，"绝对不是负债"。另一方面在两岸关系上尽可能维持住不承认"九二共识"后的现状，避免走激进路线引发美国反弹并受到大陆"惩罚"。正如台湾陆委会副主委林正义称："蔡英文持续维持现状，情况与陈水扁时代不同，让台湾不是受中美合作施压的对象。"[4]其二，在提升台美实质关系的方向上，将军事安全合作列为重点。蔡当局希望与美国新一届政府的亚太战略对接，加强台美"区域安全合作"。蔡英文在 2017 年 4 月接受路透社采访时提出,"我们跟美方谈的不只是军购的问题,还有军事跟防御策略的问题,双方在这个地区的战略,在哪一些层面上我们可以做一定的整合,我们自我防卫的需求跟美国在这个地区战略的看法,要经常地讨论跟沟通",并提出"F-35 战斗机在战略上确实是一个有意义的项目"[5]。2017 年 4 月底,台湾"国防部"罕见通过媒体披露台美军事合作状况,声称"近年来由于台美逐渐累积信赖,官方接触限制已有若干放宽",美台"转向为全方位军事交流,从部队层级官员交流、观摩演训到防卫战力评估,互动的质与量均有可观的进展",并举例称 2016 年美军访台"计 140 余案1000 余人次",台军事人员赴美"计 170 余案 900 余人次","双方互动绵密热络"。台"国防部"还依照美国"2017 年国防授权法"涉台条款,推动特朗普政府派遣现役将级军官和助理国防部长以上官员访台,"强化双方高层面对面的政策沟通,深化双方军事合作"[6]。台湾军方也通过实质参与区域人道主义救援和灾害防救演习为渠道,拓展与美国的安全合作。蔡当局在对美关系上加大军事安全合作的议程,旨在配合特朗普强化国防和对外结盟的政策,拉抬台美军事战略协作与整合的水平。

美亲台派主张应将对台政策从对华政策中剥离,不应继续处处将美台关系限定在美中关系的框架之下,美国应该更主动和大胆地推进与台湾的关系,甚至不惜挑衅中国的红线。特朗普上任后,其白宫幕僚近臣以及国安会、国防部和中情局等涉外要害部门负责人多为保守鹰派,牵制和围堵中国的声音扩大,对台湾地缘战略价值的重视程度亦随之升高。目前看,共和党保守派对特朗普台海政策的影响不容低估。相当一些亲台派认为中国对美国的霸权挑战日益增大,美国应从地缘上强化第一岛链的战略部署,美台因缺乏条约保证的军事同盟关系,导致台湾成为第一岛链的薄弱环节,遂需要加强台湾在美国亚太安全战略中的地位。其一,加强塑造特朗普的台海政策。特朗普在对外政策上表现出显著的"交易式"思维,其政策在可塑性比较强的同时不确定性也比较大,比如执政后从原先"将中国定为汇率操纵国""北约无用论"等极端选举政见后退,从颠覆现状调整为维持现状。美亲台派强烈反对将台湾作为与中国交易的牺牲筹码。罗曼(Walter Lohman)认为,对华盛顿很重要的一点是应清楚地向北京表明美不会把台北当作政治谈判筹码,特朗普应该公开重申对台"六项保证",美国应推出新一轮对台军售,应与台签署自由贸易协议[7]。美国家贸易委员会主席纳瓦罗(Peter Navarro)在 2016 年 7 月《国家利益》发表文章,称美国绝不应当承认"一国两制"也不要再提"一个中国政策",批评奥巴马政府再三拒绝出售台湾所需、能吓阻大陆的完整军备，并提出美国协助台湾制造潜艇[8]。其二，美国会推动立法升级美台关系。据"台驻美代表处"统计，美第115届国会中"台湾连线"成员基本保持稳定，参议院为30人，众议院为215人。国会亲台力量庞大，根基深，近些年对美行政部门的影响不断增强，涉台立法危害性大。如美国会众议院外交委员会主席罗伊斯（Ed Royce）推动诸多重要涉台法案，包括美国会通过重申《与台湾关系法》和"六项保证"为"美台关系基石"的共同决议案，众议院通过授权美国总统向台湾转移"佩里级"巡防舰的法案，支持台湾以观察员身份参与世界卫生大会、国际民航组织和国际刑警组织的法案。今年，美国会提出多项内容激进的涉台立法草案，包括"台湾旅行法""台湾安全法""2018国防授权法"和"亚洲再保证倡议"涉台条款，提出大幅度解除美台官方互动接触的限制，扩大升级美台军事安全交流与合作。蔡当局将"充实健全美国国会友台力量"作为推动对美工作的五项策略之一，会持续发动美国国会亲台势力以立法、决议文、声明或向美总统致函的方式重申美国对台湾的承诺。美国"一个中国政策"是"不支持台独"的，这在克林顿"三不政策"进一步明确化。但台湾"独派"将鼓动美国与中国大陆重新谈判"一中政策"作为推动所谓"国家正常化"的手段，支持美亲台派以立法方式检讨美国台海政策。

蔡当局和美亲台派将持续影响特朗普台海政策。未来关注的问题在于：

第一，美国对台湾与亚太战略关系的处理。2012年十八大以来，中国采取积极进取的对外政策，在南海岛礁完成陆域吹填，提出"一带一路"倡议，设立亚投行（AIIB），推动亚太自贸区（FTAAP）等，以更主动姿态、更大力度维护和拓展国家利益。时任奥巴马政府认定中国开始改变"韬光养晦"政策，在外交上更加"挑衅"（aggressive），遂对华加大遏阻力度。美国内也多认为，中国提出包含"相互尊重"内涵的新型大国关系概念，是为了不断扩大"核心利益"范畴并要求美国接纳，主张美不应接受中美相互尊重核心利益的提法。2017年3月蒂勒森访华与习近平主席会面时提出"美方愿本着不冲突、不对抗、相互尊重、合作共赢的精神发展对华关系"，遭到美国内建制派学者一致严厉抨击，此后蒂勒森即不再采用该表述。台湾问题属于中国核心利益的观点，已普遍被美接受。但美国内对如何处理台湾与美亚太战略特别是军事战略的关系仍有不同看法。奥巴马执政时在"亚太再平衡战略"中对华打"台湾牌"有所克制，特朗普已抛弃"亚太再平衡战略"，但新的亚太战略尚未定型，其在处理台湾与新亚太战略的关系上不排除有变化。

第二，美国对"一中政策"的执行状况。巩固和深化美台关系在美国民主党和共和党之间具有党派共识，共和党传统上则更为亲台。台湾一直担心美国为了发展与中国的关系而修改里根对台"六项保证"。在美共和党党纲将"六项保证"纳入对台政策的表述后，蔡英文当局在官方文书和政策表态中也予以跟进，强调在"与台湾关系法和六项保证基础上"推动台美关系。美共和党亲台派认为，美延续"一中政策"没有问题，但不能继续"窄化"对"一中政策"的理解，更不能把"一中政策"等同于中国的"一中原则"，或朝向"一中原则"移动，认为那样美国只会自我限制与台湾的关系。若基于这样的逻辑，特朗普在处理美台交往中可能会进一步从政策上"解禁"，伺机创造双方官方互动的"破例"，给中国维护"一中框架"制造麻烦，从中拉抬谈判的要价。比如在政治上，受"一中政策"的制约，美台官方层次的交往接触受到框限。1994年克林顿政府"对台政策检讨"大幅放宽限制，但对美军将领访问台湾仍有较严格的审查控制，也不允许台湾领导人、"行政院长"、"国防部长"和"外交部长"进入华盛顿特区活动。美台均有声音指出，美国不必继续在对台交流中"自我设限（self-imposed restrictions）"，应修改1994年克林顿政府对台政策检讨，进一步扩大美台官方互动的层级和水平。在军事上，特朗普强化美国主导、同盟分担的安全政策，美国会保守派、蔡当局也积极推动重启美台年度军售会议，规避美行政部门因故拖延对台军售的问题，以图实现军售常态化。未来特朗普对"一中政策"的执行状况将是观察美台海政策走向的衡量指标。

第三，美国对两岸关系性质的态度。按照容安澜的说法，"尽管美国承认（recognizes）中华人民共和国是代表中国的唯一合法政府并与台湾保持非官方关系，但并非接受（accept）北京关于'只有一个中国且台湾是中国一部分'的立场，华盛顿只是认知到（acknowledge）北京的立场并表示不会挑战它，美国承诺不会寻求'两个中国'或'一中一台'的政策"。此亦符合美国官方的口径，既然美国从不愿意明确表态"台湾是中国的一部分"，自然不会为体现一个中国原则和"大陆和台湾同属一个中国"的"九二共识"背书。况且美国不少人还坚持里根对台"六项保证"，其中"美未改变关于对台湾主权的立场"还隐含了"台湾地位未定"的意思。因此在两岸关系的性质问题上，特朗普很可能延续其前任奥巴马政府在"九二共识"问题上"不选边站"的做法。也就是，既不公开支持"九二共识是两岸关系和平发展政治基础和协商谈判前提"，施压民进党和蔡英文当局接受"九二共识"的事实和内涵；也不直接否定"九二共识"对稳定两岸关系、促进两岸和解的功能性价值，对民进党和蔡当局提出靠近"九二共识"的新表述则持开放的立场。在 2016 年 5 月蔡英文执政后，奥巴马前政府的态度是"鼓励两岸进行建设性对话"，"敦促两岸具有弹性、耐心和创意"。美前驻华大使芮效俭（Stapleton Roy）认为："如果台湾变成依赖美国，这是一种古巴化的台湾，亦即完全依赖外国的安全保证来保卫其利益，如果利益发生变化，则台湾会很快失去保证，但台湾可以透过处理两岸关系来减低自己面临的威胁。"[9] 目前看蔡当局仍会将对外政策置于两岸政策之上，尚不会改变既有的维持现状政策。对此，特朗普执政团队的立场未有改变，其后续政策值得关注。

三、结论

美国政权轮替，中美关系势必要经历一个磨合调整期。习近平主席与特朗普总统海湖庄园会晤推动中美关系平稳过渡，确立了方向和议程。美国台海政策建立在美中关系及其亚太战略之下，政策框架比较明确和一致。特朗普独特政治性格和手腕给台海政策注入新因素，其惯于抛出议题向对手施压，在占据主动的同时观察对手态度和反应，然后重新评估和调整政策，从中寻获最大利益（呈现出"冲突架势"—"谈判调整"—"利益回馈"的模式），增添了美台海政策的不确定性。台湾作为第一岛链中枢及美国安全上的伙伴，美台关系会延续提升趋势。尤其在蔡当局策动之下，特朗普政府台海政策向台湾方面倾斜的动能增大，对中美关系的干扰可能不时升高。中国在台湾问题上画出的政策红线应该清晰，预防在台海方向出现意外，破坏中美关系和危害两岸关系。作为非典型政治人物的特朗普，执政后受到美国政治体制、官僚结构及社会舆论的影响日益显现。未来中国在构建中美关系新构架中应主动塑造特朗普台海政策，促美国严肃执行"一中政策"，限制美台实质关系突破。

注释

[1] Richard C. Bush, A One-China policy primer, March 2017, https：//www.brookings.edu/research/a-one-china-policy-primer/, 2017-4-10.

[2] "I fully understand the One-China policy, but I don't know why we have to be bound by a One-China policy unless we make a deal with China having to do with other things, including trade." "China official says Trump's Taiwan comments cause 'serious concern'", Fox News.com, December 12, 2016, http：//www.foxnews.com/politics/2016/12/12/chinese-media-calls-trump-ignorant-after-taiwan-comments.html.

[3] "Press Conference by the President", The White House, December 16, 2016, https：//obamawhite-house.archives.gov/the-press-office/2016/12/16/press-conference-president.（查询时间：2017 年 4 月 23 日）

[4] "Trump Suggests Using Bedrock China Policy as Bargaining Chip", DEC. 11, 2016,

[5] "Trump Suggests Using Bedrock China Policy as Bargaining Chip", DEC. 11, 2016,

[6] "过度依赖美，台政经代价太大"，台湾《中国时报》2017 年 4 月 23 日，http：//www.chinatimes.com/newspapers/20170423000615-260301，（查询时间：2017 年 4 月 23 日）

[7] Richard C. Bush, "An open letter to Donald Trump on the One-China policy", December 13, 2016, https：//www.brookings.edu/blog/order-from-chaos/2016/12/13/an-open-letter-to-donald-trump-on-the-one-china-policy/（查询时间：2017 年 4 月 23 日）

[8] 同上。

[9] 《习近平会见美国总统特朗普》，中国外交部网站，http：//www.fmprc.gov.cn/web/zyxw/t1476455.shtml，（查询时间：2017 年 7 月 12 日）

论反分裂国家法律机制的问题意识与完善方向

武汉大学　周叶中

由于反分裂国家斗争涉及政治、经济、军事、外交等多种手段的综合运用，也关系到两岸间复杂的政治关系与社会联结，因此反分裂国家斗争的法律属性常常被忽视。尽管《反分裂国家法》已实施十余年，并且为反分裂国家斗争起到了重要的保障作用，但在当前两岸关系形势和台湾地区政治格局发生新变化的情况下，仍有一系列与反分裂国家斗争法律机制相关的问题未能获得妥善解决。在这种情况下，我们必须对当前反分裂国家斗争的基本形势保持清醒认识，切实认识法律机制在反分裂国家斗争中的重大意义，从各个层面出发，通过各种途径完善反分裂国家法律机制。

一、树立反分裂国家法律机制的问题意识：理论与实践面向的描述

随着祖国大陆综合实力的不断提升，国家开展反分裂斗争的能力越来越强、手段越来越多样化。然而，在反分裂国家斗争总体形势向好的前提下，自 2014 年来，台湾地区政治局势发生重大变化，民进党先后多次在岛内各层次选举中获胜，重新掌握执政权，这无疑将对两岸关系和平发展和祖国完全统一造成一定的牵制与破坏，而反分裂国家斗争也将随之面临重大挑战。因此，在反分裂斗争过程中，我们应首先树立正确的问题意识，准确认识和判断当前反分裂斗争中面临的理论与实践难题，为完善反分裂国家法律机制奠定基础。

（一）理论面向：反分裂国家斗争法律机制的问题界分有待明确

尽管《反分裂国家法》的制定和两岸关系和平发展框架法律机制的构建，使台湾问题的法律属性日渐深入人心，但法治思维和法律规范在反分裂国家斗争中的地位与作用仍不明确，不少有关理论问题仍待解决。

第一，就反分裂国家斗争的基本理念而言，不少观念有待进一步更新，一些概念有待进一步发展。近年来，理论界与实务界对于"台湾问题既是政治问题，也是法律问题"[1]这一观点的认同日益增强，但由于反分裂国家斗争与政治、经济、军事、外交等问题密切相关，因而反分裂国家斗争是否也能够从法学角度予以认知和定性，学界尚无明确共识。由此，在当前的反分裂国家斗争中，仍有不少基本理念和观点不够明晰。详言之：1）对反分裂国家的法律属性认知不足。理论界和实务界对在反分裂国家斗争中，法律应发挥何种作用；反分裂国家斗争到底是不是法律问题；法律仅能为已有反分裂国家的政治立场提供合法性证成或立场性复现，还是能够立足于其规范功能，为反分裂国家斗争提供更为广泛的策略支持等问题的认识，仍有待统一。2）反分裂国家领域的有关概念有待进一步明确与发展。理论界和实务界对反分裂国家斗争中的一些基本概念（如"一个中国""一国两制""法理台独"等）的规范性认知不足，对能否运用法学理论构建可用于指导具体反分裂国家措施，如何将常见的法学概念、法学命题、法律方法运用于反分裂国家斗争等问题的认知尚不完善。

第二，就反分裂国家斗争的问题域而言，不少相关问题仍未被纳入反分裂国家斗争的范围之内。从有关反分裂国家斗争的理论论述现状来看，仍存在问题域范畴狭窄，相关研究未能与近年来反分裂国家斗争中的新情况、新问题相结合的情况。详言之：1）对"台独"分裂势力与国内其他分裂势力的合流趋势及其危害认知不足，在反分裂国家斗争中仅单向地关注"台独"活动，而忽视其与诸如"港独""藏独""疆独"等分裂势力之间的联系，难于形成对不同分裂势力的联动防范机制。2）对台湾地区内部政治、法律资源用于反分裂国家斗争的必要性认知不足，诸如对台湾地区现行"宪法""两岸人民关系条例"等重要法律规范中"一中"条款的法理内涵、政治功能等问题的认知不到位，在实践中导致不少可用于维护"一个中国"框架的宝贵资源未能得到充分利用[2]。3）从国际法层面对反分裂国家斗争的认知不足，一些基础性的国际性问题，诸如如何在国际法层次解释和确认"两岸同属一中"的政治事实和法理事实、如何应对台湾地区积极谋求国际存在的法律举动等，并未引起足够的重视，相关论证有待加强。

第三，就反分裂国家斗争的关照时序而言，对未来相当长一段时间内可能出现的反分裂势头和风险尚缺乏足够的预估和前瞻。从当前有关反分裂国家斗争的论述来看，现有论述多关注已出台的反分裂立法、已发生的反分裂重大事件、已呈现的反分离势头，而缺乏对未来相当长一段时间内可能出现的反分裂势头和风险的中长期评估。详言之：1）对反分裂国家斗争形势的判断，往往仅立足于当前两岸关系，而未充分考虑到"后2016时期"可能出现的新情况、新变化，尤其是对民进党或其他主张"台独"的政党长期在台执政可能性的预估不足。2）对反分裂国家斗争发展方向的评估，往往只考虑到两岸透过协商谈判方式解决统"独"争议的可能性，而未虑及以非和平方式及其他必要措施解决台湾问题的可能性，对相关措施所需的法律准备认知不到位。3）对反分裂国家斗争发展阶段的判断，往往更多地关注到两岸尚未统一状态下的反分裂措施，而对未来统一台湾后的岛内治理和两岸关系治理问题的谋划则仍显不足。

（二）实践面向：反分裂国家斗争的法律机制有待完善

尽管《反分裂国家法》实施以来，"台独"分裂活动得到有效遏制，两岸关系在总体上呈现出和平发展的新气象，但近年来台湾地区政治环境发生重大变化，岛内政党轮替常态化、民意结构"偏独化"和政党发展"本土化"，这些变化都势必会对反分裂国家斗争的基本形势产生影响。在这种背景下，国家在法律层面的应对机制尚未完全跟进，相关制度规范仍待完善。总体而言，当前国家反分裂斗争法律机制呈现出政治宣示效果强、法律实施效果弱，立法体系严重滞后于两岸关系发展实际，对台反分裂司法实践匮乏等不足之处。详言之：

第一，尚未形成配套的法律实施机制，反分裂国家法律机制的法实践效果有待加强。由于《反分裂国家法》的制定背景、调整对象均与一般的部门法不同，在实践中其政策宣示效果强于其法律制裁效果，因此这部立法长期以来面临是否具有适用性的争论。[3] 从法理上看，作为一部宪法性法律，《反分裂国家法》的适用，既可以是由有关国家机关依照该法规定直接采取反分裂国家的相关行动，也可以是由立法机关以这部法律为依据，形成若干配套性立法，进一步明确这部法律的实施方式、程序等细节性问题。然而，颇为遗憾的是，面对"台独"分裂势力不断更新和调整"法理台独"布局的境况，国家尚未形成法制化的《反分裂国家法》实施体系，《反分裂国家法》部分条款的具体适用仍有待进一步厘清。

第二，对台工作立法体系时效性略显滞后，两岸关系和平发展框架的法律机制与反分裂国家斗争的关联性有待加强。《反分裂国家法》制定后，国家陆续制定和修改一批涉台立法，对台工作立法体系虽已初步形成，但从两岸关系发展的实际情况看，其中部分法律规定的时效性仍略显滞后。诸如两岸协议在我国社会主义法律体系中的定位及其实施机制、台湾同胞的法律地位等在两岸关系和平发展过程中出现的新问题、新情况，都缺乏相关立法的规制。[4] 可以说，在我国现有法律体系中，缺乏一部介于《反分裂国家法》和具体涉台部门立法之间的中观层次的综合性涉台立法，反分裂国家法律体系存在"中梗阻"。这种"中梗阻"的存在，在一定程度上削弱了两岸关系和平发展框架的法律机制与反分裂国家斗争的联系，使二者在一定程度上产生割裂。

第三，国家对台工作法律体系在司法审判领域的应用性不足。在法治发达国家，司法判决及其执行，是构成法律自身发展的重要方式，司法话语也构成政治立场的重要表达方式。如 1998 年加拿大联邦最高法院针对魁北克省单方面启动"脱离"公投形成一份长达七十页的《参考意见》[5]，在这份意见中全面运用司法逻辑论证了魁北克独立公投的合法性问题中的三个核心法律问题，对维护加拿大国家统一做出重大贡献。[6] 然而，在当前我国各级人民法院做出的司法裁判中，尚未出现以《反分裂国家法》为依据的涉台个案[7]。由于反分裂国家司法个案的缺失，致使在台湾地区内部和国际舞台上颇具说服力的司法机关，未能在维护国家统一方面做出应有贡献，司法话语这种当今世界主要国家均认同的一种体现客观性、中立性、法理性的特殊表达方式，亦在反分裂国家斗争中处于缺位状态。

二、治理理念与实践策略：反分裂国家法律机制的系统性建构

立基于对当前反分裂国家斗争形势的判断和对反分裂国家法律机制建设现状的认知，我们认为，应从理念、制度、话语三个层面出发，推动反分裂国家法律机制的系统性建构。

（一）理念层面：对反分裂国家斗争法律属性的再认知

要完成反分裂国家法律机制的系统性建构，首先要求我们在理念层面明确反分裂国家问题的法律属性，实现对法律规范、法治理论、法学研究在反分裂国家斗争中地位与作用的再认知。在台湾问题的法律属性已获广泛认同的背景

下，如何界定反分裂国家斗争的法律属性，如何认识法治思维和法治方式在反分裂国家斗争中的地位与作用，是构建反分裂国家法律机制的前提与基础。

一方面，要明确反分裂国家斗争的法律属性，正确认识法治思维、法治方式的重要作用，尽量消除"法律工具主义"的负面影响。在台湾问题论域内，不少人认为，法律虽能够对反分裂国家斗争产生积极作用，但法律在其中承担的主要任务乃是对政治立场的确认与复现，所谓反分裂国家的法律机制只是实现反分裂国家政治目标的一种工具或手段而已。显然，这种观点是法律工具主义在反分裂国家领域的一种映现，这种观点的扩散无疑将对法治思维和法治方式在反分裂国家斗争中发挥积极作用产生不利影响。法律工具主义是一种关于法律本质和法律功能的法学世界观和认识论，它强调在社会系统中，法律只是实现一定社会目标的工具和手段。[8]法律工具主义思潮在中国具有极为悠久的历史，也曾在理念和制度层面对中国国家法治建设进程产生极大危害。法律是目的性价值与工具性价值的集合，在社会系统中，它不仅可以有效确认、证成和表达特定政治立场，也可以立基于法治的自身价值，有效规范和约束政治立场。就反分裂国家斗争而言，对这一观点的理解，主要体现在三个方面：1）法的生成蕴含着人民主权与公共利益的基本精神，法律规范能够有效凝结和反映民众对国家统一与反分裂斗争的理性共识，能够有效约束和规制政治人物及其政治立场，保障促进国家统一与反分裂斗争的正确方向。2）立法为政治决断的表达提供权威方式，法律规范能够以最为明确和权威的方式彰显反分裂国家斗争的政治决断，以法律方法规范反分裂国家措施的具体模式，从而有效震慑分裂活动。3）法的实施为政治决断的实现提供有效制度路径，法律规范能够将原本作为政治过程的反分裂斗争和国家统一过程转化为法律实施过程，从而降低政治议题带来的敏感度。

另一方面，在认识反分裂国家斗争法律属性的同时，要重视法治方式与其他反分裂方式的有效衔接，避免落入"法律万能论"的陷阱。在台湾问题的法律属性日渐明晰之后，部分学者在对台研究中，开始出现"法律万能论"的倾向。在"法律万能论"的论述下，反分裂斗争中的任何问题都可以纳入法学范畴。论者将解决问题的一切方法都寄望于法律制度，忽视甚至漠视政治方法、政策手段等的重要作用。显然，这种观点是对法律工具主义思潮的矫枉过正，也是对法律在反分裂国家斗争中地位与作用的误解。众所周知，台湾问题是中国革命的历史遗留问题，是国共两党政治斗争的结果，从台湾问题形成的原因、过程、特点等方面来看，它天然的具有政治属性。[9]从这个意义上讲，我们肯定和强调反分裂国家斗争的法律属性，并不意味着否定其政治属性，更不意味着忽视政治方法、政策手段的重要价值。为避免反分裂国家斗争落入"法律万能论"的陷阱，我们应充分重视法治方式与其他反分裂方式的有机结合与有效衔接。这就要求我们：一方面，明确通过政策落实法律规定的程序与策略，将《反分裂国家法》等涉台基本法律中的原则性规定，通过政策措施的方式予以贯彻落实。如《反分裂国家法》第六条明确了国家可采取的五种维护台海地区和平稳定、发展两岸关系的原则性规定，这些原则性规定的落实，即需要有关部门通过制定具体政策加以落实。另一方面，明确反分裂国家政策向法律转化的程序与策略，及时通过立法程序，将已有的经过实践检验可反复适用的相关政策措施上升为法律规定。如近年来，本着"两岸一家亲"的基本理念，大陆方面推出一批有助于保护台湾同胞个人权益、便利台湾同胞参与两岸交往的政策措施，这些措施对争取广大台湾同胞认同和支持两岸关系和平发展有着重要作用。这些措施在经过一定范围内的"先行先试"后，便可通过相关立法程序上升为法律规定，从而确保有关措施的持续性和稳定性。

（二）规范层面：对《宪法》《反分裂国家法》等法律规范的配套建设

正确的理念生成有效的制度。法律规范是构成反分裂国家法律机制的制度表现。完成反分裂国家法律机制的系统性建构，要求我们在规范层面，做好《宪法》的反分裂条款、《反分裂国家法》和其他反分裂法律规范的配套法律机制建构工作，为反分裂国家斗争提供充分、明确的法规范依据。

第一，应及时根据台海形势，通过修改宪法、解释宪法等方式，调整对台政策话语。我国现行宪法是我们从各个层面展开反分裂国家斗争的根本依据。考虑到中央对台政策和《反分裂国家法》对一个中国原则的具体表述与宪法序言第九自然段的表述存在一定差别，特别是宪法序言第九自然段仍采取"台湾是中华人民共和国的神圣领土的一部分"这一表述，宜根据中央对台方针的最新表述和《反分裂国家法》的相关规定，适时启动修宪程序，将其修改为"台湾是中国的神圣领土的一部分"。[10]同时，在必要时，亦可由全国人大常委会根据《宪法》第六十七条之规定，以宪法解释的办法，对我宪法序言第九自然段和第三十一条进行解释，再次重申一个中国原则的底线以及"绝不承诺放弃使用武力"的政策，向台湾方面传递我方底线和决心，防止台湾方面对形势发生错误判断，以有效遏制"台独"分裂活动不断发酵的趋势。

第二，应通过立法方式将和平发展阶段取得的政策成果和共识固定下来，充分发挥两岸关系和平发展框架法律机制的反"独"作用。两岸关系和平发展框架的法律机制通过推动两岸关系和平发展，构建两岸治理结构，能够有效避免"两岸分裂分治永久化"，对反分裂国家斗争具有重要作用。因此，应当充分重视两岸关系和平发展成果对遏制"台独"分裂活动的重大意义，将这些成果以法律形式固定下来。为此，应通过制定专门立法，对事关两岸关系和平发展的重大问题做出规制，维护好两岸关系和平发展阶段已经取得的成果。从立法目的角度来看，这部立法可命名为《两岸关系和平发展促进法》[11]，其立法重点可包括：1）贯彻习近平总书记关于两岸关系和平发展的重要论述，明确两岸关系和平发展与祖国完全统一之间的关系，将国家在两岸关系和平发展阶段的基本政策主张转化为法律规范。2）对现有二十余项两岸协议的实施问题，尤其是两岸协议在大陆的法律地位、两岸协议与中国特色社会主义法律体系的关系问题做出规定，以合乎法律规定的方式，促进既有两岸协议的贯彻落实，维护好两岸关系和平发展的既有成果，充分发挥两岸协议的反"独"促统功能。3）积极贯彻"寄希望于台湾人民"的方针，对台湾同胞在大陆地区基本权利的保障问题，尤其是台湾同胞作为中国公民应在大陆享有的政治权利（如选举权与被选举权）和经济权利（投资、贸易的国民待遇化）等做出规定，充分发挥法治所具有的独特而强大的认同聚合功能，强化在陆台湾同胞对中国的国家认同感。

第三，通过制定下位法或出台法律解释的方式，以《反分裂国家法》相关条文为依据，结合台海形势，形成重点打击和遏制"台独"分裂活动的中观层次规范体系。针对宪法和《反分裂国家法》的内容相对抽象、操作性不强，而一些部门法规定反分裂国家措施又相对琐碎、体系性不足等问题，应以《反分裂国家法》相关条文为依据，以立法或出台法律解释的方式，进一步完善反分裂国家法律体系。完善这一体系需重点解决的问题包括：1）贯彻习近平总书记关于反分裂国家"六个任何"的重要表述，进一步明确"台独"分裂活动的表现形式与判定标准，厘清《反分裂国家法》第二条关于"绝不允许'台独'分裂势力以任何名义、任何方式把台湾分裂出去"的内涵。2）贯彻《反分裂国家法》第六、七条的相关规定，形成体系化的两岸协商谈判制度安排，明确两岸公权力机关直接或间接协商的体制机制，确定协议的法律效力和相关程序，稳步推进两岸以制度化方式"聚同化异"。3）对国内其他分裂势力（如"藏独""疆独""港独"等）与"台独"合流的问题予以规制，明确国家对打击上述各类分裂活动的坚定立场，完善遏制各种分裂势力合流倾向的体制机制。

（三）话语层面：创新以法治为主要表现形式的反分裂话语体系模式

现代政治生活中，话语是展示政治秩序的重要符号系统。[12] 在反分裂国家斗争中，能否提出一套具有充分说服力的话语体系，直接关系到反"独"促统工作在台湾民众中的接受程度，也关系到我反分裂工作在国际舆论中的认受程度。然而，对于反分裂国家斗争而言，一个必须直面的事实是，当前系统化的"台独"理论谱系已经形成，在"台独"政客与学者的鼓噪下，"一中"经典论述正在岛内逐渐失去"听众"。[13] 在这种背景下，必须改变传统的以历史、民族、文化等论述为核心的国家统一话语模式，引入新的更具影响力的话语元素，构建新型反分裂话语体系。从话语体系的权威性、认受性、可接受性等层面综合考量，法治是两岸社会共同接受的治国理政的主要方式。将法治资源引入反分裂国家话语体系模式建构，有助于形塑一套"说得通""站得住""传得开""有人信"的反分裂国家话语体系。

第一，应从法治层面重新确立反分裂话语体系的表达主题，解决反分裂话语体系"说什么"的问题。反分裂话语体系的表述主题无疑应是"两岸同属一个中国"的政治事实和国家实现完全统一的终极目标，但这一话语主题的外在形式却可能因其内在支撑资源的变化而变化。由此，将法治资源引入反分裂国家话语体系之后，这一话语主题的外在形态将发生系统性转变。在法治与反分裂话语体系相结合之后，应以两岸各自（法律）规定为基础，以国内法和国际法法理为支撑，塑造一套在法律规范层面有依据、在法学理论层面有论述的反分裂国家法治话语主题。需要指出的是，在重塑这一表达主题的过程中，应充分重视台湾地区内部法律资源对反分裂国家斗争的重大价值，借助法治话语，引导和整合台湾地区反"独"力量，探索台湾地区内部反"独"话语的整合方式。由此，在这一话语体系中，"反分裂国家"不再是一套单纯的政治说辞，而进化为一套具有充分法律和法理支持的表述体系。

第二，应从法治层面重新界定反分裂话语体系的表达主体，解决反分裂话语体系"谁来说"的问题。长期以来，作为一个政治议题，反分裂国家斗争的话语表达主体往往局限于政治主体，如党和国家领导人、国家涉台主管部门等。因此，反分裂国家话语天然地被赋予浓厚的政治色彩。毋庸置疑的是，政治主体的话语表达有助于充分强化话语的权威性，但由于两岸长期处于政治对立状态，大陆方面政治主体提出的反分裂国家话语往往为"台独"分裂分子所扭曲。

在这种境况下，不少台湾民众亦对大陆方面的反分裂国家话语产生误解和曲解，无法完全认受反分裂国家话语的正当性。与政治话语相比，法治话语更为注重通过法律规范、法学理论、法理逻辑，形成对特定问题和立场的理性表达。因此，在创新以法治为主要表现形式的反分裂话语体系模式中，应充分重视法治主体的话语功能，使反分裂国家话语的表达过程中，既有政治主体的声音，也有法治主体（如立法机关、审判机关等）的声音，通过更具法理性的法律解释、司法案例、事例，提升台湾民众对反分裂国家话语的认受性。

第三，应从法治层面重新构建反分裂话语体系的表达方式，解决反分裂话语体系"怎么说"的问题。政治话语的表达重点在于突出政治立场，因而在其表达方式中，更为突出论点的核心地位，而相对忽视论证过程。与政治话语不同的是，法律话语的表达重点在于通过对特定立场的论证与推理，证成观点的合理性。法律话语的制作过程是一种确立、维持和改变权力关系的政治实践，也是从权力关系的各种立场来构成、归化、维持和改变世界价值观的一种意识形态实践，其重点在于通过规则意识发挥作用。[14] 长期以来，在反分裂国家话语体系中，政治话语一直占据主导地位，无论是政界还是学界，都惯于使用政治话语强化特定政治立场或驳斥特定分裂观点。然而，这种重立场、轻论证的表达方式，在一定程度上会使原本具有充分论理依据的反分裂国家话语沦为一种单向的政治说辞。因此，在创新反分裂话语体系的过程中，我们应当针对政治话语与法治话语的各自特点，将两种表达方式有机结合起来，既注重强化国家统一问题的政治立场，又注重对相关立场的证明与说理，通过严密的法律逻辑推理，夯实反分裂国家斗争的理论基础。

三、政策底线与最终措施：以非和平方式解决台湾问题的法律准备

用和平方式解决一国内部的争端，是人们的良好愿望，也是当今世界进步的潮流，然而把武力和战争作为政治最高、最后的保留手段也是世界各国的通行做法。[15]

就台湾问题而言，实现祖国和平统一是确保中华民族根本利益的最佳选择，但国家亦有权依法在"台独"分裂势力采取分裂国家的行动时，以非和平方式及其他必要措施解决台湾问题。从《反分裂国家法》的制度设计来看，和平统一是我们解决台湾问题的最佳方式，但非和平方式则构成我们捍卫国家主权和

领土完整的最后方式。因此，我们既要坚定和平统一的信心，坚持"寄希望于台湾人民"的基本方针，也要做好防患于未然的战略准备，为反分裂国家斗争画定政策底线，谋划最终措施。以非和平方式解决台湾问题的准备工作，是一项宏大的系统性工程，它应当包含政治准备、经济准备、军事准备、外交准备、法律准备等多个层面。做好法律准备，既是启动以非和平方式解决台湾问题的基本前提，也是解决台湾问题后治理好台湾地区的重要保障。因此，做好以非和平方式解决台湾问题的法律准备极具必要性。探讨以非和平方式解决台湾问题的法律准备问题，应以时间为序，形成包含解决前的法律准备和解决后的法律治理两套策略体系。

（一）做好以非和平方式解决台湾问题前的法律准备

台湾问题属中国内战的延续，是中国的内政，但在历史上却不乏外国势力干预或意欲干预两岸关系发展，甚至阻挠中国实现完全统一的情况。因此，以非和平方式解决台湾问题的法律准备，既涉及相关的国内法准备，也涉及一定的国际法准备。

就国内法准备而言，应着重于完善和明确国家采取相关措施的法律依据、法律程序问题。详言之：1）廓清《反分裂国家法》第八条第一款规定的三种条件的内涵与外延，做好对以非和平方式解决台湾问题实体性法律依据的论证。《反分裂国家法》第八条规定了启动以非和平方式或其他必要措施解决台湾问题的法律条件，但这些规定的内涵和外延仍显模糊，因此应在启动以非和平方式解决台湾问题的实施程序前加以明确。在操作方式上，既可由全国人大常委会依照法律解释程序，结合台海局势，对相关条件的内涵予以廓清，也可由司法机关依照司法裁判程序，对可能触发相关程序的法律事实予以界定，使之落入上述范围，为启动以非和平方式或其他必要措施解决台湾问题提供充分的法理依据。2）明确《反分裂国家法》第八条第二款规定的使用非和平方式和其他必要措施解决台湾问题的法律程序，明确各国家机关在以非和平方式解决台湾问题过程中的权能分工。《反分裂国家法》虽规定了采取非和平方式解决台湾问题时，"由国务院、中央军事委员会决定和组织实施，并及时向全国人大常委会报告"，但这一规定仍显模糊，操作性不足。因此，应在启动相关程序前，围绕以非和平方式解决台湾问题实施主体的权能分工、启动和实施程序等，制定相关立法或出台法律解释，做到重大活动于法有据。3）落实《反分裂国家法》第九条规定的以非和平方式解决台湾问题时国家对台湾平民和在台外国人基本权利保障的相关体制机制，尽可能减少非战争人员权益的损失。近年来，随着非国际性武装冲突（内战）成为常态，国际人道法的适用范围也随之从国际性武装冲突扩展到非国际性武装冲突，这要求世界各国在包括内战在内的各类武装冲突中，均遵循国际人道法的要求，充分保障冲突中平民的基本人权。[16] 因此，在采取非和平方式解决台湾问题的过程中，应当注意区分少数"台独"分裂分子和普通台湾民众以及在台外国人，在坚决打击前者的前提下，尽可能保障后者的合法权益，争取广大台湾民众和国际社会的支持。因此，应根据《宪法》关于紧急状态的相关规定和《反分裂国家法》第九条之规定，形成若干配套性立法（或战时政策），以保障相关群体的合法权益。

就国际法准备而言，应着重于国家反对外国势力干预的应对措施和应对话语问题，为我方有效威慑外国势力非法干预提供法律支持。由于两岸在硬实力上存在巨大差距，国家在采取非和平方式及其他必要措施解决台湾问题时，遏制外国势力以武力或非武力方式进行干预，在一定意义上成为问题的关键。然而，如何遏制外国势力干预，在本质上属政治、军事和外交问题，并非单纯的法律问题。因此就国际法层面的准备而言，相关策略的重点在于如何依照国际法和相关国家的国内法，形成对外国势力干预的可能法律借口的应对策略，进而形成回应外国势力、争取国际支持和道义制高点的对策安排。详言之：1）应在以非和平方式解决台湾问题前，处理好国际舆论问题，慑止外国势力的非法干预。不干涉内政原则是国际法的重要基本原则之一。《反分裂国家法》第三条对于台湾问题"是中国内部事务"的界定，恰恰构成我国法律对外国势力干涉中国内政的回应。[17] 因此，应当立足于《反分裂国家法》的规定，结合国际法的一般原则，充分、明确、清晰地说明我方采取措施的法律依据，强调台湾问题的内战和内政属性，坚决反对一切外国势力的干预。2）充分挖掘可能干预我解决台湾问题相关国家的国内法原则、规则、判例等，形成对外国势力干预的法律依据的预判，进而展开相关法律论战。从地缘政治和台湾问题的历史发展来看，美、日等国是干预我解决台湾问题的主要对象，然而这些国家在对外干预问题上，仍需遵循本国国内法。因此，应组织力量充分研究相关国家可能用于干预台湾问题的国内法依据，进而以其国内法中的有利因素为武器，对其展开法律层面的反击。

（三）做好以非和平方式解决台湾问题后的法律治理准备

历史上各国在解决国家统一问题之后，都会遇到诸如统一区域的治理结构问题、各区域的融合问题、部分区域的国家认同问题、统一区域的再分离思潮问题等。如两德统一后，原东德地区即面临"转轨"过程，原有民主德国的国家机器被打碎，西德的政治制度被引入，所有制结构等发生重大变化，两德在很长一段时间内面临融合困境。[18]因此，在做好以非和平方式解决台湾问题相关准备工作的同时，也应将反分裂国家斗争的时间线延伸至非和平方式解决台湾问题之后，充分考虑到从法律制度设计层面出发，对统一后台湾地区的治理问题提供保障。详言之，相关法律制度设计应着力于以下两个方向：

一方面，应通过制定一部基本法律，从根本上解决国家统一后台湾地区的治理方式问题，明确台湾地区与中央的法律关系、台湾地区的治理架构、台湾居民的政治、人身、财产权利保障等问题。尽管两岸民众同属中华民族，二者存在极高的文化同构性，但基于两岸在历史上较长时间的分离状况，两岸人民在社会制度、政治机制、生活习惯上都存在一定差异，需要一定的过渡期才能消除这种差异。因此，在以非和平方式解决台湾问题后，应考虑在"一国两制"基本精神的指引下，仍在台湾地区暂时施行与大陆地区不同的治理方式。需要说明的是，尽管通过"一国两制"解决香港问题和澳门问题的具体途径是设立特别行政区，但这并不意味着"一国两制"的实现方式仅限于特别行政区制度。[19]因此，针对台湾问题的特殊属性，国家可对台湾地区是否同样适用特别行政区制度做出评估，并做出相应的政治决断。但是，无论是否适用特别行政区制度，在国家统一后台湾地区的治理问题上，都应坚持运用法治思维和法治方式解决这一问题。我们认为，制定一部适用于统一后台湾地区治理的基本法律，明确台湾地区与中央的法律关系，确定台湾地区的治理方式、治理架构，保障台湾居民的宪法权利等极为必要。这部法律应包含以下内容：1）明确统一后台湾地区的治理方式，详细规定台湾地区采取区别于大陆地区治理方式的具体程序、过渡时期的具体安排等；2）明确统一后中央与台湾地区的法律关系，实现台湾地区法律与国家宪法法律体系在一个中国原则上的统一与结合；3）明确台湾地区在特定时期的治理架构，尤其是处理好台湾地区既有政权组织形式与新型治理架构之间的关系；4）明确台湾居民在我国宪法上的法律地位，在立法中明确台湾居民行使中国公民政治、人身、财产权利的具体方式。

另一方面，应通过立法、司法等多种方式，着力构建统一后台湾地区的去"独"化法律机制，全面消除"台独"思潮遗毒，消除两岸民众因长期存在的统"独"争议而产生的对立与隔阂。能否在国家统一后，尽快消除"台独"分裂思想对台湾民众的错误导向，对推进两岸在经济社会等各层面的全面融合，消解两岸民众因"台独"分裂思想带来的隔阂具有重要意义。在历史上，联邦德国在二战后即面临消除纳粹思想影响的问题，通过一系列法律措施消除纳粹分子生存的政治环境，惩治纳粹罪犯，在短期内取得了良好的"去纳粹化"效果。如联邦德国在《基本法》中创设"政党取缔条款"，确认纳粹思想与组织的违宪性，并于1952年以其纲领、活动和形象与纳粹有密切继承关系为由，做出取缔社会主义帝国党（SRP）的判决[20]。又如联邦德国司法机关在战后开始系统追诉纳粹嫌犯，而德国议会更是延长了对纳粹罪犯的追诉时效[21]。就国家统一后消除"台独"遗毒问题，我们亦应做好法律层面的准备，详言之：1）贯彻《反分裂国家法》相关精神，对统一前实质性参与"台独"分裂活动的人员，依照法律程序和法律规定予以处理，涉嫌触犯《刑法》中分裂国家罪等相关罪名的，应依法予以追诉。2）依据《反分裂国家法》，制定适用于台湾地区政党、政治团体的相关法律，明确将分裂国家活动列为禁止性行为，依法取缔追求"台独"目标的政治组织。3）通过制定适用于台湾地区公务人员的相关法律，将参与"台独"分裂活动列为台湾地区公职人员任职的禁止性条件，杜绝"台独"分裂分子进入台湾地区公权力系统的可能性。4）对国家统一前虽参与"台独"分裂活动，但国家统一后积极反省并参与消除"台独"影响的人员，必要时，可借助宪法和法律中的特赦制度，对其予以赦免，避免去"独"化活动产生过大负面影响，以争取广大台湾民众支持。

四、结语

习近平总书记指出，"我们绝不允许任何人、任何组织、任何政党、在任何时候、以任何形式、把任何一块中国领土从中国分裂出去"[22]。习近平总书记的这一重要论述，为我们在当前形势下开展反分裂国家斗争，建设反分裂国家法律机制提供了重要指引。在两岸关系再次遭遇政治僵局的今天，我们应重新思考和认识法律在反分裂国家斗争中的重要地位，将做好反分裂国家的法律机制纳入反分裂国家斗争的整体规划中，积极做好多层次的准备工作，以实现有效遏制"台独"分裂活动、推动国家实现最终统一的伟大目标。

注释

[1] 周叶中：《台湾问题的宪法学思考》，载《法学》2006年第7期。

[2] 参见段磊：《如何为维护"一个中国"框架开拓更大空间》，载《中国评论》（香港）2017年2

月号。

[3] 参见周叶中、祝捷主编:《构建两岸关系和平发展框架的法律机制研究》,九州出版社 2013 年版,第 25 页。

[4] 参见段磊:《海峡两岸涉对方事务立法体系的构成、比较与启示》,载《西安电子科技大学学报(社会科学版)》2015 年第 3 期。

[5] Reference re Secession of Quebec.

[6] 参见朱毓朝:《魁北克分离主义的挑战与近年来加拿大联邦政府在法律和政策上的应对》,载《世界民族》2007 年第 4 期。

[7] 根据中国裁判文书网和北大法宝等数据库的检索,目前我国各级法院审判实践中,尚未出现援引《反分裂国家法》的涉台司法个案,亦少有在涉台判决中诠释和强调一个中国原则等反分裂立场的表述。目前仅有的在判决书中引用《反分裂国家法》的系上海市徐汇区人民法院于 2013 年做成的一则行政诉讼判决书,但该案并非涉台案件,北大法宝引证码:CLI.C.17307121。最后检索日期:2017 年 8 月 22 日。

[8] 谢晖:《法律工具主义评析》,载《中国法学》1994 年第 1 期。

[9] 周叶中:《加强对台特别立法势在必行》,载周叶中、祝捷:《两岸关系的法学思考》,九州出版社 2013 年版,第 77 页。

[10] 参见周叶中:《关于适时修改我国现行宪法的七点建议》,载《法学》2014 年第 6 期。

[11] 笔者主持的中国法学会 2014 年度部级涉台专项课题"关于制定两岸关系综合性法律的研究"曾对此问题做过系统性研究,并形成立法建议稿。

[12] 吴猛:《福柯的话语理论探要》,九州出版社 2010 年版,第 26 页。

[13] 段磊:《"一个中国"话语体系的逻辑构成与理论挑战》,载《中国评论》(香港)2016 年 11 月号。

[14] 潘丽萍:《法律话语策略与民族身份——<反分裂国家法>的中国话语建构》,载《外语学刊》2011 年第 1 期。

[15] 王英津:《国家统一模式研究》,九州出版社 2008 年版,第 298 页。

[16] 参见马新民:《变革中的国际人道法:发展与新议程——纪念<日内瓦公约>1977 年<附加议定书>通过四十周年》,载《国际法研究》2017 年第 4 期。

[17] 参见尹生:《分裂干涉主权——<反分裂国家法>的国际法分析》,载《当代法学》2006 年第 1 期。

[18] 参见梅兆荣:《德国统一后东部地区的转轨情况》,载《德国研究》2003 年第 3 期。

[19] 参见周叶中:《"一国两制"法理内涵新释》,载《中国评论》(香港)2014 年 12 月号。

[20] 参见程迈:《民主的边界——德国<基本法>政党取缔条款研究》,载《德国研究》2013 年第 4 期。

[21] 参见李乐曾:《战后对纳粹罪行的审判与德国反省历史的自觉意识》,载《德国研究》2005 年第 2 期。

[22]《习近平在纪念孙中山先生诞辰 150 周年大会上的讲话》,资料来源:http://jhsjk.people.cn/article/28855099,最后访问日期:2017 年 8 月 10 日。

大陆涉台投资法的进路、特点与走向

厦门大学台湾研究院　彭　莉

台商在祖国大陆的投资活动是两岸经贸交往最重要的内容，相应地，由此衍生的法律问题也一直是两岸交流交往中一系列法律问题的核心部分。[1]20世纪 80 年代以来，大陆出台了一系列的保护台湾同胞投资的法律法规，建构了一套以《中华人民共和国台湾同胞投资保护法》（下称《台胞投资保护法》）为主轴的涉台投资法律体系，切实地保障了台湾同胞在大陆的投资权益。今年两岸开放交流交往已三十年整，三十年来的实践证明，加强两岸经贸交流与合作符合两岸人民的根本利益，符合世界经济发展的潮流，是不可逆转的发展方向。本文拟从历史进路出发，回溯三十年来大陆涉台投资立法的演进及特点，展望其未来的发展方向。

一、大陆涉台投资法的起步：以鼓励性规范为主

1978 年 12 月底，全国人民代表大会常务委员会发布了《告台湾同胞书》，率先提出"我们相互之间完全应当发展贸易，互通有无，进行经济交流"。两岸经济交流与合作是实现双方共赢的重要路径，在大陆方面，实行对外开放的政策，借助包括台资在内的外来投资的进入有利于带动大陆经济的发展；在台湾方面，大陆市场的开拓，有助于出口和经济的持续增长，减少对美国市场的依赖性，并利用大陆廉价的劳动力降低成本。[2]1983 年 4 月，国务院发布的《国务院关于台湾同胞到经济特区投资的特别优惠方法》（下称《办法》）是大陆第一部涉台立法，该《办法》的核心内容是通过给予台湾同胞税收和土地使用费方面的特别优惠，以吸引台湾同胞到深圳、珠海、汕头、厦门四个经济特区投资。《办法》形塑了大陆早期涉台投资的立法思路与立法模式，即通过税收、土

地使用费减免等优惠措施，鼓励台湾同胞到大陆开展投资活动。

1987 年 8 月，台湾当局开放台湾同胞大陆探亲，这一政策的出台为台湾同胞赴大陆投资提供了便利。1988 年 7 月，国务院第十次常务会议发布了《国务院关于鼓励台湾同胞投资的规定》（下称《二十二条》），该规定除对台湾同胞投资的形式、投资范围、申请手续和审批机关、营业执照领取等做了规定外，大部分条文均为鼓励性规范，如"鼓励台湾投资者到海南省以及福建、广东、浙江等省沿海地带划定的岛屿和地区从事土地开发经营"，"鼓励台湾投资者举办产品出口企业和先进技术企业"，""台胞投资企业在其投资总额内进口本企业所需的机器设备、生产用车辆和办公设备，以及台胞个人在企业工作期间运进自用的、合理数量的生活用品和交通工具，免缴进口关税、工商统一税，免领进口许可证"，"台胞投资企业进口用于生产出口产品的原材料、燃料、散件、零部件、元器件、配套件，免缴进口关税、工商统一税。台胞投资企业生产的出口产品"等，进一步建构了以鼓励台湾同胞投资为特色的涉台投资法律架构。

《二十二条》出台后，部分省市相继制定了地方性配套立法以吸引台湾同胞到各地区投资，可以说，20 世纪 90 年代初大陆地方涉台投资立法出现了一个小高潮。从区域分布来看，制定颁布台商投资法的地区并未局限于东部沿海发达城市，而广泛分布于大陆沿海与内陆、东部与西部，呈不规律状态，主要有湖北省、陕西省、安徽省、江西省、山东省、江苏省、云南省、河北省、河南省、山西省、黑龙江省、吉林省，此外还出台市级地方立法的有珠海市、汕头市等。

这一时期的地方涉台投资立法均鼓励台商投资为立法目的，即通过各种税收、财政、土地及用水用电补贴等措施激发台湾同胞积极性，鼓励性规范占总条文比例极高（详见表一）。例如，1990 年的《安徽省鼓励台湾同胞投资的规定》第二条明确规定："为了鼓励台湾的公司、企业和个人来我省投资……特制定本规定"，此外，该规定共一十五条条文，其中大多数为鼓励性条款。

表一：1989 至 1994 年地方涉台投资立法主要内容一览表

时间	省市	税收优惠	土地使用	水电气	本息汇出	征收补偿	经营权人身权	居民待遇	台商待遇	台商协会	纠纷救济
1990.5	湖北	√	√	优先		√	√				
1990.6	陕西	√	√	国企同等							

时间	省市	税收优惠	土地使用	水电气	本息汇出	征收补偿	经营权人身权	居民待遇	台商待遇	台商协会	纠纷救济
1990.7	江西	√	√	优先							
1990.11	安徽	√	√	优先							
1990.11	山东	√	√	同等	√	√					
1991.1	江苏	√	√	×							
1991.3	云南	√	√	优先							
1991.3	河北	√	√	√							
1991.4	黑龙江	√	√	优先							
1991.6	河南	√		√	√					√	
1991.7 1994.8	山西	√	√								
1991.12	吉林	√	√	国企同等							
1992.2	浙江										

资料来源：根据北大法宝和万律中国自制。由于篇幅限制，本文仅列举直辖市及省一级的立法。下同。

二、大陆涉台投资法的完善：鼓励与保护并重

随着两岸经贸交流的深化，20世纪90年代以后，台湾同胞在大陆的投资迅猛发展，台商大陆投资占台湾对外投资总额的比重迅速上升，至1993年这一比例已高达66.5%，占同期台湾境外投资总额的2/3。[3] 为了因应这一新形势，更好地维护台湾同胞的投资权益，1994年3月第八届全国人大常委会通过了《中华人民共和国台湾同胞投资保护法》（下称《台胞投资保护法》）。《台胞投资保护法》是大陆立法机关经过多年反复调研，并广泛征询台湾同胞意见的基础上形成的，它吸收了《二十二条》中关于保护台胞投资的重要内容以及我国对外签订的投资保护协议中可以参照的内容，同时也注意了我国已颁布的吸收外资的法律、法规中相关条款的一致性。《台胞投资保护法》是大陆关于台湾同胞投资权益保护最重要的立法，也是台湾同胞权益保障工作的基础性法律规范。但是，由于考虑到要为海协与海基会商讨台商投资权益问题预留空间，《台

胞投资保护法》采用了宜粗不宜细的立法方式，在许多问题上规定得比较原则。此后，由于李登辉"两国论"的出台，两岸两会间的商谈长时间中断，有关台商权益保护问题的商谈一直无法获得实质性进展。在此一背景下，为更好落实保护台胞投资权益的各项具体措施，1999 年 12 月，国务院出台了《台湾同胞投资保护法实施细则》(下称《实施细则》)。

不论从形式还是从内容上看，《台胞投资保护法》及《实施细则》都较《二十二条》有重大发展，[4] 其中最为重要的变化即从原有的以鼓励投资为核心的立法模式向保护与鼓励投资并重的立法模式转变。首先，立法目的转变。《二十二条》即《国务院关于鼓励台湾同胞投资的规定》顾名思义，强调的是"鼓励台湾同胞投资"，其立法目的明确宣示为"鼓励台湾的公司、企业和个人在大陆投资"。与《二十二条》不同，《台胞投资保护法》开宗明义指出其立法目的为"保护和鼓励台湾即同胞投资，促进海峡两岸经济发展"；其次，立法内容的转变。从具体内容来看，在重申《二十二条》有关鼓励措施的同时，《台胞投资保护法》强化了台商投资的保护措施。《台胞投资保护法》及《实施细则》一方面完善了既有的保护性规范，如在"征收"问题上明定："如在特殊情况下，根据社会公共利益的需要，对台湾同胞投资者的投资可以依照法律程序实行征收，并给予相应的补偿。补偿相当于该投资在征收决定前一刻的价值，包括从征收之日起至支付之日止按合理利率计算的利息，并可以依法兑换外汇、汇回台湾或者汇往境外。"[5] 另一方面新增了大量的保护性规范，主要有：(1)台湾同胞投资企业的经营管理的自主权不受干涉；(2)在台湾同胞投资企业集中的地区，可以依法成立台湾同胞投资企业协会，其合法权益受法律保护。(3)任何机关或者单位不得对台湾同胞投资企业另立收费项目或者提高收费标准、随意摊派，及进行检查、罚款等活动。(4)依法保护台湾同胞投资者个人及相关人员的人身自由和人身安全。(5)台胞投资者或台资企业认为行政机关或者行政机关工作人员的具体行政行为侵犯其合法权益的，可以依法申请行政复议或者提起行政诉讼，等等。

《台胞投资保护法》颁布后，各省市地方涉台投资立法再掀高潮。和第一阶段相同，这一阶段地方涉台立法的区域分布同样呈现不规律状态。与上位法相呼应，这一阶段的地方性涉台投资立法凸显了鼓励与保护并重的特征。首先，在法规名称上，突出了"保护""保障"等用语。这一时期地方涉台投资立法名称主要有两类，一是《XX 省实施＜中华人民共和国台湾同胞投资保护法＞办法》，如《福建省实施＜中华人民共和国台湾同胞投资保护法＞办法》；二是

"XX省（市）台湾同胞投资保障（保护）条例"命名。例如，1998年重庆市人大常委会制定的《重庆市台湾同胞投资保障条例》。其次，在立法目的上强调了"保护"的旨意，如《福建省实施＜中华人民共和国台湾同胞投资保护法＞办法》第一条明定："为了保护和鼓励台湾同胞来闽投资……"第三，在具体内容上，凸显了"鼓励和保护"并重的立法理念。例如，1994年9月出台的《福建省实施＜中华人民共和国台湾同胞投资保护法＞办法》，全法共21个，基本上沿袭了《台湾投资保护法》的体例，就《台湾投资保护法》的规定进行了具体的补充。再如，1997年6月《浙江台湾同胞投资保障条例》、2001年1月《四川省实施＜中华人民共和国台湾同胞投资保护法＞办法》，采取了分章节的立法形式，并设立了"投资待遇"专章，凸显了鼓励与保护并重的立法思维。这一时期的地方涉台立法中"保护性"规范的条款明显增多，大多都专门规定了"征收补偿"（国有化）、投资本金及利润汇出、居民待遇、台商协会、法律救济途径等问题。这一阶段的居民待遇主要表现为，购买车票及购物、住宿、就医、参观旅游景点、购买或租赁房屋、安装私用电话及子女入学等，未涉及居民待遇的核心问题。

表二：1994年至2007年底大陆地方涉台投资主要内容

时间	省市	税收优惠	土地使用	水电气	本息汇出	征收补偿	经营权人身权	居民待遇	台商协会	法律救济
1994.1 1997.9	北京	✓	✓		✓		✓	✓	✓	✓
1994.12	福建				✓	✓	✓	✓	✓	✓
1995.6	四川			优先	✓	✓	✓	✓		
1995.1	江西	✓		优先	✓	✓	✓	✓		
1996.3	黑龙江	✓		优先	✓	✓	✓	✓		
1996.1	天津				✓	✓	✓	✓		
1997.1	河南			优先	✓	✓	✓	✓		
1997.1	广西	✓		优先		✓	✓	✓		
1997.1	辽宁	✓					✓	✓		✓
1997.6 2004.5	浙江	✓			✓		✓	✓	✓	✓

时间	省市	税收优惠	土地使用	水电气	本息汇出	征收补偿	经营权人身权	居民待遇	台商协会	法律救济
1998.1 2005.5	重庆			同等		√	√	√		√
1999.12	内蒙古	√	√	优先			√	√		√
2001.1	四川			优先		√	√	√		√
1997.7 2003.9	广东		√	同等	√	√	√	√	√	√
2007.12	湖北						√	√	√	√

资料来源：根据北大法宝和万律中国自制。由于篇幅限制，本文仅列举直辖市及省一级的立法。

三、大陆涉台投资法的新发展：从投资权益到"居民待遇"

2008 年 5 月台湾地区再次"政党论替"，在两岸共同努力推动下，两岸政治互信不断巩固深化，两岸制度化协商持续推进，两岸经济、文化、社会交流交往取得了前所未有的重大进展。为因应这一新形势的需要，同时基于大陆方面在税收、土地等方面进一步给予台商优惠空间已较小，台湾同胞提出希望给予其居民同等待遇的要求，"居民待遇"因而成为这一时期大陆涉台投资立法的一大亮点。"一方面，修订《台湾同胞投资保护法》及《实施细则》，陆续出台了一系列惠台政策、措施，逐步赋予台商以"同等待遇"。2016 年 9 月，全国人大常委会审议通过了《台湾同胞投资保护法》修正案，对负面清单以外的台资企业设立变更审批事项改为备案管理，也就是说对台资企业实行准入前居民待遇加负面清单管理模式。2012 年 3 月国家工商总局颁布了《关于台湾居民在大陆部分省市申办个体工商户登记管理工作的意见》，规定大陆开放台湾居民在部分省市申请设立个体工商户，首批开放的省市为北京、上海、广东、福建、江苏、浙江、湖北、四川、重庆 9 个省市，开放的行业为餐饮及零售业。另一方面，部分省市陆续就原有的涉台投资法规进行了修改，对台商的保护不断延伸至居民待遇范畴，主要表现为两方面，一是向"政治权"延伸；二是向医保、社保延伸，第三，典型例子如 2010 年 12 月修订的《厦门经济特区台湾同胞投资保障条例》，除保留既有的驾照换取、荣誉称号授予等规定外，条例给予了台湾同胞参加社保、医保、执业资格考试、就业、担任仲裁员等居民待遇。特别值得一提的是，条例第四十一条规定：居住本市的台湾同胞，可以申请旁听市人民代表大会常务委员会会议。经市人民代表大会常务委员会决定，可以邀请台湾同胞列席市人民代表大会。居住本市一年以上的台湾同胞，在区、镇两级人民代表大会代表选举期间在本市的，可以依照选举法参加选举。再如，2015年9月上海市就出台的《上海市台湾同胞投资保障条例》给予台湾同胞以"准市民待遇"，包括享受医疗卫生服务、享受义务教育与医疗保险、鼓励台商设立金融机构、给予台湾青年创业就业优惠；[6]又如，浙江省提出对台资企业与省内企业一视同仁，同等享受科技扶持政策；积极推动台资企业享受与民营企业同等的扶持待遇，等等。

四、完善大陆涉台投资法的思考

综上分析可见，第一，30年来，两岸经贸交流从无到有、从少到多、从间接到直接、从单向到双向，不断扩大深化，两岸人员往来和经济交流与合作达到前所未有的水平，相应地，大陆涉台投资也从"鼓励性规范为主"到"鼓励、保护性规范并重"并逐步向"居民待遇"过渡。大陆台湾投资保护法制不受两岸关系起伏的影响，逐步走向完善与周延。这与台湾当局的大陆经贸法制的发展路径有较大的不同。第二，大陆涉台经济立法呈现较明显的中央立法与地方立法相互推进的演进路径。一方面，《台湾同胞投资保护法》及其《实施细则》为地方涉台立法提供了依据与指引；另一方面，地方立法的探索与创新，也在一定程度上推动了大陆涉台法治全局的发展。第三，两岸的开放是循序渐进的，因此，涉台法律事务往往最早出现在与台湾人文、经济关系密切的部分省市。近30年来的实践证明，地方涉台法制建设"先试先行"不但推动了地方涉台关系的发展，同时也在推动了涉台法制建设全局的发展，为日后中央立法和对台工作起到了一定的借鉴作用。

大陆对台政策是长期的、一贯的，这就是在坚持一中原则和反对"台独"的基础上，持续推进两岸经济社会融合发展。台商作为两岸交流的桥梁，在两岸关系发展中扮演着重要的角色，为此，维护台资企业和台商的合法权益在未来具有重要意义。2015年3月，在十二届全国人大三次会议的中外记者会上，李克强总理指出："大陆将会继续维护台资企业和台商的合法权益，保持对他们的合理优惠政策。另外，在对外开放中，大陆会先一步对台湾开放，或者说对台湾开放的力度和深度更大一些。"[7]2017 年 3 月，在十二届全国人大五次会议中外记者会上，李克强总理重申："我们会继续提供优惠，让台商、台湾同胞和大陆一起共享发展的机遇，终归我们是一家人。"[8]2017 年 1 月，俞正声主席在对台工作会议中指出："研究出台便利台湾同胞在大陆学习、就业、创业、生活的政策措施，积极支持台商台企在大陆更好发展，依法维护台胞权益。"2017 年 6 月，国台办主任张志军在第六届云台会开幕式上具体提出：要加快修订《台湾同胞投资保护法实施细则》，切实保护台胞合法权益。[9]2017 年 1 月，国台办发言人马晓光在记者会上表示，大陆将继续支持台商台企在大陆发展，研究出台相关政策措施，在投资和经济合作领域加快给予台湾企业与大陆企业同等待遇。[10]上述情况说明，落实台湾同胞在大陆投资、学习、工作、生活的"同等待遇"是下一阶段对台法制工作的重要任务，以下试提若干粗浅建议：

第一，以修订《台湾同胞投资法》及《实施细则》为抓手。20 世纪 80 年代以来，两岸经贸关系以日新月异之势迅猛发展。为解决由此衍生的大量的法律问题，大陆立法机关及相关部门出台一系列的法律、法规，逐渐形成了由《台湾同胞投资保护法》及《实施细则》为主轴的涉台投资律体系。这些立法对于保护台商投资权益，促进两岸关系发展无疑起到了重要作用，但这些立法大都历时多年，有待于进一步完善，以改变目前涉台投资立法"碎片化"的问题。

第二、以落实台湾同胞"同等待遇"为核心。在探讨台胞在大陆"同等待遇"问题时，以下几点值得注意：（1）应明确"同等待遇"并不排除必要而合理的差别待遇。事实上，由于社会制度、政治体制等方面的差异，台湾民众与大陆民众在国家认同和忠诚义务等方面存在明显差异，因此，短期内台胞与大陆民众的权利义务难以完全一致。（2）应正确理解"超居民待遇"。对于当前对台胞的若干优惠待遇应有正确的理解。例如，对基于"两岸投资关系的特殊性"而赋予台商的"特色性"制度安排在形式上似乎表现为"超居民待遇"，但实质上乃台资"视同""参照"外资而引发的必要性制度设计，对此应有正确的理解。（3）应坚持"平等、互惠"的原则。在台商极力争取大陆给予台商"全面国民待遇"的同时，大陆企业在台湾却受到极不公平的待遇，台湾依然严格管制陆资、歧视陆资、"污名化"陆资。这是台湾需要理性思考的问题，不能"只要利"，而不愿对大陆企业给予基本的公平待遇。[11]

第三、以地方"先试先行"为先导。两岸的开放是循序渐进，由点到面的，从最初的探亲访友到投资经商再到今天的就业就学定居，从部分省市逐渐扩展到全国各地。因此，涉台法律事务往往最早出现在与台湾人文、经济关系密切的部分省市。近 30 年来，大陆绝大多数省市都出台了涉台法规、规章，地方涉台立法数量庞大，呈现较明显的地方先行探索、部门推动全局的演进路径。实践证明，在涉台法制建设中地方立法"先试先行"不但有助于该区域内涉台关系的发展，同时也在相当程度上推动了涉台法制建设全局的发展，为日后中央立法和对台工作起到了一定的借鉴作用。展望未来，一方面，应就地方立法的有益经验进行全面总结并加以提炼、推广；另一方面，应继续推动新的有利于保护台胞投资的政策在地方先试先行。

注释

[1] 彭莉：《WTO 架构下祖国大陆涉台经贸立法的调整——兼谈入世后福建再创涉台经贸立法新优势问题》，载于《台湾研究集刊》，2001 年第 4 期。

[2] 王泰铨、林宏儒：《"台湾投资企业"与"外商投资企业"在大陆投资地位之比较分析》（上），载于台湾《法令月刊》，1999 年第 1 期。

[3] 《台商对外投资，大陆成为主要地区》，载于台湾《联合报》，1994 年 2 月 28 日，第 1 版。

[4] 彭莉：《<两岸投保协议>背景下台胞投资保护立法的完善》，载于《台湾研究》，2014 年第 1 期。

[5] 参见 1999 年的《中华人民共和国台湾同胞投资保护法实施细则》第二十条、第二十一条，第二十三条和第二十四条。

[6] 蔡宏明：《大陆赋于台商"国民待遇"政策研析》，载于《展望与探索》，2017 年第 15 卷第 3 期。

[7] 《李克强派定心丸：将继续保持对台商的合理优惠》，http：//www.chinanews.com/gn/2015/03-15/7129909.shtml

[8] 《李克强：继续提供优惠，让台商台胞和大陆共享法制机遇》，http：//www.gov.cn/premier/2017-03/15/content_5177553.htm

[9] 《张志军在第六届云台会开幕式上的致辞》，

[10] 《国台办：绝不允许在大陆赚钱却支持"台独"》，http://hk.crntt.com/doc/1045/3/9/0/104539000.html?coluid=3&kindid=12&docid=104539000&mdate=0111124235

[11] 《王建民：该如何看待给予台商"国民待遇"问题？》，http：//news.163.com/14/0822/07/A4833MA400014AEE_all.html。

运用法治资源更新"一个中国"话语体系的几点思考

武汉大学法学院　段　磊

现代政治生活中话语是展示政治秩序的重要符号系统。[1] 在两岸以政治对立取代军事对峙的交往背景下，话语论争成为两岸政治对立的直接表现形式。当前，在"台独"论述的强势挑衅下，"一个中国"经典论述正面临极大挑战，其在台湾地区内部的影响力正呈式微态势。近年来，不少学者已开始意识到这一问题，并在这一命题下，围绕两岸统"独"话语交锋与论争 [2]、"一个中国"框架的理论内涵与论述方式 [3]、"台独"话语体系及其在岛内政治影响 [4] 等方向展开研究。可以预期的是，在台湾地区政党轮替常态化、岛内民意立场"偏独化"、岛内民情结构"民粹化"的时代背景下，"一个中国"经典论述体系在岛内的政治影响将更趋弱化，这对于贯彻我"寄希望于台湾人民"基本方针，巩固两岸以"一个中国"为核心的"九二共识"政治基础，促进国家实现完全统一将起到极大负面影响。立基于这一判断，本文着重分析"一中"经典论述为何会在两岸统"独"话语论争中日趋式微，探索运用法治资源这一全新理论资源更新"一个中国"理论体系的理论路径，以期从话语权层面助力"一个中国"框架的巩固与维护。

一、"一个中国"经典话语在岛内式微：状态叙述与现实危害

尽管自 2008 年以来，两岸关系和平发展取得一系列重大成就，但与此同时，我们却不得不面对一个事实，即两岸经济社会交往的日益密切，并未对台湾民众的"国家认同观"产生显著影响，"一个中国"话语在岛内仍处于日渐式

微的状态。从台湾地区近年来的政治实践来看，一方面，持"台独"立场的学者已逐渐构建起一套攻击"一中"经典论述的"台独"理论体系，另一方面，以实现"台独"为旨趣的台湾政治人物则以这套理论体系为依托，逐渐形塑出一套以"台湾主体性意识"为核心的"台独"实践体系。二者相互依托，相互支持，共同促使岛内政治生态在短短二十余年间发生重大转变，原本处于包含与被包含关系的"中国"与"台湾"，在岛内被扭曲为并列和对立关系。

在这种政治生态下，如果有人继续倡导"一个中国"，那就会被说成"不爱台湾"或"卖台"。可以说，"一中"话语体系在岛内的式微境况，将对新形势下两岸关系的发展产生深远危害。这种危害主要体现在对岛内政治环境和两岸关系的发展方向两个层面：

一方面，从岛内的政治环境来看，"一中"话语的式微，使"台独"论述在两岸话语斗争中有机可乘，在岛内逐渐掌握了意识形态领导权，进而对岛内政治生态产生重大影响。众所周知，近二十年来，在"台独"话语的不断攻击之下，"一中"经典论述在岛内的影响力遭到"去中国化"运动的严重削弱，岛内总体政治格局"本土化"倾向明显[5]，"台湾主体性意识"逐渐成为岛内各方政治力量都必须尊重和认可的"政治正确"。由此，一方面，岛内统派力量的话语权日趋式微，是原本在统"独"问题上持中立态度的国民党在强大的选举压力下也不得不开始进行"本土化"论述；另一方面，在民进党长期鼓噪和推动下，以拒斥"一中"为目标导向的"本土化"话语使岛内民意结构呈现出"偏独化"趋势，这就为民进党回避和拒斥以"两岸同属一个中国"为核心意涵的"九二共识"提供了所谓"民意资本"。

另一方面，从两岸关系的发展方向来看，台湾民众对"中国"的国家认同持续弱化，和平统一的理论基础遭到削弱。两岸民众共同的国家认同意识，是两岸永久和平的重要保证，也是两岸逐渐消除对立情绪、积累共识的民意基础。从国家认同的角度看，"一中"话语体系在岛内的实际影响，直接决定着作为统"独"论述"听众"的台湾民众是否能够理性认同"一个中国"框架，与大陆民众形成共同的"中国"国家认同观。然而，"一中"经典论述在岛内的式微与"台独"论述的兴起，在客观上使台湾民众的国家认同观念发生异化，在"台独"分子的建构下，一个原本并不存在的"主权国家""台湾"逐渐成为岛内民众国家认同的对象。从部分研究机构的研究结论看，近二十年来，在"去中国化"活动的影响下，台湾同胞的整体国家认同对象发生重大变化，"台湾"已逐渐超越"中国"，成为越来越多台湾民众，尤其是青年世代的认同对象，"台湾国家认同观"逐渐扎根于新一代台湾民众心中。由此，两岸民众在认同观念上开始产生歧见，国家和平统一的理论基础受到一定程度的削弱。

二、话语竞争态势下"一个中国"与"台独"话语体系的基本特点

从"一个中国"话语日渐式微的政治背景来看，两岸长期处于政治对立状态，岛内各种政治语言均与大陆方面相关论述呈话语竞争状态。从当前状态来看，在两岸话语斗争中对垒的双方，乃是大陆方面的"一个中国"与"台独"这两套话语体系。从表述方式、表达内容、表述重点等层面看，这两套话语在竞争态势中表现出一些鲜明的特点。详言之：

第一，"一个中国"经典话语体系具有政治性、民族性与立场性的特点。自20世纪40年代末以来，一个中国原则是大陆方面长期坚持的基本原则，围绕这一原则，大陆方面理论界、舆论界因循多条线索形成一套"一个中国"经典话语体系。总体而言，"一个中国"话语体系长期以来围绕两岸民族、历史、文化关联，以政治话语为导向，在逻辑构成上，呈现出"历史与现实论证路径的聚合"[6]，注重对"一个中国"政治立场的确认，呈现出"政治性""民族性"与"立场性"特点。详言之：1）从表述方式上看，"一中"经典话语体系多以政治话语为表现形式，多体现在国家领导人的政治言论、国家政策文告之中，以面面俱到的"宏大叙事"方式为主，呈现出较强的"政治性"特点。2）从表述内容上看，"一中"经典话语体系以两岸历史、文化、民族联结为论述重点，从上述层面证成"两岸同属一个中国"的历史事实与政治事实，呈现出"民族性"特点。3）从表述侧重上看，"一中"经典话语体系以对"两岸同属一个中国"政治立场的复述和强化为主要目标，无论是政界还是学界，均对相关话语理论论证的重视不足，呈现出"立场性"特点。

第二，"台独"话语体系具有价值性、本土性与策略性的特点。自20世纪80年代以来，台湾方面原本为官方所禁止的"台独"话语日渐活跃，并开始挑战"一个中国"话语。直至20世纪90年代后期，蕴含着"台湾国族认同"[7]"台湾主体性意识""以台湾为主体的史观"[8]"多元包容价值"在内的"台独"话语体系逐渐形成。在这一政治背景下，"台独"话语体系围绕"台湾主体性意识"展开建构，善于利用包括"民主""自由""法治"在内的所谓"普世价值"，策略性地包装其分裂立场，呈现出"价值性""本土性"与"策略性"特点。详

言之：1）"台独"话语体系体现出以自由、民主、法治等所谓"普世价值"包装其分裂政治立场的特点，常借此压制岛内支持和认可"一中"话语的声音，形成所谓"台独"话语暴力，呈现出"价值性"规律。2）"台独"话语体系体现出以"台湾主体性意识"为核心，以异化和无限制放大台湾人民本土情结，夸大两岸政治对立为导向，将一切非台湾本土元素均视为"他者"，呈现出"本土性"规律。3）"台独"话语体系体现出在强调"台独"立场的同时，注重运用多种理论资源提供实践"台独"目标的特点，逐渐形成多套环环相扣的策略体系，呈现出"策略性"规律。

第三，两岸统"独"话语体系呈现出"独白性"与"竞争性"特点。在以和平方式解决台湾问题的战略抉择下，话语斗争成为两岸政治对立的核心形式。在这一背景下，大陆和台湾均在各自论域内，建构各自的政治话语体系。20世纪90年代前，这种话语对立的核心主要体现为对"中国代表权"的争夺，双方致力于通过各自的话语体系证成己方对中国"正统"，而自20世纪90年代台湾地区展开"宪政改革"后，其话语体系重点转向形塑区隔两岸的"台独"话语，由此两岸话语对立的重点转为统"独"之争。在这一背景下，两岸话语体系呈现出"独白性"和"竞争性"特点。一方面，两岸在各自论域内构建的统"独"话语体系体现出一种内部自洽性，大陆方面围绕两岸历史、文化、民族联系，形成一套建基于"大中国"叙事的"一个中国"话语体系，台湾方面则围绕"台湾主体性意识"，形成一套立足于证成"小台湾"内涵的"台独"话语体系，双方的话语独立以"独白"为主，缺乏共识。另一方面，大陆和台湾在两岸范围内存在较大程度的话语竞争，大陆方面以贯彻"寄希望于台湾人民"方针为主导，意图通过一套建基于"两岸同属一个中国"事实的话语体系，推动两岸关系和平发展与两岸复归统一；台湾方面则以"台湾主体性意识"为主导，强调其对中国的"非从属性"，意图从根本上割裂台湾与大陆在各层次的关系，实现其"台独"分裂目标。在这种话语竞争过程中，双方话语体系此消彼长，呈现出竞争性关系。

三、新形势下创新"一个中国"话语体系的基本导向：法治资源的引入

在对两岸统"独"话语构成规律加以分析的基础上，我们应以能否有效提升"一中"话语在两岸关系中政治影响为依据，探索创新"一个中国"话语体

系的基本方向。总体而言,新形势下创新"一个中国"话语体系应当以其在台湾地区"叫得响""传得开""有人信"为基本导向。这就要求这套体系能够有效回击"台独"分类话语攻击,争取更多台湾人民,贯彻"寄希望于台湾人民"基本方针的"一中"话语体系应具备"高权威性""强认受性"与"合价值性"的特点。

第一,创新"一个中国"话语体系,应注重提升话语资源的权威性,使广大台湾民众能够高度认同这一话语表达方式,实现话语基础从"政治立场"到"法理规范"的认同转变。如上所述,当前"一个中国"经典话语以政治话语为主要载体,不少学者对相关话语的论证更是立基于对政治人物的话语分析,体现出较强的政治性特点。可以说,在此种论述模式下,"一个中国"经典话语成为一种政治宣传话语,在两岸政治对立的大背景下,岛内广大民众可能天然地对这种话语产生抵制情绪。因此,在创新话语体系的过程中,应改变既有话语体现出的"政治性"特点,注重通过广大台湾民众更认可的话语资源,强化话语体系的权威性,实现话语基础的转变。

第二,创新"一个中国"话语体系,应注重提升话语资源的认受性,使广大台湾民众能够持续接受这一话语表达方式,实现话语侧重从"宏大叙事"到"个体关怀"的理性转变。违背受众情感认知和接受模式的话语,极有可能遭遇受众冷漠和排斥,更难以获得受众的认受和支持。[9]因此,要贯彻"寄希望于台湾人民"的基本方针,就应高度重视我对台话语表述体系在台湾地区的认受性问题,从广大台湾民众的话语习惯出发,改变既有"一个中国"话语体系单方面侧重于从历史、民族、文化等层面出发的"宏大叙事"模式,探索关照每个两岸关系参与者个体的"个体关怀"模式。唯此,方能以既合乎"一中"框架基本精神,又具有高度可接受性的话语元素和表征模式,影响、引导和凝聚岛内民意的统"独"立场。

第三,创新"一个中国"话语体系,应注重提升话语资源的价值性,使话语体系本身的政治容量能够得到实质提升,实现话语表述从"独白-竞争"到"多元-共识"的价值基础转向。如上所述,两岸统"独"话语体系体现出"独白性"和"竞争性"的特点,在这种话语模式下,大陆方面倡导的"一个中国"话语体系长期为岛内多种政治力量视为一种对抗性话语,如此一来,是否反对"一个中国"话语,逐渐为岛内部分"台独"分裂分子视为检验是否"爱台湾"的指标之一。在这种背景下,"一个中国"经典话语的政治容量遭到严重限缩,话语体系的传播亦不断受到来自所谓"普世价值"的阻碍。然而,包括民主、法治、人权在内的所谓"普世价值"只是一种话语资源，其本身并不具有统"独"属性，因而并非只有"台独"分裂分子可借用这种资源对"一个中国"话语展开攻击，大陆方面亦可以"多元－共识"为价值基础，借助相应的话语资源，探寻一套具有价值性的话语体系，从而进一步消解"台独"话语暴力对岛内民众的负面影响。

以上述三个方向为依托，从当下可用于证成"一个中国"话语正当性的诸种资源的特点来看，法治资源同时具备上述三种属性，能够较好地提升"一中"话语对"台独"话语的竞争力，扩大"一个中国"的政治影响。早有学者指出，台湾问题是政治问题，也是法律问题，归根到底是宪法问题。[10]从上述三项"一个中国"话语体系的创新方向来看，法治资源理应成为我们在"一中"框架话语体系面临挑战的前提下，用于更新、补充和完善传统话语体系的重要资源，以法治的明确性、稳定性和权威性弥补既有话语体系的缺憾，为"一中"话语体系在岛内重新赢得"听众"提供理论支持。形成这一判断的理由主要有三：1）两岸各自法律规定在规范文本中存在着明显的"一中"共识，这种明定于规范之中的"一中"特性能够从根本上夯实"一中"论述的理论体系。"九二共识"不仅是两岸在政治话语上达成的共识，更是为两岸各自（法律）规定所确认的法理事实。相应的，挑战"一中"经典论述的理论说辞中，不少学说都尝试从法治角度，尤其是宪法角度出发，对经典论述展开攻讦，因而唯有借助法治资源方能有针对性地做出回应。2）法治是两岸在政治对立的状态下少有的共同认可的价值体系，也是两岸政界、学界能够共同进入的话语体系，更是多数台湾民众，尤其是青年世代能够接受的话语体系，因而具备构建能够为两岸共同接受的"一中"理论体系的基础。3）法治资源来源于法学学科，作为一门具有相对完善和丰富的基础理论体系的学科，法学学科能够为巩固和完善"一个中国"经典论述提供充分的理论支持，使"一中"论述成为一种既能够在政治上具有绝对正确性，又在理论上具有绝对说服力的，理论与实践的统一体。

四、借助法治资源更新"一中"话语体系的实践路径

由于法治资源对"一中"理论体系的更新具有重要价值，不少学者已就相关问题展开探讨。笔者认为，在新形势下我们应进一步强调法治资源的重要价值，贯彻运用法治思维和法治方式维护国家统一、推动两岸关系和平发展的基

本精神，充分借助法治资源更新"一中"理论体系。详言之，可借助法治资源实现"一个中国"框架论述方法体系的转向，借助法律规范资源更新"一个中国"框架的规范依据体系，借助法治实践资源更新"一个中国"框架的实践机制体系，从而实现"一个中国"理论体系的补充、完善与更新。具体说来，借助法治资源更新"一中"理论体系的路径有四：

第一，应以共识理性为基础，着力塑造两岸各自法律规定"一中性"暗合基础上的法理共识。交往理性从主体间性角度研究人的社会行为，是对两岸关系的进一步升华。[11] 众所周知，法律规范是法治资源的核心表现形式，法律规范本身就是法治社会背景下，社会共同体共识的表征。通过挖掘两岸法律规范对"一个中国"框架的确认作用，能够将"一个中国"解读为一种为两岸各自规定共同确认的法理共识，继而以合乎两岸共同秉持的法治理念的方式形塑"一个中国"框架的权威表现形式。众所周知，两岸各自根本法在对待两岸关系性质这一问题上，呈现出一定的"暗合"立场：一方面，两岸各自根本法对两岸主权统一和国家主权范围的界定呈现出一致的态势，从而为维护"一个中国"框架的主权意涵奠定了宪制基础，另一方面，两岸各自根本法均以"谋求国家统一"为处理两岸关系的最高准则，从而为两岸实现和平统一的最高目标提供宪制依据。[12] 因此，尽管台湾方面部分政治人物选择回避或拒绝接受以"一个中国"为核心意涵的"九二共识"，但这种"拒绝"事实上仅仅存在于政治层面，若从法治角度理解"一个中国"框架，则台湾地区现行有关规定已从不同角度肯定和确认了两岸在主权层面同属一个中国的政治现状和法理事实。因此，两岸的法律规范资源是"一个中国"话语体系在两岸关系中具有持续生命力且不断发展的根本所在。

第二，应以权利话语为内容，注重构建法律规范对两岸交往参与者基本权利的保障机制。以保障基本权利为本位，是现代法治社会的理论基础之一。可以说，法治始终是以个体的人的人性和需求为标准和动力，以真实的具体的人的日常生活世界为诞生之地，并以现实的人的具体的生活场景为存在和发展的地域与时空维度的。[13] 作为法治人文关怀的外在表征，保障人权成为法的终极价值之所在。从根本上讲，两岸交往是两岸同胞之间的交往，是人与人之间的交往，因此，要提升"一个中国"话语的政治影响，强化话语的认受性，即应当以关怀个体为出发点的权利思维为指引，强化权利语言在表达"一中"政治立场中的功能，应对"台独"分子以所谓"普世价值"包装其分裂立场的话语表达，提升话语的价值性。1）应在创新"一个中国"话语体系时，以权利话语取代既有的以民族国家为核心的权力话语，强调"两岸同属一个中国"这一政治事实对于两岸交往中的每一位参与者基本权利保障的重要意义，积极宣传大陆对台湾同胞基本权利的均等化待遇。2）应注重将两岸关系和平发展阶段，大陆方面施行的有关惠台政策，通过一定程序，上升为涉台法律规范，以更具稳定性和权威性的方式，表达大陆方面对台湾同胞基本权利的保障立场。

第三，应以规范思维为引导，重视法律解释在遏制"台独"分裂活动和促进国家统一中的作用方式。法治思维要求我们在处理问题时，以具有理性和逻辑性的法律规范为解决问题的依据，这种以规范为解决问题依据的思维方式即规范思维。[14]从"一个中国"经典话语体系的构成来看，运用规范思维阐释"一个中国"框架，能够有效提升话语体系表达的有效性和权威性。从我国当前的法治实践来看，相对于立法活动而言，以不改变法律文本方式阐释法律内涵的法律解释机制，能够有效兼顾权威性与效率性，更加有助于遏制"台独"分裂活动和促进国家统一。详言之：1）在适当时，启动对《反分裂国家法》有关条款的解释机制，由全国人大常委会做出对该法第二条、第八条的解释，以规范思维为依托，详尽阐释国家在当前形势下对一个中国原则内涵的界定，诠释"造成台湾从中国分裂出去的事实"的法律含义，形成对"台独"分裂势力的现实压力。2）在必要时，因循我国宪法解释程序的完善程度，[15]适时对我国现行宪法序言第九自然段做出解释，再次重申一个中国原则的底线以及"绝不承诺放弃使用武力"的政策，以合乎宪法和法治规律的方式，进一步强化"一个中国"框架的法理价值，形塑以宪法解释为核心的"一中"话语表达方式。

第四，应以司法实践为路径，强调法治语言与司法裁判方式在"一个中国"立场表达中的运用。法律是一个逐渐衰老的过程，唯有不断的适用，方能使之永葆青春。司法判决及其执行，使得法律本身不断获取新的意义和价值，而司法裁判本身，亦是法治语言形成的重要途径。正是基于这一论断，无论是大陆法系还是普通法系国家，均十分重视司法对法律的塑造功能。在台湾地区，普通法院法官通过审理涉及两岸关系的相关案件，在司法判决中彰显其对两岸关系性质立场的个案不乏其例。[16]与台湾地区各级法院已经形成一批与两岸关系性质有关的司法判决不同，大陆方面各级人民法院却极少在涉台裁判文书中体现出其对"一个中国"事实的基本立场。基于司法裁判对于法律本身的塑造作用及其可能产生的现实影响，在面对台湾方面不断致力于以司法方式推动"法理台独"，塑造"台独"话语的过程中，大陆方面亦应从司法领域入手，尝试以两岸具有较大影响力的涉台民商事案件的审判活动为切入，在人民法院裁判文书中体现出有关"一个中国"内涵的话语，形成以司法实践为导向，通过司法裁判方式表达"一个中国"立场的实践路径。

注释

[1] 参见陈星：《试论台湾社会的政治话语重构及影响》，《北京联合大学学报（人文社会科学版）》2016年第4期。

[2] 参见刘国深、梁颖：《海峡两岸典型性政治话语比较分析》，《台湾研究集刊》2015年第4期；张晋山：《两岸政策的话语比较及创新路径初探——以"一个中国"话语为例》，《台湾研究集刊》2012年第5期等。

[3] 参见李义虎：《"两岸同属一中"：作为"强共识"和新共识》，《北京大学学报（哲学社会科学版）》2012年第5期；祝捷：《"一个中国"原则的法治思维析论》，《武汉大学学报（哲学社会科学版）》2016年第2期；庄吟茜：《"一国两制"在台湾的污名化：剖析与澄清》，《台湾研究》2016年第1期等；张笑天：《为什么我们即将在理论上失去台湾？》，《全国台湾研究会2016年学术年会论文集》。

[4] 参见徐博东、陈星：《论"台独"话语霸权的建构》，《台湾研究》2004年第6期；胡本良：《论"台独"话语权对岛内政治生态的影响》，《台湾研究》2014年第6期等。

[5] 参见郑振清：《"本土化"与当代台湾地区政治转型的动力与进程》，《政治学研究》2010年第6期。

[6] 参见段磊：《"一个中国"话语体系的逻辑构成与理论挑战》，《中国评论》2016年11月号。

[7] 参见施正锋：《台湾社会各族群平等关系的建构》，施正锋：《台湾族群政治与政策》，新新台湾文化教育基金会2006年版。

[8] 参见王泰升：《台湾法律史概论》，元照出版公司2001年版。

[9] 杨家勤、毛浩然：《大陆官方媒体涉台话语模式及其权威属性》，《福建师范大学学报（哲学社会科学版）》2012年第1期。

[10] 周叶中：《台湾问题的宪法学思考》，《法学》2007年第6期。

[11] 唐桦：《两岸关系中的交往理性初探》，《台湾研究集刊》2010年第3期。

[12] 参见周叶中、段磊：《论维护两岸关系和平发展制度框架的法理内涵与构建方向》，《"一国两制"研究》（澳门）2016年第3期。

[13] 姚建宗：《法治的人文关怀》，《华东政法学院学报》2000年第3期。

[14] 周叶中、段磊：《论"法治型"两岸关系的构建》，《福建师范大学学报（哲学社会科学版）》2015年第6期。

[15] 参见秦前红：《<宪法解释程序法>的制定思路和若干问题探究》，《中国高校社会科学》2015年第3期。

[16] 如台湾地区"最高法院"于1982年做成的"台上字第8219号判决"即明确提出"而国家之统治权以独立性与排他性行使于其领土之内，此不因领土之一部分由于某种事实上之原因暂时未能发挥作用而有异。兹我国大陆领土……仍属固有之疆域，其上之人民仍属国家之构成员"。此后该号判决为岛内各级法院多次引用，从而形成一系列有助于维护"一个中国"事实的司法判决。然而，2013年台湾地区"最高法院2013年度第1次刑事庭会议"决议1982："台上字

第 8219 号"不再援用，这充分表现出岛内司法界对两岸关系性质认知的转变。参见彭莉、马密:《台湾地区司法判决中的两岸政治定位》,《台湾研究集刊》2016 年第 6 期。

台湾地区的直接民主及其司法审查
——对 ECFA "公投" 行政诉讼的审视

厦门大学台湾研究院法律所　季　烨

一、引言

自台湾地区"公民投票法"于 2003 年制定并生效以来，以其为法源的全台性"公民投票"已经举行 6 次，均难以摆脱被否决的命运。然而，对于司法机关在"公民投票"过程中的角色及其能动性，并未得到充分的讨论。事实上，台湾地区"公民投票法"第 54 至 61 条关于"公民投票"诉讼程序的规范配置，本身就表明了司法机关对于"公民投票法"的实施具有不可推卸的责任。同时，以个案审判为契机，对"公民投票法"的执行措施进行司法审查，同样是防范立法机关越位、行政机关滥权和整体社会步入"民粹"的"安全阀"之一，进而具有维护权力分立和制衡的宪政意义。

正是从这个意义上看，《海峡两岸经济合作框架协议》（ECFA）引发的"公民投票"纷争是一份不可多得的研究样本。在 2009 年至 2014 年间，以民进党和"台联党"为主要推手的政治力量四度要求将《海峡两岸经济合作框架协议》（ECFA）诉诸"公民投票"，也是"公民投票法"2003 年制定以来全程经历行政处分、诉愿、行政诉讼并最终上诉至台湾地区"最高行政法院"方才"一锤定音"的首个案例，也是迄今唯一一个进入司法程序的"公民投票"案件。该案不但全景式展示了台湾地区"公民投票法"的运作机制，还首次呈现了司法机关对于"公民投票法"的立场。

鉴此，本文拟以 ECFA 的"台湾命运"为研究对象，简要回顾台湾地区关于 ECFA"公民投票"程序的启动与交锋过程（第二部分）。在此基础上，本文将结合台湾地区"公民投票法"的运作流程，归纳 ECFA"公民投票"的主要法律争点，并对司法机关所持的最终立场展开批判性分析（第三至第五部分）。最后，本文将总结司法机关在上述问题中的分析方法，揭示司法机关在"公民投票"诉讼中展开司法审查的限制性因素（第六部分）。

二、ECFA"公民投票"的主要发展态势

台湾地区关于 ECFA"公民投票"的辩论早在 ECFA 的酝酿阶段就开始发酵。在 2008 年台湾地区领导人竞选过程中，马英九就提出两岸签署"综合性经济合作协议"（Comprehensive Economic Cooperation Agreement，CECA）的构想。随即引发泛绿阵营的激烈反对，并提出要通过"公民投票"来决定两岸是否要签署 CECA。[1] 此外，因 CECA 的英文名称与内地与港澳之间的"更紧密经贸安排"（Closer Economic Partnership Arrangement，CEPA）相近，岛内反对力量又以"矮化"为由表示强烈反对，最终台湾当局将协议命名为"海峡两岸经济合作架构协议"（ECFA）。ECFA"公民投票"的全过程可以下表简要呈现：

序	领衔人	时间	提案正文	过程
I	蔡英文	2009-07-20	"你是否同意台湾与中国签订之经济合作架构协议（ECFA），政府应交付台湾人民公民投票决定？"	审议会驳回—诉愿
II	黄昆辉	2010-04-23	"你是否同意政府与中国签订'两岸经济合作架构协议'（简称"两岸经济协议"或 ECFA）？"	审议会驳回—诉愿—行政诉讼 1—审议会再驳回—行政诉讼 2
III	黄昆辉	2010-06-30	同上	审议会驳回
IV	黄昆辉	2010-11-22	同上	审议会驳回

三、ECFA"公民投票"的共享审查权限

对于"公民投票"提案本身，台湾地区"公民投票法"采取"两机关两阶段制"。换言之，主管机关（或其受托机关"中选会"）和审议会对于"公民投票"提案共享审查权。但在 ECFA"公民投票"诉讼中，上述两机关审查权的关系成为双方攻防焦点，本争点可进一步归结为：审议会是否具有对"公民投票法"第 14 条第 1 款第 4 项情形的审查权？这就涉及审议会的组织定位和审查

权界限这一本质问题。

纵观 "公民投票法" 的立法过程可见，"审议会" 的设置及其权限是蓝绿政党妥协的产物，并引发 "释宪" 风波。对此，"大法官" 认为，"审议会" 并非独立行政机关，而是在行政程序上执行特定职务的组织，属于 "行政程序法" 上的 "参与行政处分作成之委员会"，对全台性 "公民投票" 提案成立与否具有 "实质决定权限"。[2]

结合上述解释，一审法院认为，虽然 "释字第 645 号解释" 并未明确 "审议会" 可否对 "公民投票法" 第 14 条第 1 款所定事项进行审查，但其在一般意义上明确了 "审议会" 对全台性 "公民投票" 提案成立与否有 "实质决定权限" 且行政机构对此决定 "并无审查权"。因此，"审议会" 的审查权属于 "立法裁量" 范畴，其所为之 "认定" 应 "非单纯至仅负责就'公民投票法'第 2 条所定之公民投票事项'认明确定'而已，其对'公民投票'提案之审查是否与法律规范意旨一致，无论为程序与实体事项，均可审议"。[3] 二审法院则在一审法院意见的基础上，进一步区分主管机关（"中选会"）和 "审议会" 的职权，认定前者系对第 14 条第 1 款享有 "形式审查权"。[4] 在重审阶段，法院还主张，"审议会" 本质上属于 "独立于层级指挥体系以外独立运作独立性委员会"，加之程序正义的要求，已使其决策的正当性和正确性比一般的行政机关更强且更具制度上的可信赖性，其决定具有 "高度的判断余地"，法院应降低审查密度以予 "相当的尊重"。[5]

四、ECFA "公民投票" 的实体审查标准

（一）交付 "公民投票" 之重大政策的明确性之争

"公民投票" 事项的识别是台湾地区 "公民投票法" 适用的前提，也是 "公民投票审议委员会" 需要面对的先决问题。具体到 ECFA "公民投票" 而言，争议焦点在于：ECFA 的谈判和签署是否属于 "公民投票法" 所规定的 "重大政策"？

作为 ECFA 的反对者和台湾当局政策的复决者，"公民投票" 提案人理应承担 ECFA 构成 "公民投票法" 所规定的 "重大政策" 的初步举证责任。事实上，纵观民进党和 "台联党" 提出的 "公民投票" 理由书及其公听会说明可见，他们已经根据所谓 "重要性" 判断标准，提出要求将 ECFA 交付 "公民投票" 的两项理据：（1）政治重要性：签署 ECFA 造成台湾 "主权" 的流失和 "矮化"，

落入"一中框架";（2）经济重要性：ECFA 将进一步加剧台湾对大陆的经济依存度，对台湾相关产业的负面冲击将比其他自由贸易协议更为严重。然而对于上述论点，无论是民进党还是"台联党"均未完成起码的举证责任。

一方面，就政治重要性而言，"公民投票"提案人对 ECFA 的指责纯属"欲加之罪"，反而进一步凸显了 ECFA"公民投票"作为一场政治"闹剧"的本质。事实上，提案人只是宽泛地指称 ECFA 协商将造成台湾"主权流失"，然而何为"主权"、如何"流失"，提案人缄口不言。应予指出，两岸两会制度机制从其诞生之日起，从来就是在"一个中国"和"平等协商"这两条基本原则的基础上展开的，"九二共识"正是对上述原则的形象概括。换言之，两岸两会并非分别以主权者或其代言人的身份展开协商，亦不存在所谓一方被"矮化主权"的问题。如果以上述两岸两会协商模式未能彰显所谓"主权"为由，认为其政治影响足够严重以至于构成"公民投票法"项下的"重大政策"，进而要求诉诸"公民投票"机制予以复决，那么，是否意味着 1993 年以来两岸两会因循同一协商模式而完成的其他 22 项协议，都可以诉诸"公民投票"机制？

另一方面，就经济重要性而言，"公民投票"提案人理应提出 ECFA 威胁（而且比其他涉台经济协议更加严重威胁）台湾产业结构和经济发展的初步证据。这一证明要求进而同时暗含着两个要素：第一，ECFA 经济政策本身的确定性；第二，ECFA 经济影响的重要性。二者之所以是并列关系，是因为如果ECFA 经济政策本身尚未成型或不能确定，自然就无法确定或确信其经济影响的严重性。就既往实践而言，"大法官"之所以在"释字第 520 号解释"中认定停建"核四"电厂属于"重要政策"变更，正是因为"核四"电厂工程本身的确定性。[6]

就"ECFA 公民投票案 I"和"ECFA 公民投票案 II"而言，两次提案均在ECFA 正式签署前提出。此时，ECFA 协商的主要原则、框架和内容等，均处于不确定状态，更加难以将其与台湾地区其他涉外经济协议的实施效果相互对比。因此，要断言 ECFA 对台湾产业经济将产生巨大冲击以至于其已经或可以合理预期构成一项经济意义上的"重大政策"，显然缺乏依据。同时，就两岸正式签署 ECFA 之后发起的"ECFA 公民投票案 III"和"ECFA 公民投票案 IV"而言，提案人也并没有提出其（引发重大负面）经济影响的初步证据，而且"理由书的意见有许多跟事实不符之处"。[7]

简言之，作为"公民投票"机制启动的先决性问题，审议会理应且有权对于 ECFA 是否属于"公民投票法"项下的"重大政策"进行审议。在此过程中，即复决"公民投票"的提案人应针对一项明确的政策的重大影响承担初步举证责任，并证明这种影响已经发生或有合理理由认为其应该会发生。"审议会"则应以"合理的理性人"标准做出判断，并作为是否同意提案进入联署阶段的前提。

（二）"公民投票"以改变现状为前提的必要性之争

在"ECFA 公民投票"提案过程中，"审议会"曾两度从提案命题的表述方法入手，以是否"改变现状"为标准，认定提案于法无据。"审议会"认为，人民提起的"公民投票"案应持"改变现状"的立场才符合"公民投票法"的制度设计，但本案提案人持反对立场，却以正面表述的命题交付"公民投票"，导致即便投票通过，也不能改变现状，权责机关无须有改变现状的任何作为，因此提案不属于"公民投票法"所规定的"重大政策之复决"。但上述认定方法并未通过"最高行政法院"的司法审查。

"审议会"之所以要求"公民投票"提案应以改变现状为前提，或许是源于"公民投票法"第 31 条第 3 款的"误导"。根据该条，有关重大政策的"公民投票"案获得"通过"者，应由权责机关进行必要处置。反观之，在"审议会"看来，如果一项重大政策"公民投票"案获得通过后，无需由权责机关进行必要处置，那么其交付"公民投票"的必要性是存在疑问的。这种逻辑同样体现在中国国民党和亲民党联合提出的"公民投票法"草案。该草案规定，重大政策复决案通过后，权责机关应接受"变更之政策"。[8] 一审的台北高等行政法院也认为，复决是对现已存在的法律或重大政策，认为有不应存在之处欲加以否决，是一个"由有变无"的概念。[9]

但是，前述逻辑狭隘地理解了"公民投票"制度的功能，进而对"公民投票"提案机制设置了不必要的门槛。事实上，"公民投票法"旨在根据"宪法"第 2 条确立的主权在民的原则，为人民提供对重大政策等直接表达意见的管道，以协助并确保而非限制人民创制、复决二权的行使。[10] 此处的"复决"，并不仅仅旨在推翻既有重大政策，同时也包括对重大政策的再次确认（例如，行政机构试图推行的某项重大政策在立法机构遭遇在野党的强力狙击，其支持者便发动"公民投票"，从而对后者形成民意压力）。相应地，"公民投票法"第 31 条第 3 款所谓的"必要处置"既包括反向的停止执行相关重大政策，也包括正向的继续推动和执行。

（三）区分程序 / 实质性"公民投票"的合法性之争

从"ECFA公民投票II"阶段开始，"审议会"连续三度援引"公民投票法"第14条第1款第4项的规定，以提案"主文与理由相互矛盾"为由驳回提案申请。其理由在于，提案理由试图就台湾当局是否有权签署ECFA做"程序性公民投票"，但提案主文却是针对ECFA内容的"实质性公民投票"，因此，主文与理由互相矛盾，其提案真意不明。但提案人认为，"公民投票法"只规定了"提案内容相互矛盾"这一驳回提案的法定理由，而并不包括所谓"主文与理由相互矛盾"。[11]

在提案人看来，ECFA"公民投票"旨在通过"重大政策之复决"的途径，质疑台湾当局关于ECFA的"签署权"，而无关ECFA的内容。[12] 然而，对ECFA签署权限制，离不开对ECFA实体内容的判断。正是从这个意义上看，所谓"程序性公民投票"和"实体性公民投票"不可截然分离，审议会的区分似乎并无必要。

对此问题的判断，对于"审议会"而言，一个更技术性（也是更容易操作）的判断标准是，"公民投票法"第14条第1款第4项所指的"提案内容"，是否包括提案理由书，或如何理解提案主文和理由的关系？对此，台湾"最高行政法院"指出，主文和理由书应在领衔人提出"公民投票"案时一并提出（第9条第1项），由"中选会"同时公告（第18条第1项第2款）。[13] 换言之，由于提案主文具有高度概括性，提案理由对于投票人进一步了解提案的真实意图，具有不可或缺的辅助和说明作用，二者具有一体性。因此，"提案内容"应同时包括主文和理由书在内。如提案的主文与其理由相互矛盾，应属于提案内容相互矛盾的涵摄范围。

五、ECFA"公民投票"的正当行政程序

根据"公民投票法"第10条的规定，"审议会"应在收到提案后十日内完成审核，经审核完成符合规定的，"审议会"应于十日内举行听证，确定提案内容。据此，提案人主张，"审议会"在"ECFA公民投票案II"中仅举行公听会而并未履行听证程序，其行为构成程序瑕疵，应予撤销。[14]"中选会"则主张根据"公民投票法实施细则"的明确指引，适用"公民投票法"第9条第1项及第14条的规定，排除第10条规定的听证程序。

对此，台"最高行政法院"强调，听证与公听会程序在法律性质和法律效

296

果方面的差异，并根据"宪法"关于"人民主权"的原则、"大法官释字第 645 号解释"的精神以及"公民投票法"第 10 条的立法理由，主张在"审议会"依法作出实质认定前，听证程序不可或缺，也不可以公听会取而代之。[15]

然值得进一步追问的是，"审议会"依法认定之前的听证程序，是否是法律的明文规定？事实上，"公民投票法"第 10 条明文规定，提案"经审核完成"符合规定的，而非"审核完成前"，"审议会"应于十日内举行听证。对此，李建良教授也承认，真正构成听证的法律依据，乃是"宪法保障人民创制、复决基本权利之意旨"，换言之，"最高行政法院"是"直接依宪法而为审判"。[16]

难道在"审议会"做出决定前举行公听会，就不符合"宪法保障人民创制、复决基本权利之意旨"？听证和公听会同为行政机关做出行政行为前集思广益、促使行政程序公开、透明和周全的制度设计，二者性质和法律效果虽有不同，但也绝非大相径庭。听证的法律效果与公听会只有量的区别而非质的悬殊。相较于后者，听证程序无非是加重了行政机关的说明义务。而台湾"最高行政法院"以所谓"宪法意旨"为幌子，凭空确立了听证程序作为审议会审议"公民投票"提案的前置要件，调整了听证与"审议会"审核的先后顺序。正是从这个意义上看，台湾"最高行政法院"取代了立法者的位置，实质上改写了"公民投票法"的规定，其合法性值得推敲。

六、ECFA "公民投票"的法律与政治意涵

自 2003 年以来，以"公民投票法"为法源的全台性"公民投票"已经举行了 6 次，均难以摆脱被否决的命运。虽然 ECFA "公民投票"并未成案，却是迄今唯一一个进入司法程序的案件。该案历经两次上诉，两级法院的司法审查，无论是对于"公民投票法"本身的澄清和完善，还是对两岸关系的未来发展，都具有不可多得的借鉴和预警意义。

"公民投票法"本身正是台湾地区政治势力应对两岸关系的产物，也是对"法理台独"孜孜以求的结果。事实上，岛内发动的 6 次全台性"公民投票"，有 4 次直接指向两岸关系。正是从这个意义上看，大陆对于"公民投票法"的关注和疑虑不是没有理由的。

在 ECFA "公民投票"诉讼中，司法机关无一例外地肯定"审议会"对"公民投票"提案的实质审查权限。相应地，司法机关对其进行司法审查密度相对较低，相较于实体问题而言，可能更加偏重于程序性审查（正如在本案中，司

法机关以未履行听证为由，部分撤销主管机关的行政处分）。上述权限的存在，使得"审议会"有能力抵御所谓"民意"的压力，对蓄意挑战两岸关系的提案进行合法性审查，从而对两岸关系的稳定起到"安全阀"的作用。

然而，全然寄希望于"审议会"以避免两岸关系直面民粹压力的风险也是显而易见的。"审议会"固然大权在握，享有对"公民投票"提案的实质审查权，但其性质却属于行政权，[17] 而且高度依赖行政权。例如，在组织定位方面，"审议会"被视为台湾行政机构的内设机构；在组成结构方面，台湾行政机构享有委员人选的提名权，并由台湾地区领导人任命；在经费支持方面，其运行经费被纳入台湾行政机构的总预算。因此，台湾行政机构对于"审议会"运作的潜在影响不容忽视。特别是在民进党执政的背景下，不利于两岸关系和平发展的"公民投票"提案获得"审议会"审查通过的几率大大增加。

更为值得关注的一个动向是，出于"毕其功于一役"的考虑，"泛绿"阵营长期以"废除鸟笼公民投票"为幌子，积极酝酿废除"审议会"。尤其是在2016年第九届立法机构运作以来，民进党籍和"时代力量"的民意代表关于修改"公民投票法"的7份提案（7/9）中，有6份提案主张废除"审议会"。以"泛绿"阵营在台湾立法机构的优势席次，上述修法主张的通过并无困难。失去了"审议会"的审查，而受托办理"公民投票"的"中选会"又仅仅进行形式审查，那么，任何挑战台湾地区现行宪制、冲撞两岸关系法理底线的"公民投票"大行其道的几率便大大增加。即便最终被否决，其酝酿、发动和运作过程中的政治动员，对台湾社会"两岸观"潜移默化的形塑也不可小觑。

无论"审议会"的未来命运如何，一个总体的趋势是，"公民投票法"的制定犹如打开了"潘多拉魔盒"，两岸关系将越来越容易、也越来越多地需要直面台湾地区的所谓"民意"。例如，在2014年"太阳花学运"以来备受关注的两岸协议监督条例法案中，诸多提案均主张将"公民投票"作为两岸协议生效的前提。在第九届台湾立法机构待审的4个法案中，相关法案仍有2个，不但积极以特别法的方式降低"公民投票法"所设置的提案通过门槛，更是试图扩大"公民投票"的适用范围。[18]

注释

[1] 参见《对目前海峡两岸经济合作框架协议形势的几点观察》，《台声》2009年第5期。
[2] 参见台湾地区"大法官释字第645号解释"理由书。
[3] 参见台北高等行政法院2010年诉字第2283号判决。

[4] 参见台湾 "最高行政法院 2012 年度判字第 514 号判决"。

[5] 参见台北高等行政法院 2012 年诉字第 1376 号判决，台湾 "最高行政法院 2014 年度判字第 637 号判决"。

[6] "核四" 项目早在 1980 年便已提出计划书，1982 年至 1986 年已编列预算，1999 年正式动工，2000 年暂停兴建，其停建对能源、环境、产业、经费和善后工作的巨大影响，要么已经（部分）发生（如到 2012 年底为止，"核四" 建设进度已超过总工程量的三分之一，由于历经多次波折，每台机组平均造价达 37.5 亿美元，已成为全球造价最贵的核电厂），要么可以合理预见（如 "核四" 停建后留下的台湾电力需求缺口；核污染的可能性和危害性；已投入成本的回收等。

[7] 《"行政院公民投票审议委员会" 公听会发言纪录》（"ECFA 公民投票案 II"）2010 年 5 月 27 日，第 7 页。

[8] 参见中国国民党和亲民党版 "公民投票法" 草案第 36 条第 1 款。然而，最终通过的 "公民投票法" 并未采纳该草案的规定。

[9] 参见台北高等行政法院 2010 年诉字第 2283 号判决。

[10] 参见台湾地区 "大法官释字第 645 号解释理由书"。

[11] 参见黄昆辉 2010 年 7 月 2 日诉愿书；黄昆辉 2010 年 11 月 18 日行政起诉状等。

[12] 参见《"行政院公民投票审议委员会" 公听会发言纪录》（"ECFA 公民投票案 II"）2010 年 5 月 27 日，第 1 页。

[13] 参见台湾 "最高行政法院判决 2012 年度判字第 514 号"。

[14] 参见台北高等行政法院 2010 年度诉字第 2283 号判决。

[15] 参见台湾 "最高行政法院 2012 年度判字第 514 号"。

[16] 参见李建良：《依 "辞海" 审判的行政法院——北高行 2010 年度 ECFA "公民投票" 判决的法治警讯》，《台湾本土法学杂志》2011 年第 182 期，第 11 页。

[17] 台湾地区 "大法官释字 645 号解释" 明确指出："以公审会的职务性质观之，属于行政权……是在行政程序上执行特定职务之组织……"

[18] 例如，"时代力量" 党团即主张，涉及建立军事互信机制、结束敌对状态、安排阶段性或终局性政治解决、划定或分享疆界、决定台湾在国际上的代表或地位，及其他可能影响台湾所谓 "主权" 的两岸协议，须有 "立法委员" 四分之三出席，及出席者四分之三同意，再由台湾地区选举人投票复决，有效同意票过选举人总额的一半即为通过，可不受 "公民投票法" 第 30 条投票人数之限制。

对台湾地区陆配权益相关法规的思考

中国社科院台湾研究所　徐亦鹏

陆配即台湾居民之大陆配偶，[1] 就身份而论，包括已取得台湾户籍和未取得台湾户籍者。[2] 国民党退台后，两岸民间交流往来几乎完全中断，至 1987 年台湾"解严"后方逐渐热络。自 1988 年第一例两岸婚姻登记出现，至今台湾已有 33.5 万名陆配，占台湾地区外来配偶数量的 64.0%；其中 12.3 万人取得定居证，占陆配总数的 36.8%。[3] 基于两岸关系特殊的政治、历史、文化背景以及岛内绿营所持"台独"意识形态的牵绊，陆配长期受到不公正待遇。在当前民进党执政之下，相关法规的改善更加困难。这一背景下，大陆方面宜以"两岸一家亲"理念为指导，在两岸社会融合的视角下提升台籍配偶权益保障，促进两岸家庭和谐幸福。

一、当前台湾地区陆配相关法规缺乏公平性

马当局自 2008 年执政后，依"反歧视""保障真实婚姻的大陆配偶在台生活基本权益"等政策方针，针对陆配相关问题 2 次修改"台湾地区与大陆地区人民关系条例"，9 次修改"大陆地区人民进入台湾地区许可办法"，5 次修改"大陆地区人民在台湾地区依亲居留长期居留及定居数额表"，还修改了"大陆地区人民申请进入台湾地区面谈管理办法"和"大陆地区人民按捺指纹及建档管理办法"等法规，以突出陆配相关法规的社会公平和人权保障属性，较之陈水扁执政时期充斥敌意与歧视性的做法有长足进步；但是陆配权益的法律保障仍有诸多不尽人意之处。民进党 2016 年再度上台执政后，又让相关法规的改善变得遥遥无期。

（一）居留、定居权

国民党 2008 年重返执政后，一度沿用以前订立的"团聚—依亲居留—长期居留—定居"制度，陆配取得身份证时间为 8 年。2009 年 6 月，"立法院"通过关于放宽陆配身份权的"台湾地区与大陆地区人民关系条例"修正案，删除陆配婚后赴台团聚满 2 年方得申请依亲居留的规定，让陆配取得定居资格的时间从 8 年缩短为 6 年。依照新规，2009 年 8 月起，陆配与台湾配偶完成结婚手续后可向"内政部移民署"申请进入台湾地区团聚；通过面谈，经许可入境后即可申请依亲居留；依亲居留满 4 年且每年在台居住逾 183 日，即可申请长期居留；长期居留连续满 2 年且每年居住逾 183 日、无犯罪记录并提出丧失原籍证明者可申请定居；领取定居证后得设立户籍、取得身份证。此外，"内政部"于 2008 年 8 月放宽陆配申请定居需检附之财力证明文件的种类与范围，大幅调降陆配家庭年收入、在台动产与不动产估价总值标准，"台湾地区与大陆地区人民关系条例"有关修正案于 2009 年 8 月生效后，更彻底取消了陆配申请定居需要向台当局提交财力证明的规定；2012 年 11 月，"内政部"进一步取消陆配申请定居的保证人制度。

陈水扁执政时期规定陆配申请定居每年核配人数为 6000 人，2009 年 1 月，为解决陆配等待定居配额时间过久等问题，"内政部"报经"行政院"核定后放宽数额规定，陆配申请在台定居不再设数额限制。该项规定自 2009 年 1 月实施后，定居申请案经"审查会"审核通过即核发定居证，原陆配申请定居等待数额总计 6014 人，"移民署"于 2009 年 1 月之内一次性将其定居证办理完毕。目前，尽管陆配申请赴台依亲居留以及定居不受员额限制，但依亲居留满 4 年欲申请长期居留者，仍受每年 15000 人的数额限制。此外，2015 年 12 月起，陆配未满 20 周岁的前婚生子女赴台申请长期居留配额由每年 180 人放宽为 300 人，预估配额等候期从 10 年缩短为 6 年。[4]

2012 年 10 月，马英九宣示将修法加快陆配取得身份证的速度，让陆配最快 4 年就能取得身份证。次月，"行政院"通过"台湾地区与大陆地区人民关系条例"修正草案，其中包含陆配 4 年取得定居资格的内容。但自从此案送进"立法院"后，数次遭"台联党"霸占主席台、民进党要求召开公听会等方式杯葛，并退回"立法院程序委员会"，始终无法交付审查。

2016 年 6 月 27 日，在国民党"立委"的坚持下，"立法院内政委员会"重新审查关系到陆配取得定居资格"6 改 4"的"台湾地区与大陆地区人民关系条例"第十七条修正草案，蓝绿双方争执不下，因陆委会指陆配是否取得身份证

"仅影响投票权，不影响其他生活权利"，民进党团以此为据，以人数优势封杀国民党团提案，初审通过陆配取得定居资格年限不变，且需通过"国民权利义务基本常识测验"，相关规定反而变得更加严苛，全案以民进党版本送出"内政委员会"完成初审。

早在 1999 年 5 月，陆委会认为"两岸交流确实发生失序的现象"，宣示"重整两岸交流秩序"，针对包括陆配在内的大陆人员入台事项，采取"生活从宽、身份从严"原则，而"身份从严"逐渐成为台当局陆配政策的基调。虽然 2009 年修正"台湾地区与大陆地区人民关系条例"使陆配取得定居资格的时间由 8 年缩短至 6 年，但与外籍配偶之待遇仍有较大差距。外籍配偶持居留签证入台连续居住满 3 年即可办理归化手续，之后连续在台居住 1 年即可申领定居证、在台设籍，前后只需 4 年。

定居资格的取得是陆配权益保障的最关键环节，是其在岛内独立置产、创业以及参与政治生活的基本条件，而身份的不确定已成为陆配融入台湾社会和家庭生活的严重障碍。出于"防范"甚至敌视思维的歧视性入籍制度使陆配沦为"新住民"中的"第二等级"，成为政治的牺牲品。2015 年在台南市发生的陆配之女在学校受辱跳楼事件也足以说明，有歧视性制度，则必有歧视性社会，因为公开的制度性歧视会使民众认为对某些族群的差别对待理所应当，进而侵蚀平等、包容等社会价值。

（二）劳动就业相关权益及学历采认

陈水扁执政时期，陆配取得长期居留资格，或在依亲居留期间具备特殊情况并取得工作许可后方可在台合法工作。国民党 2008 年上台后，刘兆玄"内阁"即提出放宽陆配工作资格的改革方针，台"劳委会"随后完成评估报告，认为在实施面谈机制、过滤"假结婚"个案的把关之下，可以让陆配和外籍配偶一样，取得居留身份后便享有工作权。2009 年 6 月，"立法院"正式通过"台湾地区与大陆地区人民关系条例"修正案，规定自 2009 年 8 月起，经许可在台依亲居留或长期居留的陆配，居留期间可以参加工作，免申请工作许可。实际操作中，主管部门在陆配居留证上加注"持证人工作不须申请工作许可"字样，以便其求职。[5]

2009 年 5 月，"就业保险法"生效，陆配与外配一道被列为就业保险加保对象，参保超过一年后，一旦失业，可比照台湾籍劳工领取 6 个月的失业给付；陆配若参保 1 年以上，且家中有 3 岁以下小孩，可以申请育婴津贴，在 6 个月内领取 6 成投保薪资。此外,"劳工退休金条例"修正案于 2014 年 1 月生效,在台工作的陆配可要求其雇主按月强制提拨 6% 的退休金。2011 年 5 月,经修改上路的"工会法"删除工会理、监事应具有台湾户籍的限制规定,使尚未入籍的陆配除可以自行组织或加入工会外,并可以担任工会理、监事及负责人。"就业服务法"还规定,如雇主对陆配有歧视性对待,例如以非台湾出生等原因解雇,即构成出生地歧视,雇主将被处新台币 30 万元以上、150 万元以下罚款。

2009 年 10 月,台"劳委会"放宽陆配在台参加技能检定及取得证照规定,凡具有工作权的陆配皆可报考"劳委会"举办的 200 多项技能检定,仅保姆证照因涉及"完成国民义务教育"资格限制,陆配无法报考。[6]2009 年 11 月,"劳委会"发布"技能检定保姆职类单一级申请检定资格基准",删除"完成国民义务教育"的规定,自 2010 年 1 月起,陆配只要年满 20 岁,取得依亲居留或长期居留资格,皆可参加包括保姆技能检定在内的相关技能检定考试。

关于陆配就业培训及补助,2008 年 8 月,台"劳委会"发布"促进外籍配偶及大陆地区配偶就业补助作业要点",专门针对尚未取得台湾户籍之陆配、外配采取保护性措施:一是陆配至公立就业服务机构办理求职登记、就业咨询及推介就业后,可安排提供临时工作机会,发给临时工作津贴,津贴按主管机关公告之基本工资核给,每月最高发给 176 小时,最多能领 6 个月;二是雇主如雇用陆配连续达 30 日以上,可以向原推介辖区之公立就业服务机构申请雇用补助金,补助每人每月 1 万元新台币,或每人每小时 55 元新台币(每月最高 1 万元新台币),最长补助 12 个月;三是陆配参加职业训练期间,得发给职业训练生活津贴,标准按基本工资 60% 发给,最多能领 6 个月。

客观而论,原先限制陆配在台湾工作的法规已大幅修改,目前陆配在台就业所面临的直接制度障碍已基本消除;但由于台当局对大陆地区的学历认证仍有相当限制,故有些受过高等教育的陆配可能因为学历不受采认而难以获得相应就业机会。

2011 年 1 月 5 日,台教育主管部门公布"大陆地区学历采认办法"修正案,针对在台陆配、台生、赴台依亲的大陆民众进行高等学历采认,但是仅限定于2010 年 9 月 3 日之后台教育主管部门所承认的大陆北京大学、清华大学、复旦大学等 41 所院校及研究所,而对于 1992 年 9 月 18 日至 2010 年 9 月 3 日期间的大陆高校学历不溯及既往,须经学历甄试才能获得采认,且医学学历完全排除在外。2012 年 11 月,台教育主管部门进一步开放承认大陆 41 所大学的肄业证明。2013 年 3 月,台教育主管部门公告开放采认大陆 111 所高等院校的学历

（含原采认之41所），但公安、军事、医疗等相关院校仍排除在外。2014年4月，进一步扩大采认大陆15所艺术、体育专业院校及中国科学院、中国科学院大学及中国社会科学院学历，名单中院校、机构合计129所。

大陆目前共有超过2800所高校，[7]而台湾方面予以采认学历的大陆高校比例不足5%，在很大程度上提高了陆配参加职业培训、继续深造、寻找工作机会的门槛。随着大陆经济、社会、文化的发展进步，两岸通婚案例中，陆配的普遍知识程度明显提升，拥有高学历和杰出专业知识技能的陆配越来越多，在当前台湾对大陆人士的学历采认制度之下，"大材小用""学非所用"的人才浪费情况也越来越突出，这不仅影响了陆配正当的工作权益，也制约了两岸通婚家庭的生活水平。

（三）面谈制度

2003年起，民进党当局开始依照"行政程序法"相关规定，针对陆配实施入境面谈制度，对已经入境台湾、在台生活一定时期、有资格申请居留和定居的陆配，以面谈方式进行所谓"行政调查"，其目的是甄别出不符合条件的申请者。"境管局"于2003年9月1日起开始实施陆配入境抽查面谈制度，同年10月10日起要求首次入境的陆配全部接受面谈，同年12月1日起要求无论是否首次入境都要接受面谈。直到2004年3月1日，陈水扁当局才正式公布并实施"大陆地区人民申请进入台湾地区面谈管理办法"，作为上述条款的实施细则加以落实。

国民党2008年执政后，并没有如外界预期废止陆配面谈制度，只是作了局部调整。2009年7月31日，台"内政部"修正"大陆地区人民申请进入台湾地区面谈管理办法"，除对陆配人权有更明确的保障措施外，也简化部分面谈程序。原办法规定大陆地区人民申请赴台团聚、居留或定居时，台湾配偶或亲属应一起接受面谈，新修正办法放宽为"必要时"台湾配偶或亲属才须接受访谈。陆配还可申请一位辅佐人陪伴面谈，且夜间面谈必须取得当事人同意，晚上10时即截止受理。

面谈制度虽然在实施初期对大陆人员以"假结婚"手段赴台从事非法活动起到了一定的阻遏作用，但"移民署"负责面谈事务的一线官员在实施面谈时的一些不尊重陆配隐私和人格的提问，是对其人权的公然侵犯，而对生活琐事的一些无聊问题也容易致使心理素质不好或者记忆力不佳的当事人可能因为答错而遭到面谈不通过的处分。此外，如果负责面谈的官员因意识形态、个人素质、业务能力、对个案的了解程度等原因，仅凭一次面谈就做出婚姻为假的草率判断，拒绝事实上可能为真结婚的陆配入境台湾，就会侵犯其合法婚姻权利。[8]

（四）从事公职的权利

依当前台湾地区法规，除担任大学教职、学术研究机构研究人员和社会教育机构专业人员外，陆配在台设籍满10年方可登记为公职候选人、担任公教或公营事业机关（构）人员及组织政党；在台湾地区设有户籍满20年，才可担任情报机关（构）人员，或"国防"机关（构）的志愿役军官、士官及士兵，义务役军官及士官，文职、教职及"国军"聘雇人员。

相较之下，外籍配偶归化后即可担任台文官体系中十一职等以下公职，十二职等以上职位才有设籍10年以上的要求，陆配与外配的差别待遇再次呈现。

二、蔡当局处理陆配权益问题尚难超越政治偏见

台湾地区的陆配相关法规在人权保障和人文关怀方面存在着明显的缺失与轻忽，致使相关法规在施行过程中严重侵犯陆配人权，这与台湾当局在对待陆配权益问题上加入过多政治考量是分不开的。在岛内，两岸议题一直具有高度政治敏感性，对大陆赴台人士挤占工作机会、取得政治参与权和影响力，甚至改变岛内人口结构、危及"国家安全"和社会安定的担忧长期存在。于是，在绿营煽动的"恐中""仇中"气氛下，对陆配群体的制度性歧视甚至打压成为"政治正确"的抉择。如今，民进党虽然成立"新住民委员会"并纳入陆配代表，陆委会也多次喊话争取陆配权益，但其选票考量仍难战胜政治偏见。

蔡当局上台至今，对陆配权益保障议题一直停留在"口惠而实不至"的阶段。2016年6月，"行政院长"林全在就陆配身份取得年限问题接受采访时表示，"对陆配的原则和政策不会改变"。

今年2月22日，蔡为民进党新成立的"新住民事务委员会委员"授证，委员中包含一名陆配，意图在某种程度上展示出重视陆配群体利益的姿态。但是反观该委员会的构成，9名新住民代表中，仅1名陆配，其余分别来自越南、印尼、缅甸、柬埔寨等国，其中有2名代表来自越南。相较于陆配占台湾地区外来配偶数量64.0%的现实数据而言，这样的构成除了突出浓厚的"新南向"色彩，实在缺乏代表性可言。

2016 年 11 月，陆委会公开表示放宽规定，凡陆配取得身份证后，可以担任公家机关厨工、清洁工等临时人员，不需要等到 10 年。这是民进党上台后给予陆配的唯一"实惠"，但幅度和范围极为有限。陆委会主委张小月于今年 6 月公开表示，"陆委会深切理解陆配融入台湾社会的努力，未来将持续保障陆配在台生活权益，做陆配的坚强后盾"。只是，对于已经承诺予以解决的放宽陆配亲属赴台探亲限制等问题，仍在"研究中"。

目前，蔡当局同时推进多项改革已致烽烟四起，满意度和支持度屡创新低，与此同时，在两岸议题上的表态趋于强硬，已有回守深绿基本盘之势。未来恐难期待其在缩短取得身份证年限等施惠陆配群体的政策议题上有具体动作。

三、大陆宜审时度势为台配赴陆创造良好条件

对两岸关系而言，以陆配为代表的、生活范围和情感认同横跨两岸的"两岸族"，在成长与发展的过程中正在充实和活络两岸的社会交流，其经验、情感和态度经由直接接触和媒体传播，潜移默化地对各自社会的其他民众产生着导向性的影响。陆配在台湾的处境，在一定程度上影响两岸民众的相互认同与情感交融，进而影响两岸关系的发展方向。

长期以来，社会对陆配问题的讨论集中在呼吁台湾方面修改相关法令，为陆配生活提供便利、消除歧视及不平等待遇方面。在当前的政治现实之下，这一努力的可预期政策收效已甚为渺茫。

但是，两岸关系 30 年发展历程已经告诉我们，推动和加强两岸各领域交流是海峡两岸的主流民意，两岸关系发展的根基在基层，动力在民间。以促进两岸社会融合的视角来看，我们并非没有努力的空间。目前，赴台陆生累积已有一定规模，台湾青年赴大陆求学、就业、创业的风潮更是在大陆的政策引领以及岛内反"独"促统力量的推动下日益兴盛。在此背景下，两岸青年交流与往来的密切程度与日俱增，两岸婚姻的建立基础已经呈现出新的模式，触碰到新的契机。

在经济社会文化各领域的迅速发展之下，大陆不少地方已经具备吸引世界各地青年来生活和发展的实力和魅力。此时，我们可以重新审视"陆配"与"台配"的辩证关系，促进两岸婚姻家庭的融合，吸引更多台配到大陆定居、生活。具体做法可以包括提供门槛更低、水平更高的生活和就业保障，提供更灵活的身份和户籍选择空间，提供更便于取得的教育和医疗等资源。这样的举措，

从微观上有利于两岸家庭的建立以及长久的和谐，从宏观上有利于两岸亲情的融洽以及社会的融合。

第九届海峡论坛上，百位两岸新人集体婚礼的场景淋漓尽致地展现着"两岸一家亲"的主旋律，让人为之动容。去年"520"以来，由于蔡当局拒不承认"九二共识"及其一个中国核心意涵，两岸关系遭受重要挫折，两岸良性互动遭受破坏。在此背景下，两岸民间往来，尤其是姻亲的缔结更彰显两岸同胞血浓于水的深情。历史的危机也是转机，坚持"两岸一家亲"理念，努力创造条件促进两岸家庭和谐幸福，堪为两岸关系发展和社会融合谱写新的篇章。

注释

[1] 此为社会意义上的通常理解，而在台湾地区法制背景下，以权利、义务视角讨论的陆配主体范围应限缩为持有台湾方面颁发的入出境许可证、居留证或定居证，在台探亲、团聚、依亲居留、长期居留或定居的大陆籍配偶，或简单理解为"进入台湾地区的大陆籍配偶"（参见王伟男：《台湾当局针对大陆籍配偶入台的面谈制度研究》，载《上海交通大学学报（哲学社会科学版）》2016年第2期），本文所讨论之陆配主体范围亦在此限。

[2] 根据台湾地区"大陆地区人民在台湾地区依亲居留长期居留或定居许可办法"第三十六条，陆配申领定居证后得初设户籍、请领"国民身份证"。虽然实践中常将取得定居证、设籍和取得身份证做相似、化约理解，但笔者认为：就陆配入台的程序而言，取得定居证为其程序终点；就两岸关系现状下陆配的法律地位而言，设籍为其身份转换的节点。

[3] 不含港澳地区配偶。参见台"内政部移民署"2017年6月发布之"各县市外裔、外籍配偶人数与大陆（含港澳）配偶人数统计表"，https://www.immigration.gov.tw/lp.asp?ctNode=29699&CtUnit=16434&BaseDSD=7&mp=1，2017年6月25日。

[4] 参见《赖幸媛：将心比心 关怀台湾女儿》，载台《中国时报》2009年2月16日。

[5] 参见庄舒仲：《陆配对两岸关系和新住民政策的期待与建议》，载台《交流杂志》2016年第1期。

[6] 《马允诺陆配取得身份证缩短至4年》，载台《中国时报》2012年10月28日。

[7] 《大陆人士入境原则：生活从宽身份从严》，载台《中国时报》1999年5月14日。

[8] 杨芳：《台湾陆配政策之检视》，载《台湾研究集刊》2016年第1期。

台湾对大陆经济依存的框架建构
与主要特征

中国社科院台湾研究所经济研究室　王　敏

自 20 世纪 70 年代末以来，在经济全球化、区域经济一体化及大陆改革开放等多重因素共振下，两岸经贸关系迅猛发展，特别是 1987 年台湾当局开放赴大陆探亲后，两岸经济交流迈入快速发展的轨道，使两岸经济相互高度依存日益成为两岸经贸关系发展的主轴。其中由于两岸人口、幅员及经济总量等差距较大，台湾对大陆经济依存关系深化发展已跃升为当前两岸经贸关系发展最典型的特征。目前，对于台湾对大陆经济依存或依赖的概念体系莫衷一是，学者们大量对经济依赖或依存展开相关论述，但对其并未有深入的研究。究竟什么是经济依存？两岸经济依存内涵与外延是什么？其与一般的经济依存有什么联系或区别？具有怎样的特征？笔者尝试对此进行一定研究，并结合国际政治经济学及两岸关系发展现况建构起台湾对大陆经济依存的框架，并在此基础上分析台湾对大陆经济依存的主要特征，以构建台湾对大陆经济依存的分析框架，夯实其研究的理论基础。

经济依存理论演进及经济依存等相关概念辨析

经济依存现象很早就进入西方国家学者的视野，但经济相互依存理论形成则晚很多。

1940 年，美国经济学家小布朗在其著作《国际金本位的重新解释》中率先将相互依存的概念应用于国际经济学的研究，相互依存开始步入经济学的研究殿堂，也宣告经济依存理论开始萌芽、破土而出。二战后，随着资本主义世界大繁荣及由此而产生的人员、货品、资金往来的大幅增加，越来越多的国际主流经济学家乃至政治学家将目光投向国际经济相互依存理论。但真正开创先河、系统阐述国际经济相互依存理论的学者是美国国际经济学家理查德·库珀。1968 年，库珀在其出版的力作《相互依存经济学：大西洋社会的经济政策》中深刻剖析了二战后大西洋两岸各国"你中有我，我中有你"、经济相互依存日益深化的现象，认为全球经济在国际贸易与投资的快速发展下步入高度一体化与相互依存的新阶段。此后，伴随着世界政经格局的深刻变迁，国际经济相互依存理论步入大发展阶段，同时研究经济依存理论也从欧美逐渐扩及日本等亚洲地区。20 世纪 90 年代后，"冷战"的结束、经济全球化与区域经济合作浪潮的兴起以及相关国际经济合作机制建立，不仅进一步加深全球经济相互依存，也为国际经济依存理论发展提供了丰富的素材。经济依存理论与国际关系、国际政治等多学科交汇融合，在研究范式、工具应用等领域的发展方面日新月异，呈现出前所未有的繁荣局面，甚至被誉为国际政治经济学上"理论最精致完美、政治与经济结合得最好的理论"。

对经济依存概念的界定是研究经济依存理论的基础和前提。由于在经济全球化背景下，几乎不存在单向或单方面的依存，因此依存的概念与相互依存密切相关，可谓"一个硬币的两面"。从字面意义上看，中国社科院语言研究所出版的《现代汉语词典》将"依赖"定义为两层含义："一是依靠某种人或事物而不能自立或自给；二是各个事物或现象互为条件而不可分离"，对"依存"一词则定义为"（互相）依附而存在"。从学术层面看，依存或依赖一词是舶来品，最初来源于英文单词的"相互依存"（interdependence）。据学者考证，1822年 Colerie 最早提出相互依存这个名字，此后 Huxley 将其引入自然科学的研究，Spencer 则将其应用到社会机构之间的联系。中国大陆学者常使用"相互依存"或"相互依赖"两个概念，几乎所有学者都认为这两个概念内涵是无差别的，交叉使用现象十分普遍。台湾地区一般使用"互赖"（即"相互依赖"）的概念。笔者在本文中主要使用"依存"而非"依赖"的概念，并非认为这两者在学术层面意义上存在显著差异，而是考虑到当前台湾岛内语境中，依赖在两岸关系场域中的负面色彩较为浓厚，因而本文主要使用更为中性的相互依存的概念。

对经济依存的定义，不同的机构与学者有着不同的见解。但总体看，对其概念主要从以下几层次界定：

一是绝大多数学者都从影响力的角度去定义经济相互依存。国际货币基金组织（IMF）对经济相互依存定义如下："第一，其他国家（地区）中发生的事将对一国（地区）经济运行发生影响。第二，一国（地区）能够做的和将要做的事情将在一定程度上依赖于其他国家（地区）的行动和政策。"罗伯特·基欧汉（Robert O.Keohane）与约瑟夫·奈（Joseph S.Nye，Jr.）认为依赖指的是为外力所支配或受其巨大的影响的一种状态，即"有代价的相互影响"，即所谓的"代价效应"（costly effects），相互依赖为彼此相依赖，世界政治中的相互依赖指的是以国家之间或不同国家行为体之间相互影响为特征的情形。虽然基欧汉与奈主要从国际政治学的角度界定相互依赖的概念，但其研究视角为库珀（Richard N. Cooper）研究经济相互依存的概念注入了新的内涵。库珀认为经济学意义上的相互依存最初主要评估两个国家和地区之间的交易规模，其衡量指标主要为交易规模与国民总产出的比重。但这一定义过于简单。经济相互依存应包括两个层次的含义：第一层是"脆弱性相互依存"（Vulnerability interdependence），指中断经济往来关系所带来的经济成本。对于那些有着较高经济交往水平的国家和地区之间，中断成本也随之提高，战争、贸易禁运等措施会对双方经济发展产生十分负面的冲击。第二层含义是"敏感性相互依存"（Sensitivity interdependence），指一国和地区应对境外国家和地区经济活动影响需要做出多大程度的经济调整，这种意义上的相互依存关系强调的是经济调整的边际量。邝艳湘（2011）也认为，经济联系虽然是经济相互依存的基础，但简单的经济联系并非相互依存，经济相互依存主要指不同国家之间在经济方面的相互影响和相互作用，一个国家经济利益的实现有赖于与另一国的合作。

二是部分学者从现象或问题的层面去定义。霍尔斯蒂认为，相互依存就是"相互不自主"。

斯帕尼尔（1982）也认为，相互依赖的含义就是相互的脆弱性。山本吉宣（1989）提出，相互依存从广义意义讲是由跨国交流所带来的所有现象与问题，从狭义意义讲，限于对称的"结构性相互依存"和"政策相互依存"。结构性相互依存是各国经济相互的依存及同步化增加，即某个经济体经济发展后可通过物的流动使其他经济体得到发展。政策相互依存指各国采取的政策目的与手段之间的相互作用，着眼于依存的政策相互依存更具影响力。张蕴岭（2010）认为，全球经济中各国经济相互依存，表现在政策关系、资源供求关系、生产关系、资本关系等不胜枚举的领域。

三是部分学者从"关系"的视角去定义经济相互依存。罗伯特·吉尔平（1989）认为经济依存是一种可被一个行动主体用来对抗另外行动主体的实力关系和经济力量，经济上的相互依存产生了一种可供利用和操纵的脆弱性……因此，经济上的相互依存在不同集团和国家之间或多或少地建立起一种等级森严的、依赖性的实力关系。各个国家均在努力加强自己的独立性，而增加他国对自己的依赖性。爱得华·莫斯（1989）认为相互依存包括美苏关系等战略上的相互依存和发达国家间经济上的相互依存，并认为经济上的相互依存主要是经济政策上的相互依存关系。发达国家之间在经济上的日益密切使各国在设定和追求其主要经济目标不能不考虑其他国家的因素。林崇诚（2009）认为，相互依存是指国家或国际行为体之间，为追求各自利益或共同利益而产生的相互合作或制约关系。李鹏（2010）将经济相互依赖定义为"各个国家、地区或其他经济体之间以及它们与区域经济或世界经济体系之间发生的、且难以摆脱的一种相互影响、相互制约、相互作用的关系"。

四是多数学者认为经济相互依存的意涵丰富，不能笼统地从单一层面去定义。雷达（1999）认为，考察经济相互依存需要从中断经济交往关系的经济成本、各国经济变量间相互依存关系以边际值衡量以及经济结构的相互依存等3方面全面解读。刘巍（2002）认为，经济相互依存是普遍存在的，只有程度的问题，且是双向和相互而非单向的。同时，经济相互依存是动态变化的，能产生深远的政治和军事影响。詹宏毅（2010）在参考国际相互依存概念及结合他人研究成果将"经济相互依存"定义为以下四方面含义：第一，经济结构相互依存，各国和地区都非常关心其他国家和地区的经济结构现状及其调整趋势和其他一些重大的经济事件。第二，经济政策目标之间的相互依存，一国和地区需要非常关注有依存关系的其他国家和地区所要达到的各种经济政策目标。第三，由应对来自相互依存的几个国家和地区以外的外部经济冲击而引发的相互依存。第四，各国和地区之间的经济政策相互依存。经济联系虽然并不等同于经济依存，但本文认为经济联系是经济依存形成与深化的重要基础。在两岸经贸关系中，台湾对大陆经济依存关系与两岸经济交流的发展进程密不可分。

综上所述，目前学术界从不同的视角去分析经济相互依存这一概念，这些诠释对于理解与把握经济依存的概念无疑提供了重要的启示。在综合与借鉴这些已有概念的基础上，本文认为，随着时代发展和学术研究深化，经济相互依存的内涵与外延日渐扩大与丰富，相互依存也逐渐由过去主要的经济领域拓展至现今的政治、经济、军事、生态等多元领域。本文虽然仍主要聚焦于经济领域，但并非狭义的经济领域，更多的是"大经济"或广义的经济概念，其不仅涵盖传统的贸易、投资、产业、金融等经济现象，也包括经济体制制度、政策乃至当前全球经济发展过程中所涌现出各种新的经济形态。鉴于此，本文认为可从经济系统的视角去界定经济依存的概念。系统是处于一定相互关系中并与环境发生关系的各个组成部分的总体，经济系统则指由相互联系和相互作用的若干经济元素结合成的，具有特定功能的有机整体。在经济全球化与区域经济一体化潮流锐不可当的时代大背景下，各国和地区既因政治边界、海关壁垒等形成相对独立的经济体系，又通过贸易、投资、金融等管道与其他的经济系统产生错综复杂的联系。

笔者认为，经济依存具有以下几方面的特征：第一，联动性。随着经济全球化的深入发展，经济相互依存已经超越两国双边以及狭隘的领域，更多地体现在范围的广阔性与影响及形式的立体多变性。基于此，各国和地区之间的经济依存关系更加复杂和联动，其中联动性主要指鉴于全球各国和地区经济关系的日益紧密，不同国家与地区之间的经济依存既表现为双方间直接的经济联系，也包括通过其他经济体间接传导的影响，因此国家和地区之间的经济依存已经具备多边乃至全球意涵。如中国大陆对美国的经济依存既包括美国经济对大陆的直接经济影响力，也涵盖美国经济对日本、欧洲等其他经济体影响再传导至大陆经济的影响。第二，动态性。伴随着技术变革及经济体系的创新，现代经济系统日益复杂，各国和地区经济传导机制日趋多元，使得不同国家和地区间经济依存的形式也发生动态演进与变化。第三，综合性。经济系统的多样性、复杂性以及发展的日新月异，造成经济依存的内涵日益丰富，因此经济依存是一个综合性概念，不仅包括传统的贸易、投资等依存关系，也与经济系统的结构、政策、体制等其他各种经济元素都存在着密切的关系。第四，边际性。经济学意义上的相互依存并非简单的经济联系或经济影响，也并非只是 GDP、贸易、投资等绝对规模的依存，更主要强调一个经济体系统变化及调整对其他经济系统的影响程度及一个经济系统对其他经济系统所需要付出调整成本的大小。在当今国际社会中，两国或地区经济依存的大小不仅仅取决于双方 GDP、贸易等绝对规模的对比，更与双方贸易与投资结构、政策互动程度等有着密切的联系，从某种程度上而言经济依存更多地属于一个边际性的概念。

台湾对大陆经济依存分析框架构建

在经济全球化与区域经济一体化潮流蔚然成风的时代背景下，不同经济体之间经济依存关系虽有较强的共性，如贸易、投资等领域的依存是经济相互依存关系的一般形式，但鉴于不同经济体之间的经贸关系乃至政治关系的差异性，不同经济体之间的经济相互依存关系及其主要表现也呈现较大差异，因此针对不同经济体间经贸关系，"因地制宜"地建立不同的分析框架显得尤为必要。如徐亮分析尼泊尔对印度的经济依赖研究关系，主要从贸易通道、能源、赴印劳工与移民、水资源分配、投资、外部援助与贷款以及贸易不平衡等7方面阐述。本文认为，界定台湾对大陆经济依存概念首先需要对当前两岸经贸关系乃至两岸关系的现状与性质给予科学准确判断。这是分析两岸经济相互依存关系的重要前提和基础。

本文认为，台湾对大陆经济依存关系与两岸经贸关系及两岸关系发展紧密相关。两岸经贸关系是台湾对大陆经济依存关系发展的基础，台湾对大陆经济依存关系可谓两岸经贸关系这枚"硬币的一面"。在国际关系中，政治关系与经济关系存在着十分显著的联动性，即两国政治关系升温往往能促成双方签订各类经贸协议，推动双方人员往来，助推双方经贸关系升温，形成"政热经热"的良性局面，但同时两国政治关系降温甚至恶化也会严重冲击双方经贸关系，造成"政冷经冷"的局面，这一现象在近年来中日关系中尤为突出。在两岸场域中，双方政治互动同样对彼此经贸互动产生重要影响，而两岸关系发展好坏主要取决于双方特别是台湾当局对"九二共识"以及"一个中国"框架的立场，使"九二共识"成为两岸关系能否前进的"交通规则"。在2008年前，李登辉以及陈水扁当局极力反对"九二共识"、冲撞"一个中国"框架，两岸关系长期陷入动荡不安的局面，虽然两岸市场层面的经贸关系尚能保持持续深化势头，但依然受到强力的政治干扰，造成两岸经贸合作的潜能未充分发掘。2008年马英九上台后，由于两岸具备反对"台独"、坚持"九二共识"的共同政治基础，两岸经贸合作才步入前所未有的深化发展阶段。2016年蔡英文上台后，由于其拒不承认"九二共识"及其核心意涵，尚未"交出令大陆满意的答卷"，也使得2016年后两岸制度性经济合作机制与平台被迫中断，赴台陆客人数大幅下滑，两岸经贸关系随之步入"降温期"。由此可见，"九二共识"已经成为影响两岸关系特别是两岸经贸关系发展极为重要的基石，深刻影响台湾对大陆经济依存关系发展现状与趋势。

传统上，分析两个国家或地区之间的经济依存关系主要建立在经济学的一元分析框架基础上，贸易、投资等经济指标依存度构成研究的主要工具，这种单纯就经济研究经济的一元分析框架成为目前研究国际经济学的主流。固然，从国际经济学的视角看，经济学研究的宗旨更多的是关注不同国家和地区的经济增长、贸易与投资等经济议题，但本文认为，在当前国际政治经济深度融合的时代背景下，建构一个涵盖经济、政治等在内的二元分析框架尤为必要和重要。特别是在两岸的场域中，政治关系与经济关系相互交织，造成两岸经济依存关系的发展与两岸政治关系发展高度融合。因此，本文尝试构建一个二元、多层次的分析框架来分析台湾对大陆经济依存关系。正如前文所叙，台湾对大陆经济依存关系的分析一方面离不开两岸政治关系格局的影响，特别是"一个中国"框架的制约，这已经成为当前及未来两岸最终统一前影响台湾对大陆经济依存关系乃至对外经济依存关系的最重要架构；另一方面，台湾对大陆经济依存关系的概念也是多层次、综合性的概念体系。从系统的视角看，两岸经济互相依存是开放宏观经济条件下，两岸各自经济系统整体及内部各结构进行物质、能量等交换关系的总和，但从层次分析，可以从宏观、中观、微观等角度构建台湾对大陆经济依存的概念体系框架（见图 1）。

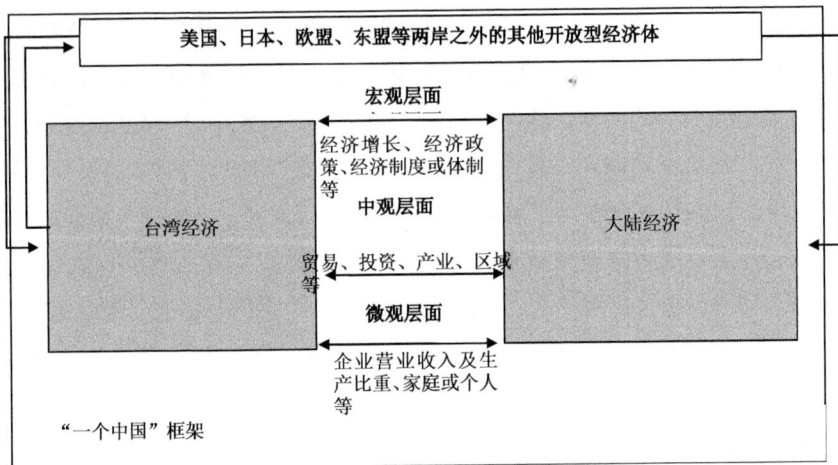

图 1　台湾对大陆经济依存分析框架

宏观层次是指以两岸各自整体经济系统视角，分析大陆经济系统变化对台湾宏观经济系统变化所产生的影响程度。一般意义上，宏观经济政策主要目标包括经济增长、物价稳定、充分就业，因此国内（地区）生产总值（GDP）、失业率、通胀膨胀率等可成为两岸经济依存宏观层次的主要内涵。本文认为，宏观层次不仅仅限于 GDP 等经济指标，而应涵盖市场与制度两大层面。市场层面主要指大陆经济对台湾 GDP、失业率、通胀率等整体经济指标的影响力，是台湾对大陆宏观层面经济依存不可或缺的组成部分，但宏观制度层面的影响力不应忽略，如大陆对台湾经济体制、战略、政策等影响力在两岸经济相互依存关系中扮演着日益重要的角色。

微观层次主要衡量大陆经济对台湾岛内微观经济主体的影响力。一般而言，企业、家庭等是一个经济系统重要的微观主体，是经济系统运行发展重要的"细胞"。台湾对大陆经济依存微观层面主要分析大陆经济对岛内企业、家庭等影响力。鉴于家庭经常性收入主要来源于企业的盈利分配及数据可获得性，台湾对大陆微观层面经济依存具体可以大陆占岛内大企业、中小企业营业收入比重以及大陆在岛内企业海外生产的比重等指标加以衡量。

中观层次是介于宏观层次与微观层次的视角，是两岸经济相互依存背景下大陆经济对台湾经济体系中不同区域、部门、行业等重要子系统的影响力。本文认为，台湾对大陆中观层次的经济依存涵盖以下几方面。一是区域子系统，即大陆经济对台湾岛内北、中、南、东等不同区域发展的影响程度；二是贸易子系统，即大陆经济对台湾对外贸易发展的影响力；三是产业子系统，即大陆对台湾岛内三级产业发展的影响力；四是投资子系统，即大陆在台湾对外投资及岛内投资的影响力。

本文认为，台湾对大陆宏观、中观及微观3层次经济依存并非割裂的，而是相互影响、交织的是有机整体。同时，由于两岸经济系统的外向性与开放性，两岸经济相互依存关系又通过美国、日本等全球其他主要经济体传导扩散，因此台湾对大陆经济依存概念须将大陆经济经美日等其他经济体对台湾的间接影响纳到分析框架中。此外，两岸同属一个中国，"一个中国"框架已成为影响两岸经济依存关系发展的重要制度性约束变量，对两岸经济依存关系及两岸各自与其他国家和地区之间的经济依存关系发展也具有不可忽视影响。

台湾对大陆经济依存的主要特征

当前，两岸关系具有高度的敏感性与复杂性。两岸既非国与国之间的关系，也与大陆与香港、澳门的"一国两制"制度框架下中央与地方的关系存在很大差别。两岸尽管尚未统一，但不是中国领土和主权的分裂，而是20世纪40年代中后期中国内战遗留并延续的政治对立，这没有改变大陆和同属一个中国的事实。两岸复归统一，不是主权和领土的再造，而是结束政治对立。无论从历史、文化抑或当前两岸各自的法律规定，两岸同属一个中国从来未有改变，但由于两岸严重政治对立以及事实上的分离，两岸各自又形成相对隔离自主的经济系统，如目前两岸均为 WTO 的成员，分别以中国、"台澎金马单独关税区"身份各自加入 WTO，两岸已经形成各自相对完整的关务以及经济治理体系。因此，本文认为当前两岸经贸关系是在两岸和平统一前、"一个中国"框架下台湾地区与大陆地区跨境贸易、投资、产业合作等经贸活动与关系的总和。在借鉴前文对经济依存概念界定基础上，本文认为台湾对大陆经济依存是在经济全球化与"一个中国"的两岸关系大格局背景下，中国主体大陆地区整体经济系统及各子系统对台湾地区经济系统相应组成部分影响、渗透的关系与能力的总和。台湾对大陆经济依存既具有一般经济依存的共性，如前文所叙的联动性、动态性、综合性及边际性，又具备与一般国家和地区之间经济依存关系所不同的特征。

首先，台湾对大陆经济依存关系中政治因素的介入较深。纵观30多年来的两岸经济合作历程，两岸经济相互依存关系虽日益深化，但由于两岸政治难题始终未予破解，两岸关系始终处于和平统一前的严重政治对立状态，导致政治因素对两岸经贸关系发展的影响很深，两岸经贸关系发展长期呈现"经中有政"的特点。特别是自20世纪90年代后，随着台湾政治多元化发展及岛内"台独"势力兴起，台湾当局为谋求政治利益，维护自身所谓"政治安全"，极力采取多种限制性政策措施给两岸经贸关系降温，"台独"势力还在岛内兴风作浪，大搞"正名""去中国化"等分裂活动挑衅大陆，一度引发"台海危机"，造成两岸关系动荡不安。大陆自改革开放以来对台政策由过去的"解放台湾"转向"和平统一、一国两制"，并推动两岸深化经济合作，造福两岸民众福祉，为两岸最终和平统一创造条件，但为反对和遏制"台独"分裂势力分裂国家，《反分裂国家法》出台，提出在一定条件"采取非和平方式和其他非必要措施"，这显示两岸仍存在因"台独"势力挑衅而发生军事战争的可能性。2008年马英九上台后，两岸关系实现重大历史性转折，但两岸经贸合作依然受到两岸结构性政治难题以及民进党等绿营势力的严重干扰。2016年蔡英文上台后，蔡英文提出构建台湾经济发展新模式的设想，宣称要降低对大陆的经济依赖，促进台湾经济多元化与自主性，加之国际政经格局深刻复杂演变的冲击，可以预见未来两岸政治因素乃至国际政治因素仍将是影响台湾对大陆经济依存关系发展不可忽视的障碍。

其次，鲜明的两岸特色。两岸特色是两岸关系本身特殊性以及两岸政治经济发展现实的差异，使两岸之间的相互政策独具特色，既不是一般的国对国的政策，也不同于国际社会中完全分裂国家（如韩国与朝鲜、原西德与东德）的相互政策，更不是中央对地方省、自治区及直辖市的政策，也与中央对港澳特别行政区的政策大相径庭。这使得两岸对彼此的经贸政策无论从制度设计还是实践运行方面具有鲜明的两岸特色，即大陆对台经贸政策抑或台湾当局对大陆经贸政策在各自对外政策中都具有较强的特殊性。从大陆对台经济政策看，改革开放初期大陆一度给予台湾"内资"的待遇，但随着改革开放的推进逐渐回归至比照外资的"同等优先、适当放宽"政策。总体而言，大陆历届政府基于"两岸一中"或"两岸一家人"的情怀，都提出给予台湾相较于其他国家和地区更优惠的待遇，习近平总书记、李克强总理等党和国家领导人在多个场合"愿意首先与台湾同胞分享大陆发展机遇"、"在对外开放中大陆会先一步对台湾开放，对台湾开放的力度和深度会更大一些"等公开表态就是这种理念的最好阐述。2008年马英九上台后，两岸关系步入和平发展新时期，两岸推动经济合作制度化与机制化进程既参照国际经验，也充分彰显两岸特色，如海协会与台湾的海基会（两岸"两会"）在坚持"九二共识"、反对"台独"的共同政治基础上重启会谈，迄今举办11次会谈，签署23项经贸协议，在两岸经济交流合作中扮演着十分重要的推手角色，其中ECFA作为深化两岸经济交流合作的特殊自由贸易协定，其商谈进程中大陆的大幅让利、"九二共识"的政治前提以及在"两会"框架下的两岸经济合作委员会的机构设置等无不彰显两岸特色。台湾当局大陆经贸政策方面，两岸虽然同属WTO成员，台湾理应给予大陆和美国、日本等国家和地区同等的"最惠待遇"，但台湾当局出于安全等考虑，制定"两岸人民关系条例"，对大陆与其他国家地区的经贸政策采取分类管理方式。与对其他WTO成员基本采取高度开放措施相比，台湾当局对大陆资本、货品等入岛采取严格歧视性的措施，如截至止目前仍限制2000多项大陆产品进口岛内，占台湾进口项目数的20%左右，对陆资也采取更为苛刻的"正面清单"的开放方式，导致两岸经贸关系发展呈现出鲜明的两岸特色。如2008年马英九上台后两岸经贸合作是在两岸经贸关系尚未完全正常化的基础上推动制度化、机制化与自由化，使得两岸经贸关系呈现多重复杂面貌共存发展的典型特征，这在当今全球与区域经济格局中是极为罕见的。

再次，受"一个中国"框架的约束。"一个中国"框架是当前两岸各自法律规定所确立的两岸关系的基本架构，也是中国大陆处理涉台事务的基本原则，已成为国际社会中广泛接受的重要规则。目前，全球仅20余个小国与台湾当局建立所谓的"外交关系"，绝大多数国家都与中华人民共和国建立外交关系，承认一个中国原则，只能与台湾发展民间性质的经贸文化关系。由于台湾问题涉及大陆的核心利益，中华人民共和国建交国与台湾发展经贸关系、建立经济合作制度势必都要遵守"一个中国"政策，台湾参与涉外经济活动也须受到"一个中国"框架的制约，不能冲撞大陆在全球所主导建立的"一个中国"框架。

如台湾当局与美国、日本等主要经济伙伴开展民间经济交流合作必须借助于双方经贸代表处或类似的"白手套"机构,台湾当局对外签署自由贸易协议(FTA)或参与亚太区域经济合作机制等方面也须得到大陆方面的认可与支持。这表明,在"一个中国"框架下,大陆对台湾对外经济依存关系特别是制度层面的对外经济依存关系形成与发展具有举足轻重的影响力。

结　语

对于台湾对大陆经济依存框架,本文做了一些初步的建构与分析,希望能进一步深化两岸经济理论体系的研究工作。从未来趋势看,对这一议题研究将越来越需要借助于现代经济学分析工具,比如博弈论、计量模型等。但无论如何,两岸关系的特殊性与复杂性决定这两岸经济依存特别是台湾对大陆经济依存框架将具备鲜明的两岸特色。两岸学者有必要在此基础上进行更深一步的理论探索。

参考文献:

[1] 连横:《台湾通史》,华东师范大学出版社,2006 年 4 月。

[2] 罗伯特·基欧汉(RobertO.Keohane),约瑟夫·奈(JosephS.Nye),基欧汉等:《权力与相互依赖》,第四版.北京大学出版社,2012 年。

[3] 山本吉宣:《国际相互依存》,经济日报出版社,1989 年。

[4] 詹宏毅:《全球经济的非对称依存》,中国人民大学出版社,2010 年。

[5] 张蕴岭:《世界经济中的相互依赖关系》,经济科学出版社,1989 年。

[6] 陈云林:《当代国家统一与分裂问题研究》,九州出版社,2009 年。

[7] 林崇诚:《产业与政治——两岸相互依赖时代》,世界知识出版社,2009 年。

[8] 中国社会科学院语言研究所词典室:《现代汉语词典》(第 5 版),商务印书馆,2005。

[9] 吉尔平.罗伯特,杨宇光:《国际关系政治经济学》,经济科学出版社,1989 年。

[10] 国际货币基金组织:《世界经济展望》,中国金融出版社,1997 年。

[11] 刘巍.汇率与利率:《开放经济分析理论与方法》,中山大学出版社,2002 年。

[12] 国务院台湾事务办公室新闻局:《一个中国的原则与台湾问题白皮书及问答》,九州出版社,2000 年。

[13] 中共中央台办、国务院台办:《中国台湾问题》,九州出版社,1998 年。

[14] 李家泉、郭湘枝:《回顾与展望:论海峡两岸关系》,时事出版社,1989 年。

[15] 李鹏:《海峡两岸经济互赖之效应研究》,九州出版社,2010 年。

[16] 李非:《海峡两岸经济关系通论》,鹭江出版社,2008 年。

[17] 郑振清:《两岸特色论:两岸关系的政策过程分析与理论建构》,《中国评论》(香港),2013 年

12 月。

[18] 郭伟峰：《大陆对台思维变化解读》，香港中国评论文化有限公司，2003 年。

[19] 黄清贤：《两岸关系的互赖辩证与认同重构》，《中国评论》（香港），2014 年 9 月。

"一带一路"视角下的
台湾"新南向"政策

中国人民大学国际关系学院　林　红

在中国提出的"一带一路"倡议与建设中，一种和平发展的两岸关系有着广阔的作为空间，"一带一路"倡导共商共建共享原则，台湾在其中的机会并非妄言。台湾经济起飞远早于大陆，台湾企业国际化程度较高并且经验丰富，经过多年的积累，两岸经济社会的融合发展已形成，更重要的是，台湾在地理区位上大致处于海路的"21世纪海上丝绸之路"和陆路的"丝绸之路经济带"的起点，因此，台湾应能最快最多地从"一带一路"建设中得到新的发展机遇。然而，由于两岸与岛内复杂的政治因素影响，台湾的经济发展之路曲折反复，不断纠缠在"西进"或"南进"的抉择中。蔡英文上台执政后，为台湾经济发展和应对"一带一路"挑战开出的药方是——到东南亚去，即提出具有"去中国化"意味的"新南向"政策。那么，在"一带一路"渐成规模、两岸经济文化相依相融的大背景下，"新南向"政策要台湾"自谋出路"，究竟有何政经意图？它与"一带一路"在东南亚狭路相逢，又将面临什么样的结局？这些问题值得讨论。

一，经济全球化新形势对两岸关系的影响

"一带一路"设想是中国倡议的一个重大的国家发展计划，不仅致力于解决中国面临的挑战，而且努力推动全球化向包容性发展，是为解决当前世界和区域经济面临的问题而贡献的"中国方案"。这一构想的全称为"丝绸之路经济带"和"21世纪海上丝绸之路"，自2013年提出以来，它正从倡议、构想变成具体的贸易额和合作项目，进度和效果超出了预期，已有100多个国家和国

际组织表达了对"一带一路"建设的支持和参与意愿,有 30 多个国家或地区与中国签署了共建"一带一路"合作协议,一批有影响力的标志性项目正在落地。[1]2017 年 5 月,"一带一路"国际合作高峰论坛在北京召开,"一带一路"正朝着凸显国际合作、共同发展的融合性经济全球化方向稳步推进。

这一牵动沿线国家与地区、联通东西方、影响中美关系的发展战略是中国对自己的发展蓝图和融合性全球化的设定,它是一种对西方主导的新自由主义经济全球化的反思,更是两种世界性变迁趋势的结果。一方面,"一带一路"倡议的提出反映了 21 世纪初叶世界经济体系正在发生的重心转移。改革开放发展至今,给中国带来了巨大的经济成就,中国的崛起在客观上开启了新一轮的世界经济体系重心转移的进程,正如意大利学者杰奥瓦尼·阿锐基(Giovanni Arrighi)所判断的:"世界性军事力量更集中在美国和它最亲密的盟国手里,资本积累的世界性过程的中心却从美国逐渐转移到东亚地区。"[2]另一方面,"一带一路"倡议的提出也预示着传统的海洋 – 大陆关系将要发生改变。中国在 21 世纪的经济崛起对传统的西方中心的海洋型全球化模式提出了挑战,"一带一路"建设有四个关键概念,即路、带、廊、桥,这些正是连通大陆与海洋的纽带,包含着"互联互通"的意涵,大陆的重要性也由此被史无前例地强调出来,与大陆地区建立某种密切联系将给海洋地区带来新的发展动能。

经济全球化在 21 世纪发生的新变化给两岸关系带来了结构性的影响。首先可以看到,世界经济体系的重心转移为两岸关系带来新机会。由于大陆的崛起,两岸经济合作发展有了新的动力,大陆改革开放以来获得的经济成就与台资企业在资本、技术和人力方面的贡献有紧密的联系,而反过来,大陆经济的发展也为台湾企业突破岛内狭小市场束缚、走向世界提供了平台。但是,由于大陆经济崛起之后出现了区域内的政治 – 军事主导力量与经济 – 金融主导力量可能分离的新情况,又为困于政治难题的两岸关系带来了重大挑战,台湾陷于经济发展与政治发展的选择困境。当前,亚太政治 – 军事主动权仍然在美国及其亚太盟国手中,而中国在区域经济 – 贸易上的影响力和决定性在日益提升。在相当长的时间内,中美两国所代表的两种全球化秩序还很难协调,冲突与互疑丛生,表现在对周边国家与地区的影响上,一方面是在传统的军事与安全需要上,许多东亚国家或地区与美国维持着同盟、准同盟关系或者紧密的安全合作关系,另一方面是在经贸利益的需求最大化上,它们又同时希望从崛起中的中国那里汲取强劲的经济发展动力。

台湾在 20 世纪七八十年代的经济成长,与当时亚太的政治军事、经济金融力量的重心都握在美国手中有直接关系，台湾只需要全身心投入美国主导的全球秩序中即可获益。但是，当中国大陆在 21 世纪初叶开始崛起之时，在西方主导的、以华盛顿共识为基础的资本主义全球化秩序之外，出现了一种以中国崛起为动力源、以合作包容为特色的全球化模式。台湾在经济战略与政治战略的选择上出现了分离，一方面，在地缘因素、市场因素的驱动下，台湾早已与大陆建立了密切的经济贸易联系，大陆早已是台湾最大的贸易伙伴和出口市场，并且社会文化的融合发展已经开始；另一方面，由于与大陆存在主权问题上的政治分歧，台湾希望继续在美国日本那里获得对抗统一的政治支持与军事防卫的保障。台湾在这两方面的决策冲突虽然不能简单解释为"经济靠大陆，安全靠美日"，因为日本毕竟是台湾的最大进口来源地之一，美台经贸也有巨大的利益空间，但是大陆的经济吸引力和台湾对大陆经济的依赖显然而见，这也正是坚持"台独"思维的民进党执政当局极力要摆脱的。蔡英文上台后，选择了政治与安全上的亲美联日，倒是坐实了"安全靠美日"一说。概言之，马英九未能解决、蔡英文正在面临的台湾经济下行和区域地位边缘化问题是结构性的、体系性的，要走出这一困境，在根本上取决于中美代表的两种全球化秩序的博弈结果。

　　两岸关系也是大陆与海洋关系变迁的缩影，"一带一路"正在改变的大陆与海洋关系将不可避免地影响到两岸关系。"一带一路"是一个兼有"陆权""海权"思维的设想，在陆路的"丝绸之路经济带"建设方面，台湾的参与空间尚待开拓，并取决于台湾企业能否利用大陆西向的机会，也向大陆西部寻找市场商机，事实上已有一些台湾企业、公司开始在大陆中西部的城市如成都等地布局。不过相对而言，台湾在地理上作为一个近海岛屿，在"海上丝绸之路"中却占有独特的优势地位。台湾长期以来与海洋有着相当密切的关联，大部分的台湾居民都是经过海洋来到这座岛屿，具有深厚的海洋文化认同，而且台湾经济的成长也是海洋型全球化的成果，一直以来台湾与东南亚国家保持了密切的经济联系。两岸关系与"一带一路"的关联，既是指大陆文化与海洋文化的融会贯通，也是指大陆经济与海洋经济的相互依存。台湾与"海上丝绸之路"沿线其他国家与地区有本质的不同，两岸人民可以通过共同的历史文化、文字语言，自然地作为整个民族复兴主体的一分子参与这个伟大实践，因此如果台湾顺利加入"一带一路"建设，"台湾将可第一次真正从全球角度用健康的心态，理解自己的民族身份"。[3]

　　然而，"台独"论拒绝让台湾获得这样一个融入新的经济全球化、适应大陆-海洋关系转变的机会，相反，它把自己建立在一种与大陆隔离的、传统海洋意识的基础之上，"台独"论影响了台湾的自我认知与世界认知，它鼓励人们在孤立的海洋文化的框架之下理解台湾和台湾的对外政治经济联系。"台湾是在17世纪之后由于海洋时代的到来而在全球经济和区域经济中获得了它的地位，因而台湾海洋贸易史的研究把台湾编织到海洋历史的叙述里面去，却有意避开海洋历史跟大陆历史之间的关联。"[4]回避海洋与大陆历史联系的不仅是台湾的海洋贸易史，更包括台湾的政治史、经济史。"台独"论把台湾经济的停滞归罪于大陆的崛起和台湾对大陆的依赖，而不愿意去考虑大陆崛起给台湾经济带来的机会。蔡英文的"新南向"政策显然在固守"台独"逻辑，是以政治思维来设计台湾的经济发展，事实上，台湾要去的东南亚各国正在融入中国大陆所引领的包容性全球化潮流。

二，弃"西进"而"南进"——"新南向"的政策抉择及其政经动机

台湾的海岛型经济禀赋决定了它必然要走外向型发展路径，决定了它对外部经济的高度依赖性，也决定了它对全球经济体系新变化的敏感性。对于台湾企业来说最便利、最具利润空间的地区，一是大陆，一是东南亚。但是，由于政治因素的影响，台湾企业在这两个地区的发展未能协调起来，台湾-东南亚经济联系始终负有弱化两岸关系的政治使命。由于同时具有经贸与政治双重功能，东南亚市场在台湾领导人的经济规划中一直很受重视，李登辉、陈水扁当局分别在1994年、1998年和2002年启动了三波南向政策，但因金融危机、台商抵制等原因均未达成目标；马英九也重视与东南亚的经贸关系，但是重点放在经营两岸经济。蔡英文上台后，改变了马英九的经济发展路线，提出"新南向"，舍大陆而重赴东南亚。

2016年9月初，"新南向"政策推动计划正式启动，当局设立"新南向政策办公室"，隶属蔡英文办公室，同时为了帮助台湾厂商拓展商机，决定2017年度编列预算新台币42亿元，目标市场是东南亚、南亚和大洋洲的18个国家。[5]该政策在内容上涵盖产业投资、以人为本、资源整合和区域整合等四大面向，10月台湾当局还出台了关于设立"一国一平台"、建立投资安全报告等数项政策。[6]"新南向"的启动，声势可谓浩大，目标可谓宏伟，即通过发展与18国的"多面向伙伴关系"，强化"台湾经济自主性"。

"新南向"政策负有经济与政治的双重使命，是台湾在经济上应对全球化、在政治上应对两岸关系的重要政策。作为蔡英文上台后最重要的经济政策，"新南向"政策企图沿着李、扁的旧路，走出台湾当前的新困境，即改变台湾在全球化、区域经济一体中的边缘化地位。它在经济上的考虑有如下方面，其一，"新南向"号召台商"南下"，因为"西进"大陆的利润空间客观上在收缩。从现实来看，当前大陆经济正在从"世界工厂"向"全球市场"改革转型，要从"中国制造"向"中国智造"转型，这一结构调整直接影响了此前赢利颇丰的台湾企业。一份台北市进出口商业同业公会的调查报告认为，2016年台湾综合贸易竞争力的全球排名连续四年滑落，既有两岸服贸受阻、台湾未能参与区域经济整合等原因，也与大陆供应链崛起，台商经营成本上升等因素有关。[7] 随着大陆产业结构的调整，企业的创新、创造能力提升，两岸经济互补性下降，竞争性上升，从事传统制造业的台商在大陆的经营成本快速上升，一些难以转型升级的台资企业在考虑向东南亚等成本更为低廉的地区转移。

其二，台湾经济整体上增长乏力，寄希望于开拓对外经济多元格局。蔡英文在其就职典礼演说中提出要"提升对外经济的格局和多元性，告别以往过于依赖单一市场的现象"。[8] 对外经济多元格局对于各国各地区经济发展有重要的意义，但在蔡英文的论述中，多元格局暗含着放弃一个庞大市场，而开拓新市场的意图。事实上，由于蔡英文拒绝接受"九二共识"，两岸关系冷却、倒退，台湾企业原先能够从频密、全向的两岸经济合作中持续获利的客观环境发生了改变，台湾经济受两岸政治关系倒退的牵连。据台湾竞争力论坛的民调显示，面对台湾的经济状况，仅有 8.2% 的民众认为整体经济状况好，高达 82.5% 的民众认为不好。[9] "新南向"除了强调传统的经济合作，更强调台湾与东南亚、南亚的双向沟通，特别是投资、人才、文化以及东南亚民众赴台旅游等方面，目的是弥补两岸冷却后的经济损失，包括陆客的急剧减少。

其三，"新南向"的提出与全球经济热点的转移基本契合，东南亚新兴市场的吸引力在不断上升，台湾企业在该地区有多年的深耕和积累，也比较看好这一地区的市场前景。近年来台湾在区域经济中的边缘化地位是其经济始终不能摆脱低迷的重要原因，因此执政当局一直希望全面融入区域经济一体化。东盟国家近年来经济成长快速，GDP 已从 2000 年的 6 千亿美元成长到 2.3 兆亿美元以上，[10] 东南亚不仅具有劳动力和土地成本低廉的优势，还拥有 6 亿人口的新兴消费市场潜力，对各国各地区极具吸引力。台湾企业希望在这庞大的新兴市场挖掘商机，当然也是符合经济规律的，但是为了这个新兴市场就放弃原先已有深厚积累的大陆市场，为了逃避与大陆企业在大陆的竞争，却无视与大陆企业在东南亚同样存在竞争的事实，台湾企业的"新南向"无疑是一场后果难测的经济冒险。

当然，"新南向"政策不会是一项单纯的经济政策，它仍然是一项基于政治思维、"台独"思维的对外政策。正如民进党国际部主任黄志芳所述，"新南向"政策不是以经贸数字为目标的政策，是以人为核心概念，是台湾对外的新经济战略。[11] 这一经济政策背后有着多重政治动机。首先，利用中美因中国崛起而陷入战略僵持的机会"去中亲美"，在争取摆脱大陆经济吸力的同时，在政治上寻找远离一中原则后的国际依赖。"新南向"政策的最早提出是在 2015 年 9 月 22 日竞选期间，蔡英文在民进党党庆外事酒会上作为一项"外交政策"提出。这一时期美国的亚太战略与中国的"一带一路"倡议事实上存在着二元对抗的格局，中美战略互疑不断上升，2016 年上半年中国大陆更因南海争端而被美国及其盟国围困，民进党认为正是可利用之机，于是决定选边站队，加入美日战队。"新南向"政策的政治动机清晰可见，即企图借中美战略对抗之机会，扩大台湾在两岸对抗中的实力。

其次，民进党认为"西进"大陆会造成台湾对大陆的经济依赖，不利于台湾抵御一个中国原则的压力和谋求经济自主和"主权独立"，因此疏远的两岸经济联系是"台独"政治日程表的内容，而"南进"东南亚、南亚，在政治上可以营造台湾摆脱大陆势力圈的氛围，在国际政治与经济活动中，彰显台湾作为一个"独立的行为主体"的地位。"新南向"在 2015 年选举宣传期间已经作为民进党的重要新政提出，说明蔡英文早就设计好上台后抛弃国民党的两岸方针，也早就预示着两岸关系必然倒退。

第三，在岛内政治运作方面，"新南向"政策意味着与国民党的两岸理念与政策进行切割，在争取民众支持方面，展现民进党不仅仅是一味地反对，也有自己的经济发展规划，"新南向政策办公室"直接设在台湾地区领导人办公室，不是像以往那样由"经济部"直管，其意图在于表明执政当局高度重视台湾企业的发展和台湾经济的增长。蔡英文任内，尽管这一政策会面临在野党、企业界的诸多质疑，但仍然会继续推进。

三，面对"一带一路"："新南向"政策的未来结局

"新南向"政策是蔡英文当局应对经济全球化新形势、应对执政后两岸关系

必然倒退的重要举措。由于在时间、前进方向和内容等方面，"新南向"都与大陆正在推行的"一带一路"建设有较大重叠，因此一个值得讨论的问题是，在"一带一路"正从设想变成现实、中国与沿线国家或地区的经贸合作日益深化的形势下，在蔡英文当局拒绝"九二共识"，两岸关系出现倒退的情况下，"新南向"政策将面对什么样的命运？

　　"新南向"是民进党追求"柔性台独"、隔离两岸关系的经济手段，它的成败也不得不取决于两岸关系。国际信用评价机构穆迪（Moody's）在 2016 年 7 月发布的一份报告认为，"新南向政策"是否成功，"在一定程度上"取决于两岸关系，尤其是"两岸联系沟通机制终止对台湾具有负面信用影响，因为这加剧了其与大陆这一主要贸易伙伴之间的紧张局势，可能会妨碍台湾通过'新南向政策'实现贸易和投资关系多元化的计划"。[12] 如果两岸政治紧张度升高，"将限制台湾想在新的区域开掘经济和金融合作伙伴等新商业关系的范围和效果"。这种限制体现在两方面，一是东盟、南亚国家会如何选择的问题。这些国家基于现实利益需要，愿意与台湾打交道，但是"若与台湾往来会危及他们与中国大陆的贸易和金融关系，他们可能选择优先考虑与中国大陆往来。"[13] 事实上，日益提高的是东盟对于台湾经济的重要性，而由于中国大陆对东南亚的影响力与日俱增，台湾对东盟的经济重要性较之以前则有所降低。二是区域一体化机制能否加入的问题。特朗普上任后美国退出了 TPP，未来 TPP 能够为"新南向"提供的战略策应几近于无，当前对台湾有重大影响的区域一体化机制就是 RCEP，但是 RCEP 的参与主体以东盟国家与中国为主，中国在其中不仅起到主导作用，并在"一带一路"建设中也将 RCEP 视为重点推动的地区合作机制。因此，台湾要借"新南向"融入区域经济合作，不仅离不开两岸关系，而且还得首先处理好两岸关系。

　　然而，从两岸政治关系的现实来看，"新南向"与"一带一路"进行政策性合作的可能性并不存在。虽然"新南向"在其行动准则里提到要谋求"两岸善意互动与合作"，在宣传上也指出"新南向"不是要跟"一带一路"竞争，[14] 比如，2016 年 8 月 16 日，蔡英文办公室发言人黄重谚表示，未来不排除在适当时机，与大陆就相关领域的议题展开协商与对话，促使"新南向"政策与两岸关系相辅相成，共创区域合作的典范。[15] 但是，在蔡英文拒绝"九二共识"，两岸官方沟通机制陷于停顿的情况下，这种"善意互动与合作"的提出不免显得一厢情愿，脱离现实。"新南向"暗含分离两岸、追求"台独"的政治动机，与主张融合包容的"一带一路"之间是无法调和的。同时，大陆与台湾在开发东南亚市场方面，也存在巨大的实力差距。数据表明，大陆占东盟国家贸易比重在 2016 年已接近 20%，而台湾占东盟贸易比重仅约 5%，[16]二者相差四倍。就地区影响力来看，中国大陆在东南亚同样深耕多年，和东盟对话始于 1991 年，1996 年中国已成了东盟的全面对话伙伴国，2010 年中国－东盟自由贸易区全面启动，2015 完成升级谈判，当前为推进"一带一路"建设，中国通过"亚投行""丝路基金"等机制在沿线国家开始了设施、贸易、金融等多方面的互联互通建设；而在台湾方面，除了与东南亚国家与地区存在政治关系方面的障碍之外，台湾在东盟十国中只与新加坡签有经济伙伴协定（ASTP），虽然与六个东盟国家之间有投资保障协定，但都是在 20 世纪 90 年代签署的，很难为当前的台商投资提供足够的保障。两岸关系的这些现实说明，一方面大陆不可能在没有"九二共识"、一中原则的前提下与台湾当局的"新南向"展开合作；另一方面，台湾如与大陆在东南亚市场上展开投资、贸易方面的竞争，难有胜算。

在这些的形势下，"新南向"的未来将会如何呢？目前可以看到的是，"新南向"的政策效用有可能被"一带一路"大大稀释甚至消解掉。因为在美国主导的新自由主义经济全球化陷入困境、中美两国在特朗普上台半年后总体缓和并开始谋求新型合作关系的形势下，"一带一路"建设为两岸经济合作提供新的机遇，台湾企业在"一带一路"尤其是"21 世纪海上丝绸之路"建设中的机会十分巨大。

从台湾企业的自主选择来看，参与"新南向"还是融入"一带一路"，将由市场规律与企业利益来决定，台湾企业以融入"21 世纪海上丝绸之路经济带"建设的方式来"南下"东南亚，这是大陆所欢迎的，也是符合经济规律的选择。由于蔡英文当局在两岸政治议题上搞所谓"柔性台独"，台湾正式加入亚投行和"一带一路"建设并不现实，因此，台湾当局倡导的金融业进军东南亚市场并进一步服务台商的空间可能受到局限，台湾产业以最便捷的方式进入东南亚国家的机会也不显著。相反，如果台湾企业根据其产业发展需要，自主地参与"一带一路"建设，台湾企业将较成熟的在大陆地区的经济合作模式延伸到东南亚甚至南亚并收获利益的可能性却始终存在。据商务部公布的资料，中国大陆早在 2006 年就着手建设境外经贸合作区，到目前已有 19 个国家级的工业园区、科技产业园区等各类经济贸易合作区，所有开发企业共投资 10 亿美元，创造产值超过 150 亿美元。[17]未来随着"一带一路"建设的推进，沿线 23 个国家中有 77 处境外经贸合作区将会建成，在东南亚国家如老挝、越南、缅甸、泰国、柬埔寨、马来西亚、印度尼西亚等国，目前已建成多个中国的境外经贸合作区，每个合作区都有建设中的中国大陆企业。这些境外经贸合作园区具有扩大规模效益、降低生产成本、开拓海外市场、规避贸易摩擦、享受优惠待遇等优势，不仅有利于大陆企业的"组团出海"，对于台湾企业"南进"拓展市场也颇具吸引力。

　　大陆在政策上欢迎台湾企业加入这些境外经贸合作区，鼓励发展一种升级版的两岸经贸合作模式。台湾企业国际经验丰富，会根据企业发展和市场规律选择是否"南进"和如何"南进"。从现实看来，"一带一路"建设在"政策沟通、设施联通、贸易畅通、金融融通、民心相通"等方面的侧重与投入，[18] 将在东南亚打造一个良好的投资、贸易的环境，对于意图"南进"、追求利润的台湾企业显然会有极大吸引力；而"新南向"仅42亿新台币的建设基金和散布18个国家的战略布局对于台湾企业来说利润空间十分有限。因此，由于两岸经济规模的差异悬殊和"新南向"与"一带一路"的不可调和，"一带一路"建设对"新南向"政策有着巨大的消解作用。"新南向"要避开与大陆的联结，要台湾与大陆"各自发展"，无视两岸经济日益一体化的现实，将可能与前几次"南向"政策一样无功而返。当然，客观地看，台湾企业融入"一带一路"建设还面临很多困难，台湾企业参与大陆的境外经贸合作区还是一种理想化的前景，是一种并不为蔡英文当局欢迎的"新南向"。众所周知，两岸经济关系深受政治关系的影响，蔡英文上台后所营造的"远中""去中"政治氛围，使得大陆的"一带一路"建设包括亚投行被污名化，其长远战略意义与台湾在其中的机遇被有意忽略或者"忍痛"割舍，"新南向"政策鼓励台商撤离和疏远大陆经济的意图，不利于两岸关系的整体发展，也不利于台湾企业的多元发展。

　　前述的考察与讨论试图传达这样一种思考，中国将近四十年改革开放所实现的巨大进步难以在一个以中国崛起命名的抽象概念里充分体现，但它对世界经济结构的改变、对西方主导的新自由主义经济全球化的挑战是前所未有的，"一带一路"代表着中国所希望拥抱的包容、多元和共同发展的新型全球化。在这一全球化新格局渐次清晰的过程中，大陆希望两岸得以全程参与、得以相互扶持并携手前行。台湾是一个小型的开放经济体，国际化程度较高，大陆与东南亚两个市场对其都具有重要意义，"西进"与"南进"都可以创造经济利益，而有着明显的抗衡大陆、追求"台独"的"新南向"政策则命运难测，失败或不了了之的结局并不意外。未来如果台湾当局回到"一个中国"的立场上，凭借两岸经济合作的丰富经验和深厚基础，遵循互利共赢的原则，奉行市场运作的规则，突出各自特色和比较优势，两岸即可以通过"西进"促"南进"，在

"一带一路"建设的历史进程中打造一种升级版的经济合作模式，造福两岸人民，促进两岸融合共生。

注释

[1] 《"一带一路"大数据报告 2016》，商务印书馆，2016 年，序言，第 1 页。

[2] [意] 杰奥瓦尼·阿锐基：《漫长的二十世纪：金钱、权力与我们社会的根源》，江苏人民出版社，2001，第 1 页。

[3] 石之瑜：《台湾参与"一带一路"，可增民族认同感》，《环球时报》，2015 年 3 月 13 日。

[4] 汪晖：《当代中国历史巨变中的台湾问题》，《文化纵横》，2015 年第 1 期，第 69 页。

[5] 18 国包括东盟 10 国、南亚 6 国和澳大利亚、新西兰两国。

[6] 《林全亲盘点 新南向政策将设立"一国一平台"》，华夏经纬网，2016 年 10 月 22 日。

[7] 《台湾贸易竞争力连四年下滑，报告吁布局"一带一路"》，中国新闻网，2016 年 1 月 22 日。

[8] 蔡英文"520"就职讲话。

[9] 台湾《中时电子报》，2016 年 11 月 4 日。

[10] 《舍一带一路 侈谈新南向政策》，《旺报》，2015 年 9 月 30 日。

[11] 《黄志芳传出任驻印代表，亲自报告"新南向政策"》，东森新闻云，2016 年 4 月 13 日。

[12] 《穆迪：两岸紧张 不利台信评》，《联合报》，2016 年 7 月 5 日。原文献出自：Issuer Comment: China Suspends Official Communication with Taiwan, a Credit Negative, 05 July, 2016, https：//www.moodys.com/MdcAccessDeniedCh.aspx?lang=zh-cn&cy=chn&Source=https%3a%2f%2fwww.moodys.com%2fviewresearchdoc.aspx%3flang%3dzh-cn%26cy%3dchn%26docid%3dPBC_190869.

[13] 吴宜：《透视蔡英文新南向政策》，《中国评论》，2016 年 9 月号，第 31 页。

[14] 《邓振中：新南向没要跟一带一路竞争》，星岛环球网，2016 年 9 月 5 日。

[15] 《"新南向政策纲领"拍板，蔡英文愿与大陆对话》，华夏经纬网，2016 年 8 月 17 日。

[16] 《台湾新南向政策的优势在于"诚恳"？》，中国台湾网，2016 年 9 月 22 日。

[17] 《中国境外经贸合作区方兴未艾，东南亚组团招商》，中国新闻网，2014 年 09 月 10 日。

[18] 《"一带一路"大数据报告（2016）》，商务印书馆，2016 年，第 6 页。

注重闽南文化在"两岸一家亲"建设中的作用

闽南师范大学　吴晓芳

缘起

台湾被台湾学者称为"闽南社会",闽南语族在人口、政治、经济等方面占优势地位,闽南文化、中华文化在台湾文化中的主体地位难以动摇。但是我们也看到政治领导人言行的影响力,看到李登辉、陈水扁、蔡英文这种自上而下的"去中国化""去中华化"文化政策对台湾社会的中华文化发展与传承的冲击。在当前局势下,曾被民进党"借壳上市"、尚未被"污名化"、融于台湾民众生活的活态的闽南文化在维护"一个中国"、建设"两岸一家亲"的独特作用更为凸显。

一、政权更迭与中华语言文化传承发展

台湾是一个由不同语言、文化、政治、经济、理念交融而成的典型混合型社会,现有人口2300万。人口结构大致可以分为四大族群:闽南人、客家人、外省人、少数民族,根据黄宣范的统计推算(1993),大体是闽南人约73.3%,客家人约12%,外省人13%,少数民族约1.7%。

台湾在近现代历史上经历过荷据、明郑、清代、日据、国民党统治四个清晰的交替时期,不同时期的台湾社会由于语言文化政策、人口构成、统治者的不同,在文化传播和社会主流语言使用上有着明显差别。

早期定居在台湾岛上的居民是使用南岛语的少数民族,又可依使用语言的不同分为17到19个族群,这些少数民族以村社、部落为单位,各自为政、鲜

少来往，没有形成共同语，也没有书面语，以口耳相传的形式保存本族的语言与文化。

荷西时代（1624—1661）。1624 年，荷兰人占领南台湾，他们透过教会开办了许多教育机构，并编写教材、教导少数民族使用罗马字母拼写广泛使用于南台湾的西拉雅语（"新港社"土著语），以利于宣传基督教义。新港语扩张成南部优势语言。这些用罗马字母记下的西拉雅语被称为"新港文书"。几乎与此同时，西班牙人占领了台湾北部的基隆至淡水一带（1626—1643），并在当地建立天主教堂。西班牙神父为了传教，也以罗马字母记录淡水一带少数民族的语言，并以这种语言编写字典和宣传基督教义的书籍。（卢广诚，2009：2）这些文字在荷兰人、西班牙人离去后，被少数民族保留了下来，继续使用了一百多年才逐渐消亡。荷兰人占据台湾时期纳入统治范围的大部分是平埔族各族群。

荷兰人占领台湾后，为了有足够的开垦人力，大量招募闽南人前来从事开垦工作，大约有四万人因此移居台湾[1]，这四万人大都聚集在赤坎附近，因为人多势众[2]，闽南方言文化逐渐扩大了它的影响力。闽南人的大量移入，改变了岛内住民的族群结构和语言使用状况。荷兰人、西班牙人教会和学校虽然以当时占优势的两三种少数民族语言为标准，使之文字化，并且编写该语言的教材，用该语言传教布道，但荷兰人、西班牙人并未限制闽南方言和其他少数民族语言，因为其目的是经贸和传教，语言只是工具。此一时期，闽南方言文化[3]处于自主发展时期。

明郑治台期间（1662—1683），在闽南人的政权之下，漳州、泉州人越来越多，闽南方言、闽南文化确立了它在台湾的优势地位，成为通用语、主流文化。

同时，中华儒家文化正式登陆台湾。郑经时期，在陈永华的规划下，建孔庙、兴教育，移植了明朝的教育行政机构、学制和考选制度，而且教学内容、教学方法也照搬过去，教育内容是汉文儒家经典，教学语言是闽南话。经由陈永华的教育机构，汉文第一次由官方引入台湾，"开启了台湾教育史上的一个极为重要的阶段，为日后的汉文儒家教育奠定了相当的基础"[4]。

清代台湾时期（1683—1895）。清朝统一台湾初期，总人口约 25 万，少数民族约 13 万，汉人（闽南人）约 12 万[5]；末期（1893 年）300 万人[6]，人口增长主要靠闽粤两省的移民。据清朝档案记载，台湾人口绝大多数都是汉人，福建漳、泉籍约占 70%—80%[7]。又据 1905 年台湾总督府的调查推算，汉人占当时总人口的 95%，其中，闽南人占总人口 81.9%，客家人占 13.15%，少数民族占 2.73%[8]。[9]清朝档案记载与日本殖民时期台湾总督府的几次调查说明，一个以闽南人为主体的台湾移民社会已经形成。

清朝统一台湾后，仿制本土旧制，在台湾设有府学、县学、书院、社学、书房、义学（义塾）等教育机构，并准许台湾民众到福建乡试。各级各类学校，都是为了训练学生参加科举考试而设，教授内容主要是传统的经文，教学方法沿用大陆闽南语区、客语区的方言教学，即，"闽南人用闽南语的文读音读书、客家人用客语的文读音读书"除了闽南话和客家话，官话在台湾也有一定的份额。"官话主要通行于北方地区，清朝政府也没有推行官话的政策，各地的老百姓都说自己的方言。通常只有要当官的人才会去学习官话"[10]。在台湾，会说官话的通常为朝廷任命的官员、士绅、常与官员打交道的各色人员等。

清代台湾时期，清朝统治者传播中华儒家文化，台湾社会语言使用的主要是闽南方言，其次是客家方言。闽南语、客语的文读音的教育主要是在教学中伴随着经文学习进行的，是学习经典的工具。岛内各种语言的传播、使用是自主的，也是自由的，清政府并没有实行现代意义的语言政策。

从荷据、明郑到清代，台湾的社会语言基本上属于各说各话、自主发展的状态，闽南方言作为社会通用语，更多的是因为人口优势而形成的。在清朝二百多年的统治年间，在清政府的"汉化"大开发中，中华儒家文化是台湾的主流文化、雅文化。闽南文化、客家文化更多地以俗文化的形态和仪式存在普通百姓的生活中。生活在台湾这块土地上的汉人自称漳州人、泉州人、客家人或闽南人、广东人，不称自己是台湾人。他们没有台湾人的认同，只有浓浓的故土情怀。

日据时期（1895—1945）。日本占领台湾后，实行同化政策，以图消灭汉语汉文。为达到"皇民化"和日本文化认同的目的，强力推行日语，希望通过教授日语而使台湾人转变成日本人。为达到推广日语日文，消灭汉语汉文的目标，日本殖民者从学校教育和社会教育两个渠道，分三个阶段逐步推进。

在统治初期，台湾民众武装反抗此起彼伏，政局不稳，日本殖民者采取安抚策略:（1）允许书房[11]存在;（2）设立公学校，推行六年制教育，公学校的汉文课多于日文课;（3）教习日本人学习台湾话，便于统治。学校教育是推广日语的主渠道，公学校是重中之重，为了公学校的发展，对书房做出种种限制，收编书房、打压书房;社会教育方面是在各地兴办"国语讲习所"和"简易国语讲习所"，包括广大的农村地区、番人部落。

政局稳定后，颁布"台湾教育令"，开始禁止书房，书房从此没落。同时，公学校汉文科改为选修课，不少学校干脆废除汉文课。社会生活方面，废除报刊汉文栏、严禁一切汉文出版。

随着中日战争和太平洋战争的爆发，日本加紧对台湾的控制，进入"皇民化"时期。学校正式宣布废除汉文科，社会教育方面，废除报刊的汉文栏，禁止一切中文出版物。另外，大搞社会运动，不仅仅学校、公务、公共场所要求讲日语，家庭也要求讲日语，开展"国语常用家庭""国语模范部落"运动。这一时期，台湾社会已不见汉文，闽南语从社会通用语言沦为低阶语言。

日本统治台湾 50 年，其推广日语，消灭汉文、汉语的成效卓著。下面两则材料中可管窥：

《新台湾》杂志认为当时三十岁以上的台湾知识分子一百人中大概有一两个懂汉文并且能够书写的，但是三十岁以下的就不多了[12]。根据语言学家吴守礼的观察，当时台湾人的语言生活是这样的：

"智识人的话语虽然大都是台湾话，生活语也是台湾话，但是词汇里已经掺了不少日本语和语法。中年人除了一部分人没有熟习日本话，大都能操日本话，看日本书，写日文，有的更因受的是日本教育，所以走思路作思想都用日本语的语法。这一层的人有的虽然会说一口流利的母语，但是因为母语已经由社会上退到家庭的一角落。他们不得不用日本语想东西。台湾话的根干虽然没有摇动，但枝叶的作用已经变了。年轻人这一层不但学会了日本语言，有的简直不会说台湾话。实际上最难脱离日本语的一层。"[13]

国民党统治时期（1945—　）。国民党光复台湾后，第一件事就是消灭日语、日文，推广国语，营造"大中国意识"、中华文化认同。在两蒋统治的几十年里，统一的语言政策、以中华文化为主体的文化政策以及透过媒体和教育所传播的大中国思想深入民心，"中国认同""中华文化认同"从来不是一个重要议题[14]。20 世纪 70 年代后期，为因应岛内反对运动的兴起，蒋经国以"我是中国人，也是台湾人"的宣誓，表达其融入台湾社会的决心，并在 1986 年提出政治改革方案，进一步推动国民党的本土化与政权的台湾化，以抵抗反对运动的"国民党是外来政权""中国人压迫台湾人"的宣传，蒋经国的开放政策加速了台湾民主化、本土化进程，却也成为日后李登辉推动"新台湾人"认同的滥觞[15]。

政治"本土化"原是指让占台湾人口绝大多数的本省人参与政治，当家做主；政治人物要深入基层，植根基层，反映本省大多数的民意。而李登辉所推动的民主化就是"本土化"，就是要去掉"外来政权"，要摆脱"大中华主义"，"台湾人不要再让别人管"，倡导建立"新的生命共同体""新台湾人"，这实质上是"去中国化""台独化"[16]。在李登辉创造的"本土化"的环境中，民进党积极营造"台独"认同，其"台独"主张至李登辉时期成型、发展，并在2000年执政后行销台湾。

民进党上台后，强化"本土化"，厚植"台湾意识"，并通过文化、教育方面的各种"本土化""去中国化"措施，及"一边一国""制定新宪""台湾正名""更改国号"以及"全民公投"等议题，成功地打造了否定中国认同的"台湾人"，否定中华文化的"台湾文化"，以图达到"台独"的目的。

在台湾多年来推行"本土化""去中国化""台湾主体意识"等一系列"台独"思潮的背景下，中华文化在台湾教育里面越来越淡，中国历史、中华文化越来越空泛；台湾年轻人对两岸的历史、文化、血缘的关联越来越欠缺了解和感情，"台湾文化""台湾人认同"渐成气候。

2008年国民党重新执政，马英九以"不统不独不武""亲美友日和中"为施政主轴，"其核心理念是台湾有其远远优越于大陆、足以担当华人世界之标杆、足可确保两岸长期和而不统的'台湾价值、台湾精神、台湾路线、台湾文化、台湾生活方式'，其竭力构造的'主体'是既以台湾为荣、又有大中华情结的'中华民国人'，其力图压制的'他者'是岛内急独派和两岸促统派"[17]。

马英九对中华文化的传承与弘扬不遗余力，如调整中文译音政策，将陈水扁时期强行通过的通用拼音改为汉语拼音，将被陈水扁去掉的"中国"抬头的单位名称予以恢复、恢复祭孔、鼓励合作编写教科书……但致命的是在教育领域，并未全面肃清"文化台独"影响，陈水扁时期的"台独""课纲"在其任内依然施行，历经千辛万苦的"微调课纲"无法启用，且很快便被重新执政的民进党撤销。那些经过二十多年的"文化台独""教育台独"洗礼的台湾民众、台湾年轻人并不能完全接受马英九的"中华文化观"。如马英九建议两岸应该建立"识繁书简"的共识，绿营批他是促统，民间不满的声音也很多，相关民意调查显示60%以上反对。以至于"总统府"和官员忙着灭火，强调"识繁用繁"是目前的教育政策，"识繁书简"是对大陆的喊话。再如，自认"中华民国人"的在位地区领导人马英九，也经常一再表白自己是台湾人，以迎合民意。

二、闽南方言文化形塑"台湾文化认同""中华文化认同"

闽南方言文化是随着闽南人迁移台湾而流播到台湾，并在台湾落地生根的。闽南方言文化是中原汉语文化与闽地语言文化多次融合的结果，中原汉语文化对闽南方言文化的形成与发展具有主导性的影响力，闽南方言被称为中古汉语的活化石，闽南文化是中华文化的重要组成部分；而深具海洋文化色彩和精神的闽南文化又使中华文化更加丰富多彩。闽南文化包括雅文化和俗文化两个方面，雅文化主要来自对中原道统的传承和发展；而俗文化是与生俱来的与闽南民众日常生活紧密相连的各种文化形态和仪式。在很长一段时间里，台湾话即闽南话，台湾文化即闽南文化或以闽南文化为核心的在地文化。"日本殖民台湾，刺激了在台的漳泉闽客之人形成'台湾人'的意识以别于统治者的日本人，而台湾人的语言漳泉语便称为台湾语。"[18]而台湾语言文化（闽南方言文化）形塑了台湾人的中国认同、中华文化认同。

第一阶段（1895—1945），闽南方言文化形塑"台湾认同""台湾文化认同""中华文化认同"，其诉求是反抗日本文化。

日本占领台湾初期，台湾官民"谋求自立、拒日保台"，进行了激烈的抵抗，遭到了残酷的镇压，到了1915年，在"警察国家"的白色恐怖下，台湾民众的武装抗日事件进入尾声。但是，城乡对立、阶级对立、民族对立依然存在，非武装的抗日民族主义运动逐渐兴起。20世纪20年代以后，武装斗争转为议会斗争、文化斗争，台湾的知识精英发起了一场新民族主义运动，倡议"复归中国""台湾是台湾人的台湾""台湾民族自决"等种种主张。台湾文化协会"[19]的"反日语普及运动"作为抗日民族主义运动的一个主战场，轰轰烈烈，汉文复兴运动、白话文运动、闽南语罗马字运动、台湾话文运动唤醒了台湾民众的"汉族认同""台湾人认同""台湾文化认同""中华文化认同"，在台湾 VS 日本、台湾人 VS 日本人，台湾话 VS 日本语，台湾文化 VS 日本文化的斗争中，台湾人[20]（闽南人）、台湾话[21]（闽南方言）、台湾文化（闽南文化）走上了抗日的舞台，成为抗日民族主义运动的重要工具，建构起了汉族认同、台湾认同、台湾文化认同、儒家文化认同。

此时的"台湾（人）认同""台湾文化认同"从属于中华文化或认同台湾文化是中华文化中的一部分，其诉求是反抗日本文化。

第二阶段（民进党成立— ）闽南语言文化与民进党的文化理想

"台独"兴起后，特别是民进党成立后，这种"台湾文化认同"被异化为以确立"台湾文化独立性"为价值取向，以"去蒋化""去中国化""去中华化"为特征，为"台独"政治目标服务的文化分裂主义思潮。从本质上说，"文化台独"就是要从思想上、文化上确立认同"台湾独立"的观念，闽南方言文化成了民进党挤压"国语""去中国化""去中华化"的"文化台独"工具之一。

解严前国民党的中华民族认同建构与20世纪80年代中期民进党的台湾民族认同建构比较：

	国民党	民进党
共同祖先	黄帝、禹汤	唐山渡海先民
起源地	黄河流域、中原	中原
语言文化	中国文化、五千年中华文化	台湾话、四百年台湾文化
过去苦难	西方列强侵略	"外来政权"轮替统治、二二八事件
我们是谁	中华民族、炎黄子孙、中国人	"台湾民族""台湾人"
敌人是谁	大陆的共产党	"外来政权"国民党
政治使命	"三民主义统一中国"	"台湾独立建国""出头天"
文化理想	发扬中华文化	重建与发扬台湾语言文化
国家认同	"中华民国"、一个中国	"台独"
教育内容	中华文化、中国历史	"台湾文化""台湾历史"

资料来源：修改自王甫昌，1996：146、186页 [22]

从20世纪90年代开始，台湾地区对于闽南方言文化的保护是与多元文化、语言人权、资源保护等积极或中性元素关联在一起的，只是，这些元素经过修整、组合后，装嵌到"去中国化"的政治框架内就被异化为"台独"的手段或工具。2000年5月，陈水扁在其就职演说中首次提出"台湾文化"的概念，此后，教科书中"闽南文化"改称"台湾文化"。从概念上切除台湾文化与闽南文化的关联，闽南文化中的海洋文化特色被当成台湾文化的特征，以区别于中华文化。

"台湾文化"在不同时期有不同内涵，陈水扁时期，核心是闽南文化，与中华文化对抗，"去中国化"。马英九时期，"台湾文化"核心是有台湾特色的中华文化[23]。蔡英文时期,从"去中国化"走向"去中华化",台湾文化是指以"同心圆史观"和"原住民史观"为背景的,以台湾少数民族文化为起点的多元文化,闽南文化、中华文化只是"台湾文化"多元来源的一部分,强调今天的"台湾文化"已经脱离闽南文化、中华文化,已具有"独立性"。

第三阶段:(蔡英文执政——   )闽南方言文化与蔡英文的"多元文化论"

蔡英文执政以来,不承认"九二共识",推动"新南向政策",强力实施"文化台独",巧妙使用"多元文化论"来处理"台湾文化"与中华文化、闽南文化的关系,刻意以"多元文化论"屏蔽中华文化与闽南文化,强力凸显台湾自身的"主体性"。在蔡英文的文化政策论述中,刻意省略"闽南文化"字眼,与马英九提出的"闽南语是台湾的重大文化优势"形成鲜明对比;中华文化被替换为所谓"汉人移民"所带来的一种文化。相比李登辉、陈水扁,蔡英文的政策目标已由"去中国化"上升为"去中华化"。

三、对策建议

从李登辉、陈水扁到马英九、蔡英文,二十多年来,在推行"本土化"教育的背景下,中华文化在台湾教育里面越来越少,越来越空泛。中华文化的源头,在台湾的教育里是被屏蔽的。李登辉、陈水扁执政时期所推行的"去中国化"的"台独"文化教育政策,对台湾社会尤其是台湾青少年的历史文化认同与政治认同造成极大的伤害,马英九时期强调"台湾主体意识",并未对"去中国化"拨乱反正。二十多年的"本土化"教育,很大程度上断裂了台湾青年一代对中国历史文化的记忆,对祖国历史文化越来越陌生,造成今日台湾青年一代历史文化认同错乱。

(一)走融合之路,吸引更多的台湾民众、特别是青年到厦漳泉来,到大陆来,多看看、多走走。

文化抽象,看不见,我们看得到的是一个个文化事象。台湾是闽南社会,台湾2300万人口中,讲闽南话的约有1700万人,闽南话是台湾的主要通行语言;大陆闽南地区的妈祖、保生大帝、关帝、清水祖师、王爷、开漳圣王、三平祖师等民间信仰,也是台湾民间的地方保护神;闽南地区的乡族文化、传统艺术、传统建筑等也为台湾继承发展。特别是民俗与演戏相结合的习俗，一到各种节庆，闽台两地好不热闹。闽南文化在台湾根深叶茂。

可是，在交流中，我们发现：很多台湾青年和基层民众，讲所谓"台语"、拜王爷、奉妈祖而不知那就是闽南话、闽南文化。他们很奇怪，"你也会讲台湾话"，他们不知道，所谓的"台湾话""台语"的源头是闽南话，他们日常生活中的婚姻习俗、祭祀、仪典、生活礼仪等一个个文化事象，都是闽南文化、中华文化的体现，生活在闽南文化、中华文化中而不自知；行走在闽南文化、中华文化中，而反中华文化。

事实胜于雄辩，通过闽台交流，吸引台湾青年民众亲临其境，以闽南社会和台湾社会共同的闽南文化具象，反击台当局"去中国化""去中华化"的"文化台独"政策。同时我们建议，在台湾基层民众中，其生活传统、信仰传统、社区组织传统和经验传统，更多地体现出闽南文化中草根性的一面，两岸交流中可适当加强姓氏源流、宗庙、戏曲、方言、族谱等的交流、研究。

（二）占领闽南文化研究的理论高地。

（1）解读十八大以来习近平对台思想新论述。解读国家惠台政策等等。

（2）普及闽南文化学术研究成果，普及中国历史文化，剖析、揭露"文化台独""教育台独"；厘清闽南文化、中华文化与台湾文化之间的关系，揭露蔡英文"多元文化论"的"台独"本质；讲好"大陆"故事。

（3）培养"公共知识分子"，也就是培养有自己专业研究领域，还关注台海局势，关心天下大事的知识分子。如此，向上可以影响到政府有关部门的决策，向下，可以引领社会思潮，影响大众。特别是当前，台海局势严峻，一年来，撤销"微调课纲"、取消遥祭南京中山陵、斩首台北故宫南院12兽首、淡化孙中山诞辰150周年纪念日、对台北中正纪念堂"去蒋化"、取消遥祭黄帝陵、降级祭奠民族英雄郑成功、停办抗战80周年纪念展等等"文化台独""教育台独"的事件频发，我们更需要这样一批了解台海局势、引领舆论的公共知识分子。

（三）推广闽南文化，保护闽南方言。

厦漳泉是闽南方言的大本营，厦漳泉主城区闽南方言流失严重。关注闽南方言、闽南文化在两岸和平统一中的作用，更需关注、加强祖语地闽南方言的保护。固本方能强末，根深才能叶茂，打铁还需自身硬。因此，应加大厦漳泉闽南方言的保护力度。

注释

[1] 宋光宇：《台湾史》，人民出版社，2007年，56页。

[2] 当时台湾少数民族11.83万—15.8万人；汉人4.5万—5.7万人；白人最多时约3000人。

[3] 闽南方言、文化是随着闽南人迁移台湾而流播到台湾，并在台湾落地生根的。闽南方言文化是中原汉语文化与闽地语言文化多次融合的结果，中原汉语文化对闽南方言文化的形成与发展具有主导性的影响力，闽南方言被称为中古汉语的活化石，闽南文化是中华文化的重要组成部分；而深具海洋文化色彩和精神的闽南文化又使中华文化更加丰富多彩。闽南文化包括雅文化和俗文化两个方面，雅文化主要来自对中原入选道统的传承和发展；而俗文化是与生俱来的与闽南民众日常生活紧密相连的各种文化形态和仪式，闽南文化的地域色彩主要由俗文化来体现。

[4] 熊南京：《二战后台湾语言政策研究》，2007，中央民族大学博士论文，28页。

[5] 陈绍馨原修，庄金德增修及整理：《台湾省通志·人民志·人口篇》，1972年，52页。

[6] 陈孔立：《清代台湾移民社会研究》，九州出版社，2003年，142—148页。

[7] 萧庆伟等编：《闽南历史文化概说》，福建人民出版社，2013年，272页。

[8] 根据语言学家小川尚义1907年在《日台大辞典》中的估算，当时台湾语言(方言)人口的比例如下：台湾闽南语约230万(76.7%)，台湾客家语约50万(16.7%)，其他汉族方言约4万(1.3%)，台湾南岛语约11万(3.7%)。

[9] 许极墩：《台湾语概论》，前卫出版社，2000年，29页。

[10] 瞿同祖：《清代地方政府》，法律出版社，2003年，40页。

[11] 书房，也就是私塾，是清朝教育机构中唯一被殖民者保留下来的民办汉文学校。但被改造。教学科目要求增加日语、算术等，教材禁止使用中国出版的教科书，使用日本教材、使用公学校的汉文教科书，举办书房教师讲习会。书房成了公学校的辅助机构。台湾政局稳定后，书房被限制、禁止。书房的保留是安抚政策与过渡时期的产物，但它也阻滞了日语、日本文化侵蚀汉语、汉文化的脚步，培养了20世纪20年代反殖民主义的人才。凝聚起了台湾民众的"汉人认同""中华文化"认同。

[12] 邱敏捷《论日治时期台湾语言政策》，《台湾风物》，48卷3期,53页。

[13] 吴守礼《台湾人语言意识侧面观》，《台湾新生报》"国语专刊"第1期，1946年，99页。

[14] 葛永光《文化多元主义与国家整合——兼论中国认同的形成与挑战》，台北：正中出版社，1993年，125页。

[15] 萧敬《浅析"省籍矛盾"与李登辉的"新台湾人主义"》，载夏潮基金会编《中国意识与台湾意识》，台北：海峡学术出版社，1999年，682—683页。

[16] 陈孔立：《台湾政治的"省籍族群本土化"研究模式》，《台湾研究集刊》，2002年第2期。

[17] 王善平：《2016选后："台湾主体性"走向黄昏》，《两岸视点》杂志，第30期。

[18] 许极墩：《台湾语概论》，前卫出版社，2000年，55页。

[19] 1921年成立，林献堂为总经理，杨吉臣为协理，蒋渭水为专务理事。

[20] 在《台湾青年》发刊祝词，第一次出现"台湾人民、台湾住民、台湾岛民"的说法，参见《台湾青年》创刊号，1920年7月16日，和之之部，2、4、9页。转引自杜剑锋《东亚视野下的福尔摩沙》，143页。

[21] 日据时期，因漳泉人占80%以上，台湾话指闽南话，台湾文化指闽南文化。日人当时所谓的

"台湾"是泛指中国人所拥有的台湾，所谓的台湾人，是指大多数的汉民族在台湾的人，对于少数民族，日人始终以"土著""番人"或"高砂族"等名称称呼他们，因为日本当局最怕的是以汉民族为中心的台湾人，而不是少数民族，这在日人的文献中可找到充分的证明。（参看高贤治《增订台湾旧惯习俗信仰·出版说明》，载铃木清一郎著、冯作民译《增订台湾旧惯习俗信仰》，罗文图书公司，2012年，1页。）

[22] 王甫昌《台湾反对运动的共识运动：一九七九到一九八九年两次挑战高峰的比较》，载徐火焰《台湾族群政治专题（台湾政治学刊创刊号）》，台北：月旦出版社，146、186页。

[23] 国民党"文建会主委"盛治仁认为："台湾以中华文化为底蕴，吸收了葡萄牙、西班牙、荷兰、日本、美国等文化影响，以及1949年迁徙到台湾的大陆各省文化特色，再加上自由民主的开放环境，让台湾发展出一个独特具有台湾特色的中华文化。"

新形势下台湾青年西进大陆发展的现状、问题与对策研究

中国社科院台湾研究所 谢 楠

当前岛内政治生态与两岸关系都发生了深刻变化，岛内青年世代高涨的政治参与意愿与"倾独"的政治态度在其中扮演了极为关键的角色。重视吸引台湾青年西进大陆发展、推动其融入大陆社会，对强化台湾青年"中国认同"、进而夯实两岸关系发展的民心基础具有重大意义。2015 年以来，大陆出台了一系列鼓励台湾青年西进大陆发展的举措，为台湾青年在大陆学习生活以及就业创业提供各种便利。本文综合利用田野调查与文献研究成果，力求归纳出当前台湾青年西进大陆发展所面临的主要问题，并对大陆出台的相关政策进行效果评估，以提出相关政策建议[1]。

一、两岸青年交流的新形势与新挑战

（一）两岸青年交流的大环境显著恶化

2016 年 5 月 20 日后，蔡英文开始在台湾执政。由于蔡当局始终不肯承认"九二共识"，不愿意正面回应"一中原则"，这使得两岸关系发展失去了最重要的政治基础，两岸关系由 2008 年以来的"热和平""热发展"转向当前的"冷和平"，甚至是"冷对抗"[2]。同时，蔡英文当局在岛内积极推动"渐进式台独政策"：一方面不断声称将"维持现状"、强调在"中华民国"现行宪政体制以及"两岸人民关系条例"下处理两岸关系，另一方面则始终躲在"中华民国"政治符号外壳下，通过全面实施政治、经济与文化等"台独"政策，不断掏空"一中"内涵，为最终实现"台独建国"夯实基础。蔡当局所实施的"渐进式台独"政策将会使得岛内统"独"矛盾空前激化，必将遭遇大陆以及海内外反

"台独"力量的强力反制，将会使得未来两岸关系面临巨大的风险以及极大的不确定性。相较于 2008—2016 年八年间两岸和平与发展的大环境，未来两岸青年交流的环境将明显恶化、复杂化。

当然，未来两岸关系发展的动力仍在。大陆相关部门将实施"官民分开""蓝绿有别"的兼具原则性和灵活性的对台政策，一方面坚持"九二共识"不动摇、不妥协，拒绝与不承认的"九二共识"的蔡当局建立官方层面的互动往来，另一方面则将积极推动两岸民间社会互动往来，促进两岸经济社会融合发展。同时，两岸间现有的庞大的"两岸族"群体（台胞、台商、台生等）也会成为推动两岸关系继续向前发展的重要推动力。可见，未来两岸青年交流的关键在于如何克服两岸关系大环境不佳的负面影响，寻找、培育更多正能量。

（二）台湾青年的"中国认同"面临更大挑战

现有研究成果表明，受李登辉、陈水扁等"去中国化"政策影响，当前台湾青年的政治认同已经呈现出严重的分离主义倾向 [3]。而台湾青年群体高涨的政治参与意愿以及"倾独"的政治倾向，已经对岛内政治生态产生了重大影响，不仅助推民进党在 2014、2016 年两场选举获得大胜，还直接推动岛内新型"极独"政党——"时代力量"迅速崛起，成为岛内政坛的一股影响颇大的新力量。据台湾智库民调在 2016 年 12 月所做的政党偏好度调查显示，在 20 到 29 岁的年龄层，"时代力量"支持度最高，为 24.3%；国民党次之，为 19.8%；民进党最低，为 16.9%。在大学以上教育程度青年群体中，"时代力量"支持度为 23.8%、国民党为 22.6%、民进党为 22%[4]。

当前，蔡当局实施的是以"去中华化"为目标的升级版"文化台独"政策，不仅力图固化岛内民众特别是青年群体"政治中国"认同严重分离的态势，更试图通过打着"文化多元"的幌子，通过一系列措施弱化岛内民众特别是青年群体对"文化中国"的认同，改变岛内民众对"台湾是以中华文化为主体的多元文化"的认知，使"台湾为主体的多元文化"观念逐步扎根，以在文化发展脉络上极力摆脱中华文化圈影响，为最终"台独建国"奠定社会心理基础 [5]。

我们必须对蔡英文"文化台独"政策的影响力和破坏力予以高度重视。一方面，民进党当局已实现了全面执政，而国民党仍未展现谷底爬升的气势，这意味着"文化台独"政策在短时间内难以得到自上而下的拨乱反正，相反却有可能随着岛内统"独"势力的此消彼长而被固化。另一方面，蔡当局所提出的"文化多元"的政策口号极具迷惑性，很是迎合青年群体对"多元化"的追捧。

而蔡当局又选择以社区营造为实现文化"再造新血"的政策抓手，以"爱乡土"的自然情感包裹"去中国化"的政治图谋，手段更为隐蔽、更不易反制。

（三）推动两岸青年交流、促进台湾青年西进大陆发展具有重大意义

个体身份认同，具有稳定性和一致性的特征，也具有游离性和可塑性的特点。尤其对于青年人而言，身份认同将会随着生命历程的变化而呈现出不同的特征。2014 年蔡英文提出，"认同台湾，坚持独立自主的价值，已变成年轻世代的'天然成分'"，强调台湾青年具有"天然独"的认同特征。但大陆研究者也发现，台湾青年的统"独"取向，呈现"两头小中间大"的重要特征，即意味着明确支持"台独"和"统一"的青年人其实不多，大部分青年人并没有明确、稳定的统"独"倾向，其身份认同具有较强的可塑性。同时，在大陆学校有过不同学习经历的台湾青年，其"中国认同"将会大为强化 [6]。

2016 年两岸和平论坛期间，习近平总书记在会见中国国民党主席洪秀柱时，强调"青少年是民族的希望和未来"，并指出"要为两岸青少年教育成长营造良好环境，鼓励他们早接触、多交往，增进亲情，了解我们大家庭，认同我们的美好家园" [7]。习近平总书记的讲话中完整提出了两岸青年交流的目标及实现途径：吸引台湾青年西进大陆发展、加强两岸青年交流的根本目标是"认同我们的美好家园"，即强化中华民族认同与中国国家认同，实现途径包括"营造良好环境""早接触""多交往"等等。这意味着，只要我们能够为两岸青年交流提供更好的环境与条件，促进台湾青年西进大陆发展、融入大陆社会，我们就能够强化台湾青年的"中国认同"，进而夯实两岸关系发展的民心基础。

二、台湾青年西进大陆发展面临的主要问题

（一）台湾青年整体薪资水平较低，相对剥夺感严重。从人口结构上看，目前台湾 20—39 岁的青年人口有 700 多万，大约为总人口的 30%，占投票人口比例超过四成。从社会经济环境上看，当前台湾经济增长进入"怠速"状态，经济欲振乏力、社会薪资增长长期停滞，40 岁以下的青年群体面临更强烈"相对剥夺感"：一方面是高学历与高失业率及薪资增长停滞，另一方面是快速攀升的房价与巨大的生活压力。据统计，台湾青年失业率长期居高不下，是整体失业率的三倍左右，薪资收入水平较低（参见表 1、2）。2014 年台湾 40% 受雇者（348.3 万人）月薪资低于 3 万元新台币，其中 20—39 岁的青年人群为 202.2 万

人，占同年龄人群比例为 43.4%，高于整体平均值。考虑到青年群体教育程度远高于整体平均水平，可见青年群体面临教育水平与收入水平失衡的尖锐矛盾。而相对应的是岛内整体房价居高不下，青年群体聚集的台北市、新北市房价收入比长期位居世界前列。

表 1：2006—2014 年台湾地区青年与高学历人员失业情况

单位：%

	2006	2007	2008	2009	2010	2011	2012	2013	2014
整体失业率	3.91	3.91	4.14	5.85	5.21	4.39	4.24	4.18	3.96
20—24 岁青年失业率	10.10	10.56	11.89	14.67	13.51	12.71	13.17	13.75	13.25
高学历人员失业率（专科）	3.55	3.36	3.44	4.96	4.33	3.40	3.18	3.11	3.09
高学历人员失业率（本科以上）	4.36	4.51	4.78	5.98	5.62	5.18	5.37	5.26	4.99

数据来源：台湾"主计处"，"人力运用调查统计"。

表 2 台湾青年群体低薪资人数

单位：千人

岛内劳动力年龄组	少于 15000 元新台币	15000—20000 元	20000—24000 元	25000—30000 元	合计
20—24 岁	77	48	151	181	457
25—29 岁	11	34	175	359	579
30—34 岁	9	32	150	368	559
35—39 岁	12	32	138	245	427
				总计	2022

数据来源：台湾"主计处"，"人力运用调查统计"。

（二）大陆经济的起飞、发展机遇的急剧增多并未对台湾青年产生显著磁吸力。相关调研发现台湾青年赴大陆就业与工作意愿并不特别强烈。2015 年 3 月，台湾媒体调研发现，只有 6% 的台湾青年有过来大陆工作的经历，三分之一的青年人愿意到大陆工作（20—29 岁组比例为 34%；30—39 岁组为 32%；40—49 岁降至 22%）[8]。同年，大陆研究人员在台湾高校进行一项同类调查数据也显示，明确表态愿意赴大陆就业的台湾青年也只占 28.9%；对赴大陆就业持观望态度即"现在不想去，以后想去"的台湾青年也占 28.1%；表示"从未考虑过"甚至明确表示"不想"赴大陆就业的台湾青年比例高达 42.9%[9]。与大陆的热切期待形成鲜明反差。但 2004 年的同类型调查却显示，台湾青年愿意西进大陆工作的意愿高达百分之五十[10]。相比较可知，随着大陆经济的起飞、市场的扩大，台湾青年西进大陆的意愿反而出现较为明显的下降。

（三）台湾青年对自身信心下降、"小确幸"心态上升是重要原因。2004 年的媒体调查发现，台湾青年与同年级的大陆年轻人相比，自认为自己"赢很多"或"小胜"的各有 20%，认为两岸实力差不多的受访者也有 40%，充分显示出当时台湾青年世代对自身自信心很强，认为自己仍有优势。2015 年调查却显示，台湾青年不愿意赴大陆就业创业的原因中，"大陆市场竞争激烈"占 14.29%，"陆生竞争力强"占 8.54%，"交通与生态问题"占 14.52%，"大陆同龄人的排斥感"占 6.68%。相比较而言，不难发现当前的台湾年轻人对自身的自信心有所下降。另一方面，仔细观察台湾社会近些年所流行的"小确幸"思潮，我们发现，随着台湾迈入"后工业化社会"，社会运行相对稳定、社会氛围渐求安稳，成长在富裕时代的台湾年轻世代，已呈现出较为典型的"后物质主义价值观念"——不再一味追求财富增长、崇尚成功，更强调个体自由与自我实现[11]。2014 年台湾"初中生未来志向大调查"也发现，"厨师 / 面包师"、"职业运动员"、"工程师"和"美容 / 美甲 / 美发师"、"厨师 / 面包师"和"护士"成为男女生预测未来职业的前三项，这与传统青年少年倾向做"律师、医师、会计师"相比已有相当大转变。这种在台湾青年群体中颇为流行的"小确幸"心态与大陆社会经济高速发展所推崇的"狼性文化"难以兼容。

（四）对大陆认知不足也成为台湾青年西进大陆工作意愿不高的重要原因。研究调查发现台湾青年不愿意赴大陆工作的最大原因就是"不了解大陆"（占 19.75%），而台湾青年对大陆惠台政策以及两岸关系重大事件了解则相当有限（见表 3）：表示大陆惠台政策对家庭有收益、个人间接受益的仅占 11.36%。调研也发现，台湾青年缺乏了解大陆生活与学习资讯的渠道：一是台当局不允许大陆企业入岛宣传，台湾教育部门也并不希望两岸交流热络；二是大陆对台宣传用语偏于"自说自话"，对台湾青年没有触动；三是，网络成为台湾青年了解大陆的重要渠道，但台湾浏览大陆网络信息还存在技术障碍，网站打开速度很慢。可见，台湾青年赴台就业创业的"较低意愿"与其"偏于负面的大陆认知"具有高度相关性，改善台湾青年对大陆认知成为提升台湾青年西进大陆发展意愿的关键。

表3 台湾青年对两岸关系重大事件及惠台政策的认知情况

选项	问题	频数	占比
对大陆惠台政策的看法(单选)	没有了解	471	43.53%
	与我们关注的问题相去甚远	176	16.27%
	仅仅是提供了认识大陆的机会	164	15.16%
	图利财团，与学生无关	148	13.68%
	家庭有受益，个人间接受益	123	11.36%
大陆就业创业可能不适应的方面(复选)	意识形态差异	758	25.40%
	潜规则	645	21.62%
	教育背景差异	550	18.43%
	人身与财产安全	421	14.11%
	是否公平参加社会保障	278	9.32%
	专业知识	201	6.74%
	住房价格	131	4.39%
对"习朱会"的看法(单选)	不清楚	395	37.65%
	关键取决于两岸关系是否和平发展	207	19.73%
	政党主张而非当局政策	187	17.83%
	纸上谈兵	166	15.82%
	务实可行	94	8.96%

（四）台湾青年在大陆扎根发展还面临社会资本匮乏、身份定位不清等现实问题。调查发现，一是在陆台商对于聘用台湾青年存在较大疑虑，担忧其难以满足企业"在地化"需求。当前大部分台商企业已基本实现员工在地化，台湾籍员工比例已经很低 [12]。有台商直接表示，她不考虑雇佣台青，主要原因就在于企业发展需要的是能熟悉当地风土人情、具有广泛人脉的人员，长期在台湾生活长大的台湾青年很难适应。二是台湾青年在大陆社会资本严重匮乏，获得的社会支持不足以使其快速融入当地社会。即便是在岛内拥有相关专利的台湾青年来大陆发展也面临重重困难，只有获得身份相同的台胞的社会支持才能站稳脚跟。三是身份定位问题使得台湾青年在大陆发展仍受到诸多限制。当前

台湾青年仍未能享受普遍"国民待遇"，即便是国家出台了诸多专项优惠政策，"打开大门"，但仍频频遭遇"紧闭小门"：如大陆投资基金以人民币基金为主，无法以外币投资台湾创业者团队（仍为外资身份）；台湾青年难以在大陆从事互联网、媒体传播、环境保护、医疗等行业；台湾青年在大陆办理五险一金等社保手续繁杂，直接抬升了企业用工成本，等等。

三、当前大陆吸引台湾青年来陆发展的政策效果的初步评估

近几年大陆对台政策向"三中一青"群体倾斜，力求使两岸和平发展红利分配更具有普惠性。2014 年李克强总理发出"大众创业、万众创新"的号召，2015 年"创业"成为两岸青年交流最热门话语。2015 年初，国务院设立了 400 亿元人民币的新兴产业创投引导基金，同年 3 月国务院颁布了《关于发展众创空间推进大众创新创业的指导意见》。为支持台湾青年群体在大陆创业就业，国台办陆续授牌设立 41 个海峡两岸青年创业基地和 12 个海峡青年就业创业示范点。2016 年，国台办、台企联等单位与各地台商企业合作，大力推动吸引台湾青年赴大陆实习计划。各地方政府也出台各类政策，为台湾青年在大陆就业创业以及生活提供各种便利。除了政府行为外，大陆民间和企业界也积极吸纳台湾青年人才来大陆创业就业。阿里巴巴在台湾成立总额达到 100 亿元新台币的创业基金，猎豹移动也在台湾成立猎豹创业基金，遴选优质台湾企业来北京接受导师团指导，并协助其成立公司。

调研发现，大陆吸引台湾青年西进大陆就业创业政策已取得一定效果。各地普遍结合自身优势，鼓励发展不同形态的创业企业。一是深圳充分发挥自身电子信息企业集中、产业链条完善的特色，鼓励发展硬件类为主的创业企业，已经有"小绿草"这种两岸青年合作样本企业。二是昆山则围绕电子信息产业集中发展互联网与生产服务型创新企业，引进专业创业管理团队——"复客中国"管理创业园区，实施创业导师制，通过"定期培训、集中辅导、实地考察、现场辅导、跟踪服务、长效指导"，培育创业企业，目前已产生"苦瓜打工网"这类两岸合作互联网公司。三是北京则根据自身高校资源丰富、高科技企业集中、生活成本较高的特点，一方面对台湾青年实施"高校搭桥交流—在大陆交换或学习—进公司实习—工作—创业"循序渐进式培养流程，强调必须使台湾青年渡过社会适应期，应先就业再谈创业且就业优于创业，另一方面鼓励在京

优质台商企业（如金远见集团）转型发展企业孵化器，在岛内遴选有成熟技术或服务的中小型企业，通过提供低价创业公寓、信息中介等服务，辅导其在大陆发展。四是漳州根据自身传统制造业集中的特点，围绕现有台商企业如兰花培育企业，吸引台湾生物科技业和文创业青年来创业，或通过成立职业技术学院，吸引台湾青年人就业。

整体而言，大陆密集推出吸引台湾青年来大陆就业创业政策时间较短，政策效果尚不明显，但整体发展势头看好。同时，大陆持续调整优化相关政策，2016年提出发展"体验式交流"，鼓励各地为台湾青年提供深入体验大陆社会的各种机会，改变过去两岸青年交流活动参访安排过多、形式较为单一、交流效果不显著的突出问题。

调研中也发现一些突出问题值得关注：如有地方为吸引台湾青年，提供非常优厚待遇，但后续无法兑现，致使台青有被欺骗感；不同单位因拥有资源多寡不同，为台湾青年提供的实习就业岗位待遇差异过大，以致观感不佳。

四、未来政策调整的几点思考

吸引台湾青年西进大陆发展、促进其融入大陆社会是一个具有战略意义的系统工程。结合调研与文献研究，我们可以发现当前已初步形成以高校和现有台商企业为起点的两条融合路径，这两条路径各有优缺点。未来应强化宏观、中观、微观各层级政策的有机整合，着重突破台湾青年对大陆的"认知困境"和"适应困境"。

（一）台湾青年西进大陆发展的两重困境

"认知困境"：台湾青年缺乏了解大陆信息的渠道，对大陆认知严重不足，致使赴大陆意愿不高。"适应困境"：台湾青年社会资本与人力资本不足，难以适应大陆市场竞争与社会生活习惯，无法融合大陆社会。

（二）台湾青年融入大陆社会的两条路径

	路径一：以现有台商为起点。	路径二：以两岸高校合作为起点。
特征	整合政策资源与外部资源，通过现有台商的社会网络，吸纳更多台湾青年进入大陆发展，以持续扩大台商规模、逐步培养出"新台商"群体。	连接各类社会资源（包括台商资源），以体验式交流—交换/学习—实习—工作或创业循序渐进的发展过程，不断累积台湾青年的社会资本与人力资本，推动台湾青年融入大陆。
优势	符合台湾青年主要通过身边人了解大陆的认知习惯，有助于快速积累社会资本，突破认知和适应困境。	循序渐进积累社会资本与人力资本，可快速突破适应困境。
不足	在大陆台商多已实现在地化发展，吸引台青动力不足，信息沟通渠道不畅。	台教育部门消极应对、难以搭建信息沟通管道；岛内不同等级高校拥有的资源不均，区域、贫富差距使得不同阶层的台湾青年能获得资源不一样。

中观层面：一是加强政府各部门与各类涉台组织的协调整合，建立资源统合平台（如搭建专类网站），为台湾青年提供大陆发展资讯、实习就业岗位等信息资源。二是与台商企业及台商企业组织合作，注重发挥台企联与台商协会等行业组织作用，促进其与台湾青年对接，充分发挥台商对台湾青年大陆认知的正面影响作用，同时综合采取财政减免与专项补贴奖励等各种手段，鼓励包括台商企业在内的各类企业按照市场规律吸纳台湾青年就业实习。三是重视利用高校平台，注重与台湾各区域各类高等院校展开全面合作（公立、私立大学以及各级科技院校），努力为岛内各个阶层（特别是中下阶层）青年群体西进大陆发展提供支持。四是积极与两岸各类民间组织合作，大力构建两岸青年体验式交流平台，支持台湾青年通过对大陆的亲身体验拓展认知大陆的渠道。

微观层面：一方面调整对台宣传话语体系，采取符合台湾青年价值观念和兴趣取向的宣传方式，充分发挥大陆文娱界影响力，强化对台湾社会特别是台湾青年群体潜移默化的渗透影响；另一方面促进传统媒体与新媒体结合，改善大陆媒体对台传播方式，影响和引导台湾青年的大陆认知。

参考文献

[1] 中国社会科学院台湾研究所分别在 2015 年 7 月和 2016 年 3 月、10 月在台商聚集城市（北京、上海、南京、苏州、昆山、东莞、深圳、南昌、吉安、郴州、长沙和武汉）开展台湾青年在大陆发展情况专项调研，对几十位台商企业家和台湾青年进行深度访谈。

[2] 倪永杰、张笑天：《"冷和平"：两岸之痛》，《中国评论》2015 年第 11 期。

[3] 尹茂祥：《台湾年轻世代政治认同的现状、特点及建议》，《中国评论》2016 年第 6 期。

[4] 《台湾智库民调：29 岁以下政党支持，"时力"居冠民进党第三》，台湾联合报新闻网，https：//udn.com/news/story/1/2194226，查询时间：2017-2-11.

[5] 谢楠：《去中华化：蔡英文文化政策刍议》，《中国评论》2016 年第 9 期。

[6] 郭震远：《新对抗阶段两岸青年交流：阻力与木圙》，《中国评论》2017 年 2 月。

[7] 新华网：《习近平总书记会见中国国民党主席洪秀柱》，http：//news.xinhuanet.com/politics/2016-11/01/c_1119830924.htm，查询时间 2017-2-10.

[8] 台湾 TVBS 电视台"中国进行式"节目：《台湾青年西进大陆就业民调》。

[9] 广西师范大学桂台合作研究中心在台湾义守大学、云林科技大学、逢甲大学、台北大学联合进行的"台湾青年赴大陆就业创业意愿"问卷调查，本次调查共收到有效样本总量 1030 份，样本生源地包括台湾北部、中部、南部、东部，学历层次包括本科生 872 人，硕士生 143 人，博士生 15 人，分别占样本总量的 84.66%、13.88%、1.46%，样本专业涵盖企管、金融、会计、经济、应用外语、资讯、机电等，总体样本具有较高代表性。资料来源：何红玲、周丹丹、刘澈元：《信息渠道、大陆认知对台湾青年赴大陆就业创业意愿的影响探析——基于对台湾地区四所高校 1030 份样本的问卷调查》，《开发研究》2016（4），第 172—176.

[10] 新浪新闻，《自认优势部分比例大，过半台湾青年愿赴大陆就业》，2004-11-03，网址：http：//news.sina.com.cn/o/2004-11-03/10504126518s.shtml，查询时间：2016-11-11.

[11] 谢楠：《"小确幸"何以在台湾大行其道》，《世界知识》2015 年第 6 期。

[12] 调研发现，在陆从事制造业的台商企业，台湾籍干部的比例很低。以旺旺集团为例，大陆总员工超过五万人，台湾籍干部低于 1%。

台湾青年世代"两岸观"的重塑
——基于两岸融合发展的思考

集美大学马克思主义学院　陈晓晓

2016 年 1 月，民进党候选人蔡英文当选台湾地区领导人，台湾政局发生重大变化，对两岸关系和台海局势产生重大影响，引发人们对两岸关系发展前景的担忧，两岸关系正面临深刻的转型期。深入了解台湾民意，尤其是通过真诚、善意和亲情去拉近两岸心理距离，促进两岸社会融合，深化台湾青年世代对两岸关系的正确认知，融洽两岸一家亲的民族感情，实现心灵契合，具有更加迫切的意义。而台湾青年世代的"两岸观"未来会往什么方向发展，如何重塑，是萦绕在关心两岸关系发展的人们心中的疑问。

本文行文脉络以问卷和访谈题目为牵引，经由数据和语料分析，力求呈现台湾青年世代对于两岸重大议题的认知现状和情感态度。

一、"两岸观"概念界定

"两岸观"这一概念，从严格意义上来说，并不是一个严谨的政治学概念，往往因人们使用场合的不同，"两岸观"一词的具体含义也会不同，它既可能在政治学、心理学中成为一个社会科学的概念，又可能在日常生活中作为对于两岸关系各个层面的观念与认知的统称，因此两岸学界对于"两岸观"这一概念，尚未形成统一一致的看法。大部分研究，是在一个比较广泛意义上使用这一名词，并不做严格界定。如台湾"行政院国家科学委员会"专题研究计划《从"一中"变爱台？来台陆生两岸观与政治态度分析研究成果报告》则未对"两岸观"进行解释。而针对"两岸观"的具体含义，从广义上说，是指对两岸关系历史、现状与未来走向的基本看法与观点的总和。从狭义上说，文献主要集中于两岸政治定位、政治认同、统"独"立场、两岸关系发展前景、两岸政治协商谈判、对中国共产党的看法、对"九二共识"的看法、对两岸交流合作的态度、对大陆发展的政治认知、对台湾参与国际活动的看法等等。而且有学者强调台湾民众与台湾当局领导人、台湾政治人物、台湾政党的两岸观是截然不同的。

本研究从与"两岸观"相似概念的比较分析中，试图对这一概念进行描述与阐释，把握其核心意涵，明晰其边界与所指，使之成为有具体意涵的专有名词。

第一，提到"××观"，人们脑海中会跳出许多相似结构的概念，如"人生观""价值观""历史观""发展观""世界观""国家观""国际观"等。在政治学意义上，"两岸观"更接近于"国家观"与"国际观"，因为基于两岸的特殊关系，虽然两岸关系属于国内关系，但又在国际的不同场合和空间代表中国。两个政治实体对"一中"的内涵理解有分歧，对外部主权的处理有落差。基于此，"两岸观"的概念意涵介于"国家观"与"国际观"之间，不仅面临两岸关系的特殊性（如两岸政治定位、两岸最终统一模式是和平还是战争），还涉及某些国际因素，如美国、日本等。

第二，在政治学意义上，对于"两岸观"所指代的含义如两岸政治认知、两岸政治观念，还会与以下说法产生某种联系。具体包括：政治态度、政治参与、政治心理、政治文化、政治认同、政治认知以及政治社会化。鉴于"两岸观"这个概念是建立在政治学科的基础上，而且基于政治行为和心理而产生，又反映为动态发展过程，因此极易在某种程度上与以上概念相互套用，在不严格区分的场合，可以根据需要进行使用。当然，以上概念有其特定的具体的含义，而"两岸观"则在不同层次、场合、情境中会涉及以上概念，但是由于"两岸观"是一个基于两岸特殊关系而产生的某种观念与认知，与政治学中普适性的概念还是不可等同视之。因此，"两岸观"与以上政治学术语并非包含与被包含的关系，但存在某种交叉融合的关系，其中尤其以"政治认同"为两岸学界所关注。

第三，由于岛内族群政治议题的发酵，台湾青年对于国族、民族、族群等概念的理解偏差，造成其族群意识、国族想象、国家认同产生变化，更加强调"台湾意识""台湾民族主义""台湾主体性"，这一政治心理与认知不得不引起我们的关注。因此，在论及"两岸观"时，不可避免地会涉及以下名词，如"台湾民族"与"台湾民族主义"、"台湾意识"与"中国意识"、"台湾主体意识"与"台湾本土意识"、"台湾认同"与"中国认同"等。因此,"两岸观"也牵涉民族、族群、国族等含义,并进一步发展成为统"独"争议。

综上所述,"两岸观"是对于台湾海峡两岸关系的观念、态度与认知,包含两岸政治、经济、社会、文化等各个领域。主要是建立在政治学科的基础上,基于政治行为和心理而产生,反映为动态发展过程,是介于"国家观"与"国际观"之间的观念。鉴于在讨论台湾民众的两岸政治认知时,不可避免地会涉及"民族""国家""政府""主权""认同"等概念,进而牵扯到"两岸政治定位"、"统'独'意识"、两岸关系未来走向、面临的复杂国际情势等问题,因此本文界定的"两岸观",它着重表现在政治领域的五个方面:两岸政治定位;政治认同;统"独"意识;和平与战争;涉外因素。

二、台湾青年世代"两岸观"的发展趋势

台湾青年世代的"两岸观"未来会往什么方向发展,是萦绕在关心两岸关系发展的人们心中的疑问。鉴于影响台湾青年世代的"两岸观"的因素颇多,而这些因素中又逐步加入大陆因素,形成拉扯,因此观察点主要在于来自既有因素与大陆因素对台湾青年思想观念的影响力的变化,以及对于大陆对台思维调整和台湾青年可能会有的反应的预判。以下详述之。

(一)政治层面,搁置争议,维持现状——保守

台湾青年的政治心态,面对强大的大陆,无非是强调台湾"主体性",要求安全、"对等"以及反叛意识的提高。对于两岸政治定位、政治谈判、军事互信、"九二共识"、统"独"意识等政治议题,在目前尚未得到妥善解决的情况下,台湾青年虽然受台湾内部社会环境的影响,培养出了"本土意识"、反抗意识和"主体意识",在某些时候会与两岸关系和平发展形成拉扯与冲撞,但这些意识不等于"台独意识",而且同时,台湾青年对于大陆的崛起还有忌惮之心,因此,在大陆坚持基本原则,而不挑动敏感神经的情况下,台湾青年对待政治议题,还是会选择搁置争议,维持现状。而且随着两岸力量对比的悬殊,会偏向保守防御的姿态。

政治议题本来就是困扰两岸多年的症结所在。随着大陆在世界影响力的加强,可以有效控管国际因素对于台海问题的介入,维持台海的和平与安全。大陆方面,坚持"九二共识",坚持"三中一青"政策,"寄希望于台湾人民",不

断释出善意，坚持走两岸关系和平发展之路。在对台思维上如能继续保持耐心，以春风化雨和水滴石穿的韧性，以中立超然、冷眼旁观的态度对待台湾政治局势的纷扰，则能逐步收拢台湾青年的心。

（二）经济层面，继续往来，强调"独立性"——中立

两岸经贸往来以及由此带来的两岸经济互赖，是台湾经济全球化最重要的一环，对于台湾而言，"反全球化"首先表现为"反两岸经济一体化"。加之政治力的操弄，部分台湾青年将全球化导致的经济衰退和贫富差距归咎于两岸经济一体化。

然而问题在于，台湾青年在考虑此一问题时，既会因为台湾面对国际金融危机以及台湾自身产业危机而带来的就业困难，出于台湾发展的需要，而想与大陆保持密切的经济往来；同时出于安全的需要，在感情上会希望台湾能够在与大陆的经济往来中保持"独立性""经济安全"，希望不要过分依赖大陆。正是在此矛盾心理之下，两岸在经济领域的交流与合作是得到支持的，但是如果步伐太快，则会反弹，因此算是比较中立的态度。

学者吴介民将之分为两种极端的状态："一种是无批判性的拥抱大陆，将大陆经济当作无穷的机会与利益。其对立面则是无差别地批判大陆，将大陆简化为充斥威胁与风险的社会，无视其广大民众追求良好经济与社会的意向，两种态度都偏向特定的价值观点。"前者是"大陆机会论"，后者则是"大陆威胁论"。[1]台湾青年普遍表现出在这两种论点之间摇摆的状态，既看到机会，又对所谓的"威胁"存在疑虑，因此在经济层面可说是持比较中立的态度，既不过分积极，也不过于反对。

鉴于民进党上台采取的试图减少两岸经贸往来的举措，大陆在处理时，大可遵循市场规律与经济规律，在吸引台湾青年到大陆就业、创业的同时，让两岸经贸平顺发展，而不再采取"惠台"的政策措施。通过有区别的政策，让台湾青年对于大陆的"让利"与"惠台"有感，降低对于两岸经贸往来的疑虑。

（三）社会文化层面，热络交流，大力推进——积极

在民间社会和文化教育层面的交流是最没有疑义的。不仅大陆方面会持续扩大交流，而台湾青年也乐见其成。举例来说，大陆高度重视台湾青年来大陆发展的愿望，各地各部门积极出台政策，搭建平台，完善服务，优化环境，为台湾青年来大陆实习就业创业创造条件、提供便利。越来越多的台湾青年来大

陆实习就业、创业创新，为促进两岸经济社会融合发展发挥了积极作用。[2]另外，对于台湾同胞提出的希望在大陆出行更加便捷的建议，大陆方面高度重视。据了解，民航部门已为北京、上海、广州等34个台胞往来较为集中的机场配备了近千台可以识读台胞证的自助值机和自助售票设备。同时，铁路部门也正在抓紧解决凭卡式台胞证能够自助购票和取票的问题。另外，有关部门还将继续研究增加可落地办理一次有效台胞证的口岸。[3]大部分台湾青年对于两岸民间及文教交流活动都是积极参与，也对大陆提供的便利措施持认可态度，也在积极寻求更加融合的两岸生活方式。

两岸之间的误解、偏见、疑虑，大体上是来自不了解、不体谅、不容忍。而两岸的社会融合则能将其化解于无形。两岸人民之间真诚的交往，尤其是青年一代的交流，不仅有利于消除误解和偏见，培养同胞感情和形成新的"集体记忆"，也有利于最终达成"心灵契合"。

台湾青年在文化上向来秉持多元、包容的心态，因此对于社会文化层面的交流是很积极的，也会积极参与和大力推动。因此，大陆方面则完全可由民间主导，推进各领域的交流，增进两岸的同胞感情。

三、台湾青年世代"两岸观"的重塑

在影响台湾青年世代"两岸观"变化的各种因素中，对大陆的了解和理解程度最为直接、最为重要。没有对大陆的了解和理解，或者对大陆存有误解和偏见，肯定会增加两岸的"差异"和"分别心"，也会被有心人士所利用，从而影响和误导台湾青年世代的"两岸观"。

交流不仅要从短期到中长期到长期，从"面对面"到"手拉手"到"心连心"，频次要从少到多，不仅限于政治、经济、文化、社会层面的交流，而是要深入到生活层面的交流。不仅让台湾社会充满大陆因素（如陆生、陆客、陆配、陆资、陆媒），而且交流要涵盖求学、求职、求偶的全过程，让台湾民众使用"两宝两微四卡"（淘宝、支付宝；微信、微博；门卡、公交卡、电话卡、银行卡），进入"两门一室"（校门、家门、办公室）。交流要从"两岸视角"到"两岸意识"到"两岸认同"。只有这样，才能培养起台湾青年的"两岸视角"，过"两岸化"生活，产生"两岸认同"，进而达到"两岸一家亲"，成为"两岸族"。

画图表示以下方式在程度上的逐层递进关系，交流程度的逐步加深：

1. 从不接触到深交流

2. 从互动交流到往来两岸

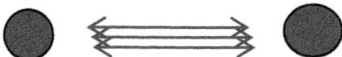

3. 从频繁往来到融入生活空间

（一）从不接触到深交流，培养"两岸视角"

1. 从不接触到接触

两岸青年人应该加强交流，在交流中增加彼此的沟通和理解，来不断地深化对两岸关系的正确认知，不断地融洽两岸同胞的民族感情。[4]青年是两岸未来的希望。只有两岸青年尽可能多地相互交流，才能增强认同感。推动两岸关系和平发展，需要两岸青年积极投身于两岸交流大潮中。[5]

根据以下问卷的交叉分析结果和访谈内容来看，持续深入的交流是有效的。46%的台湾青年世代通过两岸间的交流活动，对大陆的观感变好了。

您通过两岸间的交流活动，对大陆的观感是否发生
变化？（单选题）

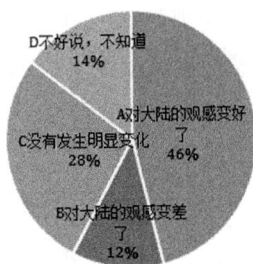

D不好说，不知道
14%

A对大陆的观感变好
了
46%

C没有发生明显变化
28%

B对大陆的观感变差
了
12%

答案选项	回复情况
A 对大陆的观感变好了	149
B 对大陆的观感变差了	38
C 没有发生明显变化	89
D 不好说，不知道	47
受访人数：323	

9. 您是否参加过两岸交流活动（包括在大陆、台湾、港澳举办）？
21. 您认为以下哪种主张更能够维护台海地区和平稳定？ 交叉制表

计数							
		21. 您认为以下哪种主张更能够维护台海地区和平稳定？					合计
		A "九二共识，一中各表"	B 维持现状	C "一中同表"	D "一边一国"	E. 其他，请填写	
9. 您是否参加过两岸交流活动（包括在大陆、台湾、港澳举办）？	A 是	79	146	15	59	25	324
	B 否	172	610	56	342	71	1251
合计		251	756	71	401	96	1575

参加过交流活动，认可"九二共识，一中各表"的比例为24.38%（79/324），而没参加过的认可的比例为13.74%（172/1251）。参加过交流活动，认可"一边一国"的比例为18.20%（59/324），而没参加过的认可比例为27.33%（342/1251）。明显表现出交流对于两岸认同的作用。

10. 您参与过的最长时间的两岸交流活动是？
26. 您觉得大陆的崛起对台湾来说意味着什么？ 交叉制表

计数								
		26. 您觉得大陆的崛起对台湾来说意味着什么？						合计
		A 机遇大于挑战，利大于弊	B 挑战大于机遇，弊大于利	C 利弊参半，不好说	D 对于台湾没有影响	E 不了解，没意见	F 其他，请填写	
		152	385	539	37	115	24	1252
10. 您参与过的最长时间的两岸交流活动是？	A 一个月以内	48	57	103	1	5	3	217
	B 三个月以内	8	9	8	1	0	2	28
	C 半年以内	10	6	19	1	2	1	39
10. 您参与过的最长时间的两岸交流活动是？	D 一年以内	1	3	11	0	0	0	15
	E 一年以上	9	3	6	3	1	2	24
合计		228	463	686	43	123	32	1575

觉得大陆的崛起对台湾是"弊大于利"的比例，交流"一个月以内"的为26.26%（57/217），"三个月以内"的为32.14%（9/26），"半年以内"的为15.38%（6/39），"一年以内"的为20.00%（3/15），"一年以上"的为12.50%（3/24）。明显表现出交流时间半年及以上的对大陆的认知更正向、更积极、更理性。

11. 您近一年内到过大陆几次？					
23. 有人说"'台独'是年轻世代天然成分"，您是否同意这种说法？ 交叉制表					
计数					
		23. 有人说"'台独'是年轻世代天然成分"，您是否同意这种说法？			合计
		A 同意	B 不同意	C 不了解，没意见	
11. 您近一年内到过大陆几次？		445	320	487	1252
	A 一次都没有	68	57	43	168
	B 1—3 次	53	49	25	127
	C 4—6 次	3	3	2	8
	D 6 次以上	5	10	5	20
合计		574	439	562	1575

一年内"一次都没有到过大陆的"，有40.47%（68/168）认可"'台独'是年轻世代天然成分"，而"到过大陆6次以上的"，认可的比例只有25%（5/20）。一年内"一次都没有到过大陆的"，对"天然独"持反对意见的，为33.92%（57/168），而"到过大陆6次以上的"，持反对意见的有50%（10/20）。可见频繁往来两岸的，更不认可"天然独"的说法。

因此从不接触到接触，要让台湾青年世代"发现新大陆"。从短期交流来说，形式上可以有研习营、参访、自由行、寒暑假社会实践等，主要为文化类交流，低政经议题，越早交流越好，多宣传，大陆提供优惠，提供来大陆的动力与动机，尽量释放善意与亲近感，那么"一回生，两回熟"，青年交流就能逐步深入，了解彼此。

通过访谈，交流的重要性也得到台湾青年的认可。在社会环境无法短期改变的情况下，人与人之间的交流显得尤为重要。只有通过交流，才能更深刻地了解彼此，体谅彼此，否则就会陷入"偏见"与"刻板印象"。

访谈15：偏见始终难以改善的原因可能是因为大部分台湾人不愿意亲身去

接触大陆民众或甚至亲自到大陆走访。甚至台湾很多年轻世代到过欧美各国旅游过，就是没去过大陆，因此更谈不上真正亲自体会大陆的真实状况。究其缘由，是因为缺乏动机和诱因，也或者是个人主义盛行之下，台湾年轻世代不愿去背负很多似是而非的历史包袱，也没有花时间去探究很多两岸渊源的发展脉络。

要消除误解不能靠官方强硬的宣导或利诱，因为很多既定的认知是需要时间改变的。其实台湾年轻世代对大陆谈不上什么仇恨，只有被曲解的歧视或怀疑，而这些都只能靠两岸人民直接面对面交流后才有可能纾解，更重要的是双方都要诚心诚意、心平气和，太多目的性操作只会适得其反。

访谈21：唯有多面向交流，透过交流认清彼此差异，才有对话基础，消除偏见，减少误会。

访谈26：大学生的部分，一个星期的活动，三四天相处在一起，在聊天中了解两地的文化的差异，了解彼此，成为好朋友。我之前参加过景德镇的参访，会和景德镇的小伙伴在微信中互动交流。两岸交流的方式要变通，两岸要对话。参加学校或民间机构（比如基金会）的活动，虽然知道背后有大陆扶持，但是仍然对参与的同学会有很大影响，会释出大陆友善的信息。

访谈27：两岸交流应该从小时候开始，比如小学就开始参访，因为到大学，其实已经晚了，观念都已经塑造好了。对大陆的看法比较受家庭的影响，父母的政党倾向，因为从小到大父母就和朋友聊天抱怨，南部年轻人这么绿就是受父母影响，上大学之后才会有别的想法。

2. 从接触到深交流

社会接触理论（Social Contact Theory）假设：不同群体的人际互动，将影响群体成员的态度与行为。此一影响可能是消除既有负面印象，但也可能强化之。"熟人式接触"（true acquaintance）因存在相互了解与信任，故有利于消除负面印象。"偶然式接触"（casual contact）欠缺了解与信任，反倒助长负面印象。[6]

朋友是"熟人式接触"的主要对象。有其他族群朋友者，其族群偏见程度明显较低。[7] 因此，透过两岸交流感受善意，产生互信，建立联系网络，较能产生理解的同情。[8]

"偶然式接触"的对象可能是陌生人，或亲友的亲友。在此接触中，因与接触对象了解不深，故无法以同理心解读对方言行。当对方言行较不友善时，将加深其负面印象。当对方言行非常和善时，将消减其负面印象。台湾民众对大陆观光客短暂的接触，属于"偶然式接触"，实证研究发现会助长负面的评价。[9]

整体浅薄的接触现状：（1）以旅游为主的接触形式。此种接触方式相对于社会、专业、商务及居留定居等，涉入程度较为浅薄、时间也相当有限，加上过去大陆地区人民多以"团客"形式赴台旅游，一方面无法与台湾人民进行直接接触，另一方面反而因此加深我群与他群的分界意识。进言之，绝大多数的台湾民众可能是透过从旁观察、口耳相传或媒体报道等方式，形塑或延续其对大陆的刻板印象，这种族群间低度有限的交往经验，非但无法形成接触的正向效果，反倒提高彼此排拒的可能性。（2）不具代表性的上层接触逻辑。自2008年以后，两岸在"九二共识"基础上进行的"多方交往关系"，几乎与政府、政党及企业画上等号。然而，就实际面而论，台湾民众对于政党交流无感；就情感面来说，上层交往印象结合台湾内部低薪、失业等问题，反倒扩大整体社会的"相对剥夺感"，削弱了原先两岸官方和平发展的正面预期。"新台湾国策"2015年4月29日公布的民调显示，国共政党主导的两岸交流招致多数台湾人民疑虑，有61.2%的民众担心国共论坛加速台湾的经济与社会"倾中"，影响"国家安全"；59.2%的民众认为两岸经贸发展塑造出两岸新权贵，而非有利人民。[10]据此，大陆官方长期主推的"惠台政策"似乎并未促进两岸关系和平发展的交往利基，反倒在选择性、不具代表性的接触过程中，拉大其与整体台湾社会的距离。

针对此种情况，大陆近年来逐渐将焦点转向"三中一青"（中南部、中下阶层、中小企业、台湾青年），并致力于打造"一带一路""福建自贸区"等平台，希望透过政策调整，与台湾人民分享发展机遇，有效扩大接触范围。

3. 从深交流到把大陆纳入选项

年轻人需要的是机会，无论是交流的机会还是发展的机会。台湾学子一向有"来台大、去美国"的求学路线，但是近年来，"去大陆，求发展"已经成为台湾学生的新选项。台生已经成为继台商之后联系两岸的新群体，对两岸关系的发展发挥越来越重要的影响。同理可证，随着大陆经济实力快速增长，大陆在成为世界工厂之后，又变成世界最大新兴市场。大陆创造的无限商机，吸引世界各地的资金和人才流向大陆。随着两岸关系和平发展，两岸之间善意增加，两岸交流的日益密切，且马英九当局不断放宽相关限制，两岸人员往来将更加便利。此种情况下，台湾青年世代在考虑"求学、求职、求偶"时，把大陆纳入选项也就成为题中之义。

访谈24：求学有利于两岸人民的相互理解。交流经验有影响，曾想到对岸读研,想嫁给对岸的男生并且在对岸工作。

(二)从"生活在台湾"到"往来于两岸",培养两岸意识

从"生活在台湾"到"往来于两岸"的意义在于加强接触,打破距离。2016 年 3 月 3 日,全国政协主席俞正声在政协开幕会上谈及 2016 年主要任务时有新的涉台表述:开展面向台湾青少年的体验式交流,针对在大陆就读台湾学生的就业情况开展调查研究,也意在此。[11]

两岸中长期的交流包括:交换、实习、创业等。不管是台商还是台生,都可以在两岸自由行走。在两岸的常来常往中,可以从频繁接触中,发现差异到理解差异、包容差异,在凡事用"两岸视角"看待之后,培养"两岸意识",以两岸作为主体进行思考,逐步产生社会信任,进而追求社会融合,打造社会共同体、社会一体化。

2015 年,国务院台办先后设立 21 家海峡两岸青年创业基地以及 1 家海峡两岸青年就业创业示范点,为台湾青年来大陆发展创造了更好的环境,提供了更多的机会。可继续研究如何提供资金支持和融资担保,提供相关法律与政策保障,逐步推进同等国民待遇,为台湾青年就业、创业创造条件。同时,做好两岸婚姻的青年人工作,跨海婚姻最容易影响到双方的家庭、亲人及身边友人,让年轻人真正用爱筑起两岸和平的桥梁。

(三)两岸生活空间的融入与融合,培养两岸认同

1.建立"两岸一家亲"的观念,打破心理障碍

"两岸一家亲"是习近平总书记积极倡导的两岸关系和平发展新理念。[12]在习近平总书记"两岸一家亲"的论述中,强调两岸要将心比心、相互理解、相互尊重是其中的重要内容。"两岸一家亲"的理念是对大陆几代领导集体长期对台政策思想的继承与发展,是一个融合了情、理、法,并兼顾到两岸政治现实的概念。在这一理念指引下,两岸必须也能够做到将心比心。习近平"两岸一家亲"的理念和"将心比心"的思维,对于缩小两岸对某些问题的理解落差,拉近两岸同胞的心理距离,化解两岸在某些问题上的心结,巩固和增进两岸之间的政治互信,提出了一种更为积极的思维模式和更为务实的解决路径。[13]

2.以平潭为例,融入彼此生活

两岸之间不是统"独"之争,制度之争,而是价值观与生活方式之争。马英九说:"两岸问题最终解决的关键不在主权争议,而在生活方式与核心价

值。"[14] 龙应台说："海峡两岸,哪里是统一和独立的对决? 对大部分的台湾人而言,其实是一个生活方式的选择,极其具体,实实在在,一点不抽象。"[15]

2009 年 5 月 14 日,国务院下发《关于支持福建省加快建设海峡西岸经济区的若干意见》,将海峡西岸经济区定位为"两岸人民交流合作先行先试区域"。[16] 由此,以福建为主体的海峡西岸经济区被中央赋予一系列对台先行先试的优惠政策。同年 7 月,作为响应国务院海西区建设的具体举措,福建省委、省政府做出建立平潭综合实验区的决定,全面推进平潭综合实验区开发建设。平潭地方建设被上升到国家战略高度。[17]

"平潭开放开发不仅关乎平潭或福建发展,而且着眼两岸的互利共赢、两岸人民的共同福祉,是为两岸和平发展做探索性的工作。"[18] 两岸关系是一种交往实践,其"有一个共同预设的前提,即自我与对象的内在同一性,即自我本来在对象之中,对象本来在自我之内,这样两岸才能形成相互交往的关系"。[19] "两岸平潭"的共建之路任重道远,但随着两岸持续交往进程,以文化与传媒为先导的整合力量的深入,未来平潭仍有可能以新的规则为两岸价值共同体的统合树立另一道标杆。[20]

未来可以平潭综合实验区为基础,逐步向厦金共同体、闽台共同体乃至两岸共同体迈进。

3. 挖掘共同性,重构"两岸共同体"

从词源上看,"共同体"(Community)表示一种具有共同利益诉求和伦理取向的群体生活方式。[21] "共同体"一词发展至今已被广泛应用于政治学、哲学、社会学、经济学等学科,同时还衍生出宽广的概念,如政治共同体、关系共同体、民族共同体、利益共同体等。

如果说台湾青年世代的两岸认知来自以"台湾"作为"想象的共同体",那么或许可以通过持续深入的交流,让"两岸"成为其"想象的共同体"。两岸同胞是血脉相连的命运共同体,包括大陆和台湾在内的中国是两岸同胞的共同家园,两岸同胞有责任把她维护好、建设好。[22] 只有在两岸社会统合过程中建设两岸命运共同体,才能确立两岸同胞对共同家园、共同家国的认同,台湾民众政治认同问题也即迎刃而解。

4. 培育"两岸族",[23] 奠定社会基础

"两岸族"台胞是两岸社会融合的主要群体,也是引领台湾同胞"国族认同"的新生力量,是两岸关系和平发展的新动力所在。"两岸族"台胞接触和认识大陆较深,容易化解对大陆的歧见,长期在大陆生活的经验也更易生成对大

陆的情感和认同。同时,"两岸族"作为两岸沟通和联结的桥梁,其在大陆的生活经验,对大陆的认知、情感和认同,也会对台湾社会产生直接的导向性影响。此外,"两岸族"在两岸关系和平发展中有着切身利益,是维护两岸关系和平发展的重要力量。

总体而言,"两岸族"已经在两岸间搭建起厚实的经济、社会与文化等方面的交往与联结网络,这种网络在相当的程度上已经成为两岸民间社会沟通的纽带。因此,"两岸族"在两岸的社会适应与融入,就不仅是普通意义上的移居者与新环境的互动,他们其实是跨越海峡两岸有形无形界限的群体。[24]

因此,在两岸交流交往的方方面面,"两岸族"无论是对大陆社会,还是台湾社会都有相当的影响,在客观上承担着沟通两岸的功能:一是,他们在两岸的生活经验,其体验是两岸之间当下最鲜活的感受,两岸因素从抽象的政治议题逐渐转为影响社会生活的核心因素;二是,无论是在大陆还是在台湾,他们都有一定的社会关系与社会联结,其在两岸的形象也会影响到两岸民众如何看待对方;三是,在往来两岸的移居生活中,他们对自我的认知也会产生变化,比如"根在台湾,打拼在大陆""台湾心、大陆情""两岸心情""两个家"等。[25]

他们对两岸都有相当的认同与情感,而个体如果同时归属于多个群体或团体而具有重叠的成员身份,会形成心理上的交叉压力,形成中庸温和的态度,再加上他们在这些群体或集团之中的社会联结,就具有弥合社会断裂、降低极端化的功能。"两岸族"一头联结台湾人,一头联结大陆人,是重叠、交互的身份认同。

四、结语

2008年两岸关系进入和平发展巩固和深化阶段后,一方面,台湾青年世代的"两岸观"如何,是事关两岸关系和平发展的时机、方法、进程选择的"大问题";另一方面,是两岸青年个体交往的"小问题"。部分台湾青年世代的"两岸观"出现偏移,表现在"统独选择"出现偏向、"身份认同"出现偏差,"集体记忆"出现偏离,面对如此局面,如何影响和引导台湾青年世代的"两岸观"朝着有利于和平发展巩固和深化、和平统一方向转变的迫切性、重要性越来越明显。台湾青年受岛内社会环境的影响,培养出了"本土意识""反抗意识"和"主体意识"。这些意识虽不等于"台独意识",然而在某些时候会与两岸关系和平发展形成拉扯与冲撞。

习近平总书记 2016 年 3 月 5 日参加十二届全国人大四次会议上海代表团审议时，就两岸关系发展发表看法。讲话表明大陆坚持"九二共识"、反对"台独"分裂活动的立场绝不动摇，同时也向台湾同胞传递了拉近心理距离、构建命运共同体的善意和诚意。他提到将持续推进两岸各领域交流合作，深化两岸经济社会融合发展，增进同胞亲情和福祉，拉近同胞心灵距离，增强对命运共同体的认知。这是对台工作重要思想的进一步发展，是对"实现两岸同胞心灵契合"的升华与深化。相信在讲话精神的指引和鼓舞下，两岸交流往来能够不断扩大深化，厚植共同利益，普惠民生福祉，激发情感共鸣，共同创造属于两岸同胞的美好未来。[26]

注释

[1] 吴介民：《中国因素与两岸对话》，收录于曾国祥、徐斯俭主编，《文明的呼唤：寻找两岸和平之路》[M].台北：左岸文化事业有限公司，2012 年，270 页。

[2] 《国台办主任张志军：欢迎更多台湾青年来大陆发展》[EB/OL].新华社，http：//news.xinhuanet.com/2016-07/01/c_1119150315.htm，2016-07-01.

[3] 《国台办：台湾同胞在大陆出行将更加便捷》[EB/OL].国台办网站，http：//www.gwytb.gov.cn/wyly/201606/t20160615_11483767.htm，2016-06-15.

[4] 《国台办回应两岸"表情包"大战：青年人应加强交流，增加理解》[EB/OL].中国新闻网，http：//www.sinovision.net/politics/201601/00365351.htm，2016-01-26.

[5] 《加强两岸青年交流，促进两岸相互了解》[EB/OL].中国台湾网，http：//www.taiwan.cn/plzhx/wyrt/201503/t20150306_9204557.htm，2015-03-06.

[6] Allport, Gordon W. 1954. *The Nature of Prejudice*. Cambridge, Massachusetts：Addison-Wesley.

[7] Hamberger Jürgen and Miles Hewstone. 1997. *Inter-ethnic Contact as a Predictor of Blatant and Subtle Prejudice: Tests of a Model in Four West European Nations*, British Journal of Social Psychology, vol. 36,issue 2（June），pp. 173~190.

[8] 陈德升、陈钦春：《两岸学术交流政策与运作评估》[J].远景基金会季刊，2005（2）：44—45、75.

[9] 杨开煌、刘祥得：《社会接触及政治态度影响台湾民众对大陆印象、认知、政策评估之分析》[J].《远景基金会季刊》，2011（3）：73.

[10] 转引自洪国昌、李国正：《民进党两岸政策务实调适，北京如何接下橄榄枝》[R]."南瀛国是论坛"，《新形势下两岸关系与亚太政经竞逐的联结》，台南：成功大学，2015.

[11] 《俞正声提出 2016 年全国政协在港澳台侨领域主要任务》[EB/OL].新华社，http：//news.xinhuanet.com/politics/2016lh/2016-03/03/c_1118225590.htm，2016-03-03.

[12] 周志怀：《两岸一家亲是两岸新理念》[EB/OL].中国台湾网，http：//www.taiwan.cn/plzhx/zhjzhl/zhjft/201402/t20140220_5702975.htm，2014-02-20.

[13] 李鹏:《"两岸一家亲"理念下的"将心比心"思维浅析》[J].《台湾研究》,2015(1):1.

[14] 马英九就职演讲:《两岸同属中华民族,应和解休兵》[EB/0L],凤凰卫视,http://news.ifeng.com/taiwan/1/detail_2008_05/20/996033_0.shtml,2008-05-20.

[15] 龙应台:《你可能不知道的台湾——观连宋访大陆有感》[N],《中国青年报》,2005-05-25.

[16] 中华人民共和国国务院:《关于支持福建省加快建设海峡西岸经济区的若干意见》,2009-05-06.

[17] 卓祖航:《从共建平潭综合实验区"共同家园"起步推进两岸合作向宽领域、高层次发展——关于平潭综合实验区也是两岸智库合作实验区的探讨》[J],《发展研究》,2010(12):26.

[18] 钟岷源:《平潭开发,实验两岸共管》[J],《南风窗》,2010(14):20.

[19] 唐桦:《两岸关系中的交往理性初探》[J],《台湾研究集刊》,2010(3):46.

[20] 谢清果、王昀:《"两岸"的平潭,抑或"平潭"的平潭?——〈平潭时报〉消息来源与议题建构的视角》[J],《台湾研究集刊》,2013(2):93。

[21] 亚里士多德:《尼各马可伦理学》[M],廖申白译,北京:商务印书馆,2003年,51页。

[22] 胡锦涛:《携手推动两岸关系和平发展,同心实现中华民族伟大复兴》[EB/0L].新华网,http://news.xinhuanet.com/newscenter/2008-12/31/content_10586495.htm,2008-12-31.

[23] "族"的命名并不只限于民族或族群,而是相当泛化,只要有相同点就可以"族"称之,如上班族、追星族等。"两岸族"在一定程度上也是如此,它是用来指称具有"往来两岸具有两岸生活经验"共同特点的群体。

[24] 学者:《坚持做好台湾人民工作,两岸交流空前发展》[EB/0L].中国网,http://news.china.com.cn/tw/2012-10/31/content_26956931.htm,2012-10-31.

[25] 耿曙:《"两岸族"?大上海地区台商的国家认同》[J].www.ntpu.edu.tw/pa/news/94news/attachment/950221~-3.pdf.

[26] 《习近平参加上海代表团审议》[EB/0L].新华社,http://news.xinhuanet.com/politics/2016lh/2016-03/05/c_1118244365.htm,2016-03-05.

台湾青年大陆创业：
反对和遏制"台独"的选项及未来走向

宁波大学商学院　邓启明

一、研究背景与问题的提出

（一）当前两岸关系发展正面临严峻挑战与考验，"三中一青"议题日益突出，如何做好台湾青年群体的工作任重道远。台湾地区 34 岁以下青少年人口，约占社会总人口的 59%，是决定台湾未来的重要政治力量，也是两岸"一家亲"与"心灵契合"的重要抓手。事实上，2000 年起两岸议题已越来越容易成为引发"学运"的原因。对此，习近平总书记在"习马会"上即明确指出："要为两岸青年学习就业创造提供更多机遇、打造更好条件，使两岸基层民众，尤其是青年一代，成为推动两岸关系发展，实现民族复兴的重要力量"。

（二）大陆正掀起新一轮创业创新浪潮，"双创"理念深入人心，台湾青年能否及如何拥有一席之地成为非常迫切的课题。一个富有活力的社会，必然是创业者活跃的社会，是个体能够通过创业活动实现阶层流动的社会；更重要的是，创业衍生的创新活动可以带动国家经济成长与发展（Audretsch 等，2004）。研究表明，青年群体已日益成为我国"大众创业、万众创新"的主力军，相关研究不断增多；通过对北京大学青年校友创业考察，吴志攀（2015）发现当前"两创"局面的形成，不仅在于政策扶持、技术进步与普及和高等教育大众化，更在于中国市场、中国社会若干特殊性。显然，无论是进一步扩大和放宽台湾居民发展创业行业领域、地域范围及其经营条件，还是近年各地陆续成立海峡两岸青年创业基地（或示范点）等，有关方面已为台湾青年大陆创业提供了更多机遇和发展空间，但也存在台湾青年对大陆政策不了解、信任不足，赴大陆创业意愿不高、资源获取不易及退出机制不畅等问题与障碍。

（三）海峡西岸经济区福建省和厦门市等已实施相关政策措施，台湾青年当地创业方兴未艾，亟需调查分析与跟踪研究。据介绍，福建省人民政府较早研究、出台了《关于鼓励和支持台湾青年来闽创业就业的意见》（闽政〔2015〕28号），厦门市人民政府等又据此出台了《关于鼓励和支持台湾青年来厦创业就业实施意见》，要求高度重视台湾青年在两岸交流交往中的生力军作用，建设一批台湾青年创业基地、创客空间、就业平台，并从中选择效益规模和综合条件较好的创业就业基地予以重点指导、多级扶持，将其打造成在两岸具有重要影响的台湾青年创业示范基地。出台有关台湾青年创业就业的扶持措施，在台湾青年创业场所、资金、住房和证照办理、社会保障等方面予以有力支持。营造台胞在厦创业、就业、生活的温馨氛围，吸引更多台湾青年来厦发展。总的目标是高起点建设台湾青年创业基地、创客空间、就业平台，全方位优化台湾青年在厦创业就业综合环境，率先建成在两岸具有重要影响的台湾青年创业示范基地，建立健全推进台湾青年在厦创业就业的长效机制，开创"由小到大"扶持台湾企业在厦发展壮大、"由青年而大众"促进两岸同胞融合发展的新模式。

此外，2016年6月在福建省举行的"第8届海峡论坛"，即以"扩大民间交流，促进融合发展"为主题，共包含论坛大会、青年交流、基层交流、经贸交流四大板块的19项活动，各项活动广泛邀请台湾青年参与，更加贴近了两岸青年和基层民众的关注与需求，继续呈现了"民间性、草根性、广泛性"的特点。尤其是本届论坛还专门聚焦了青年群体的就业创业议题，新增设计了两岸青年创业创新大赛、新媒体文创论坛、两岸奥运选手共同参与的"益启跑"等活动，也因此成为本届论坛的一大亮点。事实上，大陆"十三五"规划等对于如何满足包括广大青年在内的台湾同胞利益都有一些框架性甚至于较具体的安排，对于台湾地区如何参与"一带一路"、RCEP和亚投行等也有妥善的思考与计划。所有这些，都将为台湾青年提供施展才华、实现抱负的强大舞台，也有待于我们进一步调查分析和研究探索。试以长三角地区为例，进行初步分析，起抛砖引玉作用。

二、以"创业"反对和遏制"台独"
的必要性与可行性

（一）必要性

已有研究表明，台湾青年大陆创业意愿高低及其行为方式等，受到多方面因素共同影响和决定，特别是青年自身所具备条件和所处创业环境等，将极大影响其来大陆创业的意愿和创业能力，进而影响和决定了其具体创业的行为及其创业绩效与成败问题。但总体而言，当前台湾青年在大陆，尤其是长三角等地发展创业存在许多有利条件和难得的机遇，具有较强可行性和迫切性。特别是新形势下能否及如何扎实推进台湾青年大陆创业工作、着力提高创业的成功率与可持续性等，既符合当前两岸关系和经济社会发展的实际，也体现了党和国家领导人情系台湾同胞，尤其关心台湾基层民众和青年一代的想法和需求，具有较强可操作性和迫切性。不仅有助于促进两岸青年的交流，增进双方的了解与合作发展，还能增强两岸经济社会融合和民族认同感与自豪感，进而让"青年创业"发展成为海峡两岸"心灵契合"与"命运共同体"构建的重要基地。

（二）可行性

1. **大陆地区发展战略**。随着大陆"十三五"规划的出台，以及"一带一路"与"自贸区"等重大发展举措陆续推出和逐步实施，将为海峡西岸经济区、长三角和珠三角等地提升经济发展活力提供新的动力，也将为台湾青年创造无数商机，带动新的就业创业浪潮。其中，一带一路战略因其市场范围不局限于大陆 13 亿人口，还包括东盟、南亚以及中亚等，发展潜力巨大。微观层面上，"新常态""工业 4.0""互联网 +"等策略措施，也都将给经济社会各个领域产生重大的变革。换句话说，对台湾青年而言，理应紧跟时代潮流和发展步伐，以新技术、新理念迎风击浪，共享大陆进一步深化改革、扩大对外开放的重要机遇期与成果。

2. **政策措施持续改进**。尽管当前台湾青年在大陆创业创新享受着许多政策优惠，而且还有更多的创业机遇等待开拓，在很大程度上为台湾青年"敢创业、能创业、创成业"提供了许多保障，但台湾青年大陆创业仍不可避免地存在着一些准入门槛与制约。另一方面，各地陆续出台的相关扶持与引导政策，要么缺乏针对性、要么并未落实，并未让台湾青年人普遍尝到"美味"。值得一提的是，包括长三角在内的大陆许多省区，相关配套政策措施正持续改进和完善，发展前景看好，值得期待。特别是纷纷扰扰中 2016 年度"沪台双城论坛"等再次成功举办，以及由此达成的一些共识与计划等，无疑也为此提供了新的契机和保障。

3. **台商台干台生聚集，信息与人才较丰富**。为便于分析和比较，谨以长三角地区为例，其地理环境优越、创新指数高，是大陆综合实力最发达的三大经济圈之一，也是台湾人民投资创业和就业、求学的首选之地，已成为台商、台干和台生的重要聚集地。特别是其人才与信息资源丰富，台湾青年在此组建创业团队，较容易获得必要的扶持、引导和帮助，并取得成功，特别是许许多多可资借鉴的一、二代台商创业发展的成功故事与失败的教训等，都将是无价之宝。

4. 相关政策措施支持，创业创新环境较好。近年来长三角地区进一步放宽了市场准入，降低了创业登记条件、出资额、经营场所等方面限制。而且对于台湾青年创业等，还有更多更具体的政策扶持，如积极探索创业人才社会医保、子女入学、养老等系列政策，在用工管理、社会保险、子女教育等方面享有与大陆同类人员同等权利 [3]。目前各大院校也积极加强与台湾地区高校的交流合作，逐步增加台湾学生就读和短期交换的人数，多渠道增加两岸青年的交流与合作，也据此增加了台湾青年大陆创业的机率和成功率。

5. 经济开放性比较强，服务业发达潜力大。长三角地区经济总量约占大陆的1/5，和整个印度相当，是大陆较早对外开放的发达地区，吸引着众多国内外投资。该地区基础设施较完善，经济社会与法律法规实施比较规范，服务业发达，经济开放性强。特别是交通便利，物流业发达，互联网和物联网发展较先进。其交通网络密集，而且港口众多，远洋运输业发达。2016年5月11日国务院常务会议通过的《长江三角洲城市群发展规划》，更明确提出要培育更高水平的经济增长极，即：打造改革新高地，复制推广自由贸易试验区、自主创新示范区等改革经验，在政府职能转变、体制机制创新方面先行先试；争当开放尖兵，大力吸引外资，扩大开放，推进贸易便利化，促进外贸稳定发展和升级；带头发展新经济，实施创新驱动发展战略，营造双创良好生态，强化关键领域创新，发展现代服务业；以生态保护提供发展新支撑，实施生态建设与修复工程；创造联动发展新模式，推进都市圈同城化发展，构建综合交通体系，促进基础设施互联互通。专家们认为，在这样的基础上，只要政府因势利导，到2030年完全有能力建设成和世界五大城市群并肩的世界级城市群，把长江经济带建设成为我国生态文明建设的先行示范带、创新驱动带和协调发展带。

三、以"创业"反对和遏制"台独"面临的
问题与挑战

上述分析表明，长三角地区市场经济发达，活跃着阿里巴巴等众多知名企

业，无疑是当前台湾青年创业就业的首选地之一，但也同时面临一些挑战与不足之处。

（一）面临挑战

1. **两岸关系不确定性**。台湾地区再次政党轮替后，绿营开始在岛内全面执政，两岸同胞开始感受到了与过去八年不一样的政治氛围。尤其是"台独"顽固派蠢蠢欲动，肆无忌惮地推动"去中国化"，不顾历史事实美化日本殖民统治，重新挑动岛内族群对立等。换句话说，蔡英文上台后并未承认"九二共识"，相反提出了"新南向"等政策措施，极其想减少对大陆经济的依赖，这就不可避免地增加了两岸关系和经济发展的"不确定性"，给两岸关系制造了许多新的麻烦，必将加剧台湾经济衰退和社会动荡。另据介绍，目前两岸官方、半官方交往机制已经停摆，台湾出口大陆的产品数量也开始受到这种不稳定的两岸关系的影响而快速下降，陆客们也由于"台独"政党上台而对台湾失去好感（或安全感）甚至不敢（或不愿意）去台湾旅游，陆生们赴台求学（或交换学习）的意愿也明显降低，海峡两岸间各方面事宜都不同程度受到一定影响与制约。

2. **成本偏高竞争激烈**。尽管长三角地区工业和服务业较发达，创业创新活跃，但人口密集、面积狭小，土地和劳动力成本逐步上升，日益成为影响和制约当地经济社会进一步发展与台湾青年创业的重要因素。此外，台湾青年在此创业创新所面临的影响和主要竞争，一方面来自本土企业，另一方面来自已入驻（或即将入驻）长三角的台商与台资企业。尤其是不同台企之间的产品和服务比较相似，其相互竞争也就比较激烈。

（二）不足之处

1. 台湾青年自身不足之处。总体而言，台湾青年对大陆经济社会发展及其市场和经营管理等方面的政策措施缺乏了解，创业创新的准备不够充分。加之自身经济基础和技术水平不足，而且缺乏行之有效的创业培训与相关帮助，面临资金缺乏和信息不对称等各种挑战。若与广大台商相比，台湾青年毕竟相对年轻，在创业创新上尚未积累必要的成果与经验，财力和经验均相对有限；若与闽南金三角和当地青年相比，既无闽南方言的亲切感，而且人际朋友圈相对较小，这也就给他们的发展创业带来了一定困难和不利之处。事实上，很多从未到过大陆交流、访问的台湾青年，其对大陆的认识和了解仅停留在某些台媒公布的有限新闻与信息，远未做好赴大陆发展创业的相应准备，特别是与当地政府和相关部门、企事业单位等方面的沟通与互动较少，更缺乏深入调查与详细规划和论证。

2. 两岸差异的影响与制约。不可否认，当前海峡两岸间在政治、经济、文化、教育、医疗卫生和宗教等方面仍存在许多差异。即使是企业文化和消费观念等方面，也存在一些不同，消费品位上也存在着一定差异。此外，与台湾地区相比，长三角市场体系和现代服务业仍不够完善，劳动力素质和政府服务水平仍有待提高，未能给台湾青年的发展带来明显的劳动力上的优势；而且房租等相关费用昂贵，增加了其基本投入和运营成本。所有这些，都不同程度地影响和制约着台湾青年的创业与经营管理模式能否及如何持续发展与壮大问题。

四、进一步分析与讨论

当前两岸关系发展与经贸合作，亟须寻找和培育新的动力、新的载体，包括创业创新在内的两岸青年交流和融合，正是新时期推动两岸关系发展的新形式与重要路径创新，也是两岸交流与合作发展的更高形态和重大成果。党和国家领导人习近平等也十分关心台湾青年一代，多次强调指出："我们愿意让台湾同胞分享大陆发展机遇，愿意为台湾青年提供施展才华、实现抱负的舞台，让两岸关系和平发展为他们的成长、成才、成功注入新动力、拓展新空间。"2015年11月在新加坡香格里拉大酒店隆重举行的"习马会"上，在谈到两岸同胞交往和青年问题时，习近平强调指出：现在还有很多台湾乡亲从未来过大陆，我们热诚欢迎他们来大陆走走看看，参与到两岸交流大潮中来；要"为两岸青年学习就业创造提供更多机遇、打造更好条件，使两岸基层民众，尤其是青年一代，成为推动两岸关系发展，实现民族复兴的重要力量"。2016年11月举行的"习洪会"上，总书记更明确提出："要为两岸青少年教育、成长营造良好环境，鼓励他们早接触、多交往，增进亲情。我们将研究出台相关政策措施，为台湾同胞在大陆学习、就业、创业、生活提供更多便利。"

另一方面，随着大陆"十三五"规划和"自由贸易区"、"一带一路"等国家经济与社会发展战略的提出和逐步实施，当前大陆正进一步深化改革、扩大开放，且高度重视青年与大众的创业创新问题，努力倡导和推动"大众创业，万众创新"，并给予政策上的扶持和引导。这也就为两岸青年交流融合方式创新与合作创业等迎来了宽广的舞台与难得的机遇。尤其是长三角地区市场经济发达，创业环境不断优化，也给台湾青年创业就业提供了较优惠的条件，为台湾青年创业创新提供了更广阔的舞台和桥梁；相反，近年来台湾地区经济发展不振，低薪与失业问题严重，严重影响和制约了台湾青年的就业创业前景。据介绍，2008 年国际金融危机爆发后，台湾地区经济发展缓慢，岛内消费者物价指数高于同期工资增长指数；其失业率也比较高，且以青年人的失业状况最为显著，高学历失业率高于低学历者。[1] 与此同时，"5.20"台湾地区民进党与蔡英文"完全执政"后，也造成了两岸政治经济关系的复杂性和不确定性，海峡两岸各相关协议及大陆各项对台优惠政策等将难以落实，这也给台湾青年大陆创业与就业带来了新的挑战。

显然，加强和改进两岸青年交流与合作，功在当代、利在千秋，任重而道远。党和国家领导人也多次强调指出：两岸基层民众，尤其是青年一代，是推动两岸关系发展，实现民族复兴的重要力量。以海峡西岸经济区和长三角等地区为例，笔者着重就新形势下吸引和推进台湾青年大陆"创业"反对和遏制"台独"的必要性与可行性进行初步分析，发现机遇与挑战并存、主要优势与不足同在。尤其是海峡两岸间因信息不对称、信任不足及退出机制不畅，尤其是台湾青年"台湾优先"的偏见思维与优越感，制约了其大陆创业的行为与绩效，也与增进两岸青年交流和经济社会融合的期待背道而驰；建议顺应发展的新常态，从增进"合作创业"与"优先开放"、给予"国民待遇"等方面，努力营造出良好生态环境，汇聚起海峡两岸经济社会融合发展的强大新动能。又由于社会资本具有直接且重要的影响，对创业动机产生、创业行业和地点选择以及创业过程中解决困难的方式与途径等，都有明显正效应；既要继续发挥当前"强连带"的主渠道作用，更要挖掘和发挥"弱关系"的重要作用，确保台湾青年大陆创业的持续发展与"国家战略"实施。

一句话，新形势下加快完善促进机制、努力增进合作创业，是优化台湾青年大陆创业的重要抓手；努力丰富和充分发挥社会资本的积极效应，是推进台湾青年大陆创业的必然选择。为此，一是要制定一个良好的发展规划，二是要打造一个良好的发展平台，三是要营造一个良好的发展环境，四是要形成一个良好的发展模式（简称"四个良好"），以期把长三角等地打造成为吸引台湾青年"创业"、反对和遏制"台独"的核心区与新高地。

参考文献：

[1]　张雅倩：《台湾青年来大陆创业正当时》[J]，《两岸关系》，2015（7）

[2]　《中华人民共和国国民经济和社会发展第十三个五年规划纲要》

[3] 《习马会为两岸青年交流拓更大空间》[N]. 香港《文汇报》，2015-11-12

[4] 《以科学规划引领长江经济带城市群发展》，中央政府门户网站，www.gov.cn，2016-05-12

[5] 张文龙，陈思婷：《台湾青年创业特质、动机、环境与问题之调查研究》[J]，《青年探索》，2013（6）：31—35

[6] 林南：《社会资本：关于社会结构与行动的理论》[M]，上海：上海人民出版社，2005。

[7] 刘世定：《经济社会学》[M]，北京：北京大学出版社，2011。

[8] Audretsch D B，Keilbach M. *Does entrepreneurship capital matter?*[J]. Entrepreneurship Theory and Practice，2004，28（5）：419—429.

当代台湾青年政治价值观之实证研究

上海市教育科学研究院台湾教育研究中心　　尚红娟

近二十年来，受李登辉、陈水扁的"去中国化"教育影响，当前台湾青年的国家、民族认同严重缺失，已对两岸关系的未来发展造成严重障碍。即便是2008年国民党重新执政以来，两岸在政治、经济、文化等诸多领域相继取得重大突破与丰硕成果的情况下，台湾社会"中国认同"的危机并未顺应两岸关系和平发展的大趋势而得到根本的扭转。[1]中国国民党荣誉主席连战曾明确指出，"去中国化"教育造成如今台湾社会不安定。[2]

"赢得青年就是赢得未来和希望。"[3]台湾青少年是当前对台工作的重点。台湾青少年是决定台湾未来的政治力量。[4]据统计，2016年台湾"大选"首投族129万，新增投票人口73万。[5]而且，2000年以来两岸议题越来越容易成为引起"学运"爆发的原因。青少年的政治价值观反映青年对所处社会的政治现实与理想的基本评价。源于海峡两岸社会政治背景的差异，两岸青年在政治效能感、政治理想追求、政治现实的评价和两岸关系发展等问题上的相异也十分明显。基于此，在加强两岸青年融合，加速推进两岸同胞心灵契合进程中，全方位了解台湾社会变迁中青少年群体的政治立场、政治认同、政治参与及政治意识，对于我们真实了解台湾青少年的政治社会化路径及"人造独"的建构效果，改进对台湾青少年工作的方式方法有着重要的现实意义。

一、研究方法

目前对于"政治价值观"的内涵和研究对象的看法主要有三种[6]：一是侧重从哲学角度出发，认为政治价值观是价值观在政治领域的具体表现，是价值观的一个方面或组成部分，但仍是抽象的政治信念或是观念。二是侧重从政治学角度进行研究，将政治价值观作为政治文化结构中的一个层次，认为政治价值观就是政治价值评价，是人们对政治世界的看法。它包括看待、评价某种政治系统及其政治活动的标准，并由此形成的政治主体的价值观念和行为模式的选择标准。[7] 三是侧重从教育学角度进行研究，采用"政治观"的表述将其作为思想政治教育的一部分，认为"政治观"是人们对政治基本问题的看法和态度，是思想政治素质的集中体现，突出强调其思想政治的意义。本文对于台湾青少年政治价值观的研究主要以教育学角度展开，考察其对台湾社会基本政治问题的看法，认同度，参与意识等。

本研究以 18—34 岁的青年群体为研究对象。围绕两岸青年交流与合作的问题，课题组先后于 2015 年 1 月、11 月，2016 年 12 月赴台湾，对台湾政治大学、淡江大学、成功大学、义守大学、铭传大学、东华大学、台中科技大学、台湾大学、台北市立大学、辅仁大学、开南大学、龙华科技大学以及台湾社会青年团体，共计约 250 人左右进行了面访。与此同时，还专门赴大陆台湾学生数量最多的暨南大学以及广州中医药大学，与台湾大学生进行了座谈。此外，针对两岸的台湾青年分别开展了民意调研，台湾地区委托民调公司进行，样本量 1046 份；大陆地区以上海为主，同时有北京、广州等地，主要以微信问卷和纸质问卷形式，共收到 300 份问卷。结合数据分析与大量的访谈内容，就台湾青少年目前的政治价值观从政治立场、政治认同、政治参与及政治意识四个层面进行梳理与分析。

二、研究分析

政治价值观是人们对所处社会的政治制度和政治生活的基本观点，是对政治现实和理想的基本评价，它受制于所处的社会政治环境，并集中表现于人们的政治参与意识与愿望之中。[8] 基于区域分布不同，本研究试图将台湾岛内和大陆的台湾青年群体进行分别的研究。结合调研数据与访谈内容来看，生活在两岸的台湾青年，其政治态度与行为方式，政治参与与社会认知的确存在有一定的差异，但也有很大的共性。以下就岛内青年和大陆地区的青年进行分别的论述。

（一）在岛内的台湾青年状况

台湾岛内的青年是"互联网一代"，门户网络是其获取资讯的最主要媒介。

电视则是其获取大陆新闻的最主要途径，尤其是对 PPS 网络电视的使用极为频繁。台湾岛内青年的个人主义倾向较为明显。对他们而言，目前乃至十年后，最为关注的问题都是薪资收入和发展前途；仅有 10% 的人，在业余活动中会参与社团活动。

台湾岛内青年对社会新闻、台湾政治的关注度高于休闲娱乐、时尚文化；对台湾当前政治环境的满意度不高，尤其是蓝绿政党间的竞争；认为贫富分化、经济的缓慢发展是当前台湾急待解决的社会问题。台湾岛内青年较为偏向支持民进党，同时，也有超过三成的青年没有明确的政党偏好。台湾青年倾向于依赖"公民运动"的方式来解决社会争议，对"太阳花"之类的"学运"有着一定的支持，将其视为社会发展的先进产物。以下从政治意识与行为方式、政治参与与社会认知与两个层面进行具体分析：

1. 政治意识与行为方式

（1）互联网是台湾青年获取咨询的最主要媒介。

80.79% 的台湾岛内青年通过互联网获取资讯，其比例远高于电视（71.38%）、资讯交流平台的使用（33.22%）。在这其中，电视是台湾青年获取大陆资讯的最主要媒介（约 65%），对 PPS 等网络电视的使用频率最高，其比例为 61%，其他媒介依次为入口门户网站以及 PTT、Facebook、line 等资讯交流平台（19.9%）。使用较多的软件分别是 PPS 网络电视（51.9%）、百度（46.5%）、优酷（39.6%）、微信（28.5%）、淘宝（26.5%）。

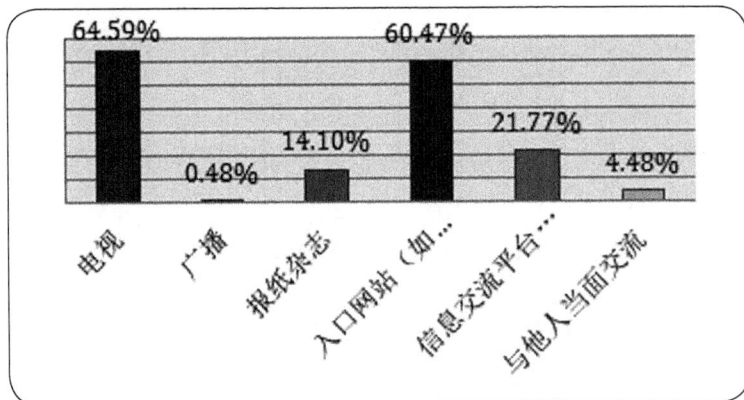

图 1 台湾青年获取资讯的媒介

（2）就业收入与个人发展是台湾青年目前，乃至十年后都最为关注的议题。

台湾岛内青年目前最为关注的问题是个人的发展，诸如就业与收入（43.4%），好的发展前途（29.1%）等，对于社会所提供的福利（16.3%）、教育制度（2.5%）等较为不关心。对他们而言，十年后，最为担心还是薪资收入是否能满足希望的生活方式（50.1%）以及是否还能拥有一份稳定的工作（32.8%）。对于是否结婚，或者自己与伴侣的工作地点，可能分隔两地的生活方式都不是很在意（比例都在8%以下）。

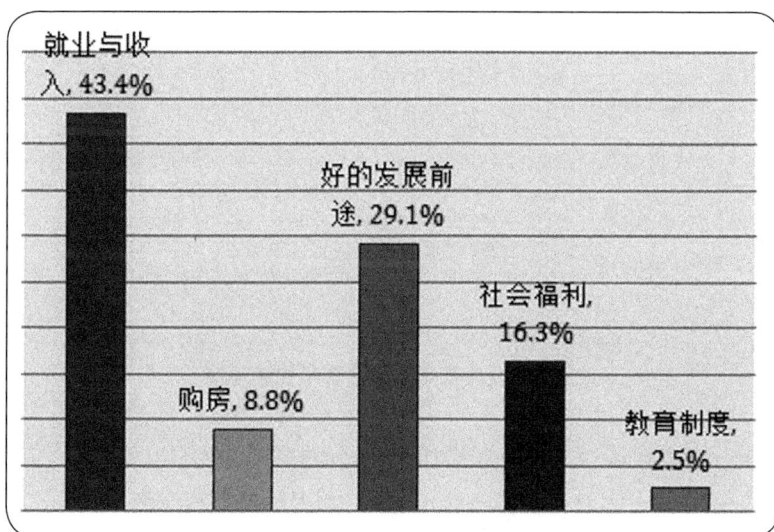

图2 台湾青年关注的议题

（3）台湾青年对社团活动积极性不高，仅有10%的群体参与。

90.4%的岛内青年在业余活动中，都未参与社团活动；政治性团体的参与率最低，仅为0.4%，学术文化团体相对而言比例较高（3.7%）。

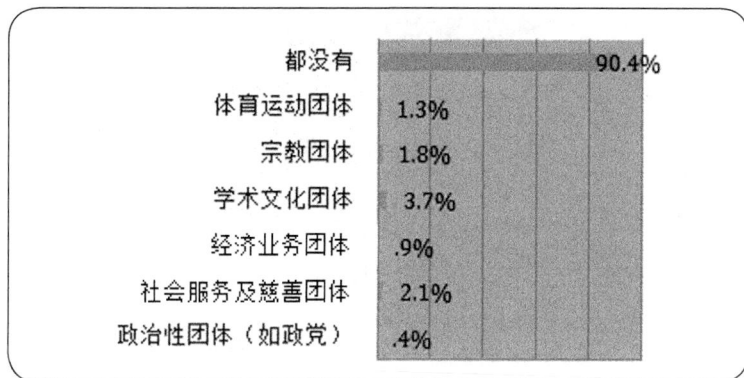

图3 台湾青年社团活动参与率

2. 政治参与与社会认知

（1）台湾青年对社会新闻（45.42%）、台湾政治（39.49%）的关注度较高；于对文化娱乐（35.98%）、时尚生活（23.37%）、体育赛事（18.33%）较为不关注。

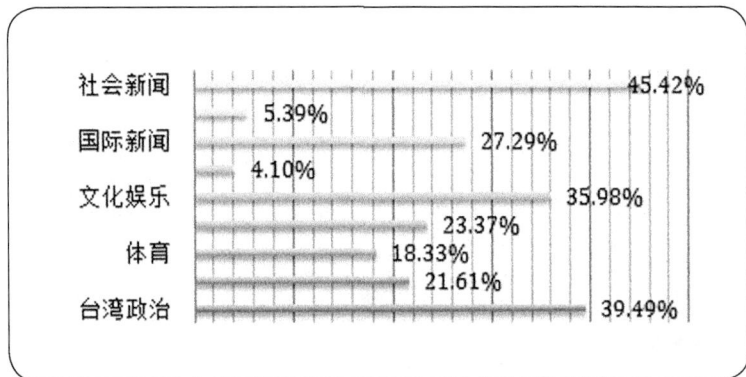

图4　台湾青年对社会资讯的关注度

（2）台湾青年认为，目前台湾社会发展面临的较为突出的问题，依次是蓝绿政党竞争（35%）、社会贫富分化（32%）以及经济发展缓慢（27%），对于教育发展较为满意，仅有6%的比例认为存在教育改革混乱的现象。

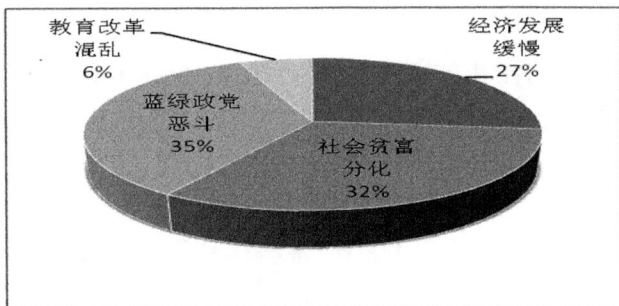

图5　台湾青年对社会发展的看法

（3）约四成的台湾青年支持民进党（37.5%），对国民党的支持率为18.6%。同时，也有超过三成（35.01%）的青年对两党的认同度很低。8.3%属于中间派，他们会根据现实情况确定自己的支持立场。

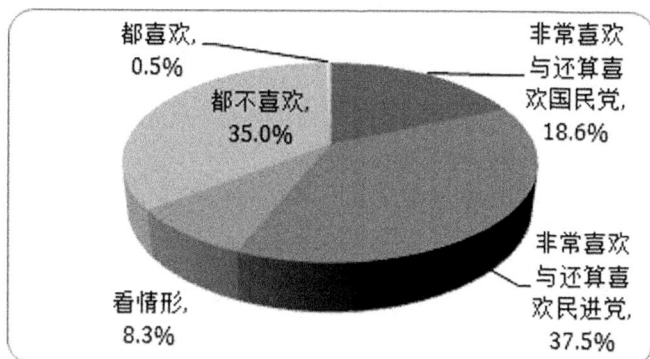

图 6　台湾青年的政党偏好

（4）台湾青年认为，群众运动（57%）比政治协商（32.8%）能够更为有效地解决社会争议。

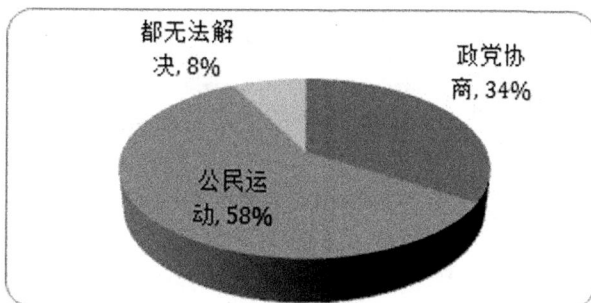

图 7　台湾青年的政治参与

（二）在大陆的台湾青年状况

在大陆的台湾青年业余活动以休闲娱乐为主，对目前的大陆生活满意度较高；参与社团活动的积极性较高，比较倾向于参加学术文化团体。在生活中，他们获取信息最常用的媒介是资讯交流平台，对大陆新闻的关注多于台湾新闻，与大陆的同学或是同事相处较为融洽。台湾青年对大陆社会的融入度不够，其社交网络仍以台湾人为主，继续留在大陆深造的意愿比较强烈。

在大陆的台湾青年，对国民党的支持度高于民进党，六成以上没有明显的政党偏向。在他们看来，蓝绿政党的竞争，经济缓慢和行政治理能力不足是阻碍台湾社会发展的三大重要问题。在大陆的台湾青年对政治选举的关注度不高，政治参与度不高，"九合一"选举仅有10%的比例参与投票，对政党之类的政治性团体缺乏一定的积极性。台湾青年对于台湾社会的认同度很高，较为重视

"台湾身份"，一定程度上认为大陆的总体发展落后于台湾。以下从政治参与与大陆认知、政治认同与行为方式两个层面进行具体分析：

1、政治参与与大陆认知

（1）业余时间政治活动参与度不高

台湾青年中超过六成的比例，业余活动都是以休闲娱乐（66.32%）为主，学习充电、社团活动比例的两倍。尤其是23—28岁这个年龄阶段的青年，对休闲娱乐的参与度最高（77%），陪同家人和参与政治活动的比例则最低。但是，已婚青年则更倾向于陪同家人（39%）。18—22岁年龄段的青年政治参与度最高（9.4%）。

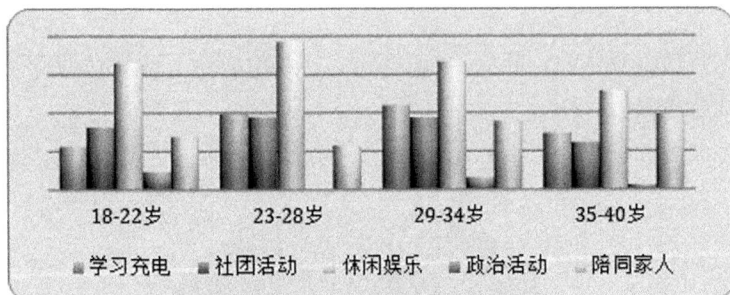

图8 不同年龄段青年的业余爱好

（2）学历越高，参与社团活动，尤其是政治性团体的意愿越低

接近一半（47.2%）的台湾青年没有参与社团活动。就参加的群体而言，学术文化团体的参与度最高（26.22%），经济业务团体（16.8%）和公益慈善团体（15.4%）的比例相当，宗教性团体比例为10.14%，政治性团体的参与度最低（3.5%）。

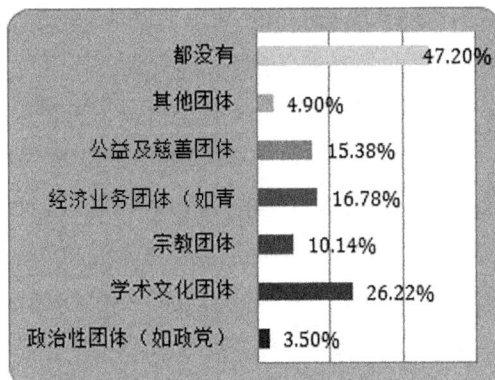

图9 台湾青年政治性社团的参与性

其中，年龄越大，参与社会团体，尤其是学术文化团体、政治性团体的意愿越低。高中职及以上学历群体而言，学历越高，参与社团活动，尤其是政治性团体、宗教团体的意愿越低；相反，参与经济业务团体、公益及慈善团体的意愿越高。高中职学历群体的政治性团体参与度最高（13.3%），专科大学学历群体参与度最低。

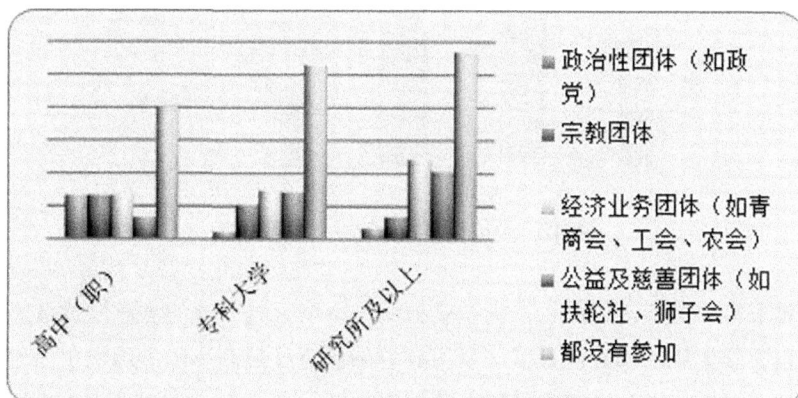

图 10　不同年龄段的政治参与性比较

（3）在大陆的台湾青年，较为关注大陆的新闻

39% 的大陆台湾青年，在网络上较为经常关注两岸的新闻（38.62%），对大陆新闻关注度的比例为 27.59%，高于台湾新闻的关注（19，31%）。

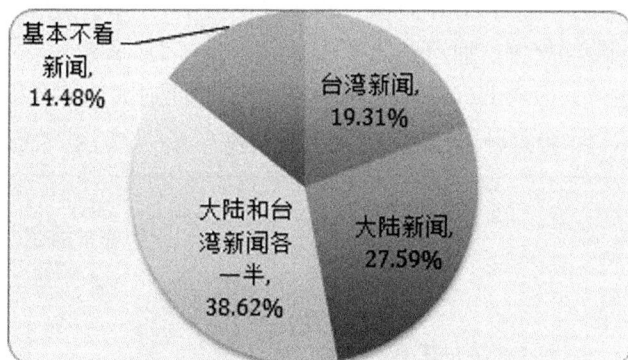

图 11　台湾青年对大陆新闻的关注度

（4）大陆的台湾青年对目前的大陆生活满意度较高

41.72% 的大陆台湾青年对目前的大陆生活表示非常或者比较满意，较为失望和很失望的则仅占到 15.86% 的比例。约四成的台湾青年对所处的大陆生活状

态表示一般。

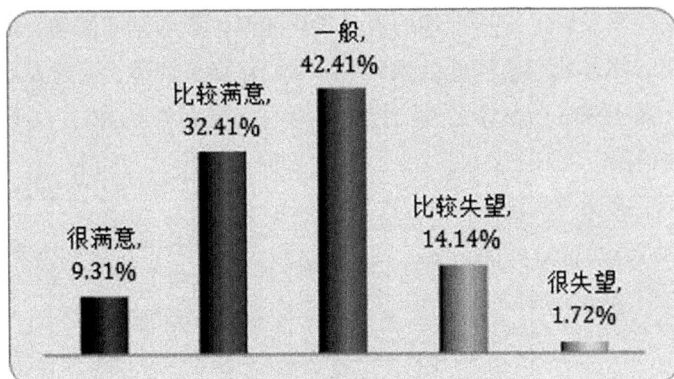

图 12 台湾青年对大陆生活的满意度

对于自购房产一族而言，满意度最高，寄宿家庭一族的满意度最低。以身份而言，学生族的满意度最低，研习族群的满意度最高。以学历层次而言，拥有高中职学历的青年满意度最低。就年龄阶段而言，23—28 岁的青年满意度最高，超过 50%，女性的满意度也远高于男性 10%。

（5）台湾青年对大陆社会融入有待深入

台湾青年在大陆的生活社交圈仍以台湾人为主，55% 的朋友是来自于台湾，大陆的朋友占到三分之一左右（35%）。高中职学历的青年，其台湾朋友的比例达 86.67%。三分之二台湾青年目前与周围的大陆同学或同事相处得很好，关系非常或较为融洽的比例占到 66%。还有近三分之一的青年表示关系一般，有距离感，很难融入，没有共同语言。13.5% 的台湾青年对大陆社会接触很少，表示缺乏共同语言，很难融入，与周边的大陆人群存有一定的距离感。

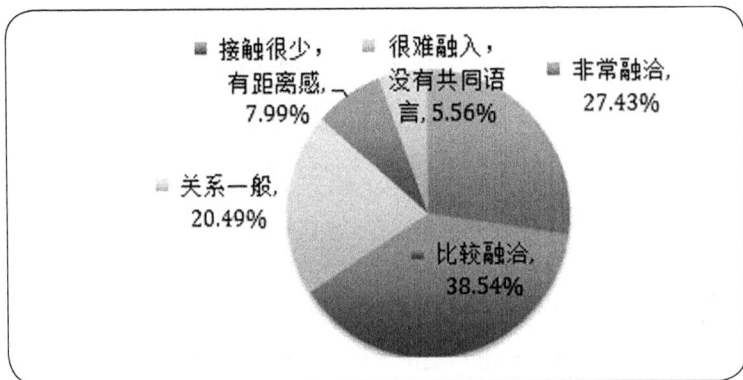

图 13 台湾青年对大陆社会的融入度

（6）台湾青年赴大陆的意愿受他人影响因素较为明显

台湾青年来大陆学习或就业的原因分析中，受到他人影响或安排的因素（24.65%）仅次于就业市场的吸引（37.5%），24.9%的台湾青年赴大陆仅仅是机遇巧合。其中，家长学历层次越高，台湾青年越易受他人影响或安排。女性青年更易于受他人的影响或是安排，其比例是男性青年的两倍；此外，18—22岁这个年龄阶段，特别是专科大学层次的青年也最容易受到该因素的影响。

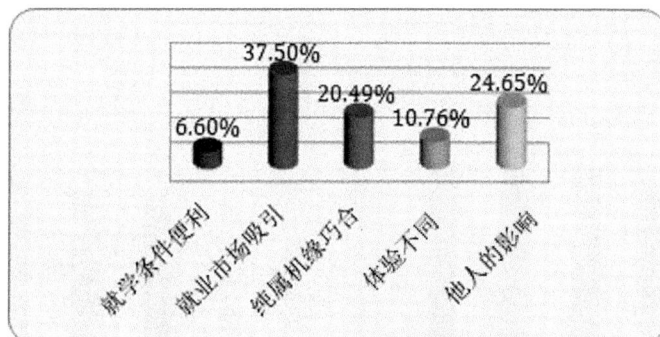

图14　影响台湾青年来大陆的因素

（7）在大陆的台湾青年获取信息最常用的媒介是资讯交流平台

在大陆的台湾青年获取信息的三大主要管道，依次是资讯交流平台（62.76%）、门户网站57.59%和电视（32.76%）。此外，与他人当面交流的频率也较高（25.52%）。相较而言，他们对报刊和广播的使用率较低，比例分别为14.48%和7.93%。其中，女性青年、已婚青年、在职工作者对电视的依赖高于平均水平。而且，年龄越大，学历越高，对电视的依赖程度也越高。

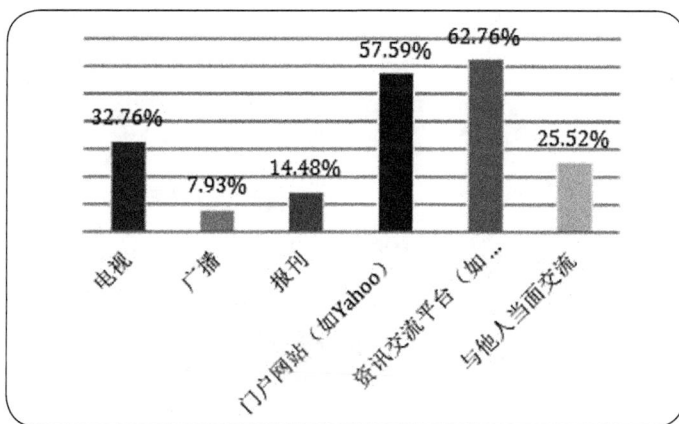

图15　台湾青年获取资讯的渠道

（8）台湾青年继续留在大陆的意愿较高

有 46.21% 的台湾青年，若继续学习或者就业的首选地是大陆，其次是欧美，然后是台湾。年龄越大，继续留在大陆的意愿越强（48.78%）。65.52% 具有研究所及以上的学历群体，尤其愿意继续留在大陆。有 76.92% 的比例愿意继续留在大陆研习，继续留在大陆工作的意愿（42.34%）低于继续就学的比例（45.68%）

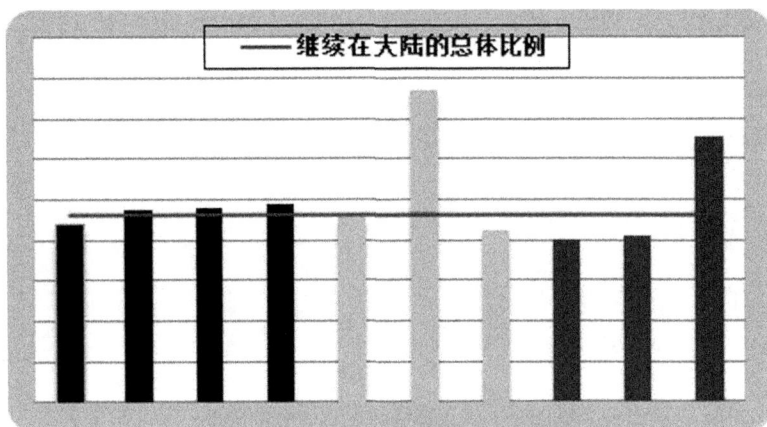

图 16 台湾青年继续留在大陆的意愿

（9）年龄越大，学历越高，受学校教育影响也越深，工作群体和已婚青年受学校教育的影响也远高于学生群体和未婚群体。

2. 政治认同与行为方式

（1）对国民党支持高于民进党

在大陆的台湾青年对国民党（30.69%）的支持率远高于民进党（7.59%）。但同时对于两党的满意度都不高，六成以上表示没有偏向（61.72%）。初中以下学历较为倾向于民进党。

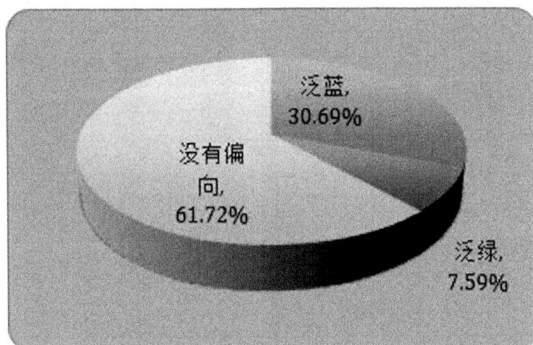

图 17 台湾青年的政党偏好

（2）台湾青年认为蓝绿政党间的恶性竞争严重影响台湾社会的发展

在大陆的台湾青年认为，台湾目前发展面临最严重的三大问题中，蓝绿政党竞争的比例（35.6%）远远高于经济发展缓慢（19.20%）以及行政治理能力不足（15.60%）。对于其他诸如国际环境、大陆发展的影响、国家认同，社会贫富分化等问题的看法，比例均低于 8% 以下。

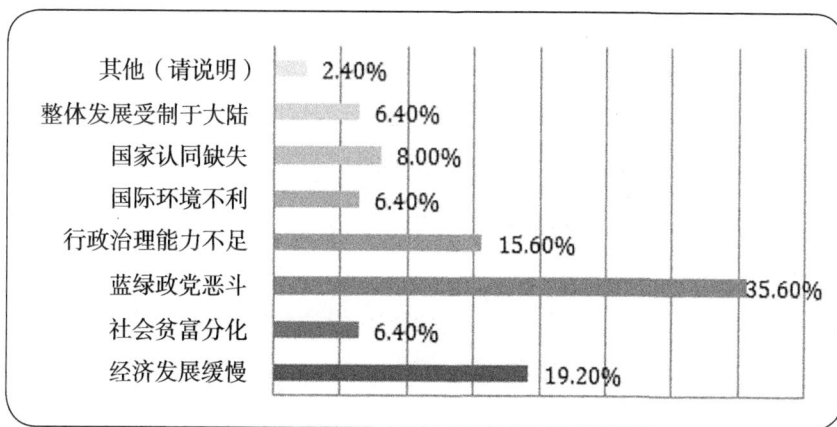

图 18　台湾青年对政党政治的看法

（3）台湾青年对政治选举的关注度不高

37.93% 的青年对政治选举比较关注和很关注；持有一般态度的比例为 40.69%，超过五分之一的群体对政治选举不关注或是不太关注（22%）。2015 年的"九合一"选举，有近 90% 未参加投票。就投票群体而言，年龄越大，学历越高，投票率越高，女性青年和已婚青年投票率高于男性和未婚青年。政治性活动仅占其业余活动的 5.9%。与此同时，在参加的社团活动中，参与诸如政党之类的政治性团体的也仅仅占到 3.5% 的比例。

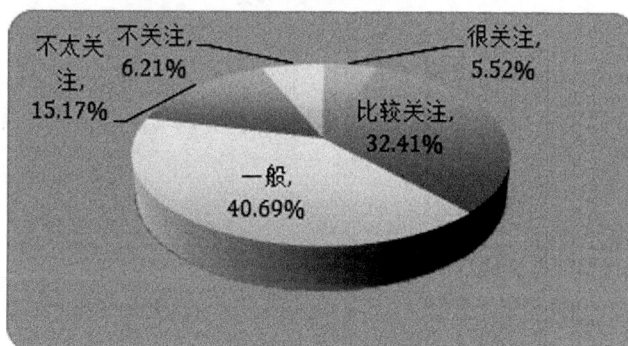

图 19　台湾青年对政治选举的关注度

（4）台湾青年对台湾社会的认同很高

参与过两岸交流活动的青年，有92%的台湾青年认为台湾的居民条件较优越于大陆，约35%的群体的认为大陆地区的生活品质与台湾有一定的差距。34%的比例认为大陆的生活水平比想象中的好很多；23.18%的比例认为大陆社会的经济发展与台湾有相当的差距。年龄越小，对台湾社会的认同越高；其中未婚群体的认同度明显高于已婚群体；学生群体也高于工作群体。

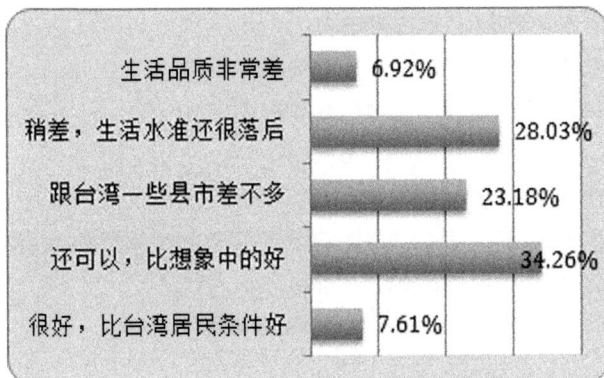

图20　台湾青年对大陆生活水平的看法

（5）约五成的台湾青年对于"大陆经历"[9]体会不深，其对于两岸服贸协议、ECFA等两岸经济议题始终没有意见

21.45%的青年在去大陆后，对于两岸服贸协议、ECFA等两岸经济议题的看法有略微调整，较为倾向赞成。18.69%的明确表示坚持原有立场；11%的比例，调整看法则是倾向于反对。约四成的台湾青年对经济议题不关心，始终表示没有意见（43.6%）。

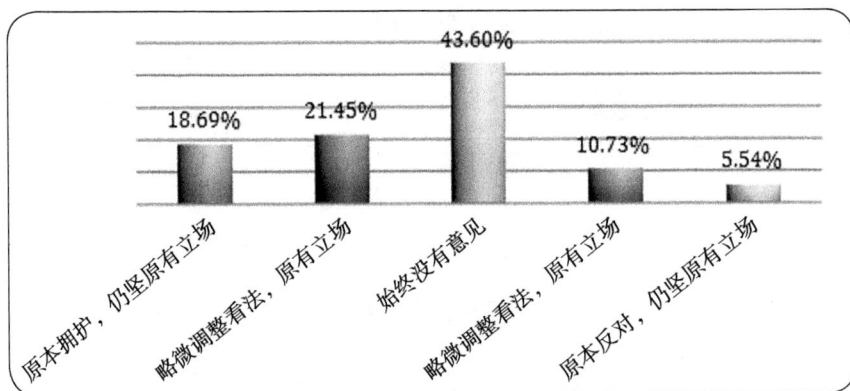

图21　来大陆后，台湾青年对两岸经济议题的态度

（6）"大陆经历"对台湾青年两岸统合观的影响度有限

有 13.45% 的台湾青年，调整原有立场，从反对到赞成。17.59% 的改变立场，则是反对统一。28% 的台湾青年表示坚持原有立场，其中 19% 仍坚持反对统一，9.3% 仍坚持赞成统一。41% 的台湾青年始终没有意见。

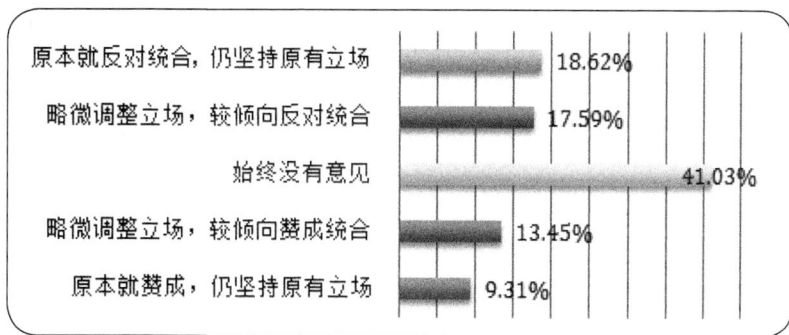

原本就反对统合，仍坚持原有立场 18.62%
略微调整立场，较倾向反对统合 17.59%
始终没有意见 41.03%
略微调整立场，较倾向赞成统合 13.45%
原本就赞成，仍坚持原有立场 9.31%

图 22 "大陆经历"对台湾青年两岸统合观的影响度

（7）"大陆经历"对台湾青年"身份认同""国家认同"建构产生了一定的影响

"大陆经历"后，25.8% 的比例仍然坚持自己是中国人，认为台湾和大陆是"不同国家"的比例为 19.08%，有 9% 的比例表示调整为较为赞成自己是中国人。台湾青年维持对身份认定的原有看法主要基于对台湾社会的热爱（26.57%），大陆人接触的感受（18.45%）影响度高于其所受学校教育的因素比例，16.24%。被大陆社会经济发展所影响的比例为 12.18%。

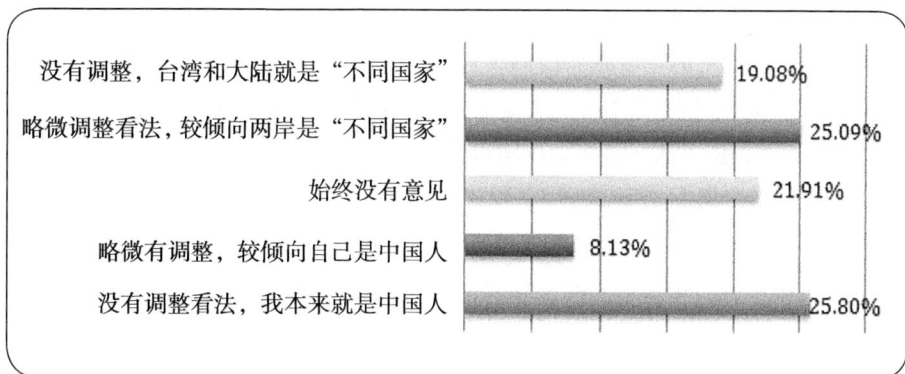

没有调整，台湾和大陆就是"不同国家" 19.08%
略微调整看法，较倾向两岸是"不同国家" 25.09%
始终没有意见 21.91%
略微有调整，较倾向自己是中国人 8.13%
没有调整看法，我本来就是中国人 25.80%

图 23 "大陆经历"对台湾青年身份根源之类问题的影响度

三、研究结论[10]

基于上述对岛内和大陆不同区域的台湾青年，在政治态度与行为方式，政治参与与社会认知方面的分别研究，我们可以综合看出台湾青年其政治价值观的共性，以下分别从政治立场、政治参与、政治认同、政治意识四个层面展开：

（一）政治立场：提倡个人主义，追求"公平、正义、民主"

（1）台湾青年个人主义倾向明显，较为看重的是物质化的追求，个人的就业收入与发展前途始终是其生活的重心。就业地与薪水是其关键衡量标准；对欧美等发达国家以及大陆北京、上海等发达城市的向往，主要原因是因为这些城市看起来比较繁荣。

（2）台湾青年较为重视个人的生活状态，政治立场对其就业观的影响不大。台湾青年对两岸的统合议题关注度不高，在他们认为，大陆对台的"优惠让利"与两岸关系的发展是两回事。"大陆经历"对台湾青年的身份认同及统"独"立场的形成产生了一定的影响。学校所受的"去中国化"教育以及他们对台湾社会的热爱是其建构"国家认同"的主要因素。

（3）台湾学生竞争压力不大，大学录取率与入学率都很高。超过五成以上的台湾青年，其业余活动以休闲娱乐为主，学习充电的主动性不够。

（4）台湾青年对就业前景非常的乐观。在他们认为，获取一份工作很容易，关键只是是否符合自己的兴趣和预期。因为台湾社会缺乏一定的公平性，就业过程中有很多的"关系户"影响竞争的公平性。基于此，台湾青年一定程度上对执政当局极其不满，对其目前的工作收入尤其不满意。除非家里有规划，座谈到的多数学生对自己的就业没有任何大的想法。就业后工作更换频繁很高，平均1.3年就要换一次，事实上也能很快再就业。

（5）台湾青年中"学非所用"现象普遍，多数学生的四年大学生活以"混"为目的，毕业后转行现象较多；同时，继续深造学历的人越来越少，认为读书的成本与毕业后的年薪不匹配，硕博士招生难已经成为台湾高等教育的一大问题。

（二）政治参与：政治性社团活动参与度不高，网络媒体是影响其政治参与的关键性因素

（1）"太阳花学运"就是媒体通过网络运行。国民党针对年轻人在网路上的

非议基本处于弱势，没有任何的应对。网络上对执政当局的谩骂已经成为流行，国民党在年轻人群体中获得的支持度不够。希望国民党能够从校园方面积极着手。国民党在新闻媒体方面几乎失语。若想在 PPT 上进行操作，其实是很困难的。毕竟民进党已经经营了长达 15 年之上，在 3—5 年内，对于网络力量，国民党几乎很难突破。Line 一旦成为趋势，青年人同样会成为主流。2016 年前志愿者的扩散而言，成效是很低的，青年群体对国民党发展前景有很大的担忧。

（2）多数台湾青年每天都去看 PPT 、TBS。柯文哲当选台北市长与网络媒体运作有直接关系。座谈中的学生基本表示对参选人的了解，影响其投票意向的关键性因素是网络媒体的宣传。

（3）台湾青年获取资讯的最重要媒介是互联网。FB 和 PPT 是台湾年轻人获取咨询的最主要管道；尤其是后者，正反面资讯都有。85 后年轻人已经成为台湾社会的主流。PPT 是台湾社会 25 岁以下青年最主要利用的软体。但网购在台湾尚未流行。

（4）台湾青年参与社团活动，以经济商务型、公益慈善型为主，政治性团体的参与度最低。40 岁以下的台湾人很少参加社团活动，精力、时间和经济条件有限。

（三）政治认同：热爱台湾社会，"本土化"教育根深蒂固，对"台湾人身份"较为重视

（1）台湾青年对台湾社会认同，不仅是从地理位置上对台湾这块土地的热爱，更是发自内心对台湾社会文化的认同。台湾青年普遍认为两岸在生活方式、价值构成、理想追求等文化方面存在着很大的差异。多数认为大陆的生活水平以及民众素质一定程度上落后于台湾。

（2）台湾青年非常在意自己的台湾身份，尤其是在美国等国际区域，希望不会被误认为是中国人，自认为"台湾"相较于中国及中国人的国际声誉会好一点。

（3）李登辉的"本土意识"教育、"去中国化"已经让年轻人的大中华概念模糊，对青年的台湾意识灌输已经根深蒂固。两岸的青年交流在 2008 年之后才开始有所起步，工作的方式方法，交流的深度与广度，交流对象的个性化需求可以进一步做细，做得贴切民意。

（4）台湾青年对台湾社会的发展充满自信，较为认可大陆当前社会经济的快速发展，认为两岸存在一定的竞争关系：认为现在的大陆很像是早期的台湾，

发展得非常快速，貌似已经超过当前的台湾，但是也不尽然。他们认为，FTA的签订对台湾或许是一个转机，台湾对此不一定要有动作，台湾未必会输给大陆。

（5）台湾青年的国际视野具有一定的局限性。对于大陆，无论是地理历史、以及人文，还是社会制度、经济发展等方面了解非常有限。同时，对于美国等发达的国家的社会情况了解也不是很多，更多关注的是台湾自身，走出台湾的意愿不高。

（四）政治意识：对"学运"的支持度较高，寄希望于"群众运动"引起台当局及政党对青年群体的关注

（1）台湾青年对社会政治关注度不高，参与尤其不足，业余生活中的政治活动很少。但是，他们恰恰是容易被激起的一股力量。"太阳花学运"中，很多学生和社会青年多是即兴的参与，并非长久的，有计划的预谋，"学运"后，大部分都很快回归正常的生活。

（2）台湾青年认为"群众运动"比政治协商更能有效解决社会争议。台湾的未来发展寄希望于社会运动，通过如此方式的表达诉求，让当局知道年轻人需要什么。"太阳花"之后会有更多的其他的"学运"可能发生。谋求政治出路，博得知名度，吸收新型的加入者力量等，都是"学运"对于年轻人的吸引。"学运"对于民进党和国民党都是一种挑战，在他们看来，"太阳花学运"已经达到了预期的目的。柯文哲的获胜与"学运"有很大关系，因为"太阳花"外围的网民才是重要的影响力所在。争取中间选民的认同，"学运"的诉求与中间选民非常相近。

（3）台湾青年认为，"太阳花学运"的主要原因是对台湾社会不满的发泄，要凸出执政者的无能；是对当局的不满，不是对中国的不满。中国因素没有想象中的那么大。两岸往来的"红利"一直被少数人垄断，南台湾的人会如此考虑。南北部发展的差异，导致人民对政治议题的看法不同。他们只是打着反对"服贸"的旗号，呼吁社会的公平正义，行政行为的透明度。

（4）台湾青年的政治意识，尤其是对公共事务的质疑都很直接。台湾"学运"对青年影响表现在：十年前一个家庭对小孩的政治倾向影响是绝对的，"学运"爆发后，发现这种区别太大了，孩子在政治立场上已经明显和父母断裂。

（5）台湾青年认为台湾当局治理能力不足，导致经济发展缓慢，社会贫富不均，加之政党恶斗，对蓝绿两党认同度很低，将之视为"烂苹果"，多是抱着

试试看的态度，期许第三势力给台湾发展带来生机。"九合一"选举放弃国民党的候选人，是发泄自己不满情绪。对于自己经济状况的不满，以投票的形式表达。马英九未能兑现当选的诺言。

（6）台湾青年对蓝绿两党的满意度都不高。在大陆的台湾群体较为支持国民党。在岛内的台湾青年群体较为支持民进党，认为民进党比较亲民，喜欢沟通，易于接受新的资讯和力量。国民党比较官僚，论资排辈。但是，多数年轻人更认同的是候选人，而不是蓝绿的问题。普遍的来讲，是选人不选党。

基于对当代台湾青年政治价值观的实证调研，我们发现当代台湾青年的政治社会化过程中，学校作为政治教育的主要载体，发挥了决定性的影响。台当局对"课纲"的多次修订，尤其是 20 世纪李登辉、陈水扁时期的"去中国化"教育是塑造当代台湾青年政治价值观、价值认同、两岸观的关键性因素。两岸青年之间的交流与合作发展对彼此减少隔阂、增进认同的积极性意义十分有效。目前台湾青年的政治价值观对两岸关系的发展提出了很大的挑战。因此，台湾青年是当前对台工作的重中之重。正如习近平总书记所强调"国家的统一仅仅在形式上，更重要的是心灵契合"。[11] 我们需要改进和完善两岸青年交流的方式方法，更好地发挥"大陆经历"对台湾青年构建"身份认同"的有效性，同时也要高度警惕当前民进党的诸多"台独"化教育对未来台湾青年可能产生的负面影响。在台湾青年政治社会化的过程，我们更要审慎思考如何有效务时地发挥高校、民间机构在两岸青年文化教育交流与合作的作用。

注释

[1] 刘凌斌：《台湾青年的政治认同与两岸关系和平发展》，《青年探索》，2016 年第 1 期。

[2] 《连战："去中国化"教育造成如今台湾社会不安定》，http：//www.chinanews.com/tw/2014/11-16/6781622.shtml。

[3] 人民日报评论员：《赢得青年，就是赢得未来和希望——七论学习贯彻胡锦涛重要讲话》，人民网《人民日报》，2011 年 7 月 11 日，http：//cpc.people.com.cn/GB/64093/64099/15119109.html。

[4] 曾盛聪：《海峡两岸青年政治价值观异同比较》，《中国青年政治学院学报》，2001 年 9 月，第 20 卷 5 期。

[5] 《2016 年台湾"大选"投票人口增 73 万，首投族 129 万》，中国新闻网，2015 年 9 约 17 日，http：//www.chinanews.com/tw/2015/09-17/7528959.shtml。

[6] 王惠岩：《政治学原理》（第二版），高等教育出版社，2006 年，第 37 页。

[7] 李辉：《当代中国青年核心政治价值观的理论探讨》，《中国青年研究》，2011 年第 6 期。

[8] 黄凯峰：《当代政治价值观研究新取向》，学林出版社，2007 年，第 26 页。

[9] 文中的"大陆经历"主要是指自愿参与大陆官方或民间机构主办的以增进两岸青年认识，加深

了解为目的的各类参访，联谊以及学术团体活动。包括个人到大陆求学、研习、就业等经历。

[10] 文章的研究结论不仅仅是对民调和问卷统计分析的归纳，特别是结合了前后两次赴台的访谈座谈内容，包括对大陆地区，尤其是上海和广州两地台湾青年的调研。

[11]《习近平谈国家统一：更重要的是两岸同胞的心灵契合》，http：//news.youth.cn/gn/201409/t20140927_5783281_1.htm。

台湾青年国家认同的断裂与重建

中国社会科学院台湾研究所　　石　　勇

近年来，在两岸青年交流中出现的一些插曲或者突发事件，折射出两岸青年在价值认知及价值认同方面的矛盾与冲突。这些矛盾涵盖小到衣食住行，大至国家民族认同等诸多领域。有些矛盾可以用差异来形容，可归因于经济发展状况不同，地域、地理、气候等有别而致。这些差异并非两岸之间特有，同样存有于北上广深等发达地区与中西部欠发达地区之间，南方北方之间，城市与乡村之间。另外一些矛盾则可用"断裂"来描述，如对中国的国家认同，对两岸之间关系的界定，对台湾的政治定位等，两岸青年在这些方面出现的价值认知的巨大鸿沟，可以通过民调佐证，也可以从学者们流露出的担忧中窥见。两岸青年在国家认同上的断裂呈现在哪些方面，何种原因致使认同的断裂，台湾青年应如何重新接续中国认同？本文试就此展开论述。

台湾青年国家认同的断裂呈现

"认同"源于哲学概念，是关于"我们是谁"的问题，是人们对我群与他群区别在何的思考。认同是人类的本能与最基本的特征，社会化的人天然需要对自我认知进行确认以及需要找寻对某种群体的归属感。不同领域的学者对认同有不同的理解，心理学家认为认同是一种深刻的而持久的有别于"自我"表面的、易变的内容和特征；社会学家用认同来描述某一社会群体共有的群体特性和群体意识；政治学家则把认同视为影响个人及群体政治行为的重要因素，用其解释群体政治意识、政治行为及政治冲突的形成与变化。尽管学者们对认同的涵义众说纷纭，但谈及国家认同他们之间的歧见则少得多。学者们强调国家认同"是现代国家维系统一和政治稳定的必要条件"，[1] "乃是他们个人安身立命最基本而不可或缺的认同所在，是他们赖以为生的社会价值所系"，[2] "缺少国家认同，就会很快导致政治共同体的分崩离析"。[3] 可见，国家认同是国家制度合法性的重要源泉与社会稳定的坚实根基，是国家政治稳定的重要前提和国家政策顺利推行的重要条件。只有国民具备基本的国家认同，才能对政治共同体产生制度拥护，并在政治实践中自觉尊重并履行基本的政治信条，同时，国家认同是民族团结与国家统一的重要纽带，牢固的国家认同有助于帮助共同体成员建构共同的目标，激发成员为共同事业奋斗的信心与热情。

从两岸统一的视角看国家认同意义尤大。当前，台湾复归统一事业未竟，台湾民众尤其是年轻一代在国家认同问题上却出现了令人忧虑的情形——对隔岸相望的大陆抱持着"他国"的心态。民调关于统"独"认同以及身份认同的调查描述了台湾年轻一代在国家认同上的迷惘状态，但并未说明年轻人的国家认同在哪个环节上出了问题。研究国家认同理论可发现，尽管国家认同是个抽象的概念，可其中包含着具体的、能被分类的认同指标。看重"领土认同"的学者认为领土认同变化是影响国家认同变化的首要指标。强调"民族认同（历史文化认同）"的专家认为民族认同与国家认同的关系异常紧密，是凝聚共同体的纽带。侧重"制度认同（政治认同）"的学者认为公民的制度认同与国家认同正相关。这些理论为理解国家认同做出了有益的尝试，也启发我们多层次地观察台湾青年的国家认同，即：不能单纯抽象地谈论台湾青年的国家认同，至少要考虑领土认同、制度认同（政治认同）、民族认同（文化认同）等不同层面，才能得出较为清晰的台湾青年国家认同的轮廓。这里我们不妨选取"领土认同"、"民族认同（历史文化认同）"以及"制度认同"三个指标作为观察台湾青年国家认同的初步尝试。

第一，断裂的"领土认同"。领土是构成现代国家四要素（领土、人民、有效政府、主权）的重要一环，是国家间进行区别以及国家情况发生变化（国家的消亡或者新国家的出现）的显著标志。不同的国家采用同一种政治制度或者在民族构成上类似的情况十分普遍，而领土的地理位置，地形地貌，边界等特征具有唯一性。不同的国家难以共享同一领土，一个国家的领土是否完整往往关系国家的存亡，领土的分裂、消失与合并意味着领土在完整性方面发生变化。领土也为公民的认同提供了一种特定的场景，民众通过与领土互动进而形成对特定场景的归属感，产生"乡土依恋"，进而生成政治认同，因为"领土认同意味着支持国家某种一体化框架。国家需要一体化框架对其领土进行整合，并实现对领土权利的行使"。[4] 基于此，有学者认为领土认同对于公民国家认同的形成有基础性的作用，认为它是观察公民国家认同是否发生变化的重要指标，如果民众的领土认同没有改变，公民国家认同的同一性就会延续。如果公民的领土认同发生显著的变化，公民的国家认同不可避免地会发生改变。

一般而言，领土的法律界定与认同应当是一致的，但台湾青年的领土认同与法理意义上的领土规定却相悖而行。"从当前两岸双方各自所秉持的法理精神和'九二共识'来看，两岸同属一个国家的领土在法理上并不成问题。"[5]中华人民共和国宪法明确规定了"台湾是中华人民共和国的神圣领土的一部分"。国家领导人也强调"尽管1949年以来，大陆和台湾没有尚未统一，但这并不是中国领土和主权的分裂"。[6]台湾"中华民国宪法"规定的"固有疆域"范围仍然涵盖大陆。这就是说两岸"双方所指涉的领土主权范是完全重叠的"。[7]然而，台湾青年的"领土认同"非但没有与法理精神达成一致，却出现了"台湾化"的现象，"领土认同"的范围被限缩在"台、澎、金、马"，这已经成为台湾年轻一代的主流"领土认同"。在对台湾青年的访谈中我们发现，"爱台湾"就要"认同这块土地（领土）"，"台湾就是中华民国"的观点在台湾青年中很有市场，相当一部分台湾年轻人不具备"大中国的情怀"，对其而言法理意义上领土宣示所及的诸多省份、城市、地理标志在情感上是陌生的，在心理上是有距离的，在政治上是互不相干的，甚至认为那些"领土"是"外国的"。台湾《远见》杂志的民调显示，只有4.9%的台湾民众认同"中华民国领土主权"涵盖大陆。[8]根据领土认同理论理解，台湾青年"领土认同"的改变必然反映到国家认同上，"领土"上认同"台、澎、金、马"，国家认同上也必将把，大陆排除在外。可见，台湾青年的领土认同与大陆在这一问题上的价值认知是断裂的。

第二，契合的"民族认同"。民族认同以文化认同为前提，以历史认同为基础。文化是一个民族繁衍生息的灵魂与血脉，是国民的精神家园，文化认同对凝聚国家认同发挥着重要的作用，美国著名政治学家萨缪尔·亨廷顿指出文化认同对于大多数人来说是最有意义的东西。[9]不同民族的人们常以对他们来说最有意义的事物来回答"我们是谁"，即用"祖先、宗教、语言、历史、价值、习俗和体制来界定自己"，[10]并以旗帜、十字架、新月形，甚至头盖等某种象征物，来标志自己的文化认同。而历史认同对提升国家与民族凝聚力具有举足轻重作用，历史学家钱穆认为："若一民族对其以往历史无所了知，此必为无文化之民族。此民族中之分子，对其民族，必无甚深之爱，必不能为其民族真奋斗而牺牲，此民族终将无争存于并世之力量。"[11]对于一个国家和民族而言，如果没有坚实深厚的集体历史记忆作为支撑，不但难以建立起广泛的现实认同，而且也将失去未来发展的持续动力。

谈到中华文化时，台湾青年喜欢强调"中华文化在台湾"、认为"台湾保留了最传统的中华文化"，同时也充斥着对大陆能否代表中华文化的质疑，我们暂且不谈论两岸青年在中华文化认知上的歧见。单从台湾青年的表达上看，至少从一个侧面反映了台湾青年认同中华文化的态度。因为如果没有对中华文化的认同，就没有必要探讨"中华文化在台湾"了。观察台湾青年的历史认同，我们发现在一些历史问题上，台湾青年的认识模糊不清乃至认识错误，如对日本侵台殖民史的美化、对台湾人民抗日史的不了解、对两岸历史的割裂等。这在一定程度上说明台湾青年对中国的历史认同并不牢固。尽管存在历史认同出现偏差的情况，台湾年轻人对中华民族认同仍令人欣慰。综合各类民调看，超过八成的台湾民众认同自己属于中华民族。如：艾普罗民调连续 4 年 13 次的调查显示，台湾民众认同自己是中华民族的比例稳定维持在 84% 以上。这样说来，在民族认同上的价值理念上尽管两岸有需要进一步弥合之处，但基本上是契合的。不过，民族认同毕竟不能与国家认同画等号，民族认同是民众的道德义务，具有选择的自由性，国家认同是民众的法律义务具有履行的强制性。如，海外华人大都认同中华民族，但在国家认同上则需认同其所在国家。当然在建构国家认同的过程中，可以通过国家权力将民族认同赋予更多的意识形态与政治性，通过适当形式的公民教育内化成为民众价值体系的一部分。

第三，有裂痕的"制度认同"。可以从两个方面观察台湾青年的制度认同，一个是对大陆社会主义民主制度的认同，另一个是对大陆经济社会政策的认同。在国家制度层面上，台湾青年的价值认知还停留在以西方民主制度作为衡量标准的层面上，对大陆的民主制度抵触情绪严重。1949 年以来，两岸走上各自不同的发展道路，建立了不同的民主制度。对于大陆的民主政治制度，台湾年轻人往往颇有"怨言"，他们通过"脸书"在大陆不能用、民众乘车不排队等得出主观的错误结论。而为解决港澳台问题而设计的"一国两制"，在台湾接受度也仅有 10% 左右。在经济社会制度方面看，大陆的民生状况在一定程度上改善了台湾青年对大陆的制度偏见。一系列的制度设计推动大陆经济高速发展，拓宽了年轻人就业、创业的空间，提升了人民物质文化水平。台湾经济却欲振乏力，年轻人失业率居高不下。据台湾"行政院主计处"的统计显示，2016 年 15—24 岁的青年人失业率为 12.9%，远远高于 3.92% 的平均失业率。根据台湾 1111 人力银行的统计，2013、2014、2015 三年台湾的大学毕业生中有 25% 仍待业，2016 年应届大学毕业生有 35% 没有找到第一份全职工作。10 年来台湾薪资增长率仅为 0.1%，大学毕业生起薪 22K（2.2 万元新台币）的情况没有得到明显的改善，现今只维持在 27K（2.7 万元新台币）的低水平。蔡英文上台后推出的诸如一例一休等政策使台湾企业人事成本增加，员工加班机会减少，收入降低。而两岸关系趋冷，陆客减少导致旅游、餐饮、酒店等观光服务业萧条，直接影响了年轻人的就业。在这种情况下，越来越多的台湾年轻人选择西进大陆。台湾"行政院主计处"的统计显示，台湾岛外就业人口逾 72 万，近 6 成外流人才选择赴大陆工作，35 岁以下的年轻人占三分之一。仅就此一方面看，大陆的制度对台湾青年而言是具有吸引力的。为解决因制度不兼容造成的台胞在大陆工作生活的不便，大陆陆续出台了便利台湾民众在大陆生活工作的政策措施，如 2017 年 5 月就推出了：改造铁路和民航部门的自助服务设备，实现台胞自助购、取票和值机；开放在大陆工作的台湾研究人员申请国家社科基金；扩大台胞在大陆事业单位就业试点地域，进一步扩大法律服务对台开放；鼓励支持台湾青年来大陆就业创业，指导各地从创业启动资金、融资、办公场所使用等方面给予支持等一系列举措。这些政策措施回应了台湾同胞在大陆的权利需求，提升了台湾年轻人对大陆经济社会制度的认同度与支持度。尽管台湾青年仍未摘掉看大陆民主政治制度的"有色眼镜"，但某些具体经济社会制度的向心力在增强。因此，台湾青年对大陆的制度认同既不是"断裂"，也远未达到基本契合的程度，而是存在着"裂痕"。

二、台湾青年的国家认同为何断裂

人是历史性的存在，人的认同随着时间变化和历史变迁而不断变动。1949 年以来，两岸实力此消彼长，两岸关系经历了隔绝对峙、恢复交流、和平发展等阶段，台湾内部政治生态也正发生着复杂的变动。在这样的时空背景下，台湾民众的国家认同不会静止不动，遗憾的是其变动却与两岸最终统一的方向背道而驰，主要原因是：

第一，两岸青年成长的社会背景不同，造成两岸年轻一代在价值认知上的差异。环境是形塑价值观的重要背景，两岸年轻人成长所处的政治社会环境各不相同。大陆改革开放前社会整体的物质精神生活较为匮乏，改革开放后社会经济发展才进入快车道。经济的繁荣提升了国家的软硬实力，增强了民众的自信心，为年轻人的自我发展与实现提供了机遇。身处史无前例的现代化浪潮中，大陆青年的生活习惯、审美品位、个人追求、价值观念不断地被拉扯与形塑。

当社会变迁的快进键被按下，年轻人不可避免地要承受属于这个时代的压力与焦虑，遭遇成长中的问题，庆幸的是由于大陆年轻人的成长与社会发展的步伐同步，历经艰苦奋斗而进步的经历，让大陆年轻人很容易将遇到的压力转化为成长的动力，他们的远大理想与抱负有耐心与信心的支撑。20 世纪 70 年代末大陆刚刚改革开放时，台湾就已经位列新兴工业化地区，并因优异的经济社会发展表现成为亚洲"四小龙"中的领头羊。台湾年轻人的成长起点比大陆年轻人高得多，这自然地赋予了台湾年轻人更多的安全感与优越感。在丰裕的环境中哪怕随波逐流"不必奋斗很多事情就唾手可得"，这反而成了台湾青年理想抱负缺失，"小确幸"流行的温床。而后台湾经济走向下坡，昔日荣景成了一代人的美好回忆。台湾年轻人的安全感被稀释，自信心受挫，一部分台湾年轻人面对大陆的崛起以及大陆同龄人的竞争出现了失落、无奈、不安与焦虑的情绪，甚至把台湾的衰落归咎于大陆强大后的磁吸效应，从而影响了其对大陆的态度以及对两岸关系定位的认知。

第二，高科技的发展与社交媒体的广泛应用，为分离主义在台湾青年中的传播与实践提供了便利。台湾的网络普及率较高，2016 年台湾上网人数约 1993 万人，上网率高达 84.8%，年轻人是网民的主体组成部分。[12] 信息技术的日新月异使个体接触的信息量越来越多，也越来越纷繁复杂。借助网络与各种社交工具实现了"所有人对所有人的传播"，从而使"众生喧哗"成为互联网上的一种常态，带来了价值与认同的错综交织让年轻人越来越难以取舍。源于内心安全的心理需求，年轻人希望能够在价值观念交织的"乱局"中找到并跟从一种较为"主流"的观念，这就为分离主义——"台独"的网络传播提供了机会。通过网络更容易将松散的民众组织起来，将个人行为集合起来。"台独"理念虽源于线下，但经过多年的发展已经在台湾年轻人中形成了一定的市场规模，"民主进步"人士在互联网平台上打起"台独"——无论是理念型还是口号型的旗号，面向年轻人有针对性地传播诱导性信息，企图通过网络进一步建构大规模的"台独"话语协同，扩大自身的群众支持基础与政治资源，并在现实社会中展开政治行动。由于网络传播还具有的瞬时性特征，分离主义在网络的传播与动员足以将两岸之间潜在的矛盾与紧张关系转化为突发性事件。2014 年岛内"太阳花学运"的爆发与背后"台独"势力借助网络新媒体的不断煽动、激化矛盾不无关系。这次"学运"从动员、发动、募集资金、维持士气、对外发布消息，都离不开 Line、Facebook 等社交软件的应用。2016 年台湾"大选"前的"周子瑜事件"也被民进党所利用通过网络进行炒作，成为最后影响大选的关键因素。

第三，"台独"势力对台湾年轻人在领土、民族以及制度认同上进行"去中国化"操作，是导致年轻一代国家认同混乱的"元凶"。两蒋主政期间主张"一个中国"，拒绝"双重承认"，这个时期，两岸存在"代表权"之争，两岸民众在制度认同上分歧较大，但"一个中国"的基本原则并未受到冲击，台湾民众领土认同、民族认同并未受到根本性的影响，大多数的台湾年轻人的国家认同并不混乱。李登辉执政后推行"分裂分治"路线，大力推动"去中国化"，他在文育领域推行"本土化教育改革"，1997推出《认识台湾》教科书，该书割裂台湾与大陆的历史文化联系，美化日本在台殖民统治，"教育"台湾年轻人凝聚台湾人民的"命运共同体"意识，试图抹杀岛内民众尤其是年轻一代的中国人意识和对祖国的认同，隔断两岸人民的思想和精神文化纽带。民调显示，李登辉执政后期，岛内民众的分离意识明显上升，民众倾向统一的比例以及中国人认同比例分别下降到20%、10%左右，而倾向"独立"及"台湾人认同"的比例则分别上升至20%、30%左右。20世纪末台湾政局急剧变动，主张与大陆分离的民进党上台执政。陈水扁上台后进一步推动"去中国化"，篡改历史教科书"剪裁历史、扭曲历史，给年轻一代洗脑"，杜正胜任"教育部长"期间编写的高中历史"课程纲要"，缩减中国史课时，刻意割裂台湾与大陆的历史联系，美化欧洲、日本对台湾的殖民史，将两岸定位为"一边一国"，实为"台独课纲"。民调显示，陈水扁当政期间，岛内倾向统一的民众将至10%左右，倾向"独立"的民众则上升到25%左右。"中国人认同"比例降到5%左右，"台湾人认同"则上升到45%左右。此外，李扁以及台湾媒体还对大陆的社会主义体制及"一国两制"等制度进行恶意渲染歪曲，从而使台湾年轻民众对大陆的民主制度形成偏见，由于"一国两制"在台湾已被"抹黑"，台湾内部理性讨论"一国两制"的氛围也很难形成。2016年民进党蔡英文上台后，仍在教育方面做文章，国民党执政期间修订的高中历史"课纲"被废止，具有"台独"意识的历史教科书仍被允许使用。经历一次又一次地"去中国化"操作，"中华民国法统"的内涵已经发生了重大改变，其原本的政治法律意涵逐渐褪色。而台湾这一地理名词反而被赋予了政治意涵与"领土主权"色彩。台湾民众对"中华民国政府""中华民国"、"台湾"等概念产生严重的分歧与认知错乱。台湾年轻民众的领土认同、民族认同、制度认同已经不同程度的发生蜕变，对中国的国家认同的裂痕也越来越深。

第四，大陆涉台宣传价值导向与台湾青年的价值取向之间关系紧张，难与台湾年轻人形成情感共振。涉台宣传是争取台湾民心的重要渠道，通过适当的方式可以让台湾民众知晓当前大陆的基本情况、大陆对台政策的价值理念、改革开放后大陆的现代化发展等，帮助台湾年轻人充分了解大陆、认识大陆。近年来，尽管涉台宣传取得了不错的成绩，但仍不能很好地适应两岸关系形势的变化，问题主要表现在：理念上，固守"指令性"的宣传任务，因怕担政治风险，在实际的宣传工作中常常出现"宁左勿右"的做法。方式上，没有摆脱重"宣"轻"传"的老套路，宣传节目内容政治性强、说教味重、内容陈旧。思想认识上，被台湾问题的敏感性束缚住手脚，不能主动及时地掌握台湾社情民意发展与涉台国际舆论动向。涉台宣传固然要与中央对台大政方针的精神相一致。但在强调政府引导的同时，我们忽视了两个问题，以致造成了涉台宣传的价值导向与台湾青年价值取向之间关系的紧张。一是权力对涉台宣传的过度介入，未顾及台湾的实际情况与社情民意的现实，生硬地输出我们认可的价值理念。作为宣传的主导方，大陆是话语的编码者，而台湾民众则是话语的解码者，编码者与解码者之间存在不对称性，解码者不一定按照编码者的本意进行解读，而是根据自己所处的社会情景进行解码。因此，一旦我们的意识形态以"素颜"的面目推向台湾年轻人，涉台宣传的菜品就仿佛被加入了"政治说教"的味精，让台湾年轻人感觉到"居高临下""强硬""被教训"。此外，由于权力过分介入时常导致双方价值理念的直接碰撞，产生的离心力对两岸关系和平发展带来不可小觑的破坏力。另一个问题是忽视了涉台宣传中的市场导向，这与权力过分介入宣传不无关系，也与宣传理念滞后有关，如果没有受众市场，涉台宣传只能变成媒体的"自娱自乐"，不但不会起到应有的作用，还会将自己推入"统战的刻板印象"，使我们的涉台宣传陷入了情感盾守与口号论说之中。

三、台湾青年的国家认同如何接续

两岸和平统一不仅是结束两岸政治对立的过程，也是两岸经济、文化、社会、制度不断融合，价值理念交集扩大，重塑国家认同的过程。可以说，融合发展是发展两岸关系的必由之路。近年来，中央提出了"中国梦""两岸一家亲""两岸命运共同体"等一系列融合发展的理念，为台湾青年重新接续中国国家认同提供了新的指导思路。我们应遵循融合发展理念，精准推进台湾青年国家认同的积极转变。

第一，以"多元一体"为原则，树立两岸共同的价值观目标，但不强求价值理念的同质化。在漫长的历史进程中，中华民族形成了"多元一体"的格局，"多元"并不意味民族、文化之间的对立和冲突，而是相互借鉴、取长补短、共同发展。"一体"既是指领土主权的一体性，也表明"命运共同体"的不可分割性，体现了中华文化、中华民族的整体性和一致性。要把"多元一体"作为培育两岸共有价值的基本原则。在坚持两岸同属一个国家、同属中华民族的前提下，尊重两岸各自在文化、制度、价值等方面的多元性。特殊的历史背景与政治现实造就了台湾青年强调"台湾价值""台湾利益"和"台湾优先"的价值理念，他们在民族认同上虽然基本与大陆契合，但也有其特殊之处。我们要正视并重视台湾年轻人在认同方面上出现的种种问题，也要照顾到台湾的特性，尊重台湾同胞的权利需求和文化结构，不能因价值理念等方面与我们存在一定差距而全盘否认对方，甚至轻率地给对方扣上分裂主义、"台独"的帽子。"一定的社会组织之间有共同的价值原则、共同的规范，但还是要看到千差万别额情况，看到程度、层次的差别"。[13] 如果台湾年轻人没有逾越"一个中国"的底线，仅仅按照某些约定俗成惯性地进行意见表达，就不应随意上纲上线。"多元一体"就是要尊重两岸青年的价值观念上的差异性，在多样中求统一、在差异中求和谐。

第二，从对与外部有争议的领土进行共同保护入手，逐渐扩大台湾青年与我领土认同的交集。台湾青年领土认同的中国接续是一个长期过程，这不仅需要大陆综合实力持续增长与两岸深入融合的环境支撑，更需要岛内政治生态改善为认同的转变提供内在的动力。当前，改善台湾青年的领土认同的一个可能切入点是两岸对与日本、越南、菲律宾等国存在争议的领土进行共同保护开发。在钓鱼岛以及南海诸岛问题上，"两岸之间主张相同、政策相似、利益相连，有共同的主权诉求和良好的合作基础"。[14] 两岸对钓鱼岛、南沙、西沙、中沙及东沙群岛等领土认定重叠，"都面临收复被占岛礁、维护战略通道安全、保护海洋资源开发和渔业生产安全等问题"。[15] 因此，在共同面对外部实力，维护上述领土安全，共同进行资源保护与开发等方面两岸有较大的合作空间。要找好重建台湾青年领土认同的切入点，先从局部领土的共同认同做起，再创造条件逐渐扩展两岸青年领土认同的交集。

第三，推进台湾青年在大陆的制度参与、制度体验，提升台湾年轻人对大陆的制度认同程度。"具体的制度实践无疑会对每个人的行为和福祉有一定的影响，公民长期参与共同的制度实践，可能会使其形成或强化特定的价值取向和行为模式，实践的积累也会造就公民间相似的个人经历和共同的历史记忆。如果公民认同这个制度实践，便意味着他们积极看待这种实践所塑造的价值取向、行为模式、个人经历以及历史记忆。公民之间相似或共同的特征以及对这些特征的认同有助于强化他们之间的纽带，并进而基于这些共享的特征建构起共同的国家认同。"[16] 因此，要提升台湾年轻人制度认同，就必须打破两岸的制度壁垒，逐渐缩小两岸之间人民待遇差别，为他们创设参与制度、体验制度、使用制度乃至通过制度获益的途径。在两岸经济社会趋向一体化的形势下，既要在制度的适用性上下功夫，又要在制度供给上多着墨。增强制度的适用性就是把平等待遇——台胞享受到与大陆民众同样的待遇作为努力目标，通过待遇同等化促进台胞培育中国公民身份的认同，而"公民身份有助于驯化其他认同相互撕裂、分化与离散的冲动"[17]。加强制度供给就是要在国家制度、政权制度以及两岸经济、社会、文教、共同事务合作治理等领域，共同努力进行制度创新，建立更为全面、更为广泛、更为有效的制度，争取让更多的两岸年轻人共同参与到中国现代化进程中来，让台湾民众尤其是年轻一代借由体验国家推行的良善制度而积累对国家制度以及国家的认同感。

第四，敏锐地捕捉新媒体时代两岸青年的社会心态，做好危机管理与情绪纾解工作。心理学及社会学意义上的社会心态是一种"宏观的社会心理态势"。[18] 社会心态虽然源于个体的心理但并非个体的社会心理状态，也不是单个个体心理状态的简单累加，而是"一定时期形成的整个社会或社会上大多数成员共有的社会心理状态"。[19] 社会心理状态的形成受一定时期社会文化影响，是动态变动的。互联网时代社会心态的生成更加迅猛，影响更加广泛。鉴于此，关注岛内青年民众社会心态，及时发现对青年群体的情绪尤其是负向情绪，进行有序、有效的社会管理及危机干预就更为必要。社会情绪传达了台湾青年的诉求，我们要透过情绪信号看到台湾青年的诉求是什么，是出于对台湾当政者或执政党的不满，对自身脆弱的社会、经济地位的担忧，对未来的期望，还是对大陆对台政策有意见与建议。及时地捕捉、研究并解读台湾青年的情绪信号，不但能从一个侧面监视对台政策的运行情况，引导岛内正面社会心态对两岸关系发挥推动作用，从而最大化对台政策的效能。而且有助于早期发现台湾青年的负向社会心态，及时疏通相关诉求的表达渠道，从保证台湾青年的诉求表达不逾越常态渠道，规避负向情绪的爆发力对两岸关系的冲击。此外，改进涉台宣传工作机制，也要求精准地把握台湾青年的社会心态，了解年轻受众的心理。涉台宣要主动适应两岸关系和平发展的新形势，既要遵循中央对台大政方针的精神，又要花点时间研究台湾青年的"消费心理"主动适应市场的需求。涉台宣传只有会讲、讲好"大陆故事"，才能吸引台湾年轻民众，逐步扭转其对大陆的一些错误看法。

第五，深度推进两岸青年交流，促进台湾青年对大陆形成客观的认知。要为两岸青年创造更多的接触交流机会，鼓励他们深入到彼此的生活中体验两岸真实的文化风貌与社会风尚，找寻两岸共有的文化、生活痕迹，逐渐扩大认知交集。为此，必须认真论证两岸青年交流内容，创新设计两岸青年交流方式，才能带来更具深度的、更加精致的、更能拓宽青年视野的、更能启迪青年思想与心灵的交流活动。这些活动要有别于一般的参访、拜会、观光、游览，可从两岸青年各自的学习生活经验切入，逐步拓展到对青年生活方式的比较、对价值理念的认识、对两岸社会问题的探讨、对两岸民主发展的研究等。要重视交流效果的反馈与评估，及时总结好的经验做法，汰换不符合青年需求、效果不佳、不能适应两岸关系形势发展的交流方式。

注释

[1] 周光辉、李虎：《领土认同：国家认同的基础——建构一种更完备额国家认同理论》，《中国社会科学》，2016 年第 7 期，第 46 页。

[2] 埃里克霍布斯鲍姆著，李金梅译：《民族与民族主义》，上海人民出版社，2006 年版第 5 页。

[3] 雷切尔沃克著，张金鉴译：《震撼世界的六年——戈尔巴乔夫的改革怎样葬送了苏联》，改革出版社，1999 年版第 58 页。

[4] 周光辉、李虎：《领土认同：国家认同的基础——建构一种更完备额国家认同理论》，《中国社会科学》，2016 年第 7 期，第 55 页。

[5] 刘国深：《增进两岸政治互信的理论思考》，《台湾研究集刊》，2010 年第 6 期，第 12 页。

[6] 胡锦涛：《携手推进两岸关系和平发展，同心实现中华民族伟大复兴》，《人民日报》，2009 年 1 月 1 日第 1 版。

[7] 刘国深：《增进两岸政治互信的理论思考》，《台湾研究集刊》，2010 年第 6 期，第 12 页 15 页。

[8] 台湾《远见》杂志，https：//www.gvm.com.tw/。

[9] 亨廷顿著，周琪等译，《文明的冲突与国际秩序的重建》，新华出版社，2009 年版第 6 页。

[10] 亨廷顿著，周琪等译：《文明的冲突与世界秩序的重建》，新华出版社，2009 年版第 5 页。

[11] 钱穆：《国史大纲》引论，台湾商务印书馆，1974 年版第 23 页。

[12] 《2016 年台湾宽带网络使用调查报告》，http：//www.twnic.net.tw/download/200307/20160922e.pdf.

[13] 冯契：《坚持价值导向的"大众方向"——在"改革开放与社会价值导向"全国学术研讨会上的讲话》，《探索与争鸣》，2015 年第 11 期。

[14] 王卫星：《两岸共同维护中华民族领土主权》，《瞭望》，2012 年第 44 期，第 14 页。

[15] 王卫星：《两岸共同维护中华民族领土主权》，《瞭望》，2012 年第 44 期，第 14 页。

[16] 周光辉、李虎：《领土认同：国家认同的基础——构建一种更完备的国家认同理论》，《中国社

会科学》，2016 年第 7 期，第 60 页。

[17] 郭台辉：《公民身份认同：一个新研究领域的形成理路》，《社会》，2013 年第 5 期，第 9 页。

[18] 周晓虹：《社会心态、情感治理与媒介变革》，《探索与争鸣》，2016 年第 11 期，第 32 页。

[19] 周晓虹：《社会心态、情感治理与媒介变革》，《探索与争鸣》，2016 年第 11 期，第 32—33 页。

浅析台湾统派的现状及未来走向

中国社会科学院台湾研究所　任冬梅

统派一直是岛内反"独"促统，维系两岸关系最重要的力量，但近年来统派在台湾社会不断被"边缘化"，人数和影响力都在不断降低，处境艰难。2016年5月20日，台湾地区完成又一次政党轮替，民进党上台并开始"全面执政"。民进党当局拒不承认"九二共识"，不断推行"去中国化"和"柔性台独"政策，打压岛内统派势力，试图进一步推升岛内社会的"绿化"程度。在此情况下，岛内统派如何应对？他们的现状如何？其未来走向怎样？统派的发展事关岛内政局走向、事关台海和平稳定，对实现祖国统一大业和中华民族伟大复兴具有不可替代的作用。

台湾统派的基本概况

（一）"统派"的概念

在台湾社会，到底哪些人可以被称为"统派"，可谓众说纷纭，且不同时代不同阵营人物有不同见解。据王晓波称，"统派"之称始于何时，始自何人，已难以考证。据其记忆推想，应始自20世纪70年代的党外运动。[1]从广义角度来看，不支持台湾"独立"的都可算作"统派"，一般是以主张两岸统一方式的不同而分为"红统""联合派""蓝统"等。具体说来，"第一类叫'红统'，以李敖、郭冠英、林正杰等人为代表，他们的立场多是否定'中华民国'，支持'一国两制'；第二类'联合派'，以连战先生为代表，他们主张台湾的未来必须跟大陆做一个连接，而且不排斥未来接受一个'联邦或邦联的中国'；第三类'蓝统'，是台湾'统派'中的主流，过去他们的立场是'反共'、反'台独'，认为'中华民国'是中国的合法政府，现在则因两岸实力对比的急剧变化，'蓝统'趋于低调，人数也大幅萎缩，甚至不少人转变为'隐性台独'，在对大陆的态度上，也大多不再坚持'反共立场'"。[2]除此以外，还有"左统""右统""中间派""主流派"等各种概念，"左统"大致对应于"红统"，"右统"大致对应于"蓝统"，这些概念间有区别也有交叉。

由于现今台湾的统派源流和理念十分复杂，"红统""蓝统"和"联合派"这种归纳方式也并不一定能最精准地涵盖岛内统派，只能说是一种较为主流的分类方式。对于统派还有很多不同的解释，比如萧功秦先生又提出一类为"紫统"，主要指一些退役老军人。资深统派人士王晓波认为，"统派"应包含两批人，一批是两蒋时代以来就主张统一的官员和知识分子，另一批是从李扁时代开始主张统一的"深蓝"人士，包括国民党、新党和亲民党的一些人士等。[3]近期许剑虹又提出"新红统"与"紫统"两个概念。许剑虹这里的"紫统"指的是在李登辉及民进党崛起之后，因为受到"台独"势力的压迫而不得不转向支持中共的前蓝营人士，他们缺乏社会主义的信仰，在历史上认同"中华民国"，但是又在现实上认可中华人民共和国。而"新红统"则绝大多数是出生于20世纪80年代以后的台湾年轻人，是对马英九在统"独"立场上向绿营退让不满的"深蓝"或"紫统"所转变而成的，他们全面否定"中华民国"过去反共的历史，但是仍希望国民党未来的领袖，如洪秀柱带领台湾走上"第三次国共合作的道路"。[4]

一般来说，台湾民间将统派界定为认同两岸同属一个中国，追求两岸和平统一的个人、政党或团体。[5]最狭义的"统派"只包括明确支持两岸统一的个人、政党或团体。本文分析的对象是最狭义上界定的"统派"。本来国民党毋庸置疑应该属于统派的主体，但马英九2008年上台后即提出"不统、不独、不武"的两岸政策，将重点放在巩固在台湾的统治上。自此，国民党极少再明确表明统一诉求，并逐渐向"本土化"发展，党内的一些"本土派"甚至出现"独台"或"台独"倾向。曾提出"一中同表"的洪秀柱于2016年3月成为国民党主席，但其观点在党内引发极大争议，不能代表国民党的主流，且2017年5月20日进行新的国民党主席选举，新主席出现以后才能确定未来国民党较长一段时期内的两岸政策走向。因此，本文分析的台湾统派将不涉及国民党。

（二）具有代表性的台湾统派组织

在台湾真正的统派或者说狭义的统派属于凤毛麟角，是最少数。近年来台湾多个民调显示，明确支持统一的台湾民众只占总人数的一成左右。由于李扁二人在台湾近二十年的"去中国化"教育，导致统派的力量基本上以中老年人为主，少有年轻人。虽然这样，但是一些统派组织仍然坚定地在岛内发出自己的声音，长期以来在反"独"促统、建立统一论述等方面，起到了非常重要的作用。具有代表性和较大影响力的统派组织主要有以下几个：

1. 中国统一联盟

成立于 1988 年 4 月 4 日的中国统一联盟是台湾地区第一个公开主张和平统一的政治团体，由中华杂志社和夏潮联合会共同发起，台湾著名乡土文学作家陈映真为第一任创盟主席，现任主席为戚嘉林教授。中国统一联盟成立伊始就明确阐明自己的宗旨："促进民族内部的团结与和平，建设民主统一的国家。"创盟迄今，中国统一联盟始终旗帜鲜明地主张"两岸统一"，以超党派民间组织面貌活跃于岛内，是立场最坚定的反"独"促统政治团体之一。除每年定期召开盟员大会、举办"二二八事件"真相研讨会、五一劳动节游行等大型活动外，在台湾局势及两岸关系发生重大事件时，均以召开记者会、发布声明稿、刊登报纸广告、举办演讲、街头抗议等方式，及时表达统盟立场，向台湾民众传递有关统一的信息。《统讯》是统盟的机关刊物，统盟前主席纪欣女士卸任后创办的《观察》杂志是在台湾公开上市发售的统派刊物，也具有一定影响力。

2. 台湾劳动党

成立于 1989 年 3 月 29 日的台湾劳动党信仰社会主义，被视为台湾的"共产党"，据说创党时该党确曾考虑起名台湾共产党，但鉴于当时台湾解严不久，"反共"思潮仍很普遍，遂定名为劳动党。它由当时台湾地区第一个劳工政党台湾工党分裂而出，随着劳工立法逐步完善，工运转入低潮，劳动党逐步将工作重点调整为反"独"促统。劳动党在党纲中明白宣示是主张社会主义的阶级政党，强调要以和平、民主的方式，争取劳动人民的权益，促进社会主义的实现。该党现任主席是吴荣元，2009 年新中国成立 60 周年国庆阅兵时，吴荣元曾与统盟前主席纪欣等 6 位台湾同胞一起，登上天安门城楼观礼阅兵式。[6] 由于劳动党核心思想坚持社会主义，且主张"一国两制、和平统一"，导致政治资源严重不足。2009 年，劳动党提名中生代工运组织者高伟凯参选新竹县议员，获得当选，是劳动党成立 20 年来首次有人当选。2014 年，劳动党再创新猷，高伟凯连任新竹县议员，陈新源亦当选新竹县新埔镇镇民代表。

3. 台湾新同盟会

以许历农为会长的台湾新同盟会成立于 1993 年 6 月，主张反对"台独"，赞成统一，会员大部分是 1949 年以前大陆赴台人士，多为原国民党军界的将校军官和国民党当年的"非主流派"元老，有郝柏村、李焕、许历农、梁肃戎等退役将领 100 多名，以及众多学术界知名人士。新同盟会会员最多时达 2 万人，目前约有 1 万 5 千人，涵盖台湾以外的国家和地区。每月出版一期《国是评论》杂志。[7]2014 年 5 月 10 日，台湾新同盟会举行成立 20 周年庆祝大会，邀请诸多统派大老聚集，会长许历农在致辞时表示，新同盟会的任务已由"护宪救国"转变成"反'独'促统"，吁请大家一定要坚持这项使命。

4. 新党

新党可能是最为大陆民众所熟知的台湾统派政党，新党成立于 1993 年 8 月 10 日，曾经一度是台湾具有关键影响力的第三大党。全盛时期，新党党员人数有 6 万之多；但现在，新党已经萎缩成一个不足 1 千名党员的小党，主要靠小额捐款开展活动。新党网页上明确写出是"中国人的政党"，以清廉制衡、公义均富、族群和谐、国家统一为诉求，但强调"中华民国"的"正统地位"。新党现任党主席是郁慕明、副主席为李胜峰。2016 年台湾"不分区立委"选举中新党距离重返"立法院"仅一步之遥，以 4.2% 得票落败，成为台湾第五大党。过去，新党在北北基、新竹市、台中市、高雄市等都会区及金门、马祖离岛等地支持者较多，不过随着影响力逐年衰退，目前仅在台北市议会保有两席。

5. 中华爱国同心会

中华爱国同心会成立于 1993 年 11 月 12 日，现任会长为周庆峻。其核心政治理念为反"台独"、反对法轮功，早期称拥护"中华民国"，但后来改公开支持中华人民共和国以"一国两制"方式统一台湾。其宗旨和任务为：以联谊、互助方式，凝聚海内外爱国同胞。拥护"中华民国"，坚决反对分裂国土。实践以七七抗战精神，完成统一中国历史任务。该会常在台湾街头持五星红旗播放红色歌曲，宣传车车身贴有批判法轮功、李登辉，宣示钓鱼岛主权等标语，是颇具有行动力的一个统派团体，也因此常常引发争议。2005 年 10 月 1 日，中华爱国同心会为谴责台当局纵容"台独"，在当局领导人办公室前升起五星红旗，这是 1949 年以来五星红旗首次正式在该"政治中心"升起。"同心会"特意为此印制了纪念章，送给参与活动的民众留念。自 2014 年 10 月开始，中华爱国同心会每月在台湾当局领导人办公室前举行一次升五星红旗的仪式，至今已有 28 次，而在台北最热闹的西门町升五星红旗共 18 次。

6. 中华统一促进党

2005 年 9 月 9 日成立的中华统一促进党是台湾第 113 个政党，简称统促党，曾经是民进党创党元老之一的林正杰和台湾竹联帮大老张安乐共同创立了该党，其前身是 2004 年 5 月 9 日于广州黄花岗成立的民间团体"保卫中华大同盟"。该党强烈主张实现"一国两制、和平统一",其党纲包括"台湾应在一国两制相尊重的原则下与大陆和平统一,统一以后整个中国的主权由两岸人民共享。统一以后,由两岸人民共同组成的大陆中央政府代表整个中国行使国家主权,同时大陆中央政府也将负起整个中国的国防与外交责任,台湾则成为中国一个享有高度自治权的特别行政区"等九条。该党现任总裁为张安乐,党员人数号称有 3 万余人。用张安乐的话说,中华统一促进党是目前在台湾既能深入基层各角落,又敢公开主张"和平统一、一国两制"的政党。由于具有一定"江湖色彩",统促党更容易深入中南部的草根地区,其理念也影响了一部分台湾基层民众。2014 年台地方选举,统促党共有 2 位乡镇市民代表和 2 位村里长当选,分别是新竹县竹北市第一选区市民代表和云林县北港镇民代表以及新北市莺歌区东湖里里长和嘉义县溪口乡柳沟村村长。

7. 夏潮联合会

1987 年 5 月,以《夏潮》杂志的编辑、作家和读者为基础,结合日据时期反帝民族民主解放运动的老前辈以及 20 世纪 50 年代白色恐怖时期的政治受难人,成立"夏潮联谊会",并于 1990 年向台当局"内政部"登记为人民团体,改名为"夏潮联合会"。夏潮联合会以促进中国统一、政治民主、经济平等、社会正义、乡土关怀、文化提升为宗旨。近年来随着岛内外政治情势的变化,夏潮联合会数度进行组织及工作方针的调整,会务主要面向两岸青年,如举办两岸青年交流访问团、青年学术论坛等。长期办理台湾学生赴陆就学事务。现任会长为陈福裕,出版包括《两岸犇报》《夏潮通讯》等报刊,以《海峡评论》为其发声媒体。

8. 两岸和平发展论坛

两岸和平发展论坛成立于 2010 年 3 月 28 日,召集人为吴荣元、纪欣。发起团体包括:台湾劳动党、中国统一联盟、夏潮联合会、劳动人权协会、台湾地区政治受难人互助会、中华基金会、人间出版社、海峡评论出版社、远望杂志社、辜金良文化基金会、中华保钓协会、反军购大联盟、中华两岸婚姻协调促进会、新移民劳动权益促进会、原住民族部落工作队、渔民劳动人权协会、女性劳动者权益促进会、桃竹苗劳工服务中心、高雄中华文化经贸交流发展协会等 19 个团体。目标包括"推动正式终止两岸敌对状态,签署'两岸和平协议',强化两岸关系和平发展的法理基础;推动研究与阐述两岸和平发展与统一的理论"等五条。

二、台湾统派的新动向

2016 年民进党上台后，其所做所为造成两岸关系急冻，台湾民众的生活深受影响，在此情况下，本来近年持续走低的台湾民众中国人认同反而开始回升。据台湾政治大学"台湾民众统'独'立场趋势分布"图显示，支持尽快统一的人数从 15 年的 1.5% 上升到 16 年的 1.7%，支持偏向统一的从 8.1% 上升到 8.5%。[8] 台湾竞争力论坛 2016 年 11 月公布的"2016 年下半年度'国族认同'调查结果"也显示，台湾民众的中国人认同回升到 52%，比前次多出近 6%，是近 3 次调查中首度过半，与上半年度相比，所有年龄层认同中国人的分别有 4—6 个百分点的增幅。[9] 与此相应，支持统一的声音也不再沉寂，台湾统派出现一些新动向。

统派力量更为活跃、行动力增强

首先，属于岛内"行动派"的统派团体"中华统一促进党"和"中华爱国同心会"在民进党上台后，更为活跃，在多个重大事件和场合中都有他们反"独"促统的身影。2016 年张安乐组织"5·18"跨党派行动联盟到民进党中央党部督促蔡英文坚守"九二共识"；5 月 26 日率数百人赴民进党中央抗议民进党当局向日本"出卖渔权"；6 月 14 日在"洪素珠"事件中抗议"台独"团体"台湾民政府"；7 月 13 日，赴台北"美国在台协会"（AIT）抗议美国操控"南海仲裁案"；2017 年 1 月 7 日，统促党在机场围堵罗冠聪等"港独"分子，表达爱国立场。而爱国同心会也经常站在反"独"的第一线，2016 年 12 月 12 日"港独"政团领袖、香港民族党召集人陈浩天与发言人周浩辉在接受记者采访时，爱国同心会成员上前表达强烈抗议，怒骂他们是"汉奸卖国"；2017 年 1 月 7 日"港独"分子窜访台湾，爱国同心会同样到机场对其进行围追堵截，表达激烈抗议，会长周庆峻甚至表示"'港独'如果敢来，来一次，我们打一次"[10]；1 月 24 日"台联党"召开记者会邀请热比娅 3 月访问台湾，爱国同心会成员出现在记者会外，表达了强烈抗议。

其次，主张"两岸统一"的政党接连成立。2016 年 10 月，主张两岸和平统一的"华裔和合党"在桃园市宣布成立，并于 2017 年 2 月 9 日在台湾《联合报》上刊登致台湾执政党主席公开信的广告，表示反对军购，要求共同改善两岸关系，维护两岸同属一个国家的历史传统。2017 年 2 月 4 日，"台湾人民共产党"在台南市新营区举行成立大会，这是台湾第 6 个以"共产党"为名的政党，原国民党中央委员林德旺为首任"总理"[11]。台湾人民共产党成立的宗旨为"主张现代式社会主义发展经济，坚持九二共识，推动两岸和平。"[12] 林德旺称，目前有意加入的党员有 1000 人，计划一年内把党员发展到 3 万人。[13]在绿营大本营台南市成立了以"坚持九二共识，推动两岸和平"为宗旨的"台湾人民共产党"，正是台湾民间对民进党当局拒不承认"两岸同属一中"的一个强烈回音。[14]

再次，统派人士在台湾"爱国教育基地"举行升旗典礼。2017 年第一天，南投人魏明仁在台湾彰化县二水乡举行了一场升旗仪式，在场统派团体齐声高唱《义勇军进行曲》，约有 200 人参加了典礼。魏明仁将二水乡"碧云禅寺"改造成"中华人民共和国台湾省社会主义民族思想爱国教育基地"，基地共有一个大礼堂，五个展示厅。继元旦举行升五星红旗仪式后，1 月 21 日，魏明仁又效仿武王伐纣，在教育基地举办"誓师活动"，再次升起五星红旗和中国共产党党旗，表示将在中国共产党领导下，"面对'台独'妖孽的猖狂，展现揭竿而起的意志，绝对无畏无惧地和他们对抗"[15]。共有 400 余位岛内统派人士参与，中华爱国同心会会长周庆峻亦率干部参加，还有洪门的"圣文山"一支。正如统促党总裁张安乐所说："2008 年时，党员连举都不敢举五星红旗，现在高举的已不只一面两面，而是一片旗海了。"[16]

个人公开表态支持统一的声音增多

首先，越来越多的台湾演艺界人士愿意公开表明自己的"统一"立场。2016 年 1 月，台湾艺人罗志祥在大陆宣传电影时说"我是中国人"，遭到岛内绿色网民的围剿，罗志祥回应说，他"是土生土长的台湾人，但是也是受中华文化教育长大的中国人！试问在台湾长大的同辈或长辈们，谁不是呢？"理直气壮的反问，绿色网民唯有闭嘴。[17] 台湾女星刘乐妍曾于 2016 年 1 月 18 日在脸书发文表示爷爷奶奶及邻居长辈皆来自大陆，第一次回大陆听到大陆口音时哭了，表示"我是中国人也是台湾人"。2017 年 1 月大陆辽宁舰途经台湾海峡时，台湾"批踢踢（PTT）"论坛上的绿营支持者惊恐万分，讨论"会不会打过来"，刘乐妍在脸书上表示："台湾人只要是中国人，他们（大陆）永远不会打我们，而且会保护我们。"立即引爆舆论，"绿委"甚至对其进行人身攻击，但刘乐妍毫无畏惧，奋起反击称："我就是中国人的后代，那些想射辽宁舰的，才真正无脑！"[18]。此外，还有林心如、霍建华、王大陆、刘家昌等台湾演艺界人士都公开表态支持统一。

其次，出现一些具有代表性的统派青年。张玮珊生于1991年，云林人，文化大学政治学系毕业，现为中华琉球研究学会秘书长。张玮珊自称是通过阅读中国历史、思想史，认同儒家文化道德价值和中国人身份，从感性"台独"转变为理性"统派"。台湾大学政治学系本科生李辰谕1996年出生，是台大社团"中华复兴社"社长，该组织成立于2013年，成员有二三十人。李辰谕表示，其父母都是本省人，父亲收集了很多书籍，包括中国历史、中国古典文学及中国历史人物传记，"我是阅读这些书籍长大的，很自然发自内心地为中国历史和古代人物感到自豪，这是形塑我中国认同的很大来源"[19]。王裕庆是台湾新北人，目前在北京大学国际关系学院攻读博士学位，经常在两岸各大报纸杂志发表关于统一的文章。此外，还有王正、王炳忠、侯汉廷、李俞柔、李斯坦、李思特等一批年轻统派，他们开始大张旗鼓地发出支持两岸统一的声音。

（三）统派在媒体尤其在新媒体上的影响增大

首先，统派在传统媒体上影响持续增大。民进党"立委"黄伟哲的妹妹黄智贤是坚定的统派人士，曾于2015年10月至2016年4月主持"中视"的政论节目《网络酸辣汤》，一度位居政论类节目同时段收视率第一，成为最具指标性的反"独"节目，由于影响巨大，在"520"蔡英文上台前迫于民进党当局的压力被迫关停。2016年7月，黄智贤复出重开政论节目《夜问打权》，目前在中天和"中视"新闻台周一至周五播出，收视率呈不断攀升趋势。台湾各大立场偏蓝的报纸，如《联合报》《中国时报》等，主张统一的声音也越来越多，2017年2月12日至15日，《中国时报》连续发表"真道理真爱台湾——我们都是中国人"系列文章（四篇）[20]，真切陈述两岸都是中国人，主张和平统一，是多年难见的新现象。

其次，统派在网络新媒体上影响力增大。自去年"520"以后，台湾网络上出现许多"统派社团"，许多网民在疯传"希望武统"一类的文字，与1996年台海危机时许多人疯狂移民出走的恐惧完全不同。2017年1月8日，曾加入新党、前台北市议员李承龙在个人脸书主页上为统派力量抗议"港独"来台活动大做宣传，贴出多张"反分裂、反台独、反港独"的照片。[21]黄智贤的脸书主页有7万多粉丝，她经常在脸书上发表一些反"独"促统的文章，由于语言犀利、逻辑清晰、切中时弊、感染力强，文章常常获近千转发，近两年影响很大。张玮珊和她的《远望》团队组建了"台湾杯具"视频制作小组，2016 年 7 月在网上热传、点击量破 50 万的《一次让你看懂南海主权争议》短视频，就出自这个团队，其"台湾杯具"系列视频都持"统一"立场，每个视频都至少有五六万的点击量。新党青年委员侯汉廷更是利用网络制作传播反"独"促统的短视频《鬼岛那些事》系列，由于风格轻松诙谐，迅速吸引大量网民观看转发，其中单支视频最高点击量破 500 万，平均每支视频点击数都达百万左右，影响巨大，也让侯汉廷成了另类的统派"网红"。

三、目前台湾统派面临的问题

在新形势下，在民进党当局强烈的"去中国化"的倒行逆施下，反而出现了一股新的公开认同中国与主张统一的声音，台湾统派出现了一些新的积极的动向，值得引起关注与肯定。不过，目前台湾统派仍然面临一系列新、老问题，这是阻碍其力量迟迟难以发展壮大的原因。

（一）统派组织中成员重合、老龄化等问题依然严峻

统派的成员主要是国共内战后从大陆迁移到台湾的所谓"外省人"及其第二代，他们与祖国有着记忆和情感上的联结，是两岸统一坚定的支持者。他们积极投身反"独"促统运动，在各个政党、社团中都能看到他们的身影，例如新党绝大部分是老国民党员，其成员又大多是新同盟会的成员，劳动党与夏潮联合会也有很多重合，而国民党、新党、劳动党、夏潮联合会中的不少人又都是中国统一联盟、两岸统合学会成员。因而在很多情况下，各统派组织在岛内频繁开展活动，看似"遍地开花"，实际上都是同一批人。[22] 虽然近年来统派政党、团体吸引了一些年轻人的加入，如新党的王炳忠、侯汉廷、林明正、张宸浩，从美国回来加入统促党的杰克等，但总的来看，统派组织成员年龄偏大是共有的问题 [23]。如果没有足够的年轻人加入，随着时间推移，统派组织可能面临逐渐凋零的境况。

（二）统派力量经济来源有限，财务困难限制其活动规模

统派力量无法像国民党、民进党那样向当局申请到巨额"政党补助金"，也很少有"政治献金"，其财政来源主要是党费、年费、会费、社费以及小额捐款

等，几乎所有的统派组织都存在不同程度的财务困难。以中国统一联盟为例，经费来源于向盟员收取的年费，盟员年费是 1200 元新台币，还会对执监委进行定额的乐捐，或寻求民间捐款；台湾劳动党的经费来源比较特殊，除党费外，活动经费主要依靠白色恐怖幸存者、老政治犯及其家属的捐赠 [24]；台大的社团"中华复兴社"，每学期每位社员缴纳 100 元新台币社费，还要依靠中华儿女协会基金会提供赞助 [25]。由于财力不足，为了维持自身以及组织的生存，统派几乎没有"职业革命家"。统盟现有 3000 名盟员，仅有 7 名专职工作人员，主席们都是"义工"。[26] 为维持生计，很多统派组织成员都有自己的本职工作，在外担任律师、教授、作家等职业谋生，投入到统一运动中的时间有限。更重要的是，统派运动扩大影响需要资金的支持，不然只能依靠花费较少的游行、写文章、自制视频等形式传播统派的声音，影响力难以进一步扩大。

（三）统派内部理念不同，各自为政，难以有效整合

台湾统派团体数量不少，但力量较为分散，内部尚有矛盾和斗争。整合统派力量，是很多普通统派团体成员的心声，但做到这一点并不容易。前文分析过，台湾统派源流和理念十分复杂，只是简单地划分就可以分成三类：一是"红统"，即完全支持"一国两制"，代表团体有"中华统一促进党"和"中华爱国同心会"等。第二类是"蓝统"，主张"中华民国光复大陆"。第三类认为，不管怎么统，只要中国人团结、对台湾人好、对两岸同胞好，就好；或认为两岸可以谈出新的模式。[27] 也就是说，统派内部就有一些理念上的分歧，且一时之间难以有效弥合，年纪稍大的统派人士一般都有历史包袱，台湾称为"蓝红之争"，让曾经互相敌对的两拨人心平气和地坐下来整合成为一个团体，实在不是一件易事。而如果不能将岛内统派力量整合起来，那么统派的影响力将大大削弱，没有办法强化组织、集中力量，增强曝光率，发挥更大的能量。

（四）统派政党政治影响力有限，难以发展壮大

持统一理念的政党在台湾政坛处于边缘化的地位，新党算是统派政党中政治影响力最大的政党，但近年来其政治资源也不断萎缩，一方面受民进党、"台联党"等绿营政党的挤压，一方面又不断被国民党吸收，目前仅在台北市议会保有两席。此外，台湾劳动党在 2014 年的地方选举中保留一席新竹县议员和一个新竹县新埔镇镇民代表。中华统一促进党在 2014 年地方选举中收获两位乡镇市民代表和两位村里长。其他统派政党几无任何党员进入台湾政坛担任公职。

由于缺乏政治资源和舞台，统派政党不但难以对岛内政局产生实质性的影响，更由于在统派政党中的政治人物上升和发展的空间有限，很多人出于自身发展的考虑，选择加入其他政党。如此一来，统派政党不但难以吸引到更多的人才，其自身的发展壮大也遭受局限。

（五）统派力量群众基础薄弱，与基层群众联系有限

经过李、扁时期近 20 年的"本土化""去中国化"宣传和教育，导致台湾民众，尤其是台湾青年一代的"中国人"认同不断减弱。而 2008 年国民党上台后，并没有对"去中国化"教育进行根本上的拨乱反正，致使岛内民众的国家认同长期处于混乱状态。根据台湾政治大学"台湾民众统'独'认同趋势分布"[28]图显示，从 2008 年至今，"永远维持现状"的比例不断攀升，"永远维持现状"和"维持现状再决定"的比例一直保持最高，两者相加的人数从 2008 年的 57.3% 上升到目前的 59.4%，"偏向独立"的人数则处于第三高位置，8 年间从 16.1% 上升到 18.3%，而"统派"人数长期维持在 10% 左右。事实上，不少学者认为，"台独"与"独台"构成了台湾人口的绝大部分，所谓"维持现状"者其实都是隐性的"独派"。因此，整体的趋势是"独派"力量在台湾稳定而缓步成长，"统派"力量则不断萎缩[29]，之后长期维持在 10% 左右，属于少数派。目前来看，由于认同"统一"的民众人数不多，统派的群众基础较为薄弱，而且除少数统派组织，如统促党这类能够深入田间地头、基层各处以外，大多数统派组织与基层群众联系有限，难以影响更广大的台湾基层民众。

（六）岛内统派面临民进党当局的打压

2016 年民进党上台以后，对岛内统派力量更是"高度警惕""严防死守"，不断从各个层面对其进行打压。颇有影响力的蓝营政论节目《网络酸辣汤》即在"520"蔡英文上台之前，迫于蔡的压力，于 2016 年 4 月 1 日停播。这是民进党当局干预"言论自由"的最佳例证。2017 年 1 月"港独"分子赴台活动中，民进党当局更是派出大量警力管制抗议的统派民众，保护"港独"分子，并随即展开"全台扫黑"行动，趁机镇压有帮派背景的统派团体。还有不少统派人士被蔡当局派出的便衣窥伺、监视，蔡当局"有关部门"还致电这些统派人士的老板、房东，称这些人"有问题"并胁迫他们对这些人予以人事考绩差评、克扣奖金福利，或者中止租房合同等，以剥夺民众正当权益的卑劣手法，阻挠其行动、发声。甚至利用所谓"法律规则"取消统派人士的残障补助金，让其

415

面临极大的生存压力。[30] 民进党当局对统派力量的种种打压，无疑让统派在岛内的生存和发展境遇更加艰难。

四、台湾统派的未来走向

（一）岛内统派力量短期内会更为活跃

由于民进党上台以后，蔡英文不断进行各种"去中国化""柔性台独"的政治操作，两岸关系和平发展的势头严重受阻，台湾民众对蔡当局所作所为带来的恶果逐渐开始有所感受，支持统一的声音于是开始增多，统派力量也更为活跃。新党主席郁慕明表示，统派的力量一直都在，占多大比例很难估算，因为它是随很多因素变动的，外部环境会影响一些民众面对调查时的响应。有民调认为去年"520"后统派力量比过去增加了10%，这说明，当大陆非常坚定、立场非常明确时，台湾的统派就更愿意表态。[31] 一方面，随着蔡当局继续推行"去中国化"的"柔性台独"，同时又无法有效改善民众的生活水平；另一方面，随着大陆继续对"台独"势力采取高压政策，坚决打击和遏制各种形式的"台独"分裂活动，岛内统派力量就会更有信心，也更愿意站出来表达反"独"促统的立场。因此，短期内岛内统派力量将更为活跃，支持统一的声音将不断增加。

（二）岛内统派未来发展仍面临诸多困难

前文已经分析过岛内统派目前仍面临成员重合、老龄化；经济来源有限、财务困难；各自为政、难以整合；政治影响力有限；群众基础薄弱；遭民进党当局打压等六大问题，且这些问题很难在短期内得到有效改善，极大阻碍了统派的进一步发展。在未来较长一段时期内，统派在岛内仍然会处于少数派、边缘化的位置，规模和影响力难有突飞猛进的增长。对此，岛内统派必须坚持正确的政治立场，给社会树立标杆。无论遇到什么艰难困苦，只要能坚持正确的政治立场，把握正确的政治方向，就能转危为安，重振雄风。统派既不必因暂时的困难丧失信心而放弃立场、放弃斗争，也不应因社会变迁而投机转向、迎合某些政治势力。实际上，岛内统派存在的本身，就是对"台独"的强大抵御。[32] 当然，大陆永远是岛内统派最坚强的后盾，在统派逐步克服和解决这些问题的过程中，大陆绝不会袖手旁观，而会从论述、策略等各方面给予他们强有力支持。

（三）长远看统派终将成为岛内主流

台湾陆委会与"中央研究院"分别做过民意调查，前者调查发现：最想要维持现状的有 88.6%，而支持统一包括维持现状再统一的比重只有 11.1%，支持"独立"的则是其两倍。而后者的调查显示，选择走向"独立"的 37% 认为未来会"被统一"，维持现状认为会"被统一"的更高达 51.3%。[33] 这显示出台湾民众的理想与现实之间存在明显的落差。虽然主动选择"统一"的"统派"人群比例只有 10% 左右，但却有超过半数以上的人群相信会"被统一"。这种"被统一"的被动看法，与主动要求统一不同之处是前者已看到"被统一"已是大势所趋，"独立"的诉求已开始相对不现实。这群人有可能会坚持反对到底，也有可能顺应大势所趋。[34] 我们会发现，许多台湾人愈来愈关心大陆时事，对如何进入大陆职场或到大陆营生抱持好奇态度。这些人或许现在还主张维持现状，甚至希望走向"独立"，但他们对未来已做了不同的判断，只要时间够久、两岸客观条件配合，就可能构成未来统一的社会基础。[35] 也就是说，随着大陆综合实力提升、两岸经济和文明程度差距缩小，愈来愈多台湾人已感受到最终统一的可能性，已有了这个心理准备。很多人在主观意愿上不愿意跟大陆统一，但并不相信台湾会在"独立"或者"维持现状"的道路上走得太久。这些人群就是统派的潜在"目标群体"，只要大陆保持目前的发展态势，两岸统一就是大势所趋，统派也终将成为岛内的主流。

注释

[1] 王晓波：《统派观点》，海峡学术出版社，1997 年，第 1 页。

[2] 薛洋、林江琳：《台湾"统派"路在何方？》，2010 年 03 月 19 日，新华网 – 台湾频道。http：//news.xinhuanet.com/tw/2010-03/19/content_13200841.htm。

[3] 陈玲：《台湾统派运动口述史》，时英出版社，2015 年，第 3 页。

[4] 许剑虹：《"紫统"与"新红统"》，2016 年 5 月 8 日，独立中文笔会 – 思想视野。http：//www.chinesepen.org/blog/archives/52687

[5] 邵俭福、宫捷：《对"九合一"选举后台湾统派发展战略的思考》，《中央社会主义学院学报》，2015 年第 6 期。

[6] 王尧：《台湾"统派"印象》，《两岸关系》，2012 年第 4 期。

[7] 陈玲：《台湾统派运动口述史》，时英出版社，2015 年，第 24 页。

[8] 参见台湾政治大学选举研究中心"台湾民众'独'认同趋势分布（1994 年 12 月—2016 年 12 月）"，http：//esc.nccu.edu.tw/app/news.php?Sn=167。

[9] 杨家鑫：《"官方"交流冰封，"国族"认同提升，逾半台湾人对"中国人认同"》，台湾：《中时电子报》，2016 年 11 月 4 日。

[10] 吴薇:《台"中华爱国同心会"披露"汉奸名单"称"港独"来一次打一次》,《环球时报》,2017年1月8日。

[11] 吴政修:《台湾人民共产党台南成立 台商林德旺任总理》,台湾《联合报》,2017年2月4日。

[12] 《"台湾人民共产党成立,称坚持"九二共识"》,2017年2月4日,环球。http://news.sina.com.cn/c/2017-02-04/doc-ifyaexzn8894988.shtml。

[13] 《林德旺:千人欲入"台湾人民共产党",计划1年发展3万人》,2017年2月4日,澎湃新闻网。http://news.163.com/17/0204/18/CCETQKJK000187VE.html。

[14] 《强烈回应民进党不认一中 台湾多了个共产党》,2017年2月5日,星岛环球。http://news.stnn.cc/hk_taiwan/2017/0205/396637.shtml。

[15] 《魏明仁在台升五星红旗后,再升中国共产党党旗》,《环球时报》,2017年1月24日。

[16] 崔明轩:《在台湾升五星红旗的魏明仁:静待"大陆王师驾临"》,《环球时报》,2017年1月3日。

[17] 王平:《如果国民党有刘乐妍的勇气》,《人民日报·海外版》,2017年1月18日。

[18] 毕方圆:《台湾艺人刘乐妍:那些想射辽宁舰的,才真正无脑!》,《环球时报》,2017年1月17日。

[19] 吴薇:《台湾95后统派:相比当美日附庸大陆是更好选择》,2017年1月18日,环球网。http://taiwan.huanqiu.com/article/2017-01/9963825.html。

[20] 包括《真道理真爱台湾——我们都是中国人系列一:从蔡英文拜庙谈两岸文化脐带》、《真道理真爱台湾——我们都是中国人系列二:摒弃敌我思维为台湾找新出路》《真道理真爱台湾系列三——我们都是中国人:中国是台湾人宝贵的资产》《真道理真爱台湾——我们都是中国人系列四:和平统一也是台湾前途选项》四篇。

[21] 《台湾统派大爆发:"马促成极独、蔡造成急统"》,《环球时报》,2017年1月11日。

[22] 张顺:《近年岛内统派力量发展概况》,2014年10月23日,中国社会科学院台湾研究所。http://cass.its.taiwan.cn/zjlc/zs/201410/t20141023_7754429.htm。

[23] 王尧:《台湾"统派"印象》,《两岸关系》,2012年第4期。

[24] 王尧:《台湾"统派"印象》,《两岸关系》,2012年第4期。

[25] 吴薇:《台湾95后统派:相比当美日附庸大陆是更好选择》,2017年1月18日,环球网。http://taiwan.huanqiu.com/article/2017-01/9963825.html。

[26] 王尧:《台湾"统派"印象》,《两岸关系》,2012年第4期。

[27] 吴薇:《台湾95后统派:相比当美日附庸大陆是更好选择》,2017年1月18日,环球网。http://taiwan.huanqiu.com/article/2017-01/9963825.html。

[28] 参见台湾政治大学选举研究中心"台湾民众统'独'认同趋势分布(1994年12月—2016年12月)",http://esc.nccu.edu.tw/app/news.php?Sn=167。

[29] 郭艳:《从台湾"统派"现状看台湾民众的国家认同问题》,《重庆社会主义学院学报》,2012年第5期。

[30] 刘匡宇:《岛内统派遭台当局清算》,《台湾周刊》,2017年第4期。

[31] 《台湾统派大爆发:"马促成极独、蔡造成急统"》,《环球时报》,2017年1月11日。

[32] 郑剑:《统派应坚定信心与"台独"坚决斗争》,2017年1月20日,中国台湾网。http://www.taiwan.cn/plzhx/zhjzhl/tyzhj/zhj/201701/t20170120_11683403.htm。

[33] 33 《统派的困境与再生系列 1——共同体概念的新统派发芽了》，台湾《中国时报》，2015 年 11 月 12 日。

[34] 郑赤琰：《观察台湾"新统派"的崛起》，《大马华人周报》，2016 年 1 月 13 日。

[35]《统派的困境与再生系列 1——共同体概念的新统派发芽了》，台湾《中国时报》，2015 年 11 月 12 日。